대자유와 평안에 이르는 길

# 토니 파슨스
# 「오픈 시크릿」 강설

## 일러두기

1. 이 책은 이문호 교수의 유튜브 동영상 강의를 녹취하여 풀어쓴 것이다.

2. 강독 텍스트는 토니 파슨스(Tony Parsons)의 『The Open Secret(이하 오픈 시크릿)』으로 2021년 6월 20일부터 12월 6일까지 총 45회 강의를 실었다.

3. 『The Open Secret』 원서는 서문을 포함하여 19개 장(chapter)으로 구성되어 있으며 이 책에서는 각 장별로 해당 강의를 실었고 한 강의 안에 여러 장이 포함된 것은 별도로 표시하였다.

4. 책과 함께 강독 영상 시청을 권장한다. 강설인의 말을 인용해보면, "공개 강독 영상을 시청하실 때 가능하면 음성만을 듣는 것보다는 밥통 스피커의 표정, 몸짓, 손으로 가리키는 방향 등 시각 자료를 같이 참조하는 것이 훨씬 효율적이라 말씀드립니다. 특히 그림을 그리거나 글씨를 쓸 때의 시각 자료는 좋은 시절 인연을 만들 수 있으리라 여겨집니다."

5. 강설인은 본인을 밥통 스피커로 부르는데, 이렇게 명명하는 이유는 강의하는 개인은 일심, 즉 단일의식으로부터 자연스럽게 흘러나오는 메시지를 전달하는 역할을 하는 것이기 때문이고, 개인적 동기를 항상 선명하게 보면서 초심을 순수하게 유지하는 동시에, 개별적 자아가 있다는 유아상(有我相)에 대한 끊임없는 경책을 위해서이다.

6. 각 강의마다 QR 코드를 넣어 유튜브 동영상 강의와 연동되도록 하였다.

7. 공부 순서는 강설인의 기 출간 책 『자유롭게 살고 유쾌하게 죽기』를 먼저 읽고 공개 동영상 강의에서 『수심결』, 『반야심경』, 『선가귀감』, 『길가메시』 강독 영상을 차례로 시청하면 대 자유와 평안에 이르는 길을 가는 데 도움이 될 것이다.

대자유와 평안에 이르는 길

# 토니 파슨스
# 「오픈 시크릿」 강설

스피커 **이문호**

공개된 비밀, 의식의 위치와 개수

씨아이알

## 서문


토니 파슨스는, 한국 선불교 조계종의 종조인 육조 혜능 선사에 비견할 수 있는, 현재 살아 있는 서양의 조사선 체득자라고 말할 수 있습니다. 영국이 낳은 벽안의 선사입니다.

명쾌하면서 군더더기 없는 토니 파슨스의 가리킴*은 바로, "언어도단, 불립문자, 직지인심, 견성성불" 그 자체라고 할 수 있습니다.

항간에 유행하는, 수준이 높다고는 도저히 볼 수 없는 뉴에이지는 물론이고, 노자, 장자, 금강경, 반야심경 등의 대중 불교나, 마조, 임제 등의 조사 어록 그리고 나그함마디와 쿰란 문서를 포함하는 소위 비정통 및 정통 그리스도교 등에 비추어 보아도, 토니 파슨스의 의식 자각의 선명성은 확연하고 탁월하다고 여겨집니다.

개인 대중과 전혀 타협하지 않고 곧바로 궁극의 진실을 가리켜 보이는 토니 파슨스의 직지인심은, 동시대 우리의 문제들, 즉

---

* 고통과 공포로 점철된 생사 문제를 명쾌하게 해결하는 유일 궁극의 진실 혹은 지혜는, 영원부터 영원까지 이미 존재해 있는 것이므로 새삼스레 가르쳐지는 (teaching) 것이 아닙니다. 오직 (그 위치와 개수가) 가리켜질(pointing) 뿐입니다.

삶과 죽음의 문제, 정의와 진리 탐구의 문제, 공동체 의식 붕괴의 문제, 자유의지와 운명론의 문제, 고통과 공포의 해결 문제 등에 직면하여 진지하게 길을 찾고 앞으로 나아가는 수많은 구도자는 물론이고, 이 땅 위에 우연히 혹은 필연적으로 주어진 삶의 도상에서 진짜에 너무도 목말라하는 모든 분에게 매우 좋은 길잡이가 되리라 확신합니다.

스피커의 유튜브 채널을 방문하면 토니 파슨스『오픈 시크릿』강의 영상은 물론이고,『수심결』,『반야심경』,『선가귀감』,『길가메시』,『대승기신론』,『유식삼십송』,『화엄일승법계도』,『도마복음』을 현대적으로 해석하고 자세하고 쉽게 강의한 영상을 곧바로 시청할 수 있습니다. 이 영상들은 만든 이 자신의 생사 문제 해결을 위한 것이기는 하지만, 삶과 죽음의 고통과 공포 앞에 서 있는 분들과 진실에 목말라 오랜 세월 길을 찾아 방랑한 분들에게 조그만 실마리가 될 수 있기를 소망합니다.

특히 토니 파슨스의『오픈 시크릿』강의 영상은, 이 책의 독서와 동시에 실시간으로 강의 영상을 시청할 수 있도록 각 강의 첫 부분에 강의 영상을 끌어오는 큐알 코드를 비치하였습니다. 공개된 비밀의 해독이 입체적이면서 감각적으로 즐겁고 명쾌할 수 있도록 준비하였으니 독자 제현의 많은 이용 있으시기를 바랍니다.

공개 강의가 책으로 묶여 나오기까지 다음 도반 벗님들의 수고와 애씀이 없이는 불가능했을 것입니다. 강의 스크립트 전체를, 기침 소리, 웃음소리, 몸짓 등 토시 하나 빠뜨리지 않고 온전하고 철저하게 녹취하여 원고 초본을 만든 일아(一我) 최현택 도반님, 그리고 초본 원고를 토대로 강의의 핵심 내용과 전후 맥락이 전혀

5

손상되지 않은 채 50% 수준으로 압축 편집된 출판용 원고 초본을 만든 은하수 조현승 도반님께 깊은 감사의 마음을 전합니다. 사실 일반적 관점에서 볼 때, 위 두 가지 작업은 거의 불가사의한 일이라 생각됩니다.

더하여 책을 지혜의 최고 수준으로 출판함으로써, 진실 탐구의 길을 걷는 보다 많은 분께 길잡이 도움을 드리기 위하여, 최선의 헌신과 봉사를 마다하지 않은 도서출판 씨아이알의 임직원 그리고 박승애 편집주간 도반님께 심심한 감사의 인사를 전합니다.


우거에서

밥통 스피커 **이 문 호**


6

## 공개된 비밀, 의식의 위치와 개수

    토니 파슨스는 이 궁극의 진실에 '공개된 비밀'이라는 이름을 붙입니다. 공개된 비밀? 이 말은 모순이죠. 비밀은 본래 감추어진 건데 공개되었다니 아이러니입니다. 그러니 '공개된 비밀'은 마치 존재하지도 않는 질문에 대한 통쾌한 대답과 같은 것입니다.

    무엇이 비밀인가? "우리는 육체 안에 들어있지 않다."라는 것이 비밀입니다. 그러면 우리는 어디에 있느냐? 바로 이 하늘과 땅을 뒤덮고 있는 동시에 하늘과 땅 그 자체인, "이 의식이 우리의 진정한 정체다." 이것이 비밀입니다.

    근데 왜 비밀이냐? 모르니까! 이미 우리가 보물을 가졌다는 것을 모르니까 비밀입니다. 근데 지금 누군가가 툭 한마디 던져주면 곧바로 알게 됩니다. 한마디 툭 던지는 사람이 성스럽거나 위대한 사람일 필요도 없습니다. 무슨 '깨달은 사람' 그런 것은 더더욱 필요 없습니다. 어린아이가 그냥 만화책 보다가 혹은 길을 지나가다가, "우리는 본래 의식입니다." 이런 말을 듣는 걸로 충분하다는 말입니다. 그러나 개인을 진정한 주체로 여기는 문명 안에서는, 이 진실의 이야기가 귀에 들어오지 않기 십상입니다.

    이것은 왜 공개되어 있느냐? 바로 우리 눈앞에 이렇게 번듯이 있기 때문입니다. 항상 우리 앞에 훤하고 멀끔하게 있는데도 불구하고 우리 스스로 일으킨 착각, 즉 자승자박 때문에 이것을 보지 못하고 (혹은 고의로 보지 않고) 있을 뿐입니다. "나는 몸속에 들어앉아 있는 영혼이다."라고 매일 매 순간 자기 최면을 걸고 있는 것, 이것이 자승자박이고 착각입니다. 우리가 왜 스스로 이런 착각을 불러일으키는지는 이 책에서 자세하게 밝힐 것입니다.

생사 해방의 열쇠는 이미 우리 호주머니 안에 다 있으니까, 이미 우리 소유니까 공개된 것입니다. 이 진리와 지혜에 대한 깊은 이해와 믿음을 가진 사람은 죽지 않기 때문에, 그 어떤 재벌이나 권력자보다도 수승하다. 수승한 지위를 획득했다. 이렇게 얘기해 버립니다. 개인 자아가 획득했다는 게 아닙니다. 하나의 마음, 일심(一心), 즉 하나의 의식, 단일의식 관점에서 일어나는 일입니다. 의식의 눈과 가슴이 오픈됐다! 오픈 시크릿이죠. 이렇게 말씀드릴 수 있습니다.

그러니까 이미 있는 걸 우리가 알아보느냐, 못 알아보느냐인데, 알아보는 일 자체는 사실 매우 쉽다고 하겠습니다. 정작 쉽지 않은 것은 그 준비 상태입니다. 개인 자아가 지쳐 나가떨어지든가, 순순히 2선으로 후퇴하든가, 잘 마련된 손님방으로 돌아가야 하는데, 즉 착함과 초심의 유지가 관건인데, 이게 좀 그렇죠? (우리는 사실 이것을 다 알고 있습니다.)

자아가 자꾸 나서서 이토록 거대한 일심, 단일의식을 알아보려 하니까, 처음부터 불가능한 일을 하려고 했으니 얼마나 힘들었겠습니까? 개인 자아가 단일의식의 결과물인데, 단일의식이 사용하는 소중한 수단으로서 임시 가상의 주체인데, 어떻게 티끌보다 더 작은 것이, 이 거대한 하나를 한눈에 알아볼 수 있겠습니까?

　그러니까 여우가 사자를 잡아먹는 것은 불가능하다는 말입니다. 그렇다고 여우가 사자로 변신하는 것도 불가능합니다. 그런데도 우리는 '못 깨달은 사람'이 공부하고 수행해서 '깨달은 사람'이 된다고, 중생이 변해서 부처가 된다고 굳게 믿습니다. 바보 멍청이지요. 그러니까 이제는 자아 생존 전략을 바꿉니다. '누구나 이미 깨달아 있다.'라는 구호로 도망칩니다. 말도 안 되지요! 어찌 여우가 여우인 채로 이미 사자이겠습니까? 이런 엉터리 일을 잘도 하는 것이, 개인 대중의 길이니 어쩌겠습니까? 방법은 딱 하나뿐입니다. 여우가 사자가 되는 방법은, 여우가 기꺼이 사자에게 잡아먹히는 길입니다. 사자의 살과 피가 돼서 사자가 되잖아요. 이 컵 속의 따뜻한 차는 내가 아닌데 이 차를 마심으로써 차는 내가 됩니다. 사물에 불과한 물이 위대한 인간이 되어 버렸잖아요. 먹힘으로써 말입니다.

　눈앞의 이 컵이 깨달음이 되는 방법은 무엇입니까? 저기 잣나무가 깨달음이 되는 길은 무엇입니까? 컵은 컵이 아니고, 의식입니다. 잣나무는 잣나무가 아니고, 의식입니다. 의식의 위치와 개수를 선명하게 보는 것! 이것이 전부입니다.

　모든 현상은 의식 현상입니다. 세상 모든 사건 사물은 전부 의식의 직접 자기 출현입니다. 현상(現象)이라 할 때, 현(現)은 나타난다는 것이고 상(象)은 모양이라는 뜻이죠. 나타난 모든 모양, 즉 육체, 컵, 나무, 동물, 식물, 광물, 산하대지, 달, 태양, 공간, 시간, 삼라만상 전부가 나타난 모양인데, 이것의 본래 정체는 무엇이냐? 의식입니다. 개인의식, 개별의식, 개인 영혼, 뭐 그런 게 아니고, 단 하나의 의식이다. 단일의식이다. 일심이다. 이 말입니다.

그래서 모든 일은, 모든 소동은 이렇게 귀결됩니다. "모든 일 즉 일체 사건과 사태와 사물은 의식의 직접 나타남이다.", "삶과 죽음은 단일의식의 자기 자각이다. 자기 체험이다. 자기 깨달음이다.", "모든 고통과 공포, 모든 자유와 기쁨은 의식이 의식을 의식하는 일이다." 이것이 고대로부터 전승되어 온 비밀 지혜고요, 세계 8대 종교의 핵심이며, 모든 선각, 선현께서 큰사랑으로 곧바로 가리키신 정수입니다.

이로써 우리는 문득 생사의 질곡으로부터 해방되고, 모든 고통과 공포를 임팔라처럼 가볍게 기꺼이 체험하고,\*\* 모양만 다른 '나'들의 아픔을 덜기 위하여 이 소식을 널리 전하는 치유자의 길을 경쾌하게 걷게 됩니다. 자기도 모르게 말이죠. 참으로 기묘한 자유이고, 묘한 안심이며, 이해할 수 없는 사랑과 평안의 기쁨입니다.

내가, 그러니까 개인 자아가 공개된 비밀을 발견하는 일은 없고요, 이 공개된 비밀이 자아를 발견하는 것이죠. 이것이 진짜 깨달음입니다. 그래서 늘 진정한 깨달음 안에는 깨닫는 주체 혹은 자아가 존재하지 않게 됩니다. 내가 깨달음을 발견하거나 얻는 것이 아니고, 오히려 깨달음이 나를 발견해서 잡아먹어야 합니다. 신과

---

\*\* 진실이 밝아오는 순간, 고통과 공포가 말끔히 사라지는 것이 아니라, 고통과 공포의 모습과 이름은 그대로인 채, 천근만근 무겁던 고통과 공포가 점점 깃털처럼 경쾌하게 가벼워지는 연금술적 변동이 일어나는데, 이 길을 '제1분기 지혜(단일의식)의 길'이라 명명합니다. 이에 반하여 여우가 수행 공부해서 사자로 변할 수 있고, 못 깨달은 사람이 깨달은 사람이 되면 고통과 공포가 사라진다는 유치원 재롱잔치나 어울릴 법한 말들을 하면서 그 길을 걷는 것을 일컬어 '제2분기 개인 대중의 길'이라 명명합니다.

붓다에 의해서 자아가 오히려 발견돼야 한다. 이것이 진정한 은총이고 구원입니다. 이것이 진짜 복음, 기쁜 소식입니다.

쉽게 요약하자면, 공개된 비밀은 곧 '의식의 위치와 개수'입니다. 우리 진정한 정체인 의식은, 영혼은, 마음은, 우리 몸 안이나 두뇌 안에 들어 있지 않다는 진실입니다. 몸 밖 시공간 자체가, 하늘과 땅과 몸이 통째 하나로 의식이므로, 의식의 개수는 하나일 수밖에 다른 도리가 없겠습니다. 즉 단일의식입니다. 나(우리)는 단일의식입니다. 내 안에 생사가 있지, 생사 안에 내가 있는 것이 아닙니다. 이것이야말로 고대 비밀 지혜 전승의 핵심으로서, 생사의 고통과 공포에서 벗어나게 하는 유일한 황금열쇠입니다.

자, 시시한 연극 대사는 그만하기로 하고, 이 책과 강의 영상의 모든 독자, 시청자 제현께서는, 처음부터 각자 호주머니 안에 들어있었던, 오픈 시크릿, 공개된 비밀, 생사 해방의 열쇠, 감옥 탈출 키를 꺼내 들고서, 기묘한 안심과 기쁨, 기묘한 대자유의 길을 함께 걸어가 보도록 합시다!

알던 것과는 다르게, 우리의 삶과 죽음은, 기쁘고 장엄한 사랑의 축제로서, 찬란하게 피고 찬란하게 지는 불가사의한 의식 생명 축제입니다.

축하합니다.
대단히 감사합니다.

# 목차

# 깨닫게 되는 사람은 아무도 없다
## *No-one Becomes Enlightened*

# 시간 *Time*

# 기대와 목표 *Expectation and Purpose*

## 마음과 몸의 죽음 *The Death of the Mind / Body*

## 추상 *Abstraction*

## 두려움 *Fear*

## 죄책감 *Guilt*

## 생각하기 외 *Thinking*

# 서론
### *Introduction*

# 1강

# 누구나 다 꿈에서 깨어날 필요는 없다

2021. 6. 20.

자, 오늘부터는 토니 파슨스 님의 『The Open Secret』(이하 오픈 시크릿)을 강독 자료로 해서 활기차고 재밌게 강독을 해보겠습니다. 『오픈 시크릿』은 1995년에 최초로 직접 토니 파슨스께서 저술 후 몇 번의 개정판이 나왔습니다. 지금 제가 가지고 있는 것은 2011년 개정판인데, 개정판이라고 해서 크게 바뀐 것은 없습니다. 용어가 몇 개 바뀌었고, 전체적으로 정리하는 수준입니다.

먼저 토니 파슨스 님을 소개하자면, 지금도 활발하게 가리킴을 전파하고 있는 분인데, <토니 파슨스>라는 유튜브 채널이 있고. 웹사이트도 운영하고 계시며, 웹사이트 자체가 <디 오픈 시크릿(www.theopensecret.com)>입니다. 지으신 책으로 현재까지 중요한 것 네 가지가 있는데, 우리 강독 텍스트인 『The Open Secret』이 최초의 저술이며, 1995년도에 출판되었고 2011년에 개정되었습니다. 그다음에 2003년에 『All There Is』가 있고, 2007년에

『Nothing Being Everything』, 2015년에 『This Freedom』 이렇게 있는데, 본인의 가리킴을 주로 적은 것이 『오픈 시크릿』이고. 나머지는 대화한 것을 책으로 엮은 것이기 때문에, 사실상 가장 중요한 저술은 우리의 강독 텍스트인 『오픈 시크릿』인 셈입니다.

　토니 파슨스라는 개인을 소개할 필요는 없겠습니다. 왜냐하면 개인이라는 것은 진정한 우리의 스피커, 대변인 혹은 대리인에 불과하기 때문인데, 그렇다고 해서 소중하지 않다는 건 아닙니다. 단지 개인에 초점을 맞추면, 우리가 지금 가고자 하는 생사 해탈의 길의 목적을 잊어버리므로, 되도록이면 개인에 초점을 맞추는 건 좋지 않다는 것이지요. 그래서 토니 파슨스 님은 누구냐 하면, 사실 '의식'이라고 하는 게 정답입니다.

　토니 파슨스 님을 소개하자면, 그는 일찌감치 개인적 동기를 다 뒤로 한 의식 자체입니다! 이렇게 말하는 것이 정답이지만, 만약에 이 진실을 믿고 이해한 후에는 우리가 개인적 관심도 가질 수 있습니다. 그 이후에는 테마파크를 얼마든지 자유롭게 즐길 수 있기에, 개인적 관심도 재미있게 누릴 수 있습니다. 그러나 그 이전에는 개인적 동기, 개인적 관점에 너무 초점을 맞춰버리면 생사 해탈의 길은 멀고 요원해져 버립니다. 어쨌든 지금 소개는 개인적 소개입니다.

　영국이 낳은 신사 중의 신사죠. 동쪽으로 치면, 선종의 문을 열어젖힌 동토 초조(東土 初祖), 달마 대사에 비견할 수 있는, 현대적 달마 대사입니다. 또 현대적 6조 혜능 선사이기도 하고 6천 년 전에 길가메시의 현대적 화신이라고 이야기할 수도 있습니다. 특히 적으신 글의 문체를 보면, 참으로 영국 신사답게 가식이 없으면서도 높은 교양미로, 상대방을 배려하면서도 대중과 인기에 영합

하지 않는 가리킴을 펴고 있습니다.

우리나라에는 라마나 마하리쉬(Ramana Maharsh), 니사르가닷따 마하라지(Nisargadatta Maharaj), 오쇼 라즈니쉬(Osho Rajneesh), 에크하르트 톨레(Eckhart Tolle), 아디야 산티(Adyashanti), 켄 윌버(Ken Wilber) 등 수많은 분들이 소개되어 있지만, 의외로 토니 파슨스 님의 소개가 늦어진 이유는 너무 곧바로 결론을 제시하고 아무런 꾸밈이 없기에, 처음부터 단번에 받아들이기에 힘들고 그래서 대중적으로 소개가 덜 되어 있지 않나 싶습니다. 어떻게 보면 이 스피커가 번역하며 강독까지 하게 된 것은 아마도 최초가 아닌가 싶고, 토니 파슨스 계통의 가리킴이 우리에게 많이 전달되었으면 하는 바람이 있습니다.

토니 파슨스의 가장 대표적 계승자는 네이션 질(Nathan Gill)인데, 그의 글은, 토니 파슨스와 굉장히 유사하면서도, 가리킴의 화살표는 토니 파슨스의 계승자답게 매우 강렬하고 군더더기 없으며, 좀 더 업그레이드됐고 대중적이지는 않지만 대중 친화적으로 친절해진 부분이 눈에 띕니다. 개인적 소개보다는 사실상 가리킴의 화살표가 중요한데, 화살표를 따라가다 보면 우리는 토니 파슨스와 네이션 질을 알게 되는 게 아니고 그들과 의식으로서 하나가 되어버립니다. 이 분들이나 모든 선현들 말씀의 가리킴을 믿고 이해한다는 것은 그분들의 개인적 인격을 믿고 이해하는 것이 아닌 의식으로서 하나가 된다는 말입니다.

이제 곧바로 본문으로 들어가 영국 신사 토니 파슨스 님이 제시한 화살표를 즐겨보도록 합시다.

서론입니다. 지금부터는 『오픈 시크릿』에 기록돼 있는 그대로를 직역했습니다. 의역에는 이 스피커의 견해나 선입견 등이 들어갈 수 있기에, 그것을 피하려고 되도록 99% 직역을 했습니다. 그래서 번역은 직역, 강독은 자유롭게 하도록 하겠습니다.

우리가 서로 협상하고 타협해야만 하는 존재로 살아가는, 분리된 개인의 경험에 묶여 있는 동안은, 우리는 꿈꾸는 상태로 살고 있다.

우리의 현실 삶을 곧바로 가리키고 있습니다. 현실 삶은 개인끼리 서로 타협, 갈등, 간혹 사랑, 협력하고 살아가는 세상으로 펼쳐지는 그걸 당연하다고 여기고 있죠. 당연히 이 세상은 각자가 주체가 되어 서로 간 상호 관계가 일어날 때, 주체가 여러 명이면 당연히 서로 딜(Deal)을 하게 됩니다. 이원성 안에 살아가는 것입니다. 왜? 우리는 각자가 주체이고 그 주체성은 각자의 몸속에 들어있다고 여기고 살아가는 동안은 꿈꾸는 상태로 사는 것입니다. 즉, 가상의 주체를 진정한 주체로 여기고 살면서 진짜 우리 정체를 잊어버리고 사는 동안은 꿈 세상인 것입니다. 그래서 보조(普照) 스님의 『수심결』 첫 구절은 우리의 현 상태를 직접 가리키고 있습니다. 화탕지옥이 싫다면, 꿈꾸는 상태가 싫다면, 깨어나야 합니다. 왜 깨어나야 될까요? 꿈꾸는 상태이기 때문에 고통과 공포가 발생하며, 꿈꾸지 않는다면 고통과 공포가 없기 때문입니다. 이 고통과 공포는 가상의 주체가 주인으로 나섰기 때문에, 즉 손님이 주인 역할을 하고 있기 때문에 겪게 되는 것입니다. 꿈의 세상과 깨어난 세상을 우리는 별도라고 생각하는데, 전혀 별도가 아닙니다! 세계는 여러 개가 있지 않고, 단 하나의 세계가 있는데 이 세계가 곧 의식입니다. 단 하나의 세계는 단 하나의 의식이다! 그래서 있음이 앎이며 '안다'가 '있다'고 '있다'가 '앎'인 것입니다.

생사 해탈의 길은 깨어난 세계, 깨어남의 세계를 지향합니다. 깨어난 세계는 고통과 공포가 아니고, 자유와 평화이며, 이 두 개가 별도로 있지 않습니다! 개인을 가상주체로 우리의 정체인 의식이 몸속에 들어있다 할 때는 이게 꿈 세계입니다. 그런데 의식은 몸 밖에 있습니다. 즉, 하늘과 땅을 뒤덮고 있다는 보조 스님의 말씀을 우리가 이해하게 될 때, 이것을 깨어남의 세계라 합니다.

요약해 보면, 꿈 세계와 깨어난 세계가 따로 있는 게 아니고. 세계는 하나밖에 없습니다. 그런데 이 세계 혹은 의식을 몸속의 관점에서 들여다보면, 이게 꿈이 되어버립니다. 그런데 몸 밖에서 이 세계 내지 의식을 들여다보면 그것이 깨어난 세계입니다. 즉, 하나가 고통과 공포도 되고 또 어떤 때는 자유와 평화도 됩니다. 즉, 고통과 공포와 별도로 자유와 평화가 있는 것이 아니고. 자유와 평화인데, 잘못 보면 그게 고통과 공포가 되고, 잘 보면 자유와 평화가 되는 것입니다.

'있다'가 '안다'입니다. 있다가 세계고, 안다가 의식이기 때문에 절대로 의식은 머릿속에 들어있는 것이 아닙니다! "세계가 곧 의식이다." 이 말은 같은 것을 왼쪽에서 보면 세계고 오른쪽에서 보면 의식이라는 것입니다. "하나만 있다! 죽었다 깨어나도 하나만 있다!" 이것이 불이(不二)입니다. 아드바이타 베단타(Advaita Vedānta)이고 비이원성(Non-duality)입니다.

사실은 이토록 간단합니다! 그래서 사실은 깨어날 필요가 없습니다. 깨어나든 안 깨어나든 어차피 하나의 세계에 우리는 있는 것입니다. 우리는 의식입니다. 자기가 육체라고 아무리 착각해도, 우리는 어차피 신입니다. 즉, 의식이고 정신입니다. 의식은 신(神),

하나님은 바로 신이고 정신입니다.

아무리 무서운 꿈을 꾸더라도 결국은 꿈에서 언젠가 깨어나게 될 것이고요. 다만 그 꿈이 길어져서 고통과 공포를 더 많이 체험하느냐. 즉, 테마파크 가서 무서운 테마를 오래 타느냐. 그 얘기입니다. 그러나 우리는 본능적으로 고통과 공포를 싫어하게 프로그래밍이 되어 있기 때문에 그렇게 견딜 수는 없습니다. 결국은 누구나가 깨어남의 세계로 옮아가야 합니다. 그런데 이 전체 과정이 왜 프로그래밍 되었느냐? 이것이 제일 중요합니다. 왜 이런 모든 소동이 벌어지느냐? 이것을 우리가 오해하면 안 되는데, 우리의 선택입니다. 매 순간의 선택, 우리는 매 순간 어떤 선택을 하느냐? 우리의 운명과 절대 자유를 매 순간 선택합니다. 어떻게? '몸속 관점'이냐, '몸 밖 관점'이냐를 우리는 매 순간 선택할 수 있습니다. 몸속 관점을 선택하면 운명의 법칙이 지배합니다. 그러나 매 순간 우리가 자유를 선택한다면, 즉 이 몸 밖 관점을 선택한다면, 우리는 또 매 순간 윤회에서 해탈합니다. 해탈해서 천상, 즉 신의 클럽에 가입합니다. 땅의 클럽에 있어도 실제 우리 정체는 하늘 클럽 회원입니다. 다만 그 회원 자격증이 호주머니 속에 들어있음을 모르는 것이지요. 그래서 최초 하늘 클럽 가입이 돈오(頓悟)고 돈오 이후에도 자꾸 땅으로 내려가는데 몸속 관점으로 자꾸 돌아온다는 것입니다.

그래서 토니 파슨스 님의 첫 구절을 살펴보지요.

우리가 상호 협상해야만 하는 존재로 살아가는 분리된 개인의 경험에 묶여 있는 동안은, 우리는 꿈꾸는 상태로 살고 있다.

이것은 "매 순간 우리는 꿈에서 깨어날 수 있다."는 격려 내지 복음도 됩니다. 꿈꾸는 상태는 무엇이냐? 우리 정체를 개인으로 보는 것, 이것이 바로 꿈꾸는 상태입니다. 그렇다면 깨어나는 일은 간단합니다. 우리 정체는 몸속에 들어있는 게 아니고 바로 몸 밖 이것이구나! 왜 이거냐? 있음이 의식이니까요. 그래서 이 꿈속에서 고통 받느냐. 공포를 느끼느냐. 아니면 깨어나서 대 자유를 누리느냐는 매 순간의 결단입니다. 그런데 이 결단은 개인이 하는 게 아니고 의식의 결단입니다. 오직 우리의 진정한 정체만이 이 결단을 할 수 있는 것입니다.

# 육체가 죽기 전에
# 몸 밖으로 나와야 한다

2021. 6. 21.

토니 파슨스 『공개된 비밀』 두 번째 시간입니다. 요체는 우리들의 진정한 정체에 대한 이해입니다. 우리들은 어디까지나 아는 자입니다. 사람이든 동식물이든 무생물이든 관계없이, 어쨌든 이름과는 상관이 없습니다. 아는 것이 우리고, 우리들이 가장 잃어버리기를 두려워하는 것이 바로 이 '아는 것'으로서, 우리의 핵심입니다.

이 '아는 자' 혹은 '아는 것'은 현대적 용어로 '의식'이라 합니다. 서문 첫 구절에서 "우리는 꿈꾸는 상태로 살고 있다."는 말은 분리된 개인을 우리의 정체로 아니까, 즉 '우리의 정체인 의식이 이 몸 안에 들어있다.'라고 여기니까, 이게 꿈이 되는 것입니다. 꿈속에서는 나와 남이 있게 되니까 비즈니스적 딜이 있게 되는 거구요. 그런데 꿈에서 깨어나면 완전히 달라집니다. 나와 남은 가상의 구분일 뿐 실제로는 하나밖에 없다! '모두가 한 몸이다'라는 것, 즉

26

오른팔과 왼팔이 그동안 다른 건 줄 알고 서로 싸웠는데, 알고 보니 한 몸임을 아는 것, 이것이 꿈에서의 깨어남입니다. 그런데 꿈에서 반드시 깨어날 필요는 없습니다. 왜냐하면 꿈속의 고통, 공포가 견딜 만하다면, 계속 꿈을 꾸는 것도 괜찮습니다. 꿈을 꾼다 한들 실제 정체가 의식임에는 틀림이 없기 때문입니다.

두 번째 단락을 보도록 하죠.

이러한 꿈의 상태는, 우리가 행하는 모든 것은 상대성의 법칙, 이른바 모든 긍정적 행위도 그 반대의 것으로 정확하게 똑같이 상쇄되는 법칙의 지배를 받는 걸모습을 나타낸다.

꿈의 상태에 대한 가리킴입니다. 꿈의 상태에서 꿈의 세계를 지배하는 법칙은 상대성의 법칙으로, 이원성의 법칙이 꿈의 법칙입니다. 상대성은 다른 말로 무상(無常)이며 고정 불변된 것은 없다는 것입니다. 심지어 현대 물리학에 의하면, 시간과 공간조차도 절댓값이 아니고 의식의 관점에 따라 변한다라고까지 놀라운 발견을 해내고 있습니다.

그래서 꿈이 세계를 지배하는 법칙이 무엇이냐? 왜 꿈의 세계는 고통과 공포로 점철되어 있느냐? 상대성의 법칙 때문에 그렇다. 상대성이라는 것은 절대적이 아니어서 변하고 유동적인데, 우리가 구하는 것은 영원토록 변하지 않는 것이며 진리죠. 그런데 꿈속에서는 고정 불변된 것이 없기 때문에 문제가 발생하며, 그 문제는 고통과 공포라는 이름으로 불립니다.

고정 불변하지 않은 것을 무상(無常)이라 하며, 항상(恒常)하지 않은 것을 연기법(緣起法)이라 합니다. 연기법은 이것이 있으면 저것이 있고, 이것이 없으면 저것도 없어진다는 쌍생쌍멸(雙生雙滅)입니다. 연기되는 모든 것은 알맹이, 즉 주체가 없습니다. 그래서 연기법은 무아(無我)를 가리키고, 중도(中道)를 가리키며. 무상(無常)이 됩니다. 이렇게 상대성의 세계 안에서는 고정 불변한 것이 없이 변화무쌍하게 흘러가고. 그런 각각의 개체 안에는 나라고 할 만한 것이 없기 때문에 허망합니다. 그래서 고통과 공포가 발생하게 되죠. 이게 꿈의 세상입니다.

모든 선현들은 꿈 세상의 팩트를 가리켜주고 만약 고통이 싫고 견디기 어렵다면, 벗어나는 방법이 있다는데 그 방법은 무엇일까?

개인 관점에서 의식 관점으로, 즉 우리의 정체를 몸속에서 몸 밖으로 끄집어내라. 육체가 살아있을 때 우리 정체를 몸속에서 몸 밖으로 끄집어내라. 더 정확하게 얘기하면, 처음부터 우리들은 몸 밖에 있었다는 것입니다. 우리 의식은 몸 밖에 있지 몸속에 들어있는 것이 아님을 새삼스럽게 믿고 이해하고 확인하게 되는 것! 이것이 선현 선각들께서 베풀어 주신 천성(千聖)의 궤철(軌轍)입니다.

그래서 꿈속에서 하는 모든 일은 사실 결과물이 없습니다. 왜 그런가? 상대성, 꿈의 세계는 상대성인데, 이것 때문에 고통과 공포가 있습니다. 그렇다면 꿈에서 깨어나면 어떻게 될까? 즉, 몸속에서 몸 밖으로 우리 정체가 이동되면, 어떻게 될까? 상대성이 더 이상 상대성이 아니게 됩니다. 금강경에서 제상(諸相)이 더 이상 비상(非相)이 됩니다. 모든 상대성이 이제는 상대성이 아니게 된다는 것. 그래서 다만 모든 상[諸相]이 상이 아니라고[非相] 하는 것입니다. 이렇게 되면 소위 말해, 대자유와 평안이 오는데, 이 두 개를 또 다르게 보면 역시 상대성입니다. 그러므로 자유와 평화는 다른 말로, 더 이상 고통과 공포가 아니게 된다. 이렇게 바뀌어 버립니다.

자, 그러면 무엇이 상대성이냐? 꿈속의 모든 것이 일단 상대성이다. 선과 악, 진리와 거짓, 깨달은 사람, 못 깨달은 사람, 삶과 죽음, 사랑과 증오, 평화와 전쟁, 정의와 불의, 이런 것이 대표적인 상대성입니다. 상대성의 법칙은 연기법으로서 다 여기에 해당합니다. 이것이 있으면 저것이 있고, 이것이 사라지면 저것이 사라지는 상대성의 법칙입니다. 이것은 파도와 같아서 아무것도 없는 잔잔한 바다에서 이원성 때문에 높고 낮은 파도의 일어남입니다. 본래는 이런 게 없고, 깨달은 사람, 못 깨달은 사람도 없어서, 이런 이원성이 본래는 없습니다. 그런데 어느 날 문득 이런 저런 얘기를 듣게 됩니다.

우리는 왜 이런 도판*이라는 데 빠져들었느냐? 참으로 어처구니없게도 어느 날 문득 "이런 게 있더라." 이런 말을 듣게 됩니다. 깨달은 사람이라는 게 있더라, 성자, 부처님, 예수님 이런 개인이 있더라. 깨달은 사람이라는 게 있더라는 말을 듣는 순간, 무엇이 발생할까요? '나는 그러면 못 깨달은 사람이네.'라는 것이 발생합니다. 매우 우스운, 엉터리 같은 일의 발생이지만, 이것이 꿈을 지배하는 법칙입니다. 상대성의 법칙, 연기 법칙인거죠. 그래서 우리가 어려서 천진난만할 때는 단일한 의식이었는데, 어느 날 문득 5세 전후로 자아가 형성되고 멀쩡하게 잘 있던 우리 정체가 몸속으

---

*   기성 기독교, 불교 등 거대 비즈니스 대중 종교나 사이비 등에 염증을 느낀 구도자들이 새로운 진실 추구의 길을 모색하기 시작한 1970년대 이후의 의식 각성운동, 현대판 대승운동이라고도 말할 수 있다. 그러나 이런 도판의 흐름 역시 현재는 기성 대중 종교의 폐단과 오류를 답습하는 길을 걷고 있다. 참으로 웃픈 현실인 동시에 다른 한편으로는 단일의식의 장엄한 일인다역의 연극이기도 하다.

로 들어가 버립니다. 착각과 오해가 일어나는 것인데. 우리의 문명과 문화가 그렇게 전도몽상을 일으키는 것입니다.

그 이후에 어느 날 문득 "깨달은 사람이 있더라."라는 말을 듣는 순간 못 깨달은 사람이 갑자기 탄생합니다. 그래서 못 깨달은 사람은 진실로 못 깨달아서 못 깨달은 게 아니고, '깨달은 사람'이라는 어떤 허망한 개념이 꿈속에서 일어나니까 못 깨달은 사람도 갑자기 발생하게 됩니다. 이것이 전문용어(?)로 의문의 1패라는 겁니다. 의문의 1패를 당하게 되는 거죠. 가만히 앉아 있다가 갑자기 루저가 되어 버립니다. 이때 어느 한쪽만 생겨나는 게 아닙니다. 동시입니다. 동시생 동시멸입니다.

그런데 왜 깨달은 뒤에는 부처와 중생이 따로 없느냐? 깨닫고 나면 깨달은 사람이 없어지게 됩니다. 깨달은 사람이 없어지면 자연히 못 깨달은 사람도 없어집니다. 즉, 금강경에 "모든 중생을 구제하고 봤더니, 한 중생도 구제한 바가 없더라!"라는 뜻이 바로 이야기입니다.

즉, 부처가 되기 전에는 꿈속에서 살며, 깨달은 사람과 못 깨달은 사람이 따로 있는 줄 알다가, 선각의 말씀을 듣고 보니 진정한 우리의 정체인 의식이 몸속이 아닌 몸 밖에 있다는 사실을 믿고 이해하는 순간! 상대성이 없어져 버립니다. 그래서 깨달은 사람이 사라져 버리니 못 깨달은 사람도 없어지며, 본래 없었던 것이 되는 것입니다. 결국 중생이 본래 없었던 것입니다. 그럼 처음부터 부처는 있었느냐? 아닙니다! 부처도 없었습니다. 부처와 중생이야말로 가장 가짜 개념입니다. 진실의 눈에 의하면, 이런 상대성이 상대성이 아니고 그냥 의식이란 얘기입니다. 깨달은 사람도 의식이고, 못 깨달은 사람도 의식이다. 오른팔도 나고, 왼팔도 나다는 것은 너무나 당연지사입니다.

그런데 어리석은 짓을 하는 게 이것입니다. 죽음을 없애고 삶만 남겨놓기를 원합니다. 죽음을 없애고 삶만을 쥐려 하지만, 죽음을 없애는 만큼 삶도 없어집니다. 이것이 연기 법칙입니다. 생사 해결은, 즉 생사 해탈, 불생불멸은 뭐냐? 죽음을 버리고 영생을 구하는 게 아닙니다. 생사 해탈의 문제는 하나를 버리고 하나를 취할 수 없습니다. 결국은 다 버림으로써 다 취하게 되는 것입니다. 생과 사가 전부 우리 안에서 꿈꾸어지는 것입니다. 그렇게 되려면 우리가 꿈속의 등장인물로 들어가면 안 됩니다. 나와야지요. 즉, 몸 밖으로 나온다는 것은 꿈꾸는 전체를 우리로 삼아야 한다는 것입니다.

꿈속 상대성의 세계 안의 모든 일은 전부 제로섬 게임(Zero-Sum Game)이다. 왜 그럴까? 제로섬이란 말은 무슨 짓을 하더라도 결국은 영으로 돌아가거나 수렴한다는 뜻입니다. 이 말은 허망하게 들리지만 그렇지 않습니다. '제로섬 게임'이란 말은 이 상대성의 세계를 깨부수고 꿈에서 깨어나게 하는 진리의 말입니다. 무상(無常), 고(苦), 무아(無我)는 현대적 용어로 제로섬 게임입니다. 우리의 현실적 삶은 제로섬 게임입니다. 왜일까요? 아무리 정의를 외쳐도 정의가 50이 생겨나면 불의도 50이 생겨나 버립니다. 선이 50이면 악도 50이 생깁니다. +/- 50이면 결국 합하면 제로가 되어 버립니다.

우리는 꿈속에서 진리 추구를 한다지만, 개인적 관점의 진리 추구를 합니다. 그러면 이게 진리로 좋게 보여서 +50입니다. 그러면 동시에 -50(거짓)이 생겨나서 결국은 제로로 돌아가 버립니다. 하나 마나가 됩니다. 그래서 우리는 어느 한쪽을 버리고 어느 한쪽을 취할 수 없습니다. 다 버리든가 다 긍정해야 합니다. 같은 것입니다. 다 버리는 것이 다 취하는 거고. 다 취하는 것이 다 버리는 것입니다. 이것이 바로 '공(空)의 체험'입니다. '춤추는 공'을 'Dancing Emptiness'라 합니다. 춤추는 공이 무엇이냐? 모든 게 제로인데, 묘하게도 진공인데, 묘하게도 이런 모든 음양 법칙, 2기통 엔진에 의해서 이 모든 엄청난 복잡한 일들이 펼쳐진다는 것입니다.

두 번째 구절을 다시 한번 보겠습니다.

이러한 꿈의 상태는, 우리가 행하는 모든 것은 상대성의 법칙, 이른바 모든 긍정적 행위도 그 반대의 것으로 정확하게 똑같이 상쇄되는 법칙의 지배를 받는 걸모습을 나타낸다.

연기 법칙, 상대 법칙입니다. 하나를 버리고 하나를 취할 수가 없습니다. 증오는 없이 사랑만 있을 수 없지요. 꿈의 세계에서는 그럼 진정한 사랑은 있느냐? 있습니다. 우리가 몸 밖으로 나오면 그때야 비로소 상대적이 아닌, 즉 내가 사랑한다는 그런 개념조차도 없는 그러한 사랑, 즉 무위행(無爲行)입니다. 금강경에도 성현과 중생은 딱 하나로, 무위행이냐 아니냐로 구분합니다. 즉, 몸속 관점이냐, 몸 밖 관점이냐. 이것으로 구분됩니다. 그래서 세 번째 구절이 이어집니다.

그러므로 우리 각자의 삶이 잘 영위되게 하고, 완전함에 도달하고, 개인적 자유를 성취하려는 모든 개인적 노력과 시도는 상쇄되고 중화되어 무효로 돌아간다.

즉, 제로섬 게임에서 벗어나는 것이 윤회에서 벗어나는 것입니다. 윤회 해탈이죠. 윤회 해탈을 해서 대 자유를 얻는 방법은 개인성을 꿰뚫어 보는 것입니다. 왜 우리는 몸 안에 들어있지 않나? 존재는 의식입니다. 그래서 세계가 의식입니다. 있다는 전부 의식입니다. 육체 밖에는 세계가 있습니다. 그렇기 때문에 이 의식은 육체 안에 들어있지 않습니다. 의식 자체는 모양이 없기(無相) 때문에, 모든 모양이라는 말입니다. 깊은 잠 속에서 우리는 모양 없는 의식도 체험합니다. 그래서 우리가 마음이다, 의식이다 할 때 별도로 구해서는 안 됩니다. 여기 컵이 있다면 이 컵이 의식입니다. 무엇이 생사 해탈의 소식인가? 있음이 곧 의식이라는 것을 말이 아닌 직접적으로 가리키는 것입니다.

# 우리는 구속과 자유를 동시에
# 창조하면서 크게 기뻐하는 '의식'이다

2021. 6. 23.

모든 질문 중에서 "나는 누구인가?" 이 질문이야말로 가장 중요하고 가슴 설레는 질문입니다. 우리는 무엇인가? 우리는 아는 자다. 즉, 의식이 우리입니다. 그러나 의식이 몸 안에 들어 있다고 여기는 동안은 꿈입니다. 그리고 꿈이 될 때는 고통과 공포의 악순환이 계속됩니다. 간혹 좋은 일도 나름 보람 있는 일도 생기지만, 궁극적으로는 고통과 공포가 계속 반복됩니다.

그러면 어떻게 이 문제를 해결할 것인가? 우리가 몸 안에 들어있다는 오해를 올바른 이해로 대체하면 됩니다. 팔정도(八正道) 중에 제1위가 정견(正見)입니다. 그러면 어떻게 몸 안에서 몸 밖으로 나올 것인가? 그냥 찰나의 결단이면 충분합니다. 개인적 동기가 아닌 생사 문제를 해결하고자 하는 의식의 결단! 이거 하나면 충분합니다.

토니 파슨스 『오픈 시크릿』 세 번째 시간입니다.

우리가 이런 꿈 안에 있기를 계속하는 동안, 우리는 실제로 빙빙 도는 순환 속에서 살아가고 있음을 발견한다. 깊은 숙고와 이해를 통해서.

그런데 깊은 숙고와 이해를 통하지 않고도 우리가 어느 정도 인간 체험을 하고 나면 알게 됩니다. 제 아무리 그럴듯한 목표를 세울지라도 심지어 진리를 발견하겠다는 그런 목표를 세운다 할지라도, 그것이 개인적 동기, 즉 개인이 추구하는 것인 한, 상대성 속의 일이어서 진리 추구가 오히려 진리 아닌 거짓을 창조해 내고 맙니다.

그래서 그다음 구절.

우리는 일체의 모든 것이 모습을 바꾸어가면서 끝없이 그 자체를 되풀이하는 그런 바퀴 위에 있다.

진정한 윤회는 우리가 매일매일 이 개인적 삶을 반복하는 것입니다. 즉, 영혼이라는 게 있어 육체가 죽으면 다른 육체를 갈아입는 그런 윤회는 없습니다. 윤회는 이원성 속에서의 반복되는 삶, 육체 속에 우리 정체가 들어있는 한, 이 반복되는 삶은 고통과 공포로 점철되어 있다는 것. 이것이 윤회의 의미입니다. 오해를 올바른 이해로 대체하기만 하면 고통과 공포는 사라집니다.

그래서 그다음 구절이 좀 몹시 반전을 가져오는 구절이 됩니다.

이것은 구속과 자유의 동시적 창조 안에서 크게 기뻐하는 '의식'이다.

이것은, 되풀이하는 꿈속의 삶입니다. 되풀이하는 꿈속의 삶은 구속과 자유의 동시적 창조 안에서 크게 기뻐하는 '의식'이다. 이렇게 이야기하고 있습니다.

또한, 우리는 개인성과 자유 의지에 대한 믿음에도 불구하고, 우리가 조건 지어진 신념 체계에 따라 반응하고 응답하는 꿈속의 등장인물임을 알게 된다.

여기서 첫 번째 구절이 중요합니다. 이것은 즉, 우리의 꿈과 같은 삶은, 구속과 자유의 동시적 창조 안에서 크게 기뻐하는 '의식'이다.

개정판에는 '의식(Consciousness)'이란 단어 대신 '전체성(Wholeness)'이라는 단어를 사용합니다. Consciousness라고 하니까 아마도 현대인들은 의식이 머릿속에 들어 있다고 생각하기 쉬우므로 전체성, 세계가 곧 의식임을 가리키기 위해서 'Wholeness'를 개정판에는 사용한 것 같은데, 이 스피커로서는 처음에 사용했던 단어, 'Consciousness'가 좀 더 와 닿는 것이 아닌가 싶습니다.

이것은, 즉, 꿈과 같은 우리 삶은, 구속과 자유의 동시적 창조 안에서 크게 기뻐하는 '의식'이다. 이 말은 뭐냐?

진정한 우리가 우리 자신을 체험하기 위해, 꿈을 펼쳐내는데 이때 반드시 이원성이 있어야 된다는 것입니다. 제로에서 뭔가가 나타나고 역동적으로 활발하게 움직여지기 위해서는 플러스(+) 마이너스(-)가 반드시 생겨나야 합니다. 이게 음양오행, 주역의 법칙입니다.

그래서 우리가 몸속에 들어있는 동안은 이 세상이 엉망진창이지만 우리가 몸 밖에 나오는 순간, 이것은 하나의 신비고 기쁜 파티입니다. 상대성, 이원성으로서 멋진 파티를 꾸려가고. 이 파티를 통해, 우리 의식은 우리 자신을 사랑하고 체험합니다. 그래서 이 의식의 정체와 위치, 그리고 이런 꿈이 왜 펼쳐지는지에 대한 이해가 없이는 지금 이 구절이 몹시 이상해집니다. "우리는 분리된 개인으로 있는 동안은 쳇바퀴 같은 고통의 삶을 계속 윤회한다."라고 얘기하다가, 갑자기 이것은 구속과 자유의 동시적 창조 안에서 크게 기뻐하는 의식이다. 이렇게 이야기해 버리니까 매우 의아해지는 거죠.

그러니까 하나도 바꾸지 않고 삶과 죽음을 그대로 두고 우리가 몸 안에서 몸 밖으로만 나와 버리면 이게 크게 기뻐하는 의식이 되어 버립니다. 그럼, 몸 안에서 몸 밖으로 어떻게 나오느냐? 한 생각, 관점만 바꾸면 됩니다. 지금 내가 몸속에서 세계를 경험한다고 오해하지 말고, 의식이 곧 세계다! '있다'가 '안다'니까 세계가 곧 의식이다! 이렇게 말이죠. 우리가 몸 밖으로 나온 찰나에 더 이상 육체의 일은 우리의 일이 아니고 아주 소중한 손님의 일이 됩니다. 그래서 이제는 "육체가 아프면 육체가 아픈 것이지 내가 아픈 게 아니다!" 구속과 자유를 동시에 창조하면서 기뻐하는 의식으로 우리가 꿈 세계를 창조하는데, 이때는 이원성으로만 창조됩니다.

우리는 구속을 버리고 자유를 찾아 나섰지만, 알고 보니 진정한 자유는 구속과 자유, 이원성을 벗어나거나 이원성 전체를 받아들이는 것, 즉 우리 정체가 몸 안에서 몸 밖으로 나오는 것! 바로 이것이었습니다. 우리가 우리 스스로를 사랑하고 체험하기 위한 한바탕 엄청나게 기쁜 즐거운 파티였구나! 이렇게 우리가 알게 되면서 우리의 선현 선각께서 돈오하고 덩실덩실 춤을 추었던 그 일이 바로 우리에게도 일어나는 겁니다. 우리는 어떤 운명이나 구속의 법칙에 메여있는 줄 알았는데, 매 순간 우리가 운명과 자유를 창조하고 있었다니!

　그런데 몸속에 들어있는 동안은 죽었다 깨어나도 알 수 없습니다. 몸속에 들어있는 순간, 우리는 구속을 선택한 것입니다. 그런데 놀랍게도 매 순간 매 찰나에 우리는 이것을 바꿀 수 있습니다. 구속과 자유의 동시적 창조, 매 찰나의 창조는 선택이란 말과 같습니다. 우리의 선택에 의해 매 찰나의 구속과 자유가 선택되는데, 몸 밖에서 이 모든 걸 쳐다보면, 구속조차도 전체적 파티 안에서의 하나의 설정임을 우리가 드디어 알게 되고, 그래서 안심에 이르게 됩니다.

　육체의 죽음은 우리의 죽음이 아니었습니다. 왜? 우리는 의식이고 의식은 몸 안에 들어 있지 않고 이렇게 세계와 일치해 있으니까, 죽음은 더 이상 우리의 죽음이 아니고 육체의 죽음이 됩니다. 이렇게 되면 모든 삶과 죽음이 일단 파티가 되어 버리면서, 그 안에 들어있는 모든 이원성, 구속과 자유, 선과 악, 무슨 성공과 실패, 사랑과 전쟁, 이 모든 것이 그냥 파티 안의 설정이라는 것을 우리가 알게 되면서 참으로 편안하게 마음 놓을 수 있다! 이 말씀입니다.

# 4강

## 우리는 100% '신'인 동시에
## 100% '인간'

2021. 6. 24.

토니 파슨스 『오픈 시크릿』 세 번째 단락입니다. 두 번째 단락이 공개된 비밀 전체를 드러내고 있습니다. 공개된 비밀의 결론은 무엇이냐? '우리가 육체 안에 들어있지 않다.'라는 것이 비밀입니다. 그러면 어디에 있는 거지? 바로 하늘과 땅을 뒤덮고 있는 그곳. 그 자체가 의식이고 비밀입니다.

이것은 왜 공개되어 있다고 할까요? 바로 우리 눈앞에 이렇게 있기 때문입니다. 눈앞에 있는데도 불구하고 스스로 몸속에 있다고 오해를 한 것입니다. 물론 오해에는 이유가 있습니다. 인간 체험 혹은 의식 체험을 하기 위해서는 이원성이 지배해야 하기 때문에 임시적으로 설정된 것인데, 그 안에 매몰되어 버렸던 것입니다.

두 번째 단락을 한번 읽어봅시다.

이것은 구속과 자유의 동시적 창조 안에서 크게 기뻐하는 의식이다.

또한 이건 동시입니다. 의식인 동시에 또 우리는 무엇이냐?

개인성과 자유 의지에 대한 믿음에도 불구하고, 우리가 조건 지어진 신념 체계에 따라 반응하고 응답하는 꿈속의 등장인물임을 알게 된다.

이렇게 우리의 진정한 정체와 임시적 정체를 동시에 말함으로써 공개된 비밀을 확 드러내고 있습니다. 자, 우리의 정체는 무엇인가? 구속과 자유를 동시에 창조하는 의식이 바로 우리입니다. 동시에 우리는 자기 체험, 자기 사랑을 위해서 구속과 자유를 창조하면서 가상의 주체인 자아입니다. 육체-자아-개인, 이 세 가지는 같은 겁니다. 육체-자아-개인, 이 개인 안에 우리가 들어가 있는 것으로 설정을 한 것입니다. 그래서 우리는 진정으로는 구속과 자유의 창조주로서의 의식이고, 또 임시적으로는 이 육체 혹은 개인 혹은 자아입니다.

진정한 정체를 모르고 가상의 임시적 정체만 알면, 우리는 운명과 구속의 법칙에 갇혀 고통과 공포를 체험하게 됩니다. 그래서 우리의 진정한 정체는 개인이 아니고, 바로 이 의식이다! 의식의 역할은 무엇일까? 즉, 보신(報身)과 성령의 작용은 무엇이냐? 구속과 자유로 대표되는 이원성의 파도를 일으켜 자기 체험과 자기 사랑을 계속 이어가고 있습니다. 그래서 이것을 모르면, 늘 고통과 공포인데 아는 찰나, 무슨 특별한 이해라든가, 무슨 체험이 필요 없습니다. 그냥 선각의 말을 믿기만 하면 됩니다. 그럴 수 있겠구나, 그렇구나, 아니면 선각의 진실한 말씀이니 옳거니 받아들이면, 구속과 자유가 갑자기 큰 기쁨의 의식이 되어버립니다. 이것이 모든 지혜의 핵심입니다. 그래서 토니 파슨스께서는 '우리는 의식이다.' 하고는 의식인 동시에 꿈속의 등장인물, 개인이라고 하고 있습니다.

　자, 이것이, 어록과 경전에는 어떻게 나타나 있을까요? 이것이 보디(Bodhi), 깨달음입니다. 깨달음인 동시에 깨달음을 추구하는 중생인 보디사트바(Bodhisattva)입니다. 부처인 동시에 중생이라 표현되고, 법신인 동시에 또 화신이라 하고, 길가메시에서는 반신반인(半神半人)이지만 100% 신인 동시에 100% 인간이라 했죠. 우리는 의식인 동시에 개인입니다. 이중 역할이에요. 창조주인 동시에 피조물입니다. 자기 창조적 피조물이고, 자기 피조적 창조주입니다.

　더 이상 어렵거나 복잡한 것이 없습니다. 이것이 전부이고 이것이 공개된 비밀입니다. 왜 비밀인가? 개인을 진정한 주체로 여기는 문명 안에서는, 이 진실의 이야기가 귀에 들어오지 않습니다. 고통과 공포에 무한한 혐오감을 느낄 때, 비로소 귀가 열리게 되는 단서로서 작용하게 됩니다. 뭔가의 추구에서 막바지에 이를 때, 발심을 일으키는 단서가 되기도 합니다.

　의식은 우리의 진정한 정체고 우리는 구속과 자유를 만들면서 우리 스스로 구속됩니다. 어찌 보면 구속을 즐기는 것입니다. 시뮬레이션 게임으로 치면 의식이 User고, 개인은 PC의 Player Character입니다. 유저 입장에서 특정 캐릭터를 선택하면, 그 캐릭터만 플레이어 캐릭터가 되고. 나머지는 NPC, Non-Player Character가 됩니다. 그래서 "우리가 의식인데 왜 우리는 하나의 개인 안에 갇혀 있고, 다양한 개인이 있어 특별해 보이나?" 이렇게 묻습니다. 그것은 User 입장에서는 사실 모든 것이 NPC입니다. Non-Player Character인데, 그중에 하나의 캐릭터를 가상의 주체로 선택하면 나머지는 NPC가 됩니다. 내가 조종할 수 없는 게 되는 거죠.

지금도 똑같습니다. 하나의 우리는, 특정 하나의 몸만 조종할 수 있고 다른 몸들도 각각 나라고 하며 주체라 하지만, PC 입장에서는 다른 모든 개인은 NPC입니다. Non-Player character죠. 그래서 우리가 객체로 대하는 것입니다, 객체, 특정 하나의 육체만 주체로 여깁니다. 우리의 진짜 정체는 유저인데, 임시로 하나의 캐릭터를 주체로 삼아 게임을 합니다. 자기가 선택한 주체나 캐릭터만 PC로서 주체가 되고, 나머지는 전부 NPC, 즉 객체가 되어 버립니다. 이상한 일이죠. 만일 진짜 주체라면 시종일관 주체여야 하는데, 왜 모든 사람에게 있어서 모든 사람은 객체냐? 즉, 이 개인은 진정한 주체가 아니고 가상의 주체이기 때문입니다. 70억의 인구가 있다면, 70억 각자 하나하나는, 즉 1은 주체인데, 나머지 69억 9999만 999명은 전부 NPC, 객체가 되어 버립니다. 나머지 70억은 객체가 되어 버리는 이 상황은 완전히 동일합니다.

또한 1:1 게임을 한다 하면, 또 한 명의 PC가 있습니다. 이때 나머지는 NPC입니다. 지금 상황과 똑같죠. 그래서 이원성의 세계 안에서는 알맹이가 없음은 가상 게임과 같습니다. 우리가 플레이어 캐릭터 하나를 선택해서, 인생 게임을, 100년 정도되는 게임을 하는데 결국은 게임이 종료되면, PC든 NPC든 다 유저의 선택이었다는 겁니다. 유저가 선택하기를, PC는 상대적 자유고, NPC는 상대적인 구속이어서 내 맘대로 할 수 없다고 하지만 그러나 이것은 유저의 선택이었습니다.

그래서 우리는 구속과 자유를 창조하면서 기뻐하는 의식인 것입니다. 구속까지 포함됩니다. 왜냐하면 우리가 자유를 체험하기 위해서는 구속도 있어야 했기 때문입니다. 또 구속이 있어야 자유가 있게 되고, 두 가지를 동시에 필요로 했습니다. 삶과 죽음도 마찬가지입니다. 우리는 이원성을 포용하면서, 이원성으로부터 해탈되는 것입니다. 이때 가상의 주체에서 벗어나는데, 가상의 주체가 어떻게 돈오 깨달음의 주체가 될 수 있을까? 마하반야바라밀에 대한 믿음과 이해는 의식 차원에서 일어나는 것으로 알아야 하겠습니다.

경전에서는 어떤 공부나 수행을 하라는 말이 없습니다. 그냥 있는 사실, 팩트를, 우리의 진정한 정체를 그냥 가리키기만 합니다. 우리는 가리키는 방향을 잘 보기만 하면 됩니다. 공간은 지금 없으면서도 있고 있으면서도 없는 것으로, 색깔 모양이 없고 만져지지도 않지만 분명히 지금 우리는 공간임을 알고 느끼고 있습니다. 그런데 우리는 "이 공간이 의식이다. 마음이다." 하면 갑자기 모른척 하게 됩니다. 왜냐하면 개인성이라는 플레이어 캐릭터에 너무 매몰되어 있어서 그렇습니다.

자, 그다음,

진보한다고 아는, 이 세계를 대표하는 최고 수준의 모든 종교, 예술, 과학은, 오로지 또 다른 측면의 가능성을 반영함으로써 완벽하게 상쇄되고, 정확하게 중화된 상태를 가져오는 법칙의 범위 안에 있다.

직역을 하다 보니 좀 딱딱해졌습니다. 무슨 말이냐? 세상의 종교, 예술, 과학 등은 위대한 인간의 문명입니다. 이것들은 늘 진보해야 한다는 의무를 진 것처럼 멈춤 없이 달려가지만, 왜 달려가는지도 모릅니다. 우리는 5세쯤 자아가 갑자기 등장한 이후 주변 사람들을 보니 느닷없이 달려가고 있습니다. 물어봅니다. "왜 뛰느 냐고?", "진보, 발전, 성장, 성공해야 되니 갑자기 뛰게 됐어." 다섯 살부터 이유도 모르고 뛰게 된 것입니다. 그리고 나이 들어서는 더 이상 묻지도 않은 채 그저 뜁니다. 그러다 크게 실패하거나, 큰 병 에 걸리면 강제로 스톱되면서 '여태까지 내가 왜 뛰었지?' 이렇게 묻습니다. 답답한 노릇이죠.

종교, 예술, 과학이 위대하다 하지만 개인성을 바탕으로 할 때는 오직 고통과 공포만 조장합니다. 겉으로는 예쁘게 치장된 종교, 예술, 과학이라 해도, 개인을 진정한 주체로 한다면 결국 비즈니스 딜을 할 수밖에 없습니다. 딜은 온갖 권모술수와 갈등을 일으킵니다.

우리가 이 모순에서 벗어나는 유일한 방법은 우리의 진정한 정체를 알아 전부 하나가 되고 여태까지는 오른손이 왼손과 싸웠 는데, 알고 보니 한 몸이라면 더 이상 싸울 수가 없음을 아는 일입 니다. 사랑을 하고 싶어 하는 게 아니라, 사랑할 수밖에 없기 때문 에 사랑을 하는 것입니다. 우리가 몸 안에 있는 것을 몸 밖으로 끄 집어낼 때, 원래 몸 밖에 있다. 이것[공간]이다. 그렇게 될 때만이 저절로, 칸트의 제1정언명령과 제2정언명령을 따를 수 있습니다.

"개인 기준으로 행위하지 않고 전체성(Wholeness) 내지 의식 기준으로 행위하라." 이것이 칸트의 제1정언명령이고. 제2정언명 령이 황금률이다. "타인을 수단이 아닌 목적으로 대하라." 즉, 너 자신이 주체인 것과 똑같이 주체로 대하라고 하지만, 그렇게 할 수 없습니다. 칸트 자신도 개인의 한계를 그어놨기 때문에 개인은 그 렇게 할 수 없습니다. 그래서 놀랍게도 개인성을 기반으로 하는 종교, 예술, 과학은 진보가 아니고 퇴보입니다. 처음의 종교는 그렇지 않았고 지혜 전통을 잘 계승해 왔습니다. 그런데 이 지혜 전승이 대중에게 가서는 개인화되어 버리니까, 해괴한 일들이 벌어지면서, 이것이 고통과 공포의 원인이 되어 버렸습니다.

지금도 많은 사람이 속고 있습니다. "깨달음이 있고 깨달은 사람이 따로 있다."는 상업적 선전을 통해 무엇을 추구하는지를, 우리는 뻔히 볼 수 있습니다. 그래서 우리가 믿고 의지할 것은 종교, 예술, 과학, 철학도 아니고, 오로지 공인된 선각의 진리의 말씀에만 의지해야 합니다. 이 진리에 대한 믿음과 이해를 가진 사람은 죽지 않기 때문에, 그 어떤 재벌이나 권력자보다도 수승합니다. 개인이 획득했다는 게 아니고, 의식 관점에서 그러한 시각을 가지게 되며. 눈과 마음이 오픈됐다는 겁니다.

자, 그다음에…

진정한 해탈, 자유 측면에서는 아무 일도 일어나지 않는다.

연기법은 무아, 중도, 공이라 합니다. 없어서 공이 아니고. '연기한다.'는 말은, 상대적 개념들이 전부 알맹이가 없어, 서로 의지해 생겨났다가 의지해서 사라져 버린다는 뜻입니다. 이것이 있어야 저것이 있고, 이것이 없어지면 저것도 없어집니다. 그러므로 본질적으로는 아무 일도 일어나지 않는 것입니다. 그래서

우리가 창조한 걸모습은 파괴되는 걸모습을 나타낸다. 또한, 우리가 파괴한 걸모습은 재창조라는 걸모습으로 다시 나타난다.

그렇습니다. 의식 안에서 의식이 일어났다 가라앉았다 합니다. 파도가 있는 듯하다가 없고 또 다 사라지고 잔잔한 듯하다가

느닷없이 파도가 일어납니다. 즉, 창조와 파괴 역시 이원성 안에서 연기적으로 일어나는 상대적 현상입니다. 겉모습으로는 다 있습니다. 그런데 겉모습으로 있는 법칙은 뭐냐? 바로 음양 법칙입니다. 삶과 죽음은 아하! 이제 봤더니, 의식의 활동이구나. 의식의 자기 사랑이구나. 의식의 자기 체험이구나. 이렇게 아는 것! 이것이 마하반야바라밀입니다.

자, 그래서 그다음 단락입니다. 오늘은 서론을 다 마치기로 하죠. 우리가 살아가는 꿈은 전혀 아무런 목적도 없다는 것을 재발견하기 위해서, 우리 본래의 무시간적 본성을 떠나, 동일시된 '의식'(=화신)으로 옮겨감으로써, 이러한 환경이 만들어진다. 이런 깨어남은 꿈 밖에서, 시간 밖에서 드러나며, 개인적 노력, 방법, 과정 혹은 신념을 통한 성취와는 무관하게 완전히 그 너머에 있다.

이렇게 우리 정체를 의식으로 말씀하고. 그다음 우리가 평소에 우리 정체로 아는 이 육체(개인)는 화신인데, 이것 역시도 의식이라고 분명히 이야기하고 있습니다. '컵이 있다.' 이것은 의식입니다. '육체가 있다.' 이것도 의식입니다. 그래서 의식이 의식을 창조해서 의식 체험을 하는 것입니다. 그래서 결국은 의식이 의식을 의식합니다. 이건 마치 아무 말도 아닌 것 같습니다. 주어, 목적어, 동사가 같기 때문에 사실은 아무 일도 일어나지 않는 것입니다. 그러나 무수히 많은 일이 일어납니다.

Nothing and everything! 아무것도 아닌 동시에 모든 것입니다. 진공묘유(眞空妙有)입니다. '의식이 의식을 의식한다.' 다시 말하면, 하나님은 의식으로서의 의식입니다.

자, 여기서,

우리가 살아가는 꿈은 전혀 아무런 목적도 없다는 것을 깨닫는다.

이 말은 개인적 관점으로 들으면 허무하게 들립니다. 사랑과 기쁜 체험을 목적으로 이것을 시작했는데 개인에 매몰되다 보니, 그냥 이원성으로 돌아가는 허망한, 연기 법칙에 의해 아무런 알맹이가 없게 되니 당연히 목적이 없습니다. 우리는 글을 읽을 때 "우리의 진정한 정체는 의식이다."라는 의식의 관점에서 모든 말을 봐야 합니다. 예를 들어 우리가 다섯 살 전후로 이유도 모르고 무작정 질주하는 이러한 사실은 가짜라고 얘기해 주면, 우리는 오히려 기뻐해야 됩니다. 이게 진짜라면 우리는 윤회하면서 영원히 무작정 달려가야 됩니다. 이만큼 끔찍한 고통이 어디 있을까요? 그런데 우리는 안 달려가도 됩니다. 이유도 모르고 70억의 인구가 달려가니 덩달아 달려갈 수밖에 없었습니다. 그러나 선현들은 고통과 공포를 멈추는 자비로운 말씀을 해주셨습니다.

여기서 의식 대신에 wholeness, 즉 전체성과 의식이 같이 사용됩니다. 전체성이 뭘까? 이게 바로 세계입니다. 의식 = 세계. 육체를 포함한 시공간 전체, 즉 세계가 의식이기 때문에 전체성이란 말도 충분히 사용할 수 있겠고 또 그렇게 사용하고 계심을 알 수 있습니다.

자, 서론을 마치고 서론은 살짝 이해가 어렵지만, 최대한 쉽게 강독하기 위해 스피커가 말씀을 올려드렸고. 이제 이후에는 토니 파슨스가 자신을 진정한 개인적 주체로 여기고 수행했던 그런 과정을 아주 적나라하고 솔직하게 밝히고 있으니. 다음부터의 강독은 매우 쉬울 것 같습니다.

# 맥락
## *Context*

# 견성은 '하는 것'이 아니라
# 이미 '있는 것'

2021. 6. 25.

우리는 생사를 해결을 위해 이 길을 나섰습니다. 중간에 견성을 해야 된다는 말을 듣고 견성을 추구하게 된 것입니다. 그러나 견성은 우리가 아는 것과는 완전히 다릅니다. 그래서 견성에 대해서 잠시 언급하고, 토니 파슨스 강독으로 넘어가겠습니다.

견성은 사실은 너무 간단하고 쉬워서 오히려 어렵게 느낍니다. 자아는 가상의 복잡하고 어려운 것을 좋아합니다. 난제를 해결하면 성취감과 후련함이 있기 때문입니다. 진실, 우리의 진정한 정체, 바탕은 어렵거나 복잡해서는 안 됩니다. 왜냐하면 보편적이고 누구에게나 평등한 것이 진리이기 때문입니다. 그래서 우리가 견성에 대해서 가지고 있는 커다란 오해를 풀어보도록 하겠습니다.

일단 견성(見性)을 '성품을 본다.' 하지만, 완전히 잘못된 해석입니다. 견성은 성품을 보는 게 아니고, 견성은 다른 말로 '깨달음' 혹은 '깨어남'입니다. 견성은 성품을 보는 것이 아니고, 곧바로 '보는 성품'입니다. 그래서 보는 성질, 혹은 성질은 퀄리티여서 능력을 의미합니다. 그래서 보는 성질 혹은 보는 능력을 견성이라 하고, 다른 말로는 아는 성질이고 아는 능력입니다.

왜냐하면 본다는 것이 안다는 것이기 때문입니다. 보아보고 안다. 들어보고 안다. 냄새 맡아보고 안다. 만져보고 안다. 생각해 보고 안다. 모든 보는 것은 아는 능력입니다. 이 보는 능력, 아는 능력은 우리가 배워서 얻은 것이 아니고, 기본적으로 장착돼 있는 것입니다. 이 아는 능력은 현대적 용어로 의식이라 합니다. 그러므로 견성은 다른 말로 곧 의식입니다. 깨달음은 곧 의식이고 깨어난다는 것도 곧 의식입니다.

누구나가 다 깨달아 있고 깨어나 있지만, 모든 중생이 자신의 불성을 오해해서 '자기에게는 불성이 없다.'라고 잘못 알고 있습니다.

그래서 지금 견성 문제가 상당히 많은 문제를 일으키고 있습니다. 견성은 도무지 '하는 것'이 아니라는 점을 우리가 잘 이해해야 합니다. 견성은 이미! 이미 '있는 것'입니다. 견성은 절대로 하는 것이 아닙니다. 하면 유위행(有爲行)이 되므로 이미 견성이 아닌 게 됩니다. 따라서 논리적으로라도 견성은 있는 것이어야 합니다. 이미 있는 것, 즉 존재입니다. 존재가 곧 견성이지 하는 것은 행위입니다. 그래서 견성은 이미 존재하고 있는 아는 능력이고 의식입니다. 모든 중생이 의식을 가지고 있고, 심지어 무생물도 의식 속에 있고 의식을 가지고 있습니다. 무생물체가 의식이 없다면 형태를 유지할 수 없습니다. 의식의 파워가 전제되지 않고는 이 컵도 자신의 모습을 유지할 수 없습니다.

그래서 견성은 우리의 본래 정체입니다. 의식은 우리의 본래 자격, 즉 깨달음에 어떤 자격이 요구되는 것이 아니고 우리들의 본래 기본 자격입니다. 기본 자격이 견성이므로 우리의 타고난 권리요, 천부인권입니다. 모든 경전과 어록은 그냥 화살표입니다. 이미 있는 것을 가리키는 것입니다. 그래서 견성은 이미 있는 것이고, 우리의 본래 자격이고 정체이기에, 보호하고 유지한다는 '보림(保任)'이라는 개념 자체가 착각입니다. 자아가 개입되면 전부 엉터리가 됩니다. 견성은 자아가 뒤로 물러나 더 이상의 유위행(有爲行)은 없습니다. 무위행(無爲行)이 우리를 잘 인도하기 때문에 자아는 미리 걱정할 필요가 없습니다.

우리는 전체, 즉 의식입니다. 우리는 아는 것, 앎입니다. 이 앎이 이 (몸) 안에 들어있다고 여기는 동안은 꿈이다. 그래서 "꿈입니다."라고 할 때는 그 말을 잘 알아들어야 합니다. 허망하다는 말이 아니고, 자아 관점에서는 꿈이 고통만 있을 뿐임을 알 때, 즉 우리 정체가 꿈속의 등장인물이 아니고 꿈꾸는 의식이라는 것을 알 때 더 이상 꿈속 등장인물의 희로애락에 우리가 휘둘리지 않게 됩니다.

깨어남은 없어지는 깨어남이 아닙니다. 밤에 잘 때 꾸는 꿈은 깨어나면 꿈이 없어지지만, 이 꿈은 그렇지 않습니다. 꿈이라는 것을 아는 것이 깨어남이고 견성인 것입니다.

그래서 서론 마지막에 토니 파슨스께서도 이렇게 이야기합니다.

깨어남은 꿈 밖에서, 시간 밖에서 드러나며 개인적 노력, 방법, 과정 혹은 신념을 통한 성취와는 무관하게 완전히 그 너머에 있다.

즉, 견성은 있다. 있는 것이지 하는 것이 아니라는 것입니다.

더구나 자아가 나서서 깨닫거나 견성하는 것이 아니기 때문에, 누구는 견성했다느니, 못 했다느니, 나는 견성을 했는데, 너희들은 견성을 못했다느니 하는, 엉터리 짓으로 까부는 행위는 나중에 참으로 입도 뻥긋 못하게 될 시간이 왔을 때 아무 소용없고 엉터리임이 드러나게 됩니다.

토니 파슨스의 말씀을 다시 보죠.

깨어남은, 견성은 개인적 노력과는 완전히 상관없이 그냥 있다.

이 스피커의 말이 아닙니다. 토니 파슨스라는 선각 스피커의 말입니다. 견성은 깨어남입니다. 깨어남은 개인적 노력과 아무 상관없이 있습니다. 자 그럼, 의식은 어디 있을까? 풍광이 있어 본지풍광(本地風光)이라 할 때 풍광이 본지입니다. 저기 버스 소리, 이것이 본지입니다. 본지풍광, 본지성음, 본지음성입니다. 본지냄새, 본지맛, 본지감촉, 본지생각, 이것이 깨어남입니다. 그러니까 시각, 청각, 후각, 미각, 촉각, 생각이 전부 각(覺)이고 의식입니다. 있는 것입니다. 견성은 하는 것이 아니므로 지키고 보호할 필요가 없습니다.

<맥락 Context>을 봅시다. 다음 챕터입니다. 이 챕터는 전후 상황, 즉 이 토니 파슨스가 개인적 관점에서 수행 노력을 해서 견성에 이르고자 노력한 전 상황과, '아 그런 것이 아니구나!, 이것은 개인적 성취나 노력으로 도달하는 것이 아니구나!'라고 알게 된 후, 이 전후의 맥락에 대해서 이야기를 하는 것입니다. 즉, 전후라는 것은 육체 안에 있다가 육체 밖으로 나오게 된 전후 과정에 대해서, 아주 솔직 담백하게 미사여구 없이 온전히 묘사해주고 있습니다. 왜 그렇게 할까? 아직도 몸속에 들어앉아 있다고 오해하며 고통 받는 우리들을 위해, 사랑으로서 말씀해주고 계십니다.

자, <맥락>, 즉 전후 상황을 한번 읽어봅시다.

아주 어릴 때, 나는 시간이라는 것이 없고, 무엇이 되거나 무엇을 할 필요가 없는 마법의 세계 안에 있다는 느낌이 있었다. 단순히 있는 그대로의 존재의 경이로움이 나를 감싸버리는 알 수 없는 단일함 말이다.

Oneness. 단일함입니다.

나는 이것은 거의 모든 어린아이가 같다고 느낀다.

즉, 어린아이 때, 5세 전후, 자아가 나타나 분명히 자리 잡기 전, 자아가 아주 희박했을 때, 기독교 기록 표현으로는, 마음이 가난해서 자아가 매우 유동적이고 천진난만 할 때는 그냥 그대로 순수한 깨달음입니다. 그래서 토니 파슨스뿐만 아니라 우리 모두는 어릴 때는 누구나 이랬습니다. 어린아이의 마음을 노자에서도 늘 강조하고 있고, 기독교에서도 어린아이의 마음처럼 자아가 희박하지 않고서는 천국에 들어갈 수 없다는 이야기를 합니다.

그런데 어린아이 때와 우리의 정체를 믿고 이해하는 지혜가 일어났을 때는 온전히 같지만, 단 하나 다른 것이 무엇이냐? 어린아이는 자각을 하지 못하지만, 성인의 자아는 다시 유연해져 어린아이처럼 됐을 때는 자각을 하고 있다는 차이점밖에는 없습니다. 우리는 누구나 어린아이 시절을 거쳤기에 누구나 대오, 대돈오의 시간을 이미 거쳤습니다. 그래서 일부러 의식 자체의 사랑과 체험을 위해서 자아를 선택하고, 이 자아를 굳혀온 것입니다. 왜냐하면 자아가 굳어질수록 이원성이 실감나기 때문입니다. 그래서 누구나 어릴 때는 시간이 없고, 무엇이 되거나 무엇을 할 필요가 없습니다. 이것은 마법의 세계고, 진리의 세계고, 순수의식의 세계고 깨달음의 세계입니다.

단순히 있는 그대로의 존재의 경이로움,

우리는 존재 내지 의식의 경이로움을 어린 시절에 참으로 많이 신비 체험을 했습니다. 그래서 우리는 잠시 잠깐의 과도기를 거친 다음에 느닷없이 달리기 시작합니다. 소위 '조기 교육'입니다. 3, 4세 때부터 무조건 달리기를 시켜 버리니, 참으로 고통과 공포를 안겨주면서도 부모는 그것을 사랑으로 착각하고 있음이 안타깝습니다.

그래서 견성 내지 깨달음은 어떤 큰 대 선지식만 하는 것이 아니고, 그저 본래 우리의 상태였던 것으로 되돌아가는데, 이제는 어린아이 때는 자각 없는 하나님이지만 자각 있는 하나님은 어린아이와 동일하며 동의어입니다. 그래서 자각 없는 하나님이 자각 있는 하나님으로 돌아가는 과정, 이것이 생사 문제 해결의 길이라고 말할 수 있습니다.

그다음 단락입니다.

겉보기에 어느 날 모든 것이 변하였고 나는 분리와 필요성의 세계 안으로 들어갔다.

자, 이제 자아가 확립되는 과정입니다. 미운 6, 7살이라 하면서 달리기를 시작합니다. 문명과 문화에 동화되기 시작합니다. 이때 사실은 큰 충격파가 오며 누구나 트라우마를 가지게 됩니다. 두번째 탄생인 육체 탄생은 물질적인 트라우마지만, 자아의 탄생과 확립은 정신적 트라우마입니다. 그런데 어쩔 수 없습니다. 자기 사랑과 자기 체험을 위해서는 자아가 필요한 것이니까요.

나는 내가 나와 분리된 어머니와 아버지, 하나의 이름을 가졌고,

56

(사실은 할 수 없음에도) 마치 이것이나 저것을 행하는 선택을 한다는 것을 알았다.

자아는 의식의 대리인으로서 마치 자기가 주체로서 선택을 하는 것처럼 그렇게 행위합니다. 꿈속이나 소설 속의 등장인물도 어떤 때는 자유 의지를 발휘하고, 어떤 때는 운명에 속박되지요. 그다음에,

나는 시간과 공간, 경계와 탐험, 애씀과 조작 그리고 즐거움을 추구하고 괴로움을 회피하는 세계로 옮아갔다.

즉, 진정한 정체, 이 몸 밖에 있다가 인간 체험을 위해 몸 안으로 들어오게 되었다는 거죠. 그래서 예수 그리스도께서도 당신을 지칭하기를, '사람의 아들(人子)'이라 했습니다. 인자는 하나님의 독생자인 동시에 사람의 아들입니다. 100% 의식인 동시에 100% 자아를 소중한 수단으로 사용해서 우리 자신을 사랑하는 그러한 체험을 늘 하고 있습니다. 그리고 알고 보면, 이것은 고통과 공포가 아니라 잠시의 우리의 선택이었고, 진실로는 속박과 자유를 동시에 우리가 창조하고 결단하는 그러한 즐거운 파티였습니다.

# '한마음'이란 무엇인가? Ⅰ 객관적 물질세계는 없다

2021. 8. 18.

오늘은 두 가지 주제로 이야기를 해볼까 합니다.

첫째는, 이 하나의 마음이란 무엇인가? 한마음 또는 일심(一心)이라고 하죠. 모든 종교의 핵심과 지혜는 하나의 마음이라고 할 수 있는데, 현대식 용어로, 하나의 의식이라 말합니다. 그래서 한마음이란 도대체 무엇이고, 또 어디에 있는가에 대한 이야기입니다.

둘째는, 객관적 물질세계, 즉 우리와는 동떨어져 있는 물질이라는 관념이나 생각은 올바르지 않다는 의미에서, 객관적 물질세계는 없다는 것에 관해서입니다.

이 두 가지의 주제로, 토니 파슨스 님의 『오픈 시크릿』 강독을 해보도록 하겠습니다.

첫째, 한마음 = 일심입니다. 한마음에 대해 막연하고 추상적이 아닌, 구체적 이야기로 알아봐야 하겠습니다.

둘째는 1번의 이해가 온다면, 2번은 자연히 따라오는 결론이 됩니다. 우리가 너무나도 당연히 생각하는 객관적 물질세계는 없습니다. 그러면 아무것도 없느냐? 그건 아닙니다. 우리가 이름 붙이기를 '객관적 물질세계'라고 이름 붙였을 뿐이지 실제로는 객관적 물질세계가 있는 것이 아니고, 바로 한마음이 있을 뿐입니다.

그러면 혹자는 이렇게 얘기할 것입니다. "한마음, 일심 또한 우리가 붙인 이름 아니냐?" 역시 이름이라는 거죠. 옳은 지적입니다. 그러나 이러한 언어는 화살표인데, 화살표도 목표 지점에 도달시켜줄 수 있는 이정표 내지 화살표가 있고 그렇지 않은 것이 있듯이, 올바른 화살표가 중요하기 때문에 역시 이름이기는 하지만 '올바른 이름'이라고 이야기할 수 있겠습니다. 이른바 정견(正見)입니다. 정견이란 우리가 도달하고자 하는 목표점에 이르게 해주는 올바른 이정표 내지 화살표입니다.

그렇다면 우리의 도달코자 하는 지점은 무엇인가? 너무나 명백합니다. 이것은 인간뿐 아니라 모든 무생명체와 생명체로 알려진 모든 존재들이 지향하는 것은 (검지 척 하며) 단 한 군데입니다.

삶을 누린다는 것은 이해가 되지만, 죽음을 누릴 수 있을까? 죽음을 누리는 것이 더욱 중요합니다. 삶을 올바른 화살표에 의해 거쳐 갈 때, 죽음은 굉장히 유쾌한 누림이 될 수 있습니다. 그래서 생사 문제를 해결한 이후에는, 생사 문제 해결이 곧 자유롭게 살고 유쾌하게 죽는 것이 됩니다. 이것이 곧 생사를 누리는 것인데, 이렇게 되려면 저 1번과 2번의 주제에 대한 믿음과 이해가 단번에 일어남으로써 돈오 내지 깨달음이 우리의 본래 권리고 천부 인권이었습니다. 인권이란 사람에게 국한된 것이 아니고 모든 생명체와 무생명체의 천부적인 권리인 생사를 통째로 100% 누리는 것입니다.

자, 첫 번째 질문입니다. 한마음이란 무엇인가? 즉, 하나의 의식의 정체와 위치가 어떻게 되는가? 우리가 잃어버리는 것을 가장 두려워하는 것은 바로 의식입니다. 과음이나 마취, 최면 상태 등에서 의식을 상실하는 것을 우리는 제일 두려워합니다.

죽음을 두려워하는 이유도 그것입니다. 의식의 완전 소실을 죽음으로 오해하고 있기에 죽음이 가장 큰 공포로 다가옵니다. 몸 인간관계, 재산, 모두 관리해 주어야 유지되지만, 의식은 관리해 주지 않아도 됩니다. 왜냐하면 의식이 자동으로 작동함을 직관으로 알고 있기 때문입니다. 단지 우리는 죽음에 대한 오해 때문에, 돈과 권력과 남녀를 추구합니다. 왜냐하면, 죽음을 의식의 상실로 여기고 죽음을 되도록 피해야 되기에, 가장 좋은 수단은 돈과 권력 또 인간관계가 있는 것이어서 그것을 추구할 뿐인데, 우리가 만약 이 의식의 진정한 정체와 위치에 대해서 알게 된다면, 물론 돈과 권력을 여전히 추구해도 괜찮지만, 그것은 하늘이 지정한 만큼만 필요함을 알아 과도한 추구로 인한 쓸데없는 고통과 공포를 가져오는 행위는 자동으로 멈추게 됩니다.

요즘 유행하는 말이 있습니다. "지금 여기에 살아라!", "있는 그대로 받아들여라!" 안 됩니다. 그것은 저 1번과 2번에 대한 이해가 일어나지 않는 한, 안 됩니다. 왜? 자아라는 시각에 묶여 있는 한, 결코 자아는 있는 그대로가 무엇인지도 모르고, 또 있는 그대로를 받아들일 수도 없습니다. 의식에 대한 이해와 객관적 물질세계가 있는 것이 아니라는 이해가 일어난 이후에야 저절로 되는 것입니다. 저절로. 이게 점수(漸修)입니다. 돈오(頓悟) 이후의 점수는 저절로 되는 것입니다. 자아가 하는 유위행이 아닙니다. 무위행은 저절로 됩니다. 내가 하는 것이 아니고 아버지인 의식이 합니다.

이 이해는 깊은 돌이킴에 의해서 일어난다. 단순한 이해와는 다릅니다. '3+3은 6이다.'라는 단순 이해와는 다른 차원의 깊은 이해를 이야기합니다. 그것을 깨달음이라 합니다. "가벼운 이해는 증오(證悟)가 아니고 해오(解悟)에 속하기 때문에 깨달음이 아니다."라는 이런 엉터리즘을 이야기하는 도판 셀럽들도 있지만, 조금은 신중하게 스피커의 작동을 해야 한다고 말하고 싶고, 한 가지 고무적인 것은, 이 스피커가 잠시 off되어 있는 동안, 도판 유명 셀럽 스피커들께서 의식이란 용어로 많이 바꿔서 사용되는 것을 몇 번 목격했습니다. 의식이란 단어는 한마음을 대체하는 현대적 단어입니다. 이제는 물리학, 즉 자연과학, 과학철학에서도 의식에 대한 연구를 활발히 하고 있기 때문에, 뭔가 좋은 융합이 일어나고 시너지가 일어나는 것 같아 고무적입니다.

그러면 1번에 대해서 간단명료하게, 추상적이거나 애매모호하지 않게 이야기해 보겠습니다.

첫째, 가장 분명한 것은 지금 육체와 세계가 있다. 이 육체와 세계를 자꾸 분할하는데, 분할할 수가 없다. 육체와 세계는 하나니까. 산하대지 일월성신이 있다. 부인할 수 없다.

둘째는 의식이 있다. 지금 말이다. 지금 이 순간의 이야기다. 세계가 있다. 이것도 지금의 이야기다. 우리가 지금 깊은 잠속에 빠져 있는 건 아니다. 항상 지금 여기의 어떤 것이 분명한가? 지금 여기에 가장 분명한 것은 세계가 있다. 또 이것과 똑같은 수준으로

61

분명한 것은 의식이 있다.

그러면 이 분명한 두 가지를 가지고 우리가 다시는 의심을 일으키지 않아야 합니다. 자, 지금 이 1, 2번. 이것은 진실이고 진리입니다. 이것에 기초해서 추론을 해봅시다. 지금의 세계 상태를 진술해보죠. 지금의 세계 상태는 육체가 있고, 컵과 책상이 있고, 육체가 말을 한다는 작용이 있습니다. 이것이 현재의 세계 상태입니다.

그리고 현재 지금의 의식 상태를 진술해보죠. 지금 무엇이 의식될까요? 컵과 책상이 의식되고, 지금 육체라는 스피커가 말하는 활동이 의식됩니다. 그러면 지금 우리의 경험으로 확실한 것은 세계 상태 진술과 의식 상태 진술이 일치한다는 것입니다. 이것은 무엇을 이야기하는 것일까요? 세계가 곧 의식이고 육체가 곧 의식이라는 것입니다.

세계가 의식임을 죽음에 임박했을 때의 상태에서 그때의 의식 상태를 진술해 보면, 육체가 죽어가는 것을 안다가 됩니다. 즉, 죽음도 의식입니다. 죽음 이후의 세계뿐만 아니라 깊은 잠, 꿈도 없는 깊은 잠에서도 각각의 상태를 진술해 보라고 한다면, 나도 없고 육체도 없고 세계도 없다는 게 상태 진술인데, 깊은 잠에서의 의식 상태 진술 역시 나도 없고 세계도 없고 육체도 없다는 것을 압니다. 그래서 '있다가 곧 안다.'입니다. 그리고 우리가 가장 중요시하는 것이 앎입니다. 그래서 앎을 잃어버릴까봐 가장 두려워합니다.

세계가 있고 그다음에 우리가 육체 속에서 조그마한 의식을 가지고 세계를 아는 것이 아니고, 세계가 곧 의식이고 의식이 곧 세계입니다. 의식은 또 곧 진정한 우리입니다. 그래서 우리가 곧 세계고, 세계가 곧 우리입니다. 다시 말해 모든 생명체와 무생명체의 총합이 진짜 우리의 정체 혹은 내 정체입니다.

오랜 습관에 의한 생각의 습관 때문에 세계가 의식이라고 해도 자꾸 의심을 합니다. 그 의심을 한번 부숴보도록 하겠습니다.

"그래 맞다 치자. 산하대지 일월성신, 바다, 지구, 대륙, 심지어 태양, 달, 이것이 왜 의식이냐? 지구에 인간이라는 종이 나타나기 이전부터 태양과 달은 있었고, 45억 년 전부터 분자 생물, 단세포 생물이 나타났는데 이것은 객관적인 세계 아니냐? 이것이 왜 의식의 세계냐?"라고 의심을 분명히 일으킬 것인데, 살펴보죠.

태양과 달은 크지만, 어디까지나 육체 혹은 자아의 시각입니다. 자아는 시공간 안에서 한계를 가집니다. 마치 소설 속의 캐릭터, 꿈속의 등장인물과 같기 때문에, 꿈 전체를 활동시키는 이 의식, 그리고 소설 전체를 적어내는 작가, 혹은 테마파크 전체를 운영하는 운영자의 그런 시각을 가지고 있지 않기에, 두 개로 분할해서 생각합니다. 한마음, 하나의 의식은 우리 스스로를 체험하기 위해서, 우리 스스로를 너무 사랑한 나머지 우리 자신 안에서 우리 자신을 체험하는 사랑의 도구를 고안해냈습니다. 그것이 소위 말하는 육체고, 각 동식물의 육체고, 바이러스, 심지어 바위덩어리 자체도 자기 체험의 수단입니다.

그러면 바위나 산, 해, 달은 어떻게 저런 견고함으로 보이는 객관성을 갖게 되었을까? 이것은 의식 안에서의 의식의 무한 반복 활동에 의한 굉장히 안정화된 의식이라 할 수 있습니다. 즉, 객관적 세계라 하는 것은 유동적 의식이 아니고 매우 안정된 세계입니다. 즉, 안정화된 의식입니다. 안정화된 의식은 의식의 노하우입니다. 모든 것이 처음에는 굉장히 의식되고 신비롭지만, 익숙해지면,

소위 말하는 자동으로 가라앉아 버려 의식되지 않습니다. 우리가 처음 길을 걷고, 일어나고 손가락을 움직여서 젓가락으로 밥을 먹는 것이 처음에는 매우 신비한 체험이었습니다. 그러나 지금은 그렇게 느껴지지 않습니다. 초심의 잃음이죠. 지금도 만일 두세 살 때 걸음마 배우던 초심을 기억한다면, 매 순간은 전부 기적입니다. 마찬가지로 객관적 물질세계라는 것은 우리가 별도로 떨어져 있는 대상이 아니고 우리 자신입니다. 왜? 이것은 안정화된 의식이니까요.

의식은 어떻게 자기 안에서 객관적 물질을 탄생시켰을까? 의식의 반복 활동입니다. 반복 활동을 통해 노하우가 익혀진 후 그것이 자동 프로세스로 넘어가서 계통발생된 거고. 개체발생은 자동이고 호흡과 심장 박동과 잠들고 깨어나는 것, 그리고 죽음에 이르는 것, 이 전체가 자동 프로세스에 의해 우리가 이미 충분히 습득한 노하우인 것입니다. 그래서 객관적 물질세계는 없다는 건데, 그래서 아무것도 없느냐? 아닙니다. 안정화된 의식을 객관적 물질세계라 합니다. 즉, 해와 달의 다른 이름은 안정된 의식입니다. 즉, 안정된 우리고 진정한 우리입니다.

그러면 안정되지 못한 의식은 어떤 것일까? 바로 지금 계속 시험 단계에 있는 육체, 동식물의 육체, 곤충, 바이러스의 개체성, 이것은 지금 아직 안정화되지 않았습니다. 왜냐하면 의식으로 떠오르고 있기 때문에 계속 우리 자신의 자기 체험의 첨단에 서 있는 것이 바로 자아이고 두뇌인 것입니다. 그래서 불안정하며 불안을 매우 고통스러워하지만, 사실은 알고 봤더니, 99%의 안정화 위에서 더욱 사랑의 체험을 위해서 첨단적으로 발생한 기술이 바로 불안정성이고, 불안정성의 첨단 의식이 다시 노하우를 획득하면 자동 프로세스로 넘어가 그다음에는 인류가 아닌 어떤 종들이 발생할지도 모르는 것입니다. 그래서 객관적 물질세계라는 것은, 즉 우리와 다른, 의식과 별도의 동떨어진 객관성이라는 것은 없습니다. 객관성이라는 것은 허구입니다.

그럼 주관성은 진짜냐? 객관성이 허구라면 주관성도 허구입니다. 도무지 주객 이런 것은 없습니다. 있는 거라고는 오직 한마음, 하나의 의식만 있습니다. 그 의식은 어디 있느냐? 바로 컵이고, 뜰 앞의 잣나무고 버스 소리입니다 이것이 세계 상태 진술인 동시에 의식 상태 진술이기 때문에 하나입니다. 우리는 100년 뒤에는 죽을 것입니다. 그리고 실제로 죽음이 당도했을 때 그 상태는 바로 죽음이지만 동시에 죽음이 의식되는 의식 상태입니다. 어떤 경우에도 의식은 사라지는 것이 아니기 때문에, 이것을 정견 혹은 고대로부터 내려져 온 전승되어온 지혜, 반야바라밀 혹은 모든 종교의 엑기스, 진수가 됩니다.

토니 파슨스 <맥락>의 세 번째 단락입니다.

나는 이러한 경험들을 나의 것으로 소유하게 되었고, 이들이 나의 자연스러운 존재 방식인 것으로 믿었다.

누구든지 어릴 때는 있는 그대로의 존재의 경이로움 속에 있었습니다. 그런데 우리는 5세, 6세를 전후해서 자아를 형성시켜 고의적으로 불안정성을 가져와 우리 의식의 자기 체험을 보다 첨단화하고 고도화하였습니다. 왜냐하면 테마파크는 무한히 재밌는 테마로 자꾸 바뀌어 가야 되니까. 그래서 멀쩡하게 한 마음이었던 것이 자아 내지 육체로 몰입하게 됩니다. 그래야 멋진 체험들이 발생하니까. 그래서 이런 개인적 체험을 '내 것이다.'라고 하게 되었습니다. 이 순간 자유와 행복이 아닌 고통과 공포가 발생하는데, 이렇게 일부러 고통을 발생시키는 이유는 마치 우리가 테마파크에 가서 많은 돈을 내고 고의로 무서움을 즐기는 것과 같습니다. 이것은 비유지만 아주 적절한 비유입니다. 단 100% 대입시키지는 말라는 것입니다.

# 우리는 복수 신분자 I
# 과거 고통을 자유로 바꾸는 연금술

2021. 8. 19.

흔히들 "있는 그대로 받아들이면 모든 문제가 해결되고 심지어 무상정등각에 이를 수 있다."고 이야기 합니다. 그러나 그런 일은 일어나지 않고 불가능합니다. "있는 그대로 받아들이면 모든 것이 해결된다."라고 말하는 사람 자신도 있는 그대로 받아들이지를 못합니다.

자아의 관점을 그대로 간직한 채, "있는 그대로 받아들여라, 받아들일 수 있다." 이것은 참으로 모순되는 말이고 불가능하고 성립할 수 없는 말입니다. "있는 그대로 받아들여라."는 말은 "모든 것은 있는 그대로다."라는 이야기입니다. 다시 말해 의식의 다른 이름이 그냥 있는 그대로고, 참나, 진리, 불성, 혹은 하나님의 다른 이름이 있는 그대로라는 얘기입니다.

그래서 순서가 바뀌어야 됩니다. 의식, 즉 한마음에 대한 이해와 위치에 대한 믿음이 일어난 이후에야, 있는 그대로가 무엇인지 알 수 있습니다. 왜냐하면 있는 그대로는 한마음을 이야기하기 때문입니다. 자아에게 "있는 그대로 받아들여라."라고 한다면, 이것은 자아의 역할인 생존과 번식을 포기하고 "자아, 너는 죽어라."라는 말과 같기 때문에, 자아 관점에서는 있는 그대로 받아들인다는게 불가능합니다.

사실상 우리들이 할 수 있다거나 해야만 하는 일은 없습니다. 왜냐하면 "있는 그대로 받아들여라." 이것은 자아 입장에서는 불가능하고. 또 의식, 한마음의 관점에서는 이미 모든 것이 있는 그대로고, 이미 모든 것을 있는 그대로 받아들이고 있습니다. 창조주가 자신의 창조물을 무슨 있는 그대로 받아들이고 자시고 할 게 없는 것이기에 웃기는 이야기고 코미디입니다. 그런데, 도판에서는 이런 말들이 많이 유행합니다. 마치 영혼의 성장 혹은 자아가 깨달음 체험을 해서 부처로 변한다는 말과 똑같이, "있는 그대로 받아들여라."라는 말에는 많은 신화와 전설이 붙어 있고 이것은 미묘한 엉터리즘입니다.

그래서 정리하자면 이렇습니다. 우리는 이중의 지위 혹은 이중의 역할을 가지고 있습니다. 우리는 의식인 동시에 자아입니다. 자아는 특정한 육체를 가리키며 하나의 의식이면서 동시에 하나의 육체를 구동시킵니다. 우리는 왜 이중의 지위 혹은 역할을 가질까? 이렇게 해야 멋지고 다양한 체험들이 일어날 수 있기 때문입니다. 의식의 자기 체험입니다. 의식의 다른 이름이 바로 '있는 그대로'입니다. 이렇듯 개인을 벗어난 의식에 활짝 눈뜬 반야바라밀을 '있는 그대로'라 하고, '단일의식'이라 합니다.

그러면 자아는 무엇이냐? 자아는 피조물입니다. 우리가 창조주라는 이름을 붙였기에 피조물이 창조되었습니다. 그러니까 하나님의 아들입니다. 부모와 자식은 하나로서 동일합니다. 이름 붙이기를, 창조주와 피조물이라 했는데, 왜냐? 이중 지위와 역할을 말해서 하나의 의식을 이해시키기 위함입니다. 이것은 이 스피커의 이야기가 아니고, 의식의 관점에서 이 스피커를 통해 이야기하는 것입니다. 이중 지위와 역할은 비유적으로는 현대 물리학의 입자와 파동이라는 중첩 현상, 즉 양자 중첩을 말하는데, 양자 중첩에서 모든 물질은 입자인 동시 파동입니다. 물질파(物質波)라고도 합니다. 이 말은 우리가 단독 개체로 알고 있는 컵이나 육체 같은 모든 물질이 개체인 동시에 전체, 창조주인 동시에 피조물임을 말하며 이것은 우리 본래의 이중 지위 내지 역할에서 파생되는 현상을 현대 물리학에서 발견 내지 재발견한 것입니다.

자아는 육체의 생존과 번식을 통해서 지속성을 유지하는데, 이런 역할에 한정된 자아에게, 예를 들어 깨달음을 추구하라든지, 깨닫는 체험을 하라든지, 너를 희생하고 타인을 사랑하라든가, 심지어 있는 그대로 받아들이라고 한다면, 자아는 당장 생존과 번식이 불가능한데 어떻게 이것이 가능할까? 우리는 아주 베이직한 진실을 도외시하기에 이런 오류에 자주 빠집니다.

스마트하게 분별해 내야 됩니다. 자아의 역할이 무엇인지, 의식의 정체와 위치가 무엇인지에 대한 이해와 믿음만 일어난다면, 사실은 아무것도 할 것이 없는데도 불구하고 잘못된 노력을 하게 됩니다. 이렇게 오해에 의한 잘못된 노력으로 우리는 고통과 공포를 맛보게 됩니다.

자, 분명히 해야 합니다. 자아는 깨달음 체험, 사랑, 희생, 있는 그대로, 자아가 변해서 중생이 변해서 부처가 되고, 이런 것은 역할이 아닙니다. 매뉴얼에 없습니다! 자아 사용 매뉴얼에 이런 것이 없습니다. 그래서 자아를 가지고 이런 것을 하려고 하면 안 됩니다. 우리가 할 수 있는 것은 선현들의 말씀을 귀담아듣고 그것을 그냥, '아하! 그렇구나.'라고 크게 한번 돌이켜서 이해하는 것으로, 그것이 돈오라고 수백만 번 이야기해도 지나치지 않습니다.

그러면 깨달음 체험, 사랑, 희생, 있는 그대로, 부처, 이런 것은 무엇이냐? 이 역할은 자아가 아니고 한마음 내지 의식의 역할입니다. 의식의 다른 이름이 바로 깨달음이니 의식은 깨달을 필요가 없습니다. 의식이 이미 깨달음 체험이고, 사랑이고 희생입니다. 사실은 희생이 없습니다. 그냥 자기 사랑을 희생이라 합니다.

있는 그대로 받아들이는 것이 아닌, 있는 그대로 있는 것이 그냥 의식입니다. 우리 모두가 의식입니다. 인간을 포함한 모든 동식물, 곤충, 바이러스, 무생물 전체가 의식입니다.

그렇다면 우리가 할 일은 무엇일까? 전혀 없습니다. 우리는 이미 의식으로서 자아를 사용하고 있습니다. 그러니까 쓸데없는 일을 할 필요가 없습니다. 우리는 이미 있는 그대로 받아들이는 게 아닙니다. 있는 그대로 그냥 있습니다. 그대가 있는 그대로 받아들인다면 그대는 깨달을 것입니다. 혹은 모든 현실 문제가 해결될 것입니다. '어떤 조건을 성취하면 어떤 결과가 있다.'는 이것은 모든 성현들이 엉터리라고 지적했습니다.

의식, 진실, 반야바라밀은 무조건이어야 됩니다. 조건이 붙는다면 꿈속의 일이고 그것이 자아에게는 중요합니다. 우리의 다른 역할인 자아에게는 만약 네가 열심히 공부한다면 시험에 합격할

가능성이 높다고 말한다면 이것은 건전하고 좋은 말입니다. 그런데 생사 문제에서 조건에 얽매인다면 엉터리가 됩니다. 6조 혜능께서도 선정을 닦아 해탈하고 부처가 된다는 것은 엉터리라고 했습니다.

조건적인 이야기들은 전부 자아 관점이기 때문에, 자아의 입장에서는 옳지만, 진실을 목말라 찾고 생사 문제를 해결해서 고통과 공포에서 벗어나고자 하는 분이라면, 자아 기준의 모든 조건적인 이야기들은 잘 새겨들어 맹목적으로 따르는 일이 없어야 합니다.

그래서 간단히 요약하면, '있는 그대로 받아들여라.'에서 '받아들여라'는 빼야 합니다. 왜냐하면, 자아 입장에서 있는 그대로 받아들이기가 불가능하니까요. 자아는 그런 역할이 아닙니다. 한편 우리의 진정한 정체인 의식의 입장에서는, 있는 그대로 받아들이고 자시고 할 게 없습니다. 모든 것이 의식이기 때문에 그저 있는 그대로 있을 뿐입니다.

우리는 자기 창조적 피조물이면서 자기 피조적 창조물이기 때문에, 솔직히 얘기하면, 테마파크 안에서 즐기는 일만 남아 있습니다. 그런데 테마파크라는 사실을 모른다면, 즐길 수가 없습니다. 무서운 고급 놀이기구들은 자아의 죽음을 암시하니까요. 여기가 테마파크임을 알 때, 우리의 또 다른 지위가 하나의 의식임을 믿고 이해할 때, 조건적인 있는 그대로 받아들이면 깨어난다든가 하는 말을, 우리는 즐거운 마음으로 방편 삼아 즐겁게 들을 수 있게 됩니다.

책으로 돌아가서,

열심히 일하고 예절 바르게 행동하며, 나의 선택 및 부가된 일에 성공하고, 결혼하여 아이를 갖고 내 건강을 잘 돌본다면 행복을 거머쥘 좋은 위치에 있게 될 것이라고 교육받았으며 그렇게 믿게 되었다.

자아의 관점에서는 이렇게 해야만 합니다. 열심히 일하고 예절 바르게 행동하고 결혼하고 건강하면, 자아 관점에서의 어느 정도의 자유와 행복은 있게 됩니다. 그러나 거짓과 위선에 혐오를 느껴 궁극의 진실을 찾아 나선 분들에게는 이것은 너무 부족합니다. 자아의 생존과 번식에 관련된 조건적 유위행으로는 진실에 이를 수는 없기 때문에, 토니 파슨스도 일단 어릴 때는 다른 사람이 하듯이 해본 것 같습니다.

나는 이 모든 것을 꽤 성공적으로 수행하였고 때로는 즐겁게 시간을 보냈다.

그렇습니다. 공부하고, 결혼하고, 여러 가지 자아의 좋은 생존과 번식 조건을 위해 노력했고 성공했습니다. 때로는 즐겁게 시간을 보냈습니다. 왜 때로일까요? 생존과 번식은 반드시 죽음으로 결론이 나버립니다. 그러나 의식 관점으로 가면, 이야기는 달라집니다. 자아의 지위는 임시적이지만, 본래 우리의 지위로 올라가면 더 이상 죽음의 공포에서 도망가기 위한 조건적 행위로써 얻어지는 좁쌀 같은 즐거움을 집착해 과도한 고통과 공포를 발생시키지는 않게 될 것입니다.

그러나 나는 또한 뭐라고 꼬집어 말할 수 없지만, 근본적인 무엇인가가 빠져 있다는 것을 알았다.

이것은 직관입니다. 자아의 생존과 번식의 좋은 조건을 위해서 열심히 노력하고 어느 정도 성공했지만 뭔가 빠져 있더라! 왜?

고통과 공포가 만성적이기 때문에, 어차피 죽을 거잖아? 그렇다면 어떤 의미가 있을까라는 것이 됩니다. 근본적인 무엇인가가 빠져 있다는 것, 근본적인 무엇은 무엇일까? 바로 있는 그대로는 우리의 진정한 정체입니다. 생사 문제의 해결입니다. 의식 문제입니다.

근본적인 무엇인가가 빠져 있다는 것을 알았다.

그러니까 궁극의 자유와 평화가 없었다는 것입니다. 사회에서 이야기하는 그런 어느 정도의 성공을 했지만 궁극의 자유와 평화는 없었다. 즉,

어떤 종류의 무언가 비밀스러운 것 말이다.

여기서 비밀이라는 게 나옵니다. 이 책의 이름이 『오픈 시크릿』입니다. 비밀은 비밀이지만 공개되어 있고, 눈앞에 이미 버젓이 열려 있습니다.

우리가 테마파크에 놀러 갔는데 테마파크라는 것을 잊어버렸고, 그래서 무서운 기구를 타면서 진짜 죽음의 공포를 체험할 수는 있지만, 그곳이 테마파크라는 것이 비밀은 아닙니다. 그냥 그 테마파크를 즐기는 사람이 망각하고 있었던 것이죠. 테마파크라는 것은 이미 여러 가지 테마로 인해서 테마파크인 것이 드러나 있습니다. '놀이기구를 탈 때는 이렇게 조심해야 한다.'라고 이미 적혀 있지만 그것을 보려 하니까 잘 안 보입니다.

어떤 종류의 무언가 비밀스러운 것

자아는 지혜롭게 행위할 수 없습니다. 생존과 번식을 해야 되는데, 지혜롭게 행위하면 있는 그대로가 되어 버리고 생존과 번식을 포기해야 됩니다. 그러니까 안 맞는 말을 자꾸 하면 안 됩니다.

결과적으로 나는 빠진 무엇인가를 종교를 통하여 찾아 나서야겠다고 결심하는 듯이 보였다.

보통 우리는 처음에 종교를 찾아갑니다. 그곳에서 종교 활동을 열심히 하면서 나름의 만족을 얻을 수도 있지만, 결국 종교 안에서 대중 종교는 많이 비즈니스화 되어 있고, 전통적으로 고대로부터 전승되어 오는 지혜의 핵심이 많이 결여되어 있습니다. 그래서 결국은 다시 종교 학교를 떠나게 되는 일이 일어날 수밖에 없습니다.

찾아 나서야겠다고 결심하는 듯이 보였다.

왜 '듯이'라고 할까요? 토니 파슨스라는 자아의 입장에서는 무슨 비밀스런 것을 찾아 나서고 종교에 입문해서 열심히 진리를 추구하는 모든 것이 결국은 겉모습이었던 것입니다. 즉, 자아의 관점에서 유위행을 한 것이지만, 나중에 전체의식의 관점에서 자신을 돌아보니, 그 모든 것이, 세상적 성공의 추구가 뭔가 빠진 것 같아, 종교에 입문했던 그 전체가 사실은 의식의 자기 체험이었더라는 것입니다. 그러니까 헛된 고생은 사실은 없습니다. 뒤집어 얘기하면, 있는 그대로 받아들이기 위해 30년을 고생한 사람이든, 아니면 한마디 듣고 이해해서 곧바로 깨달은 사람이든, 사실은 그 전부가 동질의 구경각(究竟覺)입니다 그런데 이 의식관점을 이해하지 못한다면, 본질은 있는 그대로지만, 자아 100%이기 때문에 고통과 공포가 진짜가 되어 버리는 것입니다.

요약하면, 과거는 객관적으로 고정되어 있는 것이 아니고. 지금 현재의 의식에 대한 이해가 일어남과 동시에 과거 전체가 황금으로 바뀌어 버립니다. 그런데 이런 이해가 없다면 고통과 공포는 진짜고, 계속 이어진다는 의미가 됩니다.

종교에 입문해서 진실을 추구하려는 것처럼 보였다는 이 말은 이제 이중 역할 중에 자아의 역할을 되돌아보는 것이었습니다. 이 한마음의 관점에서 이전 자아의 행위를 돌이켜 봤더니, 그 모든 어리석은 행위 전체도 다 이미 있는 그대로였고, 즉 있는 그대로 받아들이는 것도 있는 그대로고, 있는 그대로를 못 받아들여 골방에서 울고불고 하는 것도 있는 그대로였다는 놀라운 진실이 일어나는 것. 그것을 돈오(頓悟)라 하고, 일상에서 재삼재사 확인하는 것. 그것을 점수(漸修)라 합니다.

# 8강

# 내가 깨닫는 것이 아니라,
# 깨달음이 나를 발견하는 것

2021. 8. 20.

깊이깊이 안심하시기를 권유합니다. 매우 깊이 평안하고 안심해도 아무 문제가 없습니다. 우리는 본래 깊은 평화와 안심을 누릴 권리가 있습니다. 왜냐하면 잘못된 것은 아무것도 없기 때문입니다.

우리들은 이중 신분자, 이중 국적자들입니다. 하늘에도 땅에도 우리의 국적이 있습니다. 이중 국적자고, 이중 신분자입니다. 하늘 국적의 의식 신분은 본래 신분이고, 이 자아 신분은 임시적 신분입니다.

그러면 왜, 자아라는 임시 신분을 가져야 했을까? 그것은 테마파크를 즐기기 위함이었습니다. 본래 신분자의 자기 체험을 위해 우리 스스로 임시적 신분을 아주 깊이깊이 숙고를 해서 고안해낸 기적적인 창조물입니다. 생존과 번식에 특화되어 있는 자아는 테마파크를 즐기기 위한 필요불가결한 수단입니다.

이 두 가지 국적, 두 가지 신분이 별도의 것이냐? 불이(不二)라

했습니다. 이 두 가지를 말할 때, 결코 두 가지가 아님을 우리가 기본 베이스로 이해해야 합니다. 그래서 임시 신분이요 임시 국적입니다. 그래서 늘 두 가지 신분을 망각하지 않으면 되는데, 단 하나의 문제는 망각입니다. 엄밀히 얘기하면, 망각도 문제가 안 되는 게, 자기 신분을 망각했다고 해서 신분이 어디 달아나는 건 아닙니다. 일시적 기억 상실에 걸렸다 해서 그 사람의 신분과 모든 권리가 상실되는 것은 아니듯이요. 그러나 망각은 고통과 공포를 초래합니다. 이중 신분이라 해서 두 개가 있는 것이 아닙니다. 두 개의 신분은 딱 하나로, 지금 본래 하나입니다. 본래 하나이기 때문에 하나를 버리고 하나로 갈 수가 없습니다. 예를 들어, 중생을 버리고 부처로 갈 수 없습니다.

자, 토니 파슨스도 동일한 이야기를 하고 있습니다. 다섯 번째 단락을 보도록 합시다.

결과적으로 나는 빠진 무엇인가를 종교를 통하여 찾아 나서야겠다고 결심하는 듯이 보였다.

지금은 본래 신분의 입장에서 임시 신분을 돌이켜 보는 것이다. 토니 파슨스란 임시 신분에 100% 몰입되어 있다가 이제 몸 밖으로 뛰쳐나갔다고나 할까? 이 전체의식을 이해한 뒤에 가만히 과거의 일을 돌이켜 보니, 그것이 헛고생 한 것은 아니고 본래 신분의 입장에서 임시 신분을 100% 잘 사용한 것이더라. 즉, 테마파크 안에서 어떤 테마를 타고 즐기든 간에 잘못된 것은 하나도 없다는 것입니다.

지금 이 책의 전반부에는 지나간 시간을 돌이켜 보니, 어리석었다고 읽을 수 있는데, 전혀 그런 게 아닙니다. 나중에 알고 봤더니, 모든 일은 다 이 의식이더라. 있는 그대로였더라. 즉, 이전에는 어떤 것은 똥이고, 어떤 것은 황금인 줄 알았는데, 나중에 가서 보니, 전부 황금이더라는 얘기입니다. 여기서 이제,

나는 빠진 무엇인가를 종교를 통하여 찾아 나서야겠다고 결심하는 듯이 보였다.

이 말은 종교에 입문해서 열심히 수행 공부해 봐도 어떤 시원한 결과가 없더라. 그래서 그런 시간들이 매우 후회된다. 그런 의미가 아닙니다. 천천히 토니 파슨스 님의 이 진술을 우리의 선입관을 뒤로 하고, 한번 읽고 강독해 보도록 하겠습니다.

그러니까 본래 임시 신분은 겉모습이었습니다. 임시 신분의 자아가 무슨 일을 하든, 결국은 그것은 본래 신분의 활동이었습니다. 의식이 아닌 줄 알았다. 생사 희비 이렇게 늘 두 가지로 양단을 경험하고 울고 웃고 한 것이, 알고 보니 전부 하나의 의식이었다는 얘기입니다.

자, 그래서 그다음 단락,

나는 다시 여러 종류의 수련법과 의식(儀式),

여기 말하는 의식은 종교의식을 얘기합니다. 종교적인 여러 가지 행사, 불교의 예불, 염불, 독경, 참선, 기독교의 찬송, 기도, 새벽 묵상 이런 것이 의식입니다.

그리고 정화(淨化)에 전념하고,

영혼 정화, "영혼 정화가 전제되어야 깨달음에 이를 수 있다." 이렇게 알려져 있습니다. 그런데 묘한 것이 이 정화에 전념할수록 자꾸 오염이 드러납니다. 왜냐하면, 이것은 반대 개념이기 때문에,

우리가 뭔가 정화를 하면 할수록 자꾸 오염된 것이 끊임없이 눈에 보이게 되므로 완벽한 정화는 있을 수 없습니다.

그리고 정화(淨化)에 전념하고 몰두한다면 마침내 영적인 완성이라는 성취를 거머쥘 자격을 갖추게 될 것이라는 말을 듣게 되었다.

영혼의 진화 이야기입니다. 모든 육체 안에 개별적 영혼이 들어 있고, 이 영혼이 계속 생사를 반복하면서 성장해 나가고, 마침내 영혼이 최종 단계에 이르러서 하나님과 결합한다는 이 엉터리 같은 이야기 때문에, 우리가 정신적, 물질적으로 타인의 노예가 될 뿐입니다. 물론 그것도 테마파크 안의 일인데, 기왕이면 좀 재밌는 테마를 즐겨야지, 왜 바보 같은 테마를 즐기는 것일까?

그리하여 나는 또다시 적절해 보인다 싶은 것에는 그것이 무엇이든 완전히 빠져들었지만, 여전히 무엇인가 허전하고 빠진 듯한 느낌의 원인을 발견치 못했다.

이것은 직관입니다. 즉, 종교에 입문해서 그런대로 비즈니스적 뉘앙스에 물들지 않은 종교 조직도 극소수로 있어 거기에서 여러 가지 수행을 하고 의식을 치르고 정화를 할 때는 거기에 합당한 결과치가 나옵니다. 그런데 문제는 이 결과치가 나와도 그것이 일시적이라는 것입니다. 영적인 분야도 마찬가지입니다. 어떤 수련, 종교의식, 그리고 정화를 거치면 그에 합당한 결과치가 나옵니다. 그래서 종교에 완전히 심취해서 빠져들었지만 여전히 무엇인가 허전하고 빠진듯한 느낌을 지울 수가 없었다는 고백인데, 이것이 후회된다가 아닙니다. 돌이켜서 과거의 것을 보았더니, 이 자체가 영롱하게 빛나는 본래 신분의 자기 체험이었다고 우리는 돌이킬 수 있습니다. 그래서 우리가 고향에 당도해서 본래 신분에 대한 망각을 제거하고 나면, 깊은 안심과 함께 임시 신분에까지 영향을 미칩니다. 깊은 안심과 함께 지나간 모든 과거가 황금빛으로 변한다는 얘기입니다. 고통과 슬픔이 고통과 슬픔이 아니었구나! 영롱하게 빛나는 이 의식, 지혜의 불꽃이었구나! 이렇게 우리는 과거의 것을 송두리째 바꿔버릴 수 있습니다. 자, 그래서,

어느 날, 거의 우연처럼 나는 이 비밀을 재발견하였다.

이 비밀이 무엇일까? 공개된 비밀은 무엇일까? 우리의 본래 신분, 바로 이 의식입니다. 이것(몸)은 임시적 신분이었고, 이것(공간)이 본래 신분이었구나! 이렇게 재발견했다는 것입니다. 그다음 말이 더 재미있고 적절합니다.

아니면 아마도 이것이 나를 재발견한 것일 수도 있다.

이것이 더욱 맞습니다. 여기서 말한 이것은 우리의 본래 신분, 의식입니다. 깨달음은 있는데 그 주체가 절대 자아일 수 없습니다. 그래서 "내가 깨달았다!" 이런 말을 누군가 한다면, 전부 미친 소리입니다.

여기서 "나는 이 비밀을 재발견하였다." 이것은 틀린 말입니다. 그게 아니고 "이 비밀이 나를 발견하였다."가 맞습니다. 왜냐하면, 본래 신분의 입장에서 이제는 임시 신분을 바라보는 것이며, 진정한 내가 임시적 나를 발견해내는 것이기 때문입니다.

그래서 칸트도 『순수이성비판』에서 이성의 한계를 명확히 하면서 쓸데없는 형이상학은 하지 말라고 이야기한 게 바로 똑같은 이야기입니다. 자아는 역할이 한정돼 있는데, 자아에게 "본래 신분을 발견하라느니, 제1원인을 발견하라느니, 하나님과 합치를 하라

느니." 라는, 그런 불가능한 요구를 해선 곤란합니다. 그런 말들이 횡행할 때 고통과 공포가 좀 오래 가기 때문입니다.

그러니까 자아가 공개된 비밀을 발견하는 일은 없고 이 공개된 비밀이 자아를 발견하는 것이고, 이것이 깨달음입니다. 자아는 하나님과 부처님에 의해서 오히려 발견돼야 합니다. 이것이 진정한 은총이고 구제입니다. 이것이 진짜 메시아의 복음입니다. 자아가 스스로를 구제할 수 없습니다. 반드시 하나님이 자아를 구제해야 되는데, 이것이 바로 공개된 비밀이 나를 재발견한 것이었다고 이렇게 토니 파슨스 님은 진술을 하고 있습니다.

자, 다음으로 넘어가서,

무슨 일이 일어났는지를 설명하기는 몹시 불가능하다. 이것에 대한 가장 가까운 묘사는, 사랑의 감정으로 휩싸여 압도됨과 동시에 생각과 상상, 마음속의 그림을 완전히 넘어선 전체적인 이해다.

여기 끝 단어에 주목해봅시다. 무슨 일이 일어났는지는 설명하기는 불가능하지만 한마디로 요약하면 '이해'입니다. 이것을 해오(解悟)라고 폄하하거나 해서는 안 됩니다. 그러면 이 길에 들어선, 초심을 가지고 열심히 진리 탐구를 하는 사람들에게 똥바가지를 퍼붓는 것입니다.

의식의 다른 이름은 사랑입니다. 자아는 사랑을 할 수 없습니다. 단언하건대, 자아가 표현하는 사랑은 전부 생존과 번식을 위한 것이지, 우리가 알고 있는 진정한 사랑은 아닙니다. 에로스적 사랑 안에서 우리는 간혹 자아를 상실하기는 합니다. 순간적으로 잠깐씩, 그것이 바로 이 본래 신분, 즉 의식에 의한 사랑이 드러나는 그런 순간입니다. 자아가 나서서 말하는 사랑은 사랑이 아닙니다. 그래서 개인으로 이루어진 인류 역사에서는 사랑은 한 번도 나타난 적이 없다고 할 수 있습니다.

다시 돌아가 보면. 몹시 설명하기는 불가능하다. 무엇이? 이 의식이 자아를 발견해냈을 때, 무슨 일이 일어났는지는 몹시 불가능하지만, 전체적인 이해였다는 겁니다. 전체적인 이해, 바로 이 의식입니다. 이 전체적인 이해, 이것이 말로 설명할 수 있는 최선이다.

왜 그럴까? 본래 신분이 드러날 때, 임시 신분은 잠깐 현실태에서 가능태로 물러나기 때문입니다. 그래서 늘 자아의 입장에서 모든 것을 보고 듣고 생각하다가 이 의식의 입장에서 탁 봤더니, 보는 대상이 사라져 없다는 겁니다. 의식은 전체이기 때문에, 즉 주객이 없어지고, 보는 자와 보는 대상이 사라져 버리고 하나로 탁입니다. 그런데 경험자와 경험 대상이 사라지면 아무것도 없을까요? 아닙니다. 경험자는 없는데 경험이 있고, 보는 자 없이 봄이 있고, 듣는 자 없이 들음이 있습니다.

그래서 이런 의문을 일으킬 수도 있겠습니다. "이 선각 선현의 말씀을 믿고 이해하라고 하는데 그 믿고 이해하는 주체가 누굽니까? 자아인가? 무엇인가?" 이렇게 질문할 수 있습니다. 즉, 깨달음의 주체가 누굽니까? 선현께서 반야바라밀 혹은 고대의 지혜를 말씀을 해주신다는데 자아는 깨닫는 주체가 아니라면 도대체 누가 듣고 믿고 이해하는 것일까?

말하겠습니다. 그런 주체는 없습니다. 믿고 이해하는 주체는 없습니다. 믿음과 이해만 있습니다. 자아의 입장에서는, 이 말이 이해가 안 되고 신비적으로 들릴 수도 있습니다. 그것은 본래 신분은 나누어지지 않는 단일의식, 즉 한마음이기 때문에 그 주체와 대상이 없습니다. 아니, 없는 게 아니고 하나입니다. 주체와 대상이 하나이기 때문에 누가 믿고 이해를 일으키느냐는 이 질문은 자아의 관점이기에 이런 질문을 하게 되지만, 믿음과 이해가 일어나면 믿음과 이해만 있지, 그 안에는 믿음과 이해를 하거나 일으키는 주체는 없습니다. 이것을 무위(無爲)라고 합니다.

토니 파슨스 님도 설명 불가능하다고 했지요. 왜? 이것은 자아가 하는 것이 아니기 때문입니다. 그렇다고 아예 말을 못하냐? 아닙니다. 얼마든지 잘 '무분별 후득지'라 해서 엄청나게 스마트한 분별을 가지고 잘 설명해낼 수 있습니다. 그러고 보면, 깨달음은 우주와 하나 되는 그런 게 아니고 좀 거칠게 이야기해서, 총 아홉 가지의 양상이 있습니다. 즉, 단일의식은 깸 세상, 꿈 세상, 깊은 잠, 자각몽, 임사 체험, 체외이탈로 나타나고, 또 몸이 생겨나기 전과 몸이 죽은 후, 그리고 순간적인 자아가 사라지는 아홉 가지 양상으로 나타나는데, 이 모든 것이 하나의 깨달음이라는 이해, 이것이 전체적인 이해가 되겠고 우리의 본래 신분이 임시적 신분을 재발견해 내었다고 말할 수도 있습니다.

# 영적 완성을 위한 노력이 가장 큰 장애 Ⅰ
# 있는 그대로는 의식의 다른 이름

2021. 8. 21.

　　"무릇 모든 생명이 전부 부처다."라는 유명한 말이 있습니다. "중생이 곧 부처다." 이 말은 중생과 부처가 하나라는 것입니다. 중생이 따로 있고 부처가 따로 있는데 이 둘이 같다는 의미가 아니고, 본래부터 중생과 부처는 하나입니다. one and the same! 하나이고 동일하다는 뜻입니다.

　　"중생이 곧 부처다." 이 말은 중생이 열심히 노력하거나 변화되어서 부처가 된다는 것이 아닙니다. 색즉시공(色卽是空), 이 말은 색이 변해서 공이 된다는 게 아니라 색공(色空)은 하나입니다. 그냥 두 개의 이름을 붙인 것입니다. 이름 없는 하나에 두 개의 이름을 붙일 수 있습니다. 두 개뿐만이 아니고 수백, 수천, 수만의 이름을 붙일 수 있습니다. 실제로 존재하는 모든 이름은 바로 의식의 이름입니다. 그래서 "중생이 부처다." 이 말은 우리는 두 개의 신분 내지 국적을 가지고 있다고 이야기할 수 있습니다. 즉, 우리의 신분은 본래 신분으로서 부처이고, 또 임시적 신분으로서 중생 혹은 자아라는 그러한 두 개의 신분을 가지고 있습니다.

왜 두 개의 신분이 필요했을까? 본래 신분이 보다 적절하게 발현 내지 자기 체험을 하려면 임시 신분이 필요합니다. 두 개의 신분이 있다 해서 우리가 이쪽저쪽을 오간다고 생각해서는 안 됩니다. 왜냐하면, 처음부터 끝까지 '본래'라는 말의 의미는 그대로 본래 신분이기 때문입니다. 우리는 처음부터 끝까지 본래의 신분이지, 본래 신분에서 임시 신분으로 들락거리는 것이 아닙니다. 들락거린다는 오해를 바로잡는 것이 정견이고. 다른 말로는 깨달음이고, 있는 그대로입니다. 결국 본래 부처밖에 없었고, 중생은 본래 없었습니다. 왜? 임시적인 것이니까요. 그리고 본래 신분밖에 없었습니다. 처음부터 끝까지 임시 신분은 없었습니다.

이 모든 것을 주관하는, 주재는 무엇이냐? 바로 단일한 의식입니다. 단일한 의식이 우리의 본래 신분입니다. 그렇다면 단일의식은 육체 안에 들어있으면 안 됩니다. 왜냐하면 육체는 단수가 아니고 복수입니다. 단일의식이 될 수 없습니다. 의식이 육체 안에 들어있는 것이 아니라면 있을 곳은 여기(공간)밖에 없습니다. 알고 보니 처음부터 본래 여기 있었고 있는 모든 것이 의식이었습니다. 컵이 있는 줄 알았더니 의식이었더란 말이죠.

그래서 중생과 부처, 임시 신분과 본래 신분을 이야기할 때 '두 개의 신분이 있구나.'라고 오해해서는 안 되고, 하나만 있다! 하나만 있고 임시 신분은 본래 신분이 활용하는 것입니다. 의식은 우리 자신을 체험하기 위해서, 공통으로 사용하는 이 자아를 의식 안에서 의식으로 출현시킨 것이라고 말할 수 있습니다. 이것은 세상 삶에서 보는 '대리' 제도를 꼭 닮았습니다. 본인은 왜 대리인을 필요로 할까? 본인 스스로의 여러 가지 경험 내지 활동을 위해서는 본인으로만 부족하니까 자기 자신의 대리인을 세워서 마치 자기의 행위인 것처럼 합니다. 그래서 "대리인의 모든 행위는 본인에게 결국 귀속된다." 이것이 대리의 원리인데, 그렇다고 해서 본인이 대리인이 됐다가 본인이 됐다 하는 것은 아닙니다.

대리인이 본인으로서 행위할지라도 항상 본인은 본인으로 남아 있으며, 대리인이 되었던 적은 없습니다. 그런데 사실상 대리인은 없습니다. 무아(無我)입니다. 왜냐하면, 대리인이 본인으로 행동해 버리면 그것은 대리인이 아닙니다. 결국 본인이 있고 대리인이 있는 것이 아니고. 시종일관 본인만 있는 것입니다. 본인은 단일의 식이고 대리인은 자아 혹은 육체라고 비유적으로 이야기를 해볼 수 있을 뿐입니다.

토니 파슨스 님에게 일어난 일은 한마디로, 마음속의 그림을 완전히 넘어선 전체적인 이해였습니다. 마음속의 그림, 이것이 자아입니다. 자아가 뒤로 멀리 물러날 때 우리의 본래 정체가 저절로 드러난다는 뜻입니다. 그래서 여기서 전체적인 이해를 한 자가 누구냐 하면, 절대로 토니 파슨스는 아닙니다. 토니 파슨스는 마음속의 그림입니다. 마음속의 그림이 뒤로 물러나야, 즉 앞에 나서서 설치지 않아야, 즉 대리인이 뒤로 물러나서 본인이 저절로 드러납니다. 대리인이 앞에 나서 있는 동안은 본인은 드러나지 않습니다.

이 전체적인 이해는 자아가 하는 것이 아니고 의식의 이해입니다. 의식이 주체가 되어 이해라는 대상을 일으키는 것이 아니고, 의식이 곧 이해입니다. 이해가 곧 깨달음이니 두 개로 나눠서는 안 됩니다. 전체적인 이해가 일어났다 할 때, 누가 이해했을까? 누구도 없습니다. 무아죠. 그 누구도 없고 다만 그때에는 의식이 전체적인 이해 그 자체입니다. 그렇기 때문에 토니 파슨스라는 자아는 말로 설명하기는 불가능합니다. 말로, 자아의 언어로는 설명하기가 불가능하지만 이것도 어느 정도 시간이 지나 저절로 무위행의 점수(漸修)가 이루어진 후에는, 많은 말을 하고 계십니다. 『오픈 시크릿』이라는 글을 쓰면서 이것은 언어지만, 언어를 사용해서 매우 잘 이야기를 하시고 있습니다. 결국에는,

> 이 재발견은 너무나 단순하지만, 또한 너무나 혁명적이라는 계시와 동반해서 왔으며, 이것은 내가 여태껏 배워왔고 믿어왔던 모든 것들을 단 일격에 완전히 쓸어내 버렸다.

자아로서, 개인으로서 우리 모두가 여태까지 그렇게 살아왔습니다. 왜냐하면 우리는 어릴 적부터, 소위 개인에 바탕을 둔 호모 사피엔스 문명과 문화의 절대적 영향하에 있었으며 개인 중심, 자아 중심이었습니다. 공동체 이념이라 하더라도 반드시 개인을 전제로 합니다. 개인이 있어야 공동체라는 말도 성립되니까요. 여태껏 배워왔고 믿어왔던 모든 것, 이것이 문화와 문명입니다. 단일한 의식에 대한 이해 하나가, 모든 잡다한 개인적 관점을 완전히 쓸어내 버렸다는 것입니다.

> 이 자각 중 일부는, 깨달음은 나의 삶을 살아가는 방식을 바꾸려는 노력 혹은 심지어 삶 전체를 바꾸려는 노력과도 전적으로 무관하다는 것이었다. 이것은 생동하는 있는 그대로에 대한 자각으로서의 전면적인 이동과 관련된다.

깨달음은 내 삶을 바꾸려는 노력과 아무 상관이 없습니다. 참

으로 놀라운 이야기입니다. 어떤 면에서는 자아가 이런 이야기를 들으면 참으로 절망스러워져서 떠났던 길을 되돌아가게 됩니다. 도판을 떠나게 되지요. 우리가 추구하는 생사 문제 해결의 길의 도달점은 자아가 어떻게 사느냐? 이런 것 하고는 무관합니다. 참으로 그렇습니다. 어찌 보면, 대리인이 대리인의 역할을 마치는 것이 본인이 드러나는 것인데, 대리인의 역할을 마친다는 말은 자아가 더 이상 역할을 할 수 없다는 이것이 소위 말하는 깨달음인데, 여태까지 자아 100%로 살아온 관점에서는 이것은 자아보고 죽으라는 얘기인거지요.

"에이, 그럴라고." 이런 사람은 계속 이 길을 걸어갈 것이고, 진정으로 여기에 대한 이해가 일어난다면 심각해집니다. 진지해지고 심각해져서 최종 결단을 내릴 수밖에 없습니다. 계속 이 길을 걸어갈 것인가? 아니면 되돌아서서 예전으로 돌아갈 것인가? 그래서 이 진지하고 심각한 이해, 깊은 돌이킴, 이전에 믿어왔던 모든 것을 다 쓸어버리는 것! 이것이 바로 불퇴전(不退轉)입니다. 되돌아가지 않는다는 것입니다.

불퇴전은 수행을 통해서 일어나는 것이 아니고. 깊은 이해가 있을 때, 자아가 2선으로 후퇴하라는 암시를 듣고도, 자아가 두려움을 일으켜 두려움에 대해서 수긍할 수 있는 것을 불퇴전이라 합니다. 토니 파슨스로부터 단일한 의식으로 관점 이동이 일어났을 때, 관점 이동의 주체는 없습니다. 관점 이동이 단순히 그저 일어났을 때, 이러한 앎이 왔다. 자아의 노력, 또 자아의 삶을 바꾸려는 그 어떤 시도와도 이것은 무관하다는 앎이 저절로 왔다. 이런 뜻입니다.

어쨌든 대리인이 물러나니까 본인이 저절로 드러났다는 이야기입니다.

자, 그다음의 단락을 봅시다.

왜냐하면, 나는 이미 내가 찾고 있는 그것이기 때문이다.

여기서 말하는 나는 단일의식이라 해도 되고 자아라고 해도 됩니다. 본인이 찾는 것은 결국 대리인을 통해서 찾는데, 겉모습인 대리인이 찾고 있지만 사실은 본인의 행위로 귀속됩니다. 대리인은 그 어떤 경우에도 주체가 될 수 없습니다. 주재자가 아니고 주재입니다. 이미 내가 찾고 있는 그것입니다. 모든 것이 단일의식이었다면 그럼 막 찾아다니는 행위는 헛된 거였냐? 아닙니다. 대리인을 통한 본인의 멋진 체험이었습니다.

그다음 계속 보겠습니다.

내가 찾거나 원한다고 생각하는 것이 무엇이든 간에, 그 구함의 쇼핑 목록이 아무리 길다고 할지라도, 내가 바라는 모든 것은 단지 집으로 돌아가고픈 목마름의 반영에 불과하다.

집으로 돌아가고픈 목마름, 이것은 지식 유무, 재산과 권력 유무, 행불행에 관계없이 모든 중생의 갈망임을 우리는 직관적으로 압니다. "아, 임시 신분 대리인은 가짜구나, 진정한 우리가 아니구나."라는 것을 무지몽매한 중생이라도 심지어 동식물, 곤충일지라도 알고 있습니다. 직관으로. 우리의 본래 신분이기 때문에, 언젠가는 집으로 돌아가야 합니다. 테마파크가 아무리 재밌더라도 언젠가는 집으로 돌아가서 편히 쉬어야 합니다.

자아의 모든 행위는 집으로 돌아가고픈 목마름의 반영입니다. 거기에 우열이나 선악은 없습니다. 다만 다른 길을 통해서 같은 목표 지점에 가고자, 즉 고통과 공포의 길로 고향 집으로 가느냐? 아니면 선현 선각의 말씀을 단번에 믿고 이해해서 지름길로 가느냐? 이 차이일 뿐이지, 사실 목표 지점은 동일합니다. 왜 그럴까? 모든 중생이 부처라 했지, 도 닦는 중생만 부처라 하지 않았기 때문입니다. 이 부분을 잘 이해해야 합니다. 중생이 부처라 할 때 모든 중생은 평등합니다.

이런 말을 들으면 이해를 해야 합니다. 자아가 깨닫고 깨달음의 체험을 하고 "내가 깨달았다." 이것은 참으로 어리석고 엉터리 같은 코미디임을 확인해야 합니다. 그렇게 해야 첫 단추가 꿰어지는 것입니다.

자, 집은, 즉 우리가 돌아가는 본래 신분이니까 이미 돌아와 있습니다. 그런데 자아의 관점에서는 참 멀고도 멀게 돌아가는 것입니다. 마치 꿈속에서 헤매는 것과 같습니다. 꿈속에서 아무리 헤매도 그냥 의식 안에 있습니다. 꿈꾸는 주재는 의식입니다.

집은 완전한 일체(一體)이고 본유적(本有的)이며 당연한 현실이다.

여기서 키워드는 일체 하나라는 것, 의식은 하나라는 것, 본래 있다는 것이고 또 바로 이 현실이 그렇습니다. 이것은 단순한 지금 있는 그대로입니다. 받아들이고 안 받아들이는 이런 왔다갔다는 바로 이곳이 자아가 자기의 삶의 방식을 바꾸려는 노력으로 깨달음과 무관합니다.

다른 어디로 갈 것도 없으며, 다른 무엇이 될 것도 없다.

어디로 간다는 것은 내가 올바른 장소에 있지 않다는 것입니다. 올바른 장소에 있지 않으면 올바른 장소로 이동해야 되는데,

모든 것이 올바른 장소라면 이동이 필요가 없습니다. 우리의 본래 정체를 안 이후에는 다른 무엇이 될 것이 없습니다. 이미 그것이니까요.

그다음 단락입니다.

물론 형언할 수 없는 것에 대하여 말을 통해서 의사소통한다는 것은 불가능하므로, 이러한 선언적 진술은 비밀의 드러남에 대한 나의 이해를 표현하고자 하는 시도이다.

나의 이해는 의식의 자각을 이야기합니다. 토니 파슨스가 무슨 진리를 이해했다는 게 아니고. 의식의 자각, 스스로의 각성입니다. 스스로 아는 것입니다. "자기 자신을 알라."라고 할 때, 스스로 아는 것, 이게 자각입니다. 자각을 자아의 언어로 표현하기는 좀 어렵습니다. 왜냐하면, 자아는 아무리 이야기해도 대리인 신분이니까요. 자아는 본인인 것처럼 그럴듯하게 이야기하지만, 어디까지나 대리인에 그칩니다. 그래서 최대한 차선까지 이야기 할 뿐, 최선은 할 수 없습니다. 그것을 한번 해보겠다는 말입니다. 전체적 이해를 표현하고자 하는 시도입니다. 그다음에,

나는 깨달음, 시간, 목표, 영적 완성을 성취하기 위한 나의 노력에 대한 믿음이, 언제든 직접 누릴 수 있는 일체성을 곧바로 가로막는다는 것에 대하여 설명하고자 애쓸 것이다.

이게 참 중요한 이야기로, 깨달음, 시간, 목표, 영적 완성의 성취를 위한 노력과 그런 노력으로 영적 완성이 오리라는 믿음이 오히려 우리가 원하는 깨달음을 가로막습니다. 참으로 아이러니하죠. 오히려 세속에서 돈과 권력을 추구하는 사람보다 훨씬 더 멀어집니다. "영적 완성의 성취하기 위한 노력이 가장 큰 깨달음의 가

림막이다."라는 것에 대해 설명하고자 애쓸 것이다. 좀처럼 믿기 어려우니까요. 그래서 부처님께서도 처음 법륜을 굴리시기 전에, 참으로 번민을 하셨습니다. '이것을 믿을 수 있을까?', '우리가 이미 우리뿐 아니라 모든 생명이 있는 것들이 이미 깨달음 그 자체라는 것을 누가 믿을 것인가?'

6조 혜능(惠能)께서도 5조 홍인(弘忍)으로부터 이 지혜의 정수를 귀로 들었을 때, 참으로 찬탄하면서 이랬습니다. "하기자성 본자구족(何期自性 本自具足)" 이렇게 했습니다. "어찌 기대나 했으리오. 이 깨달음이 본래부터 있었다는 이것을." 이렇게 이야기합니다. 참으로 믿기 어렵지만, 현대적으로 그렇게 간단히 이야기할 수 있습니다. 어찌 이 육체가 자기 스스로 보고 듣고 느끼고 생각하고 이렇게 하겠냐? 반드시 어떤 원인이, 제1원인이 있을 것이다. 이것이 잘 이해될 때, 우리의 본래 신분은 저절로 드러납니다. 그다음에,

> 어떻게 분리, 두려움, 죄책감 그리고 추상적 관념이라는 환영이, 나로 하여금 이러한 영향력들을 포용함과 동시에 이들을 변용시키는 자유로부터 눈을 돌리게 하여 혼미하게 만드는지를 말이다.

이것은 영어 표현이 상당히 복잡해서 언뜻 보면 무슨 말인지 이해가 안 됩니다. 직역은 이렇게 할 수밖에 없습니다. 우리는 자아 입장에서 이 분리감, 두려움, 죄책감, 또 온갖 상상, 이런 것을 우리의 진짜 정체로 삼습니다. 그래서 이런 것들로부터 벗어나 자유와 행복을 찾고 고통과 공포에서 벗어나기 위해서 자아를 닦달합니다. 그런데 이런 닦달이 자유와 행복으로 가는 것을 가로막고 있습니다. 참으로 놀라운 패러독스죠. 그런데 그런 게 아닙니다. 있는 그대로를 받아들이면 분리감, 두려움, 죄책감 같은 것들이 다

사라지고 자유와 행복이 올 것입니다.

　아무리 해도 안 되고 불가능합니다. 물론 어떤 때는 될 수도 있습니다. 되는 듯하다가 또 안 되서, 지옥과 천당을 오갑니다. 순서가 잘못되었어요. 순서가. 그러니까 고통과 공포를 벗어나기 위해서 고통과 공포를 없애고 자유와 평화로 가야 되는 게 아닙니다. 이 말은 고통과 공포를 그대로 다 느끼고 겪으란 말이 아닙니다. 그래서 부처님은 고집멸도에서 고통과 공포가 있지만 고통과 공포를 멸하는 방법도 있으니 제일은 정견이라 하셨습니다. 정견(正見)!

　정견은 쉬운 것입니다. 오견(誤見), 오해, 잘못 보는 것을 그만두고 그냥 똑바로 바라보라는 것입니다. 무엇이 정견이냐? 할 때, 부처님께서는 반야바라밀을 이야기했습니다! 즉, 우리는 육체와 자아가 아니고 의식, 마음이라 했습니다. 마음은 몸 안에 들어있는 것이 아니고. 오히려 몸이 마음 안에 들어있다고 했습니다.

　순서가 거꾸로 되었습니다. 정견이 먼저 있을 때 부산물로 저절로 따라오는 것들이 사랑, 봉사 지혜, 있는 그대로 수용, 이런 것들이었습니다. 즉, 순서로 보면 정견이 1번이고. 부산물들은 2번입니다. 2번, 즉 선결문제 오류입니다. 먼저 해결해야 할 부분은 차치해놓고 2번을 아무리 건드린들 이것이 맞느냐는 말입니다. 사랑, 봉사, 지혜, 수용, 소위 말하는, 육바라밀, 인의예지신, 이런 것이 올까요? 이것은 자아들이 할 수 없는 것들입니다. 그렇다고 자아를 죽이란 말은 아닙니다. 자아가 그냥 뒤로 물러나 있으면 됩니다. 자아는 그대로 생존해도 됩니다. 대리인은 그대로 있고 본인이 결단하면 됩니다. "대리인 잠깐 뒤로 물러나봐." 하고 본인이 나서는 것이 정견입니다.

그러면 이제 우리가 수행하는 모든 것, 네 이웃을 사랑하라. 봉사하라. 지혜롭게 행위하라. 있는 그대로 수용하라. 이런 것은 하지 말라. 해도 그냥 저절로 되고 의식되지도 않습니다. 의식되면 이미 선이 아닌 위선입니다. 위선적 선, 위선적 악만 의식되지 선 자체는 의식할 수 없습니다. 왜냐하면 단일의식의 활동 내지 작용이어서 의식되지 않기 때문입니다.

그래서 순서가 잘못됐다는 겁니다. 정견! 지혜에 대한 믿음과 이해, 이것이 급선무입니다. 이것이 선결 문제고 그다음에 시간이 나면 나머지에 대해 고려할 수 있습니다. 그래서 목표 지점에 도달하는 것을 방해할 뿐이라는 도판의 해묵은 이야기지만, 우리가 좀처럼 믿지 않는 이야기는 다시 반복됩니다. 그다음 단락입니다.

나는 또한 환영에서 놓여나고 풀려지는 이 자유에로의 열림이 얼마나 애씀 없이 쉽고 자연스러운 일인지를, 할 수 있는 최선의 방식으로 표현할 것이다.

작은 믿음으로는 이해가 어렵기 때문에, 최선으로 이야기해 보겠다는 것입니다. 우리의 본래 정체를 믿고 이해하는 것이 얼마나 애씀 없이 쉬운지를 말하려 합니다. 우리의 본래 정체는 사랑이기 때문입니다. 사랑은 사랑해야 되기 때문에 하는 것이 아니라, 사랑 이외에는 다른 것을 할 수 없기에 하는 것이라는 참으로 아름다운 이야기가 있는 것입니다.

# 10강

# 현대 대승운동과 종교개혁

2021. 8. 22.

　　한마음에 대한 믿음과 이해가 있다면, 이전의 모든 것이 완전히 바뀌게 됩니다. 즉, 삶에서 자유로워지고, 죽음에서 유쾌하게 됩니다. 이전의 불편하고 불만스러웠던 모든 것이 편안해집니다. 불편이 편안으로 바뀌는 것이 아니고, 불편 그 자체가 편안해집니다. 왜 그럴까? 이에 대한 말씀과 이것은 노력하고 수행하는 것이 아니란 점, 두 가지를 알려 드려야 될 것 같습니다.

　　한마음이라는 것이 어디 멀리 감추어져 있는 것이라면, 열심히 노력하고 수행하고 공부해야 되겠지만, 지금 이미 있는 것이고 우리의 타고난 권리이므로 어려운 것이 아닙니다. 그냥 순간적인 이해와 믿음, 그걸로 족합니다. 물론 깊은 이해가 전제되지만요.

　　둘째는 왜 자유롭고 유쾌하게 되느냐? 한마음은 하나의 마음이고 단일의식이라서 여러 개가 아닙니다. 우리는 여태까지 개인을 기초로 하는 문명과 문화에 익숙해 왔기 때문에, 의식이 몸 안의 두뇌나 가슴 안에 있다고 여겼기에, 네 의식 내 의식이 따로라고 막연히 생각해 왔습니다. 의식 의식이 각 육체 안에 들어있다면 70억의 인구이면 70억 개의 의식이 있습니다. 70억 개의 별도 세상이 출현합니다. 그러나 한마음이 진리라면, 한마음은 육체나 두뇌에 들어있을 수가 없습니다. 하나의 마음이므로 의식은 여기(공간)에 있을 수밖에 없습니다.

만약 단일의식이 이것(공간)이라면, 이것은 시간과 공간을 관통하여 있는 것이고, 시간을 관통하여 있다는 것은 영원하다는 것이고, 공간을 관통해 있다는 것은 무소부재(無所不在)하다는 것입니다. '어디에나 있고 영원히 있다.' 이것이 한마음의 의미입니다. 이것의 다른 이름이 '있는 그대로'입니다. 한마음, 일심의 현대적 용어는 단일의식입니다. 하나로 같습니다. One and the Same이죠. 의식은 하나이고 같은 것입니다. 결국 모든 것이 자기 자신, 우리 자신이 됩니다. 세상 만물, 시공간, 모든 것이 스스로의 몸이고 스스로의 정체입니다

이렇게 되면 자연스럽게 어떻게 될까요? 그냥 사랑입니다. 사랑하는 게 아니고, 사랑받는 게 아니고, 그냥 한마음은 그 자체로 사랑인 것입니다. 모든 게 자기 자신이기 때문에 이름이 봉사지 봉사가 있을 수 없습니다. 왜냐하면, 하나이기 때문에 모든 게 자기 몸이고 자기 정체이므로, 봉사하는 사람도 봉사 받는 사람도 없는 거죠. 희생하는 사람도 희생당하는 사람도 없습니다. 인내하는 사람도 인내를 받는 사람도 없습니다. 있는 모든 것이 있는 그대로 사랑과 자유입니다.

이어서 가겠습니다.

이러한 작업을 명상적 삶으로 인도한다거나 "지금 여기에 존재하기"를 권고하는 것으로 본다면, 핵심을 완전히 놓치는 것이다.

여기서 이러한 작업이란 지금 토니 파슨스라는 스피커를 통해서, 우리의 진정한 정체가 단일의식이라는 이해가 일어나도록 하는 작업입니다. 토니 파슨스 스피커는 뉴에이지 계통의 영성 서적과는 뉘앙스가 많이 다릅니다. 여기에는 "무언가를 하라."라고 하지 않습니다. "뭔가를 공부하고 수행하고 뭔가를 하면, 어떤 결과가 나올 것이다." 이런 게 일체 없습니다. 그렇게 되면 그것은 조건적인 것이 됩니다. 진리는 무조건이기 때문에 맞지 않죠. 미래의 어떤 목표 지점 제시는 영적 학교에서, 방편으로 이야기될 수 있겠지만, 고통 받는 중생은 타인이 아닌 자기 자신이므로, 도판 6세대를 거치는 현재 시점에서는 이러한 방편은 오히려 좋지 않고 고통과 공포를 조장합니다. 방편이란 그야말로 유인책이며 과장되게 얘기하면, 사기입니다. 사기로 일단 꾀었으면 뒤에 가서 진실을 이야기해 줘야 마땅합니다.

토니 파슨스 스피커는 우리 한국인들에게 대중적이지 않고 타협하지 않기에, 미래에 대한 희망이나 목표를 주지 않고, 또 어떤 수행 방편으로 단기간의 결실을 약속하지 않기에, 인기가 없는 것이 아닌가 싶습니다. 그냥 담담하고 진지하게 있는 사실을 사실대로 누구나의 호주머니 안에 있는 이 깨달음에 대해서, 계속 이야기를 하는 것이지, 다른 이야기를 하는 것이 아닙니다. 성스러운 분위기를 조장하거나 장밋빛 미래를 약속하거나, 신비주의 뉘앙스를 풍기지 않습니다.

자, 그다음 단락입니다.

이러한 선언적 진술은 우리의 진정한 됨됨이에 대한 인식에서의, 단일하고도 혁명적인 도약에 대하여 말하는 것이다.

토니 파슨스 스피커의 지금 작업은 단 하나, 선언하는 것입니다. 선언적 진술은 말로 선포하는 것입니다. 무엇을? "안심하라, 이미 우리가 이것이다.", "그대가 그것이다."가 아니고 "이미 우리가 이것이다."입니다.

우리는 자아나 육체라는 임시 신분을 가지고 본래 신분을 충분히 경험하고 있습니다. 이렇게 선포하는 것입니다. 이것은 진정한 복음입니다.

동시대인들의 이해를 위해 말과 단어는 바뀌었습니다. 과거에는 "우리가 이미 하나님의 왕국 안에 들어있다.", "모든 사람이 부처다.", "모든 중생 안에 불성이 있다." 이런 식으로 표현했지만, 현대에서는 어떻게 해야 될까요? 우리는 육체와 자아를 사용하는 단일의식이다. 이렇게 선포하는 것! 이것이 선언적 진술입니다. 이 선포는 우리의 진정한 정체에 대한 혁명적인 도약을 가져옵니다. 사랑, 자유, 평화, 있는 그대로, 이런 것들이 그냥 부지불식간에 저절로 됩니다. 무위(無爲)입니다. 무위자연(無爲自然)입니다.

이것은 꾸밈이나 장황한 설명이 필요 없으며, 한 번 자각하여 깨어나면 더는 말할 것이 남지 않게 되는 것이다.

꾸미지 않습니다. 비즈니스가 개입되지 않으면 꾸밀 필요가 없죠. 보통 어떻게 꾸밀까요? 지금 있는 것을 마치 미래에 가져다 줄 것처럼 꾸밉니다. 성스럽고 신비하게 꾸미고, 건축이나 복장으로 권위 있게 꾸고, 장황한 설명을 붙이는데, 이런 것이 일체 없습니다.

한 번 자각하여 깨어나면, 더는 말할 것이 남지 않게 되는 것입니다.

여기서 자각하고 깨어난다 함은 우리 정체에 대한 깊은 이해를 말합니다. 깊은 이해라고 해서 오랜 시간이 걸린다고 오해해선 안 됩니다. 0.01초 안의 짧은 순간 안에서 깊은 돌이킴이 일어날 수 있습니다. 회광반조(廻光返照)죠. 사실 우리 정체는 단일의식이고 이것은 몸 안에 들어있지 않습니다. 더 이상 얘기할 것이 없습니다.

분명히 하자면, 여기서 깨달음, 완성, 자유, 일체성 등의 말은 내가 해탈이라고 부르는 것과 같은 말이다.

그러니까 어떤 이름을 갖다 붙여도 그것은 전부 단일의식의 이름입니다. 자유, 일체성, 깨달음, 전부 의식의 다른 이름입니다. 그래서 마조(馬祖) 선사께서도 "모든 이름은 마음의 이름이다."라고 마조어록 초반부에 선포하셨습니다. 그래서 모든 이름은 의식의 이름입니다. 깨달음, 자유, 해탈, 컵, 나무, 버스 소리, 태양, 달 모두 의식의 다른 이름입니다. 우리의 기억과 의식은 어디에 있을까? 기억은 두뇌 안에 있지 않습니다. 우리가 낮에 빛나는 태양을 보고 '아, 저게 태양이다.'라는 인식 혹은 의식이 있을 때 그것은 기억을 기반으로 하며 기억은 머릿속에 있는 것이 아니고 태양이 있는 바로 그곳이 기억입니다. 우리가 태양을 볼 때 태양이 위치하는 그곳이 바로 태양의, 태양이라는 기억이 저장되어 있는 메모리 저장소입니다.

자, 그다음으로 <성취는 없다 No Achievement>라는 제목으로 공개된 비밀을 말씀하는데, 성취는 없습니다. 왜냐하면, 성취란 이미 두 개로 나뉘어 있어서 성취한 게 있다면 지금은 아니라는 뜻이며, 그것은 단일한 의식이 아니게 됩니다. 단일의식은 시간과 공간에 있어서 무소부재하고 영원불변하기 때문에 성취는 없는 것입니다.

　자아나 육체의 관점에서는 성취는 당연히 있습니다. 임시적 신분인 자아는 끊임없이 성취를 해야 합니다. 그래야 생존과 번식을 유리하게 영위할 수 있기 때문이죠. 그것이 잘못된 것은 아니며 우리가 정확하게 분별만 할 수만 있으면 됩니다. 자아의 역할과 단일의식의 정체, 즉 본래 신분과 임시 신분의 정체와 관계에 대해서, 우리가 정확하게 이해하고 분별한다면 문제될 것은 아무것도 없습니다.

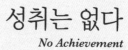

# 성취는 없다
## *No Achievement*

# 11강

## 내가 컵을 본다고? I
## 의식이 의식을 의식한다

2021. 8. 23.

이 '본다.' 혹은 '보인다.'라는 의식 현상 안에 공개된 비밀이 다 들어있습니다. 우리는 흔히 '내가 무엇을 본다.'는 생각을 좋아하는데, 왜 그럴까요? 호모 사피엔스의 문명적 문화적 습관이기 때문입니다.

이 '본다.'는 의식 현상의 설명을 위한 방법들이 많은데, 그중 하나가 '주체가 객체를 본다.', '정신이 물질을 본다.', '내면이 외부를 본다.' 등의 설명 방법입니다.

굳이 주체, 객체로 나눌 필요가 없습니다. 왜냐하면, 실제로 일어나는 일은 그렇게 나누어져 일어나는 게 아니기 때문이죠. 예를 들어, 객관 물질세계가 먼저 있고, 주관 정신세계에서 객관 물질세계를 인식 내지 의식한다 함은 사실이 아닙니다. 봄의 현상, '본다'는, 이 '보인다.'는 현상에 대한 그냥 상식적으로 납득 가능한 정도의 하나의 설명입니다. 이것이 왜 중요할까요? 문화적 습관에 동조된 이 생각이 우리에게 고통과 공포, 죽음을 가져오기 때문입니다. 이 생각 하나가 엄청난 차이를 가지고 옵니다. '어떻게 생각하고 바라보느냐?'라는 관점 하나에 천당과 지옥이 갈리니까, 선각의 말씀을 숙고해볼 필요가 있습니다. 이 부분이 평범해 보이지만 상당히 중요하기에, 실용적인 방법으로 이야기해보겠습니다.

예를 들어 내가 컵을 본다 할 때, '주체가 객체를 본다.' 혹은 '정신이 물질을 본다.' 이렇게 되고, 심지어 사람이 세계를 본다. 동물이, 곤충이, 심지어 박테리아, 바이러스가 세계를 본다고 우리는 즐겨 생각합니다. 그다음 또 이렇게 합니다. '내면이 외부를 본다.'고 생각합니다. '본다.' 혹은 '보인다.'는 현상은 '봄'입니다. 이 봄에 대한 천억 가지 가능한 설명 중에 그냥 우리가 채택한 하나의 설명일 뿐입니다. 이것이 어디서 유래되었느냐? 주로 고대 그리스 자연 철학자들에 의해서 확립되었으며, 본래 수메르, 이집트, 히브리, 인도 베단타 전통에서는 그리스 자연철학의 전통을 계승하지 않았습니다.

현재 전 지구적으로 그리스 자연철학과, 바울의 기독교 철학적 생각의 유행 때문에 우리도 그런 학습을 받았습니다. 그래서 우리는 '내가 컵을 본다.', '주체가 객체를 본다.', '정신이 물질을 본다.', '사람이 세계를 본다.', '내면이 외부를 본다.'고 말합니다. 우리 역시도 그들과 같은 2, 3천 년 전 관점에서 우리 자신을 바라보고 있는 것입니다.

그러나 고대 지혜 전승에서, 이 '본다.'는 참으로 기적 같은 현상을 어떻게 설명을 했느냐? 현대적으로 단언을 해 보면, '의식이 의식을 의식한다.' 이 얘기입니다. 이것을 한자로 바꾸면, '자각(自

覺'이고, '스스로 안다.' 우리말로 하면, 저절로 안다는 것으로 '저절로'라는 말 안에는 특별한 행위 주체가 없습니다. 고대의 지혜 전통으로 표현하면, '의식이 의식을 의식한다.'고, 중국 중심의 동양적 용어로는 자각, 혹은 불교적 용어로 깨달음입니다.

그래서 우리가 컵을 본다. 뜰 앞에 잣나무라 할 때, 실제로 무엇이 있냐? 늘 자각이 있고, 깨달음입니다. 의식이 의식을 의식하고 있습니다. 그래서 구태여 보고 듣는 데에, 주체가 그다지 필요한 것이 아님을 이해하게 될 때, 참으로 묘한 느낌이 일어납니다. '그래 맞아. 꼭 주체가 있어야 보이는 게 아닌데, 왜 주체가 있음을 고집했을까?' 이 얘기입니다. 즉, 우리의 일상에서, 이미 모든 것이 깨달음입니다. 왜? 내가 컵을 본다. 이것은 혹은 정신이 물질을 본다는 것은 그냥 하나의 설명이고, 사실, 팩트, 진실은 무엇이냐? 그저 하나의 의식, 유일한 자각, 유일한 깨달음, 저절로 일어나는 앎이 있을 뿐입니다.

자, 그래서 평소 일상생활에서 무언가를 보고 들을 때, "내가 컵을 본다."라고 하는 대신 "의식이 의식을 의식한다!"고 해보세요. 보고 듣는 것뿐만 아니라 맛보고 냄새 맡고 감촉하고 생각할 때, 그 모두에 "의식이 의식을 의식한다."고 적용해 보세요. 이렇게 고의로 일부러 자꾸 직접 말로 이렇게 해보는 것, 이것이 도판, 셀럽 도사들이 하시는 말씀을 나의 것으로 만드는 하나의 방법은 아닐까 합니다.

의식이 의식을 의식하면, 하나가 되며 하나는 없어집니다. 무(無)가 됩니다. 하나에서 둘이 나와 주객으로 갈라진다 함은 하나의 설명입니다. 본래는 하나밖에 없습니다. 또한 하나는 자기가 자

105

기이기 때문에 특별히 인식할 필요가 없습니다. 그래서 무(無)라 합니다. 없어서 무(無)가 아니고. 특별히 설명할 필요가 없기 때문에 무(無)라 하고, 혹은 공(空)이라 합니다. 그래서 이 무는 없는 것이 아니고. 공은 텅 빈 것이 아닙니다. 꽉 차 있는 무, 꽉 차 있는 공입니다. 무엇으로 꽉 차 있나? 이것(의식)으로 혹은 지혜로 꽉 차 있습니다.

그러면 토니 파슨스 님의 『오픈 시크릿』 다음 장을 보겠습니다.

<성취는 없다>입니다.

성취는 없습니다. 물론 우리의 대리인이고 임시 신분인 자아의 관점에서는 여러 가지 성취할 게 있습니다. 그러나 본질적으로 성취는 없습니다. 그러므로 성취와 불성취를 우리가 즐길 수 있습니다. 테마파크에 가면 본질적으로 무서움과 평화가 없습니다. 회전목마는 평화고 자이로드롭은 공포지만, 본질적으로는 전부 뭐일까요? 모두 다 돈 주고 즐기는 즐길거리입니다. 마찬가지입니다. 자아의 입장에 기대는 한 성취는 있습니다. 주체가 객체를 성취해야 합니다. 자아 관점에서의 성공이나 실패는 그냥 의식이 의식을 의식한 것이었다는 본질에 발을 딛고 보면, 성취, 불성취가 전부 하나로 돌아갑니다. 만법귀일(萬法歸一)입니다.

그런데 "성취가 없다."라고 해서 '아무것도 성취해서는 안 되는구나.' 이렇게 착각해선 안 됩니다. "성취가 없다."는 이 지혜를 아주 깊이 이해한 다음에는 드디어 진정한 의미의 성취를 즐길 수 있습니다. 왜? 불성취도 이제는 성취임을 알기에 그렇습니다. 성취가 없게 되면 어떻게 될까? "모든 것이 성취입니다." 제목의 "성취는 없다."는 이 말이 부정적이거나, 없어서 없다는 게 아닙니다.

"성취가 없다."는 이 말을 뒤집으면 "모든 것이 성취다."라는 얘기입니다. 그러니 얼마나 좋은가? '성공과 실패가 번갈아 와서 혼란스럽고 두려웠는데, 모든 것이 성취라니? 이런 희소식이? 처음에는 이해하기 어렵지만, "성취가 없다." 이것이 우선입니다. 선결문제입니다. 그런 "성취는 없다." 하고 나서 보니까, 연금술적으로 다 바뀌어버립니다. 모든 것이 성취라는 얘기입니다.

자, 토니 파슨스 스피커 님의 말을 들어봅시다. 이 글을 적고 말하는 것은 토니 파슨스가 아닙니다. 그런 행위자가 아니고, 토니 파슨스를 통해 이야기하고 있는 바로 우리입니다. 이 글은 우리가 적은 것이고, 토니 파슨스라는 스피커를 우리가 사용하고 있습니다. 들어보죠.

> 나에게 처음의 깨달음 혹은 있는 그대로의 본성으로의 깨어남은 뭔가 표현할 수 있는 무엇인가가 아니다. 일어난 일은 심지어 어떤 하나의 경험이라고도 할 수 없다.

왜냐하면 이것은 자아와 무관계한 것이기에 그렇습니다. 의식 자체, 자각 자체가 자각하는 것이므로, 자아의 경험이 될 수 없습니다. 이 말이 뭔가 신비하고 불가능하게 들리지만 전혀 그게 아닙니다. 우리는 이 본다는 현상에서 이미 자각이 일어나고 있습니다.

> 이것이 드러나려면, 즉, 우리의 본래 정체가 드러나려면, 분리된 경험자의 부재가 필요하기 때문이다.

그러니까 순간적으로 경험자가 저절로 사라지는 그런 체험이 일어날 수 있습니다. 꼭 수행이나 공부를 해서가 아니고, 큰 사업에 실패, 큰 사건 사고, 기대 밖의 상황 발생, 실연, 믿었던 자로부터의 배신 등등의 자아가 감당할 수 없는 사건 내지 현상 발생 시,

경험자가 갑자기 사라지는 현상이 일어날 수 있습니다. 그런데 굳이 그런 것이 아니더라도, 실제로는 매 순간 일어나고 있습니다. 즉, 낮의 깸 세상, 밤의 꿈 세상, 깊은 잠 세상, 유체이탈, 임사 체험, 그리고 자각몽 세상, 사후 세상, 탄생 전 세상, 그리고 엄청난 절망 내지 사고에 임해서 경험자가 사라지는 현상, 이 전체가 전부 하나로서 무엇인가? 의식이 의식을 의식하고 있는 것입니다. 전부가 자각이고 깨달음입니다.

그래서 경험자가 사라지는 그런 체험을 만들거나 기다릴 필요가 전혀 없습니다. 지금 현재 경험자가 없다는 지혜에 대한 깊은 이해만 일어난다면 이것이 곧 경험자의 부재고, 실제로 지금 이 순간에도 경험자가 없단 말이 됩니다. 경험은 있습니다. 왜? 의식은 늘 있기 때문에, 의식의 다른 말이 경험입니다. 그래서 경험의 대표가 봄입니다. 봄! 그래서 봄은 경험이고 경험은 곧 의식이고, 이 안에는 어떤 경험자 내지 경험 대상이 없습니다. 경험자와 경험 대상으로 나누는 것은 우리가 생사 현상을 좀 설명하기 위해 그럴듯하게 갖다 붙인 이야기 스토리, 지어낸 소설입니다.

깨어 있는 이 일상 현실에서 경험자가 없다고 하면 의심이 일어납니다. 지금 이렇게 반박해야 합니다. "아니, 지금 스피커는 그렇게 이야기를 하지만, 지금 이 육체가 나잖아? 이 육체가 지금 이 컵을 보고 싶으면 컵을 보고, 내 마음대로 하니까, 이것이 경험 주체가 맞잖아?" 이렇게 항의를 해야만 합니다. 그러면 이렇게 해 봅니다. 이 육체가 지금 앞쪽을 바라보다가, 고개를 돌려 뒤를 바라보는 경험을 한다 할 때, 이것이 이 육체의 경험인가? 아니면 의식의 작용인가? 마치 이와 같습니다.

선풍기가 있습니다. 스위치를 on을 하면 선풍기가 돌아가고 다시 스위치를 off로 하면 돌아가는 바람개비가 멈춥니다. 이것은 분명히 선풍기가 하고 있는 것이 아니냐고 이야기할 것입니다. 아닙니다. 전자기장이 선풍기도 돌리고, 에어컨 히터도 돌리지, 어찌 선풍기 저 스스로 바람을 낼 것이며, 어찌 에어컨 스스로 냉기를 뿜는다 하겠습니까? 간단해 보이는 비유지만 비유인 동시에 진실입니다.

그렇기 때문에 경험자의 부재라는 특별한 체험은 자아가 하는 것이 아니며, 고대로부터 전승된 지혜의 이야기라는 사실을 이해해야 합니다. 일상 현실에서는 경험자가 있는 것이 아니냐? 그게 아닙니다. 지금 우리 일상 현실에서 우리가 "의식이 의식을 의식한다."라고 이렇게 생각하고 말하고 이해한다면, 모든 일상 현실이 매 순간 자각이고, 깨달음의 체험이고, 깨어남이고, 이미 우리의 고향에 도달해 있는 것입니다.

# 12강

# 통일장(unified field) Ι
# 자유로운 삶, 유쾌한 죽음

2021. 8. 24.

　'모든 현상이 의식 현상'이란 말은 간단해 보이지만 매우 중요합니다. 현상이란 말은 나타난 모양이라는 뜻입니다. 모든 현상이 의식 현상이라는 것은 세상 모든 사건 사물이 전부 의식의 나타난 모양이란 뜻입니다. 현상(現象)이라 할 때, 현(現)은 나타나다는 것이고 상(象)은 모양이라는 것입니다. 나타난 모든 모양, 즉 컵, 육체, 시간, 공간, 태양, 전부가 나타난 모양인데, 이것의 본래 정체는 의식입니다. 그래서 "모든 현상은 의식 현상이다." 이 말은 "전부가 의식이다." 이렇게 말할 수 있습니다. 이것이 전부입니다. 이것이 고대로부터 전승되어 온 비밀 지혜고, 세계의 주요 8대 종교의 핵심이고, 모든 선현들께서 가리키신 것이 바로 이것입니다. 모든 현상은 의식의 나타남이다!

　우리가 길을 나선 목적은 단 하나입니다. '생사 문제를 어떻게 해결할 것인가?'입니다. 길을 나서서, 종교랄까, 지혜랄까, 마음이

110

랄까? 이에 대한 탐색의 길을 걷게 되었습니다. 현대에 와서는 단순하게 과학의 길에 나섰다고 보면 됩니다. 왜냐하면 과학은 우리의 경험으로 검증될 수 있는 학문 체계를 정립하는 과정이고, 우리 역시도 생사 문제 해결에 있어서 믿음과 이해를 핵심으로 하는 우리의 경험으로 검증 가능한 문제 해결의 길에 나선 도반들이기 때문에, 우리 역시 과학자들입니다. 과학은 객관을 다루는 것이 아니며 과학도 알고 보면, 믿음과 이해의 시스템이라는 점을 우리는 분명히 이야기할 수 있습니다.

과학도 고정불변의 과학은 없으며 엄밀한 객관성은 없습니다. 마찬가지로, 이해와 믿음에 근거한 학문 체계입니다. 우리들은 어떤 과학을 하느냐? 의식 과학입니다. 모든 것은 의식 현상이라는 선각들의 말씀을 깊이 새겨듣고는 의식의 정체와 위치에 대한 탐색에 나선 의식 과학자라고 생각하는 것이 좋겠습니다. 모든 것은 의식 현상이고, 모든 것은 의식의 나타남이다. 이렇게만 이야기해서는 후련하지도 않고 가벼운 이해 정도에 그칠 수가 있습니다. 그래서 좀 더 구체적인 사례를 들어서 이 문제를 탐구해 보겠습니다.

의식은 눈으로 보이지가 않는다는 어려움이 있습니다. 감각되지가 않습니다. 보이지도 않고 들리지도 않고 감촉되지도 않습니다. 무엇이 '있다'라고 하기 위해서는 보이거나 들리거나 손으로 만져져야 있다고 인정하거나 안 하는 경향이 있지만, 여기에 대한 편견을 부숴버리겠습니다. 전자기장이라는 게 있습니다. 전자기가 있습니다. 전기와 자기는 사실 본질로 하나인데 합해서 전자기력이라 합니다. 에너지죠. 이 전자기 에너지는 모든 전기장치와 전자장치를 구동시킵니다. 핸드폰이 작동할 때, 물질인 핸드폰 자체가 작동할까요? 아니면 전자기력이 핸드폰을 작동시킬까요?

너무나 당연합니다. 전자기력, 즉 전자기장이 모든 전자장치를 구동시켜 움직이게 합니다. 그래서 핸드폰이든 에어컨이든 전기 자동차든, 그 스스로 움직일 수는 없습니다. 반드시 전자기장이라는 전체 두루한 존재를 필요로 합니다. 그런데 전자기장이 우리 눈에 안 보이고 안 들리고 감촉되지도 않지만, 한 치의 의심도 없이 핸드폰이나 TV 등을 작동시킬 때, 핸드폰 스스로, TV 스스로 움직이지 않고 모든 것은 전자기장에 의거함을 믿고 이해하고 있습니다. 믿고 이해하고 하면 실재하고. 실재하기 때문에 믿고 이해하는 것입니다.

그다음 중력이 있습니다. 서로 끌어당긴다고 합니다. 사실은 사랑입니다. 중력은 다른 말로 사랑인데, 중력 혹은 중력장이 있습니다. 이것은 태양 항성 위성과 태양계와 은하, 즉 모든 천체를 구동시킵니다. 중력장은 보이지 않고 들리지도 않고 손으로 잡을 수도 없습니다. 그러나 우리는 중력장의 존재에 대해서 100%, 200% 믿고 이해하고 있습니다. 즉, 하늘을 구동시키는 것은 중력장이지만 중력은 보이지도 들리지도 손으로 잡을 수도 없습니다.

그다음 핵력이 있습니다. 핵력 혹은 핵력장입니다. 우리의 육체를 포함한 모든 물체의 기반은 원자, 분자 등 기본 원소 내지 요소의 모임입니다. 이것들의 결합과 분열을 핵융합이나 핵분열이라 하며 어떤 모양을 유지하게 하는 힘으로 작용합니다. 이런 핵력장 역시 그 존재에 대해 현대인들은 100% 믿고 이해하고 있습니다. 그러나 핵력장 역시 보이지도 않고 들리지도 않고 손으로 만져지지도 않습니다.

양자장이라는 게 있습니다. 양자장에 의거해서 전자 등 각종 소립자가 계속 발견되고 있습니다. 이 소립자의 생멸이 생사입니다. 소립자들의 생멸은 저 스스로 하는 것이 아니라 양자장에 의거합니다.

여기에서 우리는 이제 알 수 있습니다. 전자장치가 저 스스로 움직이는 것이 아니고, 천체와 하늘이 저 스스로 움직이는 것이 아닙니다. 그러면 도대체 이 하나하나의 장(場), 그리고 앞으로 발견될 수많은 장들은 전부 별도인가? 아닙니다. 이 모든 것을 포괄하고 아우르는 에너지 혹은 필드가 있습니다. 그것을 선현, 선각께서는 의식 혹은 마음이라고 했습니다. 그래서 이 모든 장을 아우르고 포괄하는 하나의 통일장(統一場)이 있습니다. 통일장은 분명히 있습니다.

아인슈타인 등 물리학자들은 통일장을 찾기 위해서 엄청난 입자 가속기라는 기계 장치를 활용해 과학자들만 노력하는 것이 아니고, 선현, 선각 그리고 생사 문제 해결의 길에 나선 우리들 역시 이 통일장을 발견하고 믿고 이해하기 위해 이 자리에 있는 것입니다. 이 모든 장을 아우르는 하나의 장, 통일장입니다. 선각께서는 말씀을 하십니다. 통일장, 하나의 장이 있다. 공자님의 일이관지(一以貫之), 하나로써 모든 것을 see through, 꽤 뚫어보는 것이 있다. 이 하나가 무엇이냐? 모든 장들과 에너지를 아우르고 포괄하는 단 하나의 근거, 제1원인, 이것은 다른 말로, 제1원인 창조주고 바로 우리의 진정한 정체고, 통일장입니다. unified field입니다. 통일장이 무엇이냐? 바로 이것이 의식입니다. 의식장입니다. 이렇게 이야기할 수 있습니다. 전통적인 용어로는, 이제 한마음 장입니다. 일심장(一心場), 즉 컨셔스 필드(conscious field)입니다.

'유이불가견(有而不可見)' - 있지만 보이지 않는다. 우리는 이 전자기장이나 중력장이나 핵력장이나 양자장에 대해서는 믿고 이해하고 있지만, 여기에 대해서는 자꾸만 의심을 합니다. 모든 선현, 선각들께서 "지금 그 송장 끌고 다니는 놈이 무엇이냐?" 육체 스스로는 움직일 수 없습니다. 임제(臨濟) 선사가 이야기하기를, "무엇이 보고 듣고 말하고 생각하느냐?, 그 육체가 할 수 있느냐?, 육체는 물체에 불과하고 송장에 불과한데 어떻게 육체가 보고 듣고 할 수 있느냐?, 무엇이 보고 듣느냐?", "눈앞에 역력한 한 물건이 보고 듣는다."고 했습니다. 그 한 물건 무엇인가? 의식입니다. 한 물건, 일심입니다. 의식이라 해도 되고, 의식장이라고 하는 게 더 맞겠습니다.

왜냐하면, 의식은 어느 한 장소에 모양을 가지고 있는 것이 아니고, 전체를 다 감싸 안으면서 전체를 매 순간 만들어내고 있기 때문입니다. 의식함과 동시에 창조를 하고 있습니다. creating and perceiving are simultaneously죠. 창조와 의식은 동시 작용입니다. 모든 현상과 사물은 의식의 나타난 모양입니다. 우리의 진정한 정체는 의식이기 때문에 우리는 모든 시공간을 초월해 있습니다. 초월했다고 해서 뭔가를 떠났다는 것이 아닙니다. 우리는 '앎'입니다. 알지 못하면 우리는 존재하지 않습니다. 우리의 핵심은 앎이고 의식입니다. 이 의식은 곧 세계, 시공간입니다. 우리가 곧 시공간입니다. 알아야 할 것은 하나밖에 없습니다. 우리는, 우리의 정체는 의식이고 의식의 위치는 바로 (손을 펴 보이며) 여기입니다.

우리는 뭔가 착각하고 있는지도 모릅니다. 의식장(意識場), 우

114

리의 진정한 정체에 대해서 믿고 이해하면, 육체 기반의 자아가 사라지거나 죽거나 혹은 어디 숨어서 재밌는 놀이를 못 할까봐 두려워할 수도 있는데, 그렇지 않습니다. 이것을 믿고 이해하면 자아를 오히려 200% 더 활용할 수 있습니다. 지금 현재 자아의 최대 활용치는 50%밖에 안 됩니다. 왜냐하면, 선악(善惡)이라든가 호불호(好不好) 분열에 의해 우리가 좋다고 생각하는 것만 우리는 수용하지만 그것은 시간에 따라 변합니다. 기호는 마늘과 파를 싫어하다가도 나이 들면 좋아합니다. 100%를 못 누립니다.

그런데 이 의식장에 대한 이해와, 과학적 이해에 믿음이 생기면 자아를 오히려 100% 누립니다. 자아가 죽으라는 말이 전혀 아닙니다. 우리는 뭔가 살짝 오해를 하고 있기 때문에, 자아의 방어기제에 의해서, 우리의 진정한 정체에 대한 이해와 믿음이 일어나는 것이 방해받고 있는지도 모릅니다.

자, 그래서 요약하면, 많은 것을 알 필요가 없습니다. 단 하나입니다! 모든 것은 의식 현상이고 모든 것은 의식의 나타남이다. 그리고 우리의 진정한 정체는 의식이다. 그리고 의식은 어디 있느냐? 바로 이 (손을 펴 보이며) 시공간입니다.

오늘 할 내용은 중요합니다. <성취는 없다>의 두 번째 단락입니다.

그러나 이 깨어남은, 자아가 깨어나거나 자아가 깨닫는 것이 아니고 깨달음이 자아를 발견하는 것인 이것입니다.

나를 경이로움과 전적으로 홀로 있는 상태에 있게 한 것이라는 매우 단순하지만 중요하고도 혁명적인 내용의 깨달음과 같이 왔다.

이것은 부처님의 '천상천하 유아독존'을 떠올리게 하는데, 여기서 말하는 전적으로 나 홀로 있음이라 할 때의 나는 자아를 이야기하는 게 아닙니다. 단일의식으로서의 우리 정체성이 재발견되어 모든 것이 우리 자신이 되는 것입니다. 즉, 의식이 의식을 의식하는 이것밖에 없기 때문에, 독존이고 홀로 있습니다.

그다음이 매우 중요합니다.

내가 알게 된 것 중 한 가지는,

여기서 이제 내가는 자아를 말합니다. 어떻게 알게 됐느냐? 의식이 나타나 버리니까 자아는 당연히 뒤로 물러났습니다. 그리고 다시 본래 상태로 돌아왔습니다. 자아가 작동하는 상태로 돌아왔을 때 비로소 자아는 우리의 본래 정체로부터 정보를 받아서 스피커로서 이야기를 하는 것입니다.

깨달음은, 즉 우리의 진정한 정체에 대한 앎은, 혹은 의식의 정체와 위치에 대한 앎은 오직 그것이 성취될 수 없는 것이라는 사실이 받아들여졌을 때야 비로소 가능성이 열린다는 것이다.

깨달음은 성취되는 것이 아닙니다. 6조 혜능 스님 말씀처럼 열심히 선정을 닦아서 깨닫는 그런 일은 없습니다. 그러니까 자아가 성취할 수 있는 게 아닙니다. 자아가 할 수 있는 것은 뭘까? 애를 써도 성취될 수 없는 것이라는 사실이 받아들여졌을 때라는 뜻입니다.

여기서 핵심 포인트가 나옵니다. 우리가 그토록 지금 원하는 생사 문제 해결은 기묘하게도 생사 문제 해결을 하고자 하는 그 자아가 "생사 문제 해결은 내가 할 수 없는 거구나."라는 이해에 도달할 때가, 소위 말하는 깨달음이 일어나는 필요충분조건이 된다는 것입니다. 자아가 할 수 있는 것은 이러한 준비밖에는 없다.

깨달음을 얻을 수 없다. 무소득이라 했다. 깨달음은 얻을 수 없고. 그냥 자아가 할 수 있는 것은 이 자아의 한계, "이것은 성취되는 것이 아니구나."라는 어느 정도의 포기에 이르러야 비로소 준비가 된다는 것입니다. 어떤 준비일까요?

이 깨달음이 일시적으로 우리를 발견할 수 있는 그런 시공간을 허용하는 것인데, '시절 인연'이라고도 합니다. 그래서 꼭 이런 과정을 거치는 것은 아니지만, 좀 거칠게 한번 이야기를 해보면 이렇습니다.

첫 번째는 발심을 하게 됩니다. 여러 가지 동기로 근본 문제 해결에 대한 발심이 일어납니다. 근본 문제는 생사 문제입니다. 발심을 하고 두 번째는, 열심히 수행하고 공부하게 됩니다.

세 번째는 불가능을 깨닫습니다. 아무리 수행하고 공부해도 문제 해결의 키가 발견되지 않습니다. 그래서 굉장히 실망하고 갈 곳이 없어집니다. 언어도단(言語道斷), 심행처멸(心行處滅)이라 하죠. 생각도 더 이상 할 수 없고 몸도 어디 갈 데가 없습니다. 자아가 절망해서 갈 데가 없어진 것입니다.

네 번째는 그럴 때 어떤 일이 일어나는데, 이걸 희박심(稀薄心)이라고 합니다. 희박심. 얼음처럼 딱딱하게 굳어져 있던 것이 흐물흐물하게 됩니다. 왜? 하도 망치와 정을 맞아 그렇습니다. 그러면 대리인 자아가 한발 물러서는 형국이 되어 우리의 진정한 정체인 순수의식이 저절로 드러납니다. 그런데 의식이 별도로 드러나는 게 아니고. 모든 현상이 의식 현상이라는 이해와 믿음으로 드러납니다.

깨달음은 황홀경 체험, 범아일여(梵我一如) 그런 게 아니고, 그냥 깨어 있는 일상 세상이 의식 현상입니다, 분명히 이야기하지만, 꿈은 육체가 잠자면서 머리에 꾸는 게 꿈이 아닙니다. 이렇게 몸을 움직이는 것은 몸이 움직이는 게 아니라 의식의 움직임입니다. 태양 주위를 지구가 공전, 자전하는 단 하나의 힘이 바로 의식입니다.

이 이해와 믿음이 일어나면 실감이 일어납니다. 왜냐하면 우리가 중력장에 대해서 믿음과 이해가 있으면 실감을 합니다. 그래서 의식이 저절로 드러나는 특별한 깨달음 체험이 있는 게 아닙니다. 그냥 일상의 현상이 바로 모두 의식의 움직임입니다. 하나님의 작용입니다. 하나님 자체라는 그것이 '드러난다.'는 이 말은 이해와 믿음이 일어난다는 말입니다. 모든 현상은 의식 현상입니다. 모든 현상인 깸 세상, 꿈 세상, 자각몽, 체외 이탈, 임사 체험, 황홀경, 죽음, 태어남, 깊은 잠, 이 모든 것이 그냥 하나님 자신입니다. 하나님, oneness입니다. 하나님께서 저절로 드러납니다. 이 말은 우리의 일상 현실이 알고 보니 하나님이었더라는 이해와 믿음, 이것이 이제 보통 다섯 번째로 일어납니다. 이것은 좀 거친 프로세스지만, 일반적으로는 대부분 여기에 합당한 과정을 거칩니다.

어느 때를 시절 인연이라 하느냐? 4번과 5번을 시절 인연이라 이름 붙일 수 있습니다. 일대사(一大事) 인연이라 합니다. 일대사 인연이 반드시 일어나고. 3번이 준비 단계입니다. 1번은 길을 나서는 것입니다. 2번은 뭘까? 길을 나서서 희망을 갖는 것입니다. 학교에 다니고 졸업 준비를 하는 것이죠. 참으로 아이러니합니다. 실망하고 절망하고 아무것도 얻지 못하고 구석에서 슬피 우는 때가 묘하게도 졸업 준비가 됩니다. 세상 공부와는 다릅니다. 어찌 보면 너무 쉽습니다. 이것만 안다면 여기에 대한 믿음과 이해가 일어난다면, 무엇을 생략할 수 있을까요? 2, 3번, 2, 3번을 생략할 수 있습니다. 2, 3번이 수십 년 걸립니다.

깨달음은 오직 그것이 성취될 수 없는 것이라는 사실이 받아들여졌을 때야 비로소 가능성이 열린다는 것이다.

모든 현상은 의식 현상입니다. 우리의 진정한 정체는 단일의 식이고 우리는 여기(몸)에 들어있지 않고 바로 여기(공간) 있다. 시공간 자체가 바로 우리다. 이렇게 말씀을 드릴 수가 있겠습니다.

# 왜 컵은 육체 바깥에서 의식되는가? |
# 존재 = 의식, 세계 = 의식 | 색즉시공

2021. 8. 25.

존재와 의식은 동시 동작입니다. 있는 것과 아는 것은 동시 동작입니다. '있다'와 '안다'는 동시 동작입니다. 의식이 곧 존재이고 마음이 곧 존재입니다.

"존재와 의식이 동시 동작이다." 이 말은 이 스피커가 지어낸 말이 아닙니다. 고대로부터의 지혜 전승에 의거한 것이고, 반야심경은 지혜의 핵심을 기재한 기록인데, 여기에 제법공상(諸法空相)이라 되어 있습니다. 제법공상을 일반적으로 제법, 즉 만법이 공해서 텅 비어 있다. 이렇게 해석하지만 엉터립니다. 그런 것이 아니고 제법, 만법 혹은 세상 만물입니다. 삼라만상, 시공간이 전부 공의 나타난 모양입니다. 공은 이제 의식입니다. 즉, 세계는 의식이 나타난 모양입니다. 이것이 제법공상의 진정한 뜻이고 지혜의 핵심입니다.

세계는 존재입니다. 그래서 존재가 곧 의식입니다. 존재가 곧 의식이고 '있다'가 곧 '안다'입니다. 이렇게 반야심경의 제법공상이란 키워드를 통해서 우리가 지혜의 핵심을 곧바로 계합한다 할까, 이해한다 할까 할 수 있습니다. 재미있는 것은 이 '제'자 자체에 이미 모든 비밀이 들어있습니다. '모두 제(諸)'자입니다. 모두 '제'자가 뭐냐? 말씀 언(言)변에 놈 자(者)입니다. 즉 말은 생각과 의식입니다. 생각과 의식이 곧 모든 것입니다. 모두 제(諸)자죠. 말이라는 것이, 모든 것입니다. 이렇게 벌써 현대 언어학이, 어떻게 보면 결론에 벌써 도달에 있었던 것입니다.

제법공상, 즉 존재와 의식[空]은 동시 동작[相]입니다. 세상 만물은 의식이 나타난 모양입니다. 이렇게 얘기하고도 뭔가 아쉬운 점이 있습니다. 그래서 좀처럼 건드리지 않는 부분을, 오늘 작심하고 이야기를 해볼까 합니다. 제법공상에 대해서 말입니다. 마치 '무변허공 각소현발(無邊虛空 覺所顯發)', 즉 "가없는 허공 공간이 각(覺), 의식의 나타난 바이다."와 마찬가지 얘기인데, 오늘은 조금 적나라하고 소박하게 이야기해 보겠습니다.

우리는 제법(諸法)을 객관이라 합니다. 그다음에 공, 의식, 마음을 주관이라 하며 철저하게 경계선을 긋습니다. 그런데 이것은 사실 내지 진실이 아닙니다. 이것은 만들어진 것입니다. 만들어질 필요성 때문에 만들어진 것입니다. 그래서 본래 객관 주관이 존재한 것이 아니고 객관화를 했다는 것입니다. 우리가 '객관화 했다.' 이 말은 만들어 낸 다음 주관화를 했다는 겁니다. 즉 진실로 있는 것을 실재라 합니다. 실재는 의식밖에 없습니다. 그런데 객관, 주관은 본래 없는 것인데, 세계를 객관화를 하고 자아를 주관화를 함으로써 실재하지 않는 것을 마치 실재하는 것처럼 우리가 착각하게 되었고, 이것이야말로 모든 고통과 공포, 그리고 생사 문제의 원인이 되어 버렸습니다. 즉 있지 않는 것을 있다고 만들어 버림으로써 환상으로 화(化), 화현했습니다. 상상 속에서, 언어 속에서 모든 것이 만들어진 것입니다.

아무것도 아닌 것 같지만 이렇게 만들어내는 데 필요성이 있기는 했습니다. 뭐냐 하면, 자아의 역할에 충실하기 위해서입니다, 자아의 역할은 뭘까요? 살아남고 번식하는 것입니다. 이것을 위해 이렇게 객관화와 주관화가 필요했는데, 살아남고 번식해서 행복하고 자유롭기 위해서 만들어낸 이 객관화와 주관화가 오히려 생존과 번식, 자유와 평화의 적이 되어 버렸습니다. 왜냐하면 이것이야말로 고통과 공포 그리고 죽음을 만들어냈기 때문입니다. 없는 객관과 주관을 만들어내고 하다 보니, 없는 고통과 공포와 죽음을, 본래는 없었던 것을 만들어낸 것입니다.

자, 서론은 이 정도로 하고, 좀 더 구체적으로 알아보죠. 우리는 객관 외부 세계와 주관세계 사이에 철저하게 경계를 긋습니다. 실제 있지 않지만 있다고 합니다. 주관이라는 것의 경계선은 육체입니다. 육체는 시공간 안에 있습니다. 육체는 특정한 시간적 한계를 가집니다. 100년 내외. 100년 정도의 시간적 경계, 그리고 전체 공간이 아니고, 부피가 어느 정도 될까? 세계인의 평균 체중을 70kg이라 해두면 100년이라는 시간적 경계와 무게 70kg이라는 질량을 확보할 수 있는 협소한 공간은 전체에 비하면 너무너무 협소합니다. 이 경계선 안에 주관이 들어있다 하고. 이 주관은 의식입니다. 그렇습니다. 의식, 마음, 영혼, 혹은 가슴, 내면, 내부라 합니다. 그래서 객관은 바깥에 있고 주관은 안에 있는데, 요즘은 두뇌라고도 합니다 "두뇌 안에 주관이 들어있다."고 합니다. 두뇌든 의식이든 마음이든 영혼이든 가슴이든 내부든 간에, 구체적으로 어디인지는 모르지만, 그게 두뇌든 가슴이든 어쨌든 육체 안에 들어 있다. 육체 내부라는 거지요. 그래서 육체 외부를 객관, 외부 세계라 하고. 육체 내부를 주관, 내부 세계라고 우리가 철저하게 구분짓고 이것을 믿어 의심치 않습니다.

그러나 이렇게 되면 이 제법공상이란 말이 엉터리가 됩니다. 이 선현, 선각의 말씀을 우리가 반야심경을 공부할 때는 믿고 이해하는 듯하다가도 일상생활로 돌아오면, 이러한 프레임 안에 갇혀 생각하기 때문에, 자승자박(自繩自縛)됩니다. 생각의 구속 안에서 우리는 "어? 제법공상인데 왜 이렇지?" 하고 고통과 공포와 죽음을 늘 체험하는 것입니다. 참으로 묘하죠. 그래서 소위 말하는 지혜 공부와 현실 생활이 조화가 안 됩니다. 그래서 이에 대한 망각과 의심을 반드시 깨어야만 합니다. 이것은 어떤 철학적이거나 논리적 희론을 하자는 게 아닙니다.

제법공상이라는 지혜는 본래 우리 것입니다. 이 사실을 확인하기 위해서 이러한 작업이 반드시 필요합니다. 그래야만 존재와 의식이 동시 동작이라는 것을 우리가 믿고 이해할 수 있고. 그래야 "자유롭게 살고 유쾌하게 죽다."라는 말이 전 세계인의 묘비명에 적힐 것입니다. 전 세계인은 77억이 아니라 단 하나다. 이렇게 이야기할 수 있습니다.

자, 이제 묘하고 이상한 이야기를 해보겠습니다. 너무나 우리의 일상적인 경험에 관한 것입니다. 외부 객관 세계에 나무가 하나 있습니다. 조주 스님의 '뜰 앞에 잣나무'가 생각납니다. 또 "차나 한잔 하게나.", 컵입니다. 컵에 차를 한잔 하려면 컵이 객관 외부 세계에 있습니다. 일단 우리의 허구적인 프레임 안에서 적용해서 그게 맞는지 살펴봅시다. 외부 객관 세계의 뜰 앞에 잣나무가 있고 '차나 한잔 하게나.'가 있습니다. 그다음에 '마른 똥 막대기'라 했으니, 동물의 똥이 있습니다.

자, 지금 이 전체를 우리가 묘하게 관찰해야 합니다. 우선 기존의 상식, 즉 제법공상과 어긋나는 인간, 호모 사피엔스 종의 상식이 옳은지를 한번 봅시다. 객관은 객관만 있어서는 나타나거나 드러날 수 없습니다. 객관 자체는 스스로 나타나거나 존재하거나 있을 수가 없습니다. 이것이 상식입니다. 객관은 객관으로 있다고 합시다. 독자적으로 존재합니다. 그러나 호모 사피엔스, 현생 인류의 육체는 육체라는 주관이 나타나기 전까지는 객관이 비록 있었다 할지라도, 이것이 알려지지는 않는다는 얘기입니다.

그래서 우리는 이렇게 생각합니다. 140억 년 전에 빅뱅에 의해서 이미 모든 천체와, 항성, 행성, 위성, 은하계 등등의 객관적 외부 세계가 만들어지고 있었고. 50억 년 전에 지구가 만들어지고, 40억 년 전에 단순한 생명체가 탄생했고. 이것이 진화를 거쳐서 20만 년에서 10만 년 전에 호모 사피엔스라는 현생 인류가 탄생했다. 이 현생 인류의 특질은 두뇌의 신피질인데, 의식과 주관은 이 안에 들어있다고 생각합니다. 즉 의식이 나타나기 전까지는 객관은 있었으되 알려지지 않았다고 이야기합니다. 어쨌든, 결론은 주관, 호모 사피엔스라는 주관이 나타난 이후에야 나무와 컵과 똥이 알려질 수 있었습니다. 즉 객관이 주관 안으로 들어올 수 있었습니다. 이렇게 이야기하고 우리는 이것을 철석같이 믿습니다.

자, 그러면 이 믿는 바에 의해 이야기를 해보죠. 나무와 컵과 똥이 있습니다. 인간이 나타나기 전에 나무와 컵과 동물의 똥이 있었습니다. 그래서 객관은 외롭고 슬프게 홀로 있다가 너무나 반가 웠을 것입니다. 호모 사피엔스가 나타나는 바람에 드디어 인간에 게 자기 존재를 드러낼 수 있게 되었으니까요. 어떤 방식으로? 육체 경계를 따라서, 객관은 스스로 절대 알려지지 않습니다. 존재했다 치더라도 알려지지가 않죠. 이 육체 주관에 의해서 객관 외부 세계가 주관에게 인식 혹은 의식됩니다.

자, 그러면 어떻게 될까? 주관 안에 나무와 컵과 똥이 비로소 들어옵니다. 왜 그럴까요? 이것들은 반드시 의식 안에 들어와야 의식되니까 그렇습니다. 그래서 이 육체 경계선 안에, 의식 안에 나무와 컵과 똥이 들어와 있는 것입니다. 자, 이렇게 되면 어느 것이 진짜인지는 모르지만 두 개가 있게 됩니다.

지금 육체 경계를 보다 명확하게 시각적으로 이해하기 위해서 이렇게 해봅시다. (객관 반원을 지운다) 이 안이 육체입니다. 이렇게 돼야 됩니다. 이 육체 내지 의식 주관이 없으면 객관은 아무리 140억 년을 있어봤자 외롭고 쓸쓸합니다. 이렇게 주관 안에 들어와야 됩니다. 그래서 '우리가 보고 듣고 생각 느끼고 하는 모든 것이 지금 육체 안에서 발생하고 육체 안에 있는 의식, 마음, 영혼의 작용이다.'라고 알고 있습니다. 그러면 실제로 두 개인지 여부를 우리가 알아봐야 합니다.

자, 그래서 보통은 이렇게 이야기합니다. "이 객관이야말로 진실이고 주관 안에 들어온 나무, 컵, 똥은 환영이다." 왜냐하면, 우리가 진실을 객관 진실이라고 하고 있으니까. 객관 진실이 진짜고 우리가 의식하는 이름, 우리 육체 안에 들어와 있는 이 의식은, 의식되는 것들은 전부 가짜고 환영이다. 이렇게 과학자들도 이야기하고 있습니다.

이게 어떤 시각이냐 하면, 유물론이 얘기하는 바인데, 현대 일반 과학 혹은 주류 과학이 그렇습니다. 아직 의식에 대해서 잘 모르는 혹은 탐구 자체를 하려고 시도조차 하지 않는 과학자를 이야기합니다. 지혜로운 과학자도 많으므로 이 세상의 과학자 다를 이야기하는 것은 아닙니다. 많은 유물론자 혹은 과학자의 시각은 이렇다는 것입니다. 그래서 "객관이, 밖에 있는 나무가 진실이고 안에 들어와 있는 이 나무는 환영이다!" 이렇게 이야기를 합니다. 과연 이것이 진짜일까요? 나무가 이렇게 두 개가 있을까요? 컵이 이렇게 두 개가 있고, 똥이 두 개가 있는 것일까요?

왜 조주(趙州) 선사는 "부처가 무엇인가?" 혹은 "달마가 서쪽으로부터 중국으로 들어온 이유가 무엇인가?"라고 물었을 때, 즉 "달마가 전하고자 하는 지혜는 무엇인가?"라고 할 때 왜 "뜰 앞의 잣나무"라고 했을까요? 왜 외부 세계의 나무를 가리켰을까요? 그것은 "이 나무가 두 개가 아니라 하나지 않느냐? 그냥 지금 당장 경험해 보라! 나무가 두 개일까? 하나일까?"

지금 해보도록 합시다. 마침 여기에 컵이 있습니다. 이 컵을 우리는 보통 어떻게 생각할까요? 이것은 지금 객관 외부 세계에 있는 컵이고. 이것이 제①의 컵이라고 합시다. 객관 외부 세계에 있는 컵. 자, 만약 이것이 객관 외부 세계에 있는 컵이라면, 왜 그렇게 생각하는 것일까? 육체 밖에 있는 것이 객관 외부 세계니까, 지금 육체 밖에 보이니까, 그래서 객관 외부 세계라고 합니다. 지금 말을 잘 들어보아야 합니다.

자, 그렇다면 지금 질문을 하겠습니다. 오케이. 이것은 제①번 컵이라 할 때, 그러면 주관 의식 안에 들어와 있는 ②번 컵은 지금 어디에 있느냐? "아니 ②번 컵이 ①번 컵 아니냐?" 아닙니다. 아까 우리가 확정했습니다. 객관 외부 세계는 주관이 나타나기 전까지는 알려지지 않는 것이라고. 의식 마음은 육체 안에 있기 때문에 알려질 수가 없습니다. 그런데 지금 의식되고 알려지고 있습니다. 의식이 육체 안에 있다고 하니까, 객관은 스스로 알려지지 않습니다. 의식에 들어와야 합니다. 의식에 들어와 있는 ②번 컵은 어디에 있을까? 무슨 말이냐?

우리가 ①번 컵을 인정하게 되면 ②번 컵은 발견되지가 않습니다. 이상하다? 지금 분명히 육체 밖에 있는 객관인데, 이것이 육체 안에 있는 의식 안으로 들어와야 비로소 알려지고 의식되는데, 지금 이것이 육체 밖에 있다면 육체 안에 주관에 들어와 있는 컵은 어디에 있지? 즉 객관을 인정할 때 주관은 우리가 발견할 수가 없습니다.

'세계는 물질과 시공간이다.' 할 때, '전부 객관 세계이다.' 할 때, 우리가 정신 내지 의식이 어디 있는지 알 수가 없습니다. 막연히 두뇌 안이라 하지만, 두뇌 안에 아무리 봐도 이런 ②번 컵은 없습니다. 지금 분명히 여기에 의식되고 있는데, 그래서 객관을 인정한다면 주관이 발견되지 않습니다.

자, 거꾸로, 그렇다면 이렇게 해봅시다. 지금 우리가 보는 것이 컵입니다. 이것이 이미 주관 안에 들어온 컵입니다. 왜냐하면 의식되고 인식되니까 이것이(주관) ①번입니다. 이렇게 하면 여러 가지 더 많은 모순이 발생합니다. 그러면 이게(객관) ②번이 될 텐데, 첫째, 지금 보고 있는 컵이 ①번이다. 즉 의식되고 인식되고 주관 세계 안에 들어와 있는 컵이다. 하면, 지금 엄청난 모순이 일어납니다. 어떤 모순인가?

주·객관을 가르는 경계선이 지금 설명이 안 됩니다. 이 컵은 육체 경계선 안에 있어야 됩니다. 그런데 지금 이 컵(탁자 위의 컵)은 육체 밖에 있단 말입니다. 첫째, 그것이 설명이 안 되고.

둘째는 백 번 천 번 양보해서 그렇다 칠 때, 그럼 객관 세계는 어디 있냐는 말입니다. 이 ②번 객관 컵은 도대체 어디 있느냐는 말입니다. 즉, '의식과 마음과 영혼 안에 모든 것이 들어있다.'라고 할 때, 그리고 '육체 안에 모든 것이 들어있다.' 할 때, 물론 경계선 설명은 좀 얼버무리고. 어떻게 되는지 잘 모르겠다고 치고, 모든 것이 의식되고 인식될 때 그것은 이미 주관 안에 들어와 있다고 한다면 객관은 어디 있느냐는 말입니다. 이게 전부 그냥 의식이고 영혼입니다. 그러면 객관 컵은 어디 있을까? 알 수 없습니다. 즉 이 컵을, 컵이 밖에 있다 하면 의식이 사라져 버리고. 이 컵이 의식 안에 있다 하면 외부 세계가 사라져 버립니다. 물론, 임마누엘 칸트는 이 객관을 '물자체'라 하고 우리가 알 수 없는 영역이라고 그냥 얼버무렸지만 엉터립니다.

그렇다면 결론은 어떻게 되어야 할까? 이런 나눔은 본래 없다는 것입니다. 이런 경계선은 없다는 것이죠. 왜냐하면 지금 경험되는 적나라한 것을 그냥 볼까요. 우리가 제일 그럴듯하게 생각하는 것, 모든 것이 이미 우리의 영혼 속에 들어와 있구나. 라고 한다면, '물자체'가 남는데, 물자체는 칸트도 이야기했듯이, 영원히 우리가 알 수 없는 것이 됩니다. 그러면서 칸트는 물자체를 어떻게 알았을까? 영원히 알 수 없다는 물자체를 칸트는 어떻게 알았을까? 이 질문입니다. 자, 그렇다면 이렇게 봅시다. 있는 것이라고는, 객관은 우리가 모릅니다. 물자체는 모르지만, 모든 것이 주관 안에 들어와 있다고 할 때, 이 주관 안에는 육체도 들어오게 됩니다. 육체가, 이미 육체도 이렇게 들어있습니다. 더 이상 우리의 실제 경험을 속여서는 안 됩니다.

지금 컵이 의식되는 건 분명합니다. 인식되고 의식됩니다. 그러면 인식과 의식 안에 들어와 있는데 객관은 아니다. 몸 밖에 있어서 객관이라 하려면 지금 이 라인 밖에 있어야 되는데, 이 라인 안에 있다. "의식이 육체 안에 들어있다" 하려면, 육체 라인 안에 컵이 있어야 하고, 그런데 알고 보니까 우리의 진정한 체험 내지 경험은 이 육체조차도 지금 인식 안에 들어와 있습니다. 컵과 완전히 평등하게 지금 의식되고 있습니다. 그렇다면 주객을 분리했던 경계 라인은 육체 라인이 아니라고 해야 됩니다. 그래서 육체가 아니고 이것은 의식이, 마음이, 영혼이, 가슴이 되어야 한다는 말이 됩니다. 그러면 객관 세계는 없기 때문에 이러한 경계라인은 사실 없는 것입니다.

경계 없는 이 하나의 의식 안에 모든 것이 들어있게 됩니다. 이것이 진정한 우리의 체험이자 경험입니다. 매 순간의 일상적 체험이고 경험입니다. 우리는 그래서 매 순간 자각하고 있고 깨닫고 있고, 고향 집에 돌아와 있었음을 알게 됩니다.

그러면 우리가 만들어내었던 주관이라는 것은 있지 않습니다. 먼저 이렇게 되면 객관 세계가 없는 것입니다. 객관이 없다면 주관도 상대적으로 없습니다. 그러면 있는 것은 무엇인가? 하나의 '뜰 앞의 잣나무'가 있고. 하나의 '차나 한잔 하게나.'가 있고. 하나의 '마른 똥 막대기'가 있습니다. 이것을 이름하여 자각이라고, 한마음이라고 합니다. 영혼은 영혼이지만 하나의 영혼입니다. 혹은 하나의 영(靈)입니다. "하나님은 영이시라." 이렇게 하는 겁니다. "영으로 거듭나야 한다." 이렇게 합니다.

외부가 없기 때문에 내부도 없습니다. 외부와 내부가 합쳐진다거나 주관과 객관이 합쳐지는 게 아닙니다. 혹은 있던 경계선이 사라지는 것이 아닙니다. 본래 그런 것은 있지 않았습니다. 우리의 체험과 경험 속에서도 그런 것은 처음부터 있지 않았습니다.

자, 이것이 제법공상의 뜻풀이부터 일단 올바르게 한 다음에, 그 뜻풀이조차도 우리에게 감동을 주기가 어렵기 때문에, 우리의 일상적인 체험 내지 경험을 통해서, 일상적 삶의 경험을 통해서 제법공상을 최선을 다해서 설명해 보았는데, 어떻게 들렸을지는 모르겠습니다. 그래서 "제법공상은 세상 만물이 텅 비어있다. 공하다."라는 게 아니고. 제법(諸法), 즉 세계는 의식의 나타남이다. 그러니까 나타남을 빼버리자. 그러면, 나타나는 것이 의식이니까, 즉 세계는 의식이다. 그런 뜻입니다.

즉 존재가 의식입니다. 또 마음이 즉심시불(卽心是佛), 부처라 했습니다. 그래서 "무엇이 부처인가?" 세계를 가리키면 됩니다. "뜰 앞의 잣나무", "차를 한잔 하게나!", "무엇이 부처인가?", "바로 그거다! 말하는 바로 그거다!" 모두 제(諸) 자는 언(言) 자(者)입니다. 말하는 그것입니다.

"무엇이 부처인가?", "어, 바로 그거."

하하, 나름 최선을 다해 설명을 해보려고 했는데, 어떻게 들렸을지 모르겠습니다.

자, 마지막 단락입니다.

깨달음을 추구하는 교의들, 목표 달성 과정들, 점진적인 진보의 길들은, 자아가 잃어버렸다고 여기는 무엇인가를 찾을 수 있다는 생각을 강화함으로써, 그 상태에 머무는 문제 상황을 단지 더욱 악화시킬 뿐이다.

즉 잃어버렸다고 여긴다는 말은 실제로는 잃어버리지 않았다는 것입니다. 우리가 찾으려는 것은 도대체 물질, 저 객관만 있지, 의식은 어디 있는 거야? 내 마음이 난데 마음이 도대체 어디 있는 거야? 육체 속에 두뇌 속에 가슴 속에 있다 하는데, 해부해 보면 아무것도 없잖아! 도대체 어디 있는 거야? (손을 펴보고 컵을 가리키며) 이것이다. 지금 컵이 의식된다. 그럼 의식은 어디에 있을까? 바로 컵이 의식이다. 밖에 버스 소리가 들리면, 이제부터는 밖이라는 말도 옳지 않죠. 저기 버스 소리가 들릴 때 의식은 어디 있을까? 바로 그 버스 소리입니다. 그러니까 버스 소리 그곳에서 소리가 나지 머릿속에서 나지 않습니다.

컵이 어디서 보이나? 이것을 해봐야겠습니다. 자, 이 친구도 컵을 보고 여러 시청자분들도 이 컵을 영상을 통해서 보고 있습니다. 의식이 육체 안에 들어있다면 이 컵은 77억 개의 컵이 생겨나야 합니다. 그러나 우리가 의식하고 있는 컵을 동시에 손을 들어 한번 가리켜 봅시다. 모두 다 함께, 하나, 둘, 셋!

(탁자 위의 컵을 가리키며)

컵은 두뇌 속에서 육체 안에서 의식될까요? 즉, 컵은 어디에 존재할까요? 의식되어야 존재가 알려집니다. 객관 존재가 있다 쳐도 객관 존재만 있어서는 알려지지는 않습니다. 자, 그러면 이 의식은, 컵은 어디서 의식될까요? 가리켜 봅시다. 이게(머리) 아닙니다. 이렇게 (탁자를 가리키며) 됩니다. 그러면 의식되고 있음, 의식하고 있음. 그것이 의식입니다.

우리가 잃어버렸다고 여기는 무엇인가를 찾을 수 있다는 생각을 강화함으로써, 그 상태에 머무는 문제 상황을 단지 더욱 악화시킬 뿐이다.

자, 그래서 그냥 선각의 가리킴을 탁 듣고 이해하고 믿어버리면, 그냥 고통과 공포와 죽음이 백 년 천 년이었다 할지라도, 한 순간에 "아하 그런 게 아니네, 아닐 수 있네." 이렇게 됩니다. 터치가 일어납니다.

하나임(oneness)으로부터 분리되어 있다는 환영을 끊임없이 재창조하는 것이 바로 이러한 노력이며, 바로 자아 정체성 탐구라는 것이다.

즉, 자아가 주관입니다. 주관이 객관과 별도로 있다고 생각함으로써 자꾸만 있지도 않는 주관이 객관을 탐구해서 객관적 진리를 발견해야 되겠다고 하면서 계속 주객을 강화시키고 있습니다. 주객이 강화되면 oneness, 즉 하나님 혹은 하나임으로부터 의식의 다른 이름이 oneness인데, 이 단일성으로부터 혹은 전체성으로부터 멀어지게 되고, 멀어지는 만큼 고통과 공포의 강도가 올라갑니다.

이것이 우리가 존재한다고 믿는 진실을 가리는 장막이다. 그것은 바로 개인성, 개체성, 개성이라는 꿈이다.

즉, 개인, 개체, 개성, 이것이 주관입니다. 이 주관이 시공간적 한계에 묶여 있습니다. 그런데 이 주관의 핵심은 의식입니다. 마음이고 의식이고 영혼인데 이것이 육체 안에 갇혀 있느냐라고 할 때, 아까의 일상 경험을 탐색해 봄으로써 그런 것이 아님을 우리가 알게 되었습니다.

그렇다면 개인, 개체, 개성이라는 것은 이 거대한 단일한 의식 안에서 발생하는 하나의 의식 현상입니다. 여기서 꿈이라 해서 하찮고 가치 없다는 것이 아닙니다. 의식의 나타남입니다. '제법공상이다.'라는 것을 안다면 그걸로 족합니다. 그것이 곧 우리의 정체를 재발견하는 것이고 따로 우리 정체가 있는 것이 아닙니다. 그냥 정체 발견을 가리고 있는 이 덮개가 바로 주객이라는 환상입니다. 주관과 객관이 별도로 있다는 이 생각이 최대의 장막이고 덮개인 것입니다. 이것을 확 걷어내 버리면, 본래 있었다. 우리 호주머니 안에 본래 들어 있었다가 됩니다.

이것은 마치 자신이 땅속 깊은 구멍 속에 있다고 상상하는 어떤 사람이 그 구멍을 탈출하기 위하여 더욱더 깊이 땅을 파면서, 파낸 흙을 자신의 뒤로 던져 이미 존재하고 있는 빛을 덮어 가리는 것과 같다.

그러니까 빛을 향해 가려면 이미 있는 빛을 향해서 돌아서면 되지 자꾸 땅에 구멍을 파서 뭘를 찾아내는데 그 판 흙을 자기 뒤로 자꾸 던지면 오히려 더욱 컴컴해집니다. 그리고 깊은 구멍 속에 있다고 상상합니다. 그리고 구멍에서 탈출하려고 합니다. 우리는 육체 안에 묶여 있다고 생각하고 육체로부터 탈출하려고 애를 쓰지만, 육체가 이미 우리 안에 있습니다. 탈출하고 자시고가 없는 겁니다.

　지금 봅시다. 아까도 봤지만, 우리가 육체 안에 갇혀서 지금 막 탈출해야 될 상황인가요? 아니면 지금 우리 안에 다양한 여러 중생들이 그냥 이렇게 웃고 슬퍼하고 있을까요? 어떤 것이 진실일까요? 이미 탈출되어 있다는 진실을 보기만 하면 될 뿐, 즉 깊은 이해와 돌이킴만 하면 됩니다. 회광반조(廻光返照)를 보통 이렇게 (몸 방향) 가리키는데 이건 엉터립니다. 회광반조는 (공간 방향) 이것입니다. 우리는 주관이 이 (몸) 안에 들어 있다 하는데, 회광반조는 그게 아니고 이렇게 (공간으로) 가리켜야 됩니다.

　현재 이렇게 (몸으로) 된 상황이니까 이제 이렇게 (공간으로) 돼야 됩니다. 이렇게 되면 탈출을 했지만 탈출은 없는 것입니다. 본래 탈출되어 있었기 때문입니다. 즉 금강경에 "모든 중생을 구제했지만 단 한 중생도 구제된 중생이 없다." 이 말은 본래 다 구제되어 있었다. 즉, 중생은 없더라! 전부 보디사트바, 즉 깨달은 부처더라는 것입니다. 그런데 주객으로 나누어 있다고 믿는 동안은 우리는 계속 탈출하려고 애를 써야 합니다. 파도가 이미 바다의 움직임임을 안다면 파도로서 휴식할 터이지만, 파도가 바다의 움직임이라는 사실을 모른다면 그 파도는 바다를 찾기 위해서 끊임없이 노력할 것이고, 그 과정에서 많은 고통과 공포를 실감하게 될 수밖에 없습니다.

# 우리는 육체 안에 들어 있지 않다 |
# 삶과 죽음은 해탈의 결과물

2021. 8. 26.

제법공상(諸法空相), 결국 이 세상 만물은 의식의 나타남입니다. 그리고 주관과 객관은 본래부터 하나입니다. 여기에 모든 지혜의 핵심, 반야바라밀다가 다 담겨 있습니다.

우리는 어떤 용어에 너무 익숙해지면 그 용어가 가리키는 방향을 보기보다는 지나치거나 다른 길로 가버립니다. 우리가 가는 길은 단 하나입니다. 그 어떤 말을 해도 전부 '생사 문제를 여하히 해결할 것인가.'입니다. 그래서 일대사 인연 혹은 시절 인연에 어떻게 준비할 것인가만을 이야기하지, 다른 것은 일체 이야기할 필요가 없습니다. 그러기 위해서는 옛 이정표를 새것으로 교체해야 됩니다. 그러나 가리키는 방향이 달라지는 건 아닙니다.

익숙한 용어 중에, 아공(我空), 법공(法空), 구공(俱空)이 있습니다. 이에 대해 듣다보면 그저 두루 뭉실하게 결론만을 얘기하고, 왜 그런지를 물으면 "분별 망상을 하지 마라!" 이렇게 뭉개버립니다. 현대인들에게는 잘 맞지 않으며, 그런 답변을 하는 사람이야말로 최악의 분별 망상을 하고 있다고 이야기를 할 수 있습니다. 자, 그래서 아공, 법공, 구공을 우리의 일상으로 가져와 봅시다. 아공(我空), 보통 내가 텅 비었다. 법공(法空), 법이 텅 비었다. 또 구공(俱空), 그래서 빠짐없이 텅 비었다. 이렇게 이야기합니다. 이것은 그냥 단순 글자 뜻풀입니다. 그래서 화살표를 좀 더 모던하고 신선하게 만들 필요가 있습니다.

아공은 좁은 의미의 무아입니다. 부처님의 삼법인(三法印) 중 하나인 진리의 도장이죠. 무아! 여기서 무(無)라는 것은 없어서 없는 게 아니고 전부라 했습니다. 공(空)도 마찬가지입니다. 텅 비어서 비었다는 게 아니고, 전체를 가리키는 것입니다. 그래서 내가 텅 비었다가 아니고, 주관이 공(空) 의식이란 말입니다. 법공(法空)은 뭘까요? 법은 객관입니다. 세상 만물을 객관이라고 합니다. 육체를 포함해 생각까지 전부 객관입니다. "법(法)이 공(空)이다." 이 말은 객관이 곧 의식이란 뜻입니다.

구공(俱空)은 무엇인가? 전부가 의식입니다. 이러면 별로 어려운 말이 아닙니다. 아공, 법공, 구공, 주관도 의식이고, 객관도 의식이고, 그러므로 모든 것이 의식이다. 우주 전체가 의식이다. 소위 말하는 사람을 포함해서 전부가 의식이다. 이게 구공입니다. 이 구(俱)자는 꼭 사람만을 지칭을 하는 것이 아니고. 동물, 식물, 곤충, 박테리아, 바이러스, 심지어 돌덩이도 전부 의식이고 구공입니다.

그래서 오랜 옛적 누군가가 광야에서 외쳤습니다. "없다! 없다! 다 없다!" 이렇게 하니까, 그 옆에서 통역사의 통역이, "이 말씀은 있다! 있다! 전부 있다와 같다." 이렇게 통역을 해주었습니다.

이 통역사가 없었다면 그 말을 듣는 모든 사람들이 "아무것도 없구나, 지금 그냥 죽어도 되겠구나, 혹은 온갖 범죄를 저지르거나 거짓말, 사기를 쳐도 되겠구나." 이렇게 오해할 수 있었습니다. 그러나 마침 좋은 통역사가 옆에 있어 "없다. 없다. 다 없다." 할 때 통역사가 이야기했습니다. "있다. 있다. 전부 있다!" 진공묘유(眞空妙有)입니다. 요즘 표현으로 nothing and everything입니다. 없는 것(nothing)이 전체(everything)를 이야기하는 것입니다. 무아라는 것은 전부가 나라는 뜻입니다. 그래서 아공, 법공, 구공을 한마디로 통일하면, 제법공상입니다. 모든 법은 모든 현상이고, 모든 나타난 모양은 의식이 나타난 바다. "무변허공 각소현발(無邊虛空 覺所顯發)이다.", "초발심변정등각이다." 이 말과 같습니다.

만약에 의식이 육체라는 한계를 가졌다면, 이것이 의식이고 (원을 그리고 육체라고 하고 그 안에 의식을 표시하며) 이런 한계를 가졌다면, 의식 밖에 있는 나무나 컵이나 똥 덩어리는 의식될 수 없습니다. 의식 밖에 있는 것은 당연히 글자 그대로 의식 밖에 있는 것은 의식될 수가 없습니다. 의식 안으로 들어와야만 합니다. 의식이 육체 안에 들어있다면 육체 바깥에 있는 그것은 그 어떤 것도 의식될 수 없다는 이 사실을 곰곰이, 그냥 상식의 차원에서 우리의 실제 일상 경험을 가만히 한번 숙고해 보시기 바랍니다. 그러면 저절로 옛사람들이 하는 말이 다가올 것입니다.

자, 교재로 다시 돌아갑시다.

여기, 구덩이를 파는 사람이 있습니다. 구덩이에서 빠져나오려고 계속 구덩이를 파는데 구덩이에서 빠져나오려면 그냥 뒤돌아서서 빛을 향하면 되는데, 자꾸 구덩이에서 빠져나오려고 구덩이를 파니까 구덩이 안으로 더 들어가게 됩니다. 수행자와 종교인이 처한 상황이 이와 같습니다. 지금 선결문제는 우리의 진정한 정체, 즉 단일의식이 몸 안에 들어있지 않다는 이 한마디입니다.

"우리는 육체 안에 들어있지 않다!"

이것이 전부입니다. 구덩이에 빠진 우리가 구덩이 밖으로 탈출하는 유일한 방법은 바로 이것입니다. 이게 전부입니다. 우리는 육체 안에 들어있지 않습니다. 그럼 어디 들어 있을까요? 육체 안에 안 들어있으면 있을 데는 여기(공간)밖에 없습니다. '이것이다.' 할 때, 이 손가락이 아닙니다. 이 육체 바깥을 가리킵니다. 그럼 육체 바깥이면 육체가 포함돼 버립니다. 당연히 우리는 육체 안에 들어있지 않습니다. 언제? 지금, 바로 지금입니다. 탈출은 언제나 지금 일어납니다. 해탈, 자유를 탈출이라 합시다. 탈출!

우리는 육체 안에 들어있지 않습니다. 그럼 여태까지 왜 이렇게 부자유스럽고 고통과 공포가 있었느냐? 그건 우리가 육체 안에 들어있다고 교육받아서입니다. 호모 사피엔스의 문화와 문명이 그렇게 가르쳤습니다. 솔직히 말하면, 세뇌 당했죠. 우리는 육체 안에 들어있지 않습니다. 지금, 늘, 언제나, 처음부터 영원까지, 우리는 육체 안에 들어있지 않았고, 않았으며, 않을 것입니다. 시공간을, 전체를 아우릅니다.

우리는 육체 안에 들어있지 않다!

우리는 육체 안에 들어있지 않았다!

우리는 육체 안에 들어있지 않을 것이다!

왜? 우리는 의식이고 한마음이니까. 이것이 전부입니다. 이것이 모든 거품과 온갖 희론을 제거하고, 온갖 상업성과 개인적 동기를 제거하고 전달해 드릴 수 있는, 선각의 사랑 넘치는 말씀의 전달입니다. 여기에 대한 믿음과 이해가 일어나게 하는 것이 모든 경전과 강의의 노력입니다. 그 외에는 없습니다. 이에 대한 믿음과 이해가 정견입니다. 정견하는 자는 없습니다. 한번 정견이 일어났다고 해서 안정되지 않습니다. 늘 천당과 지옥을 오갑니다. 천천히 믿음과 이해가 안착되어 갑니다. 이것은 매우 자연스러운 것입니다. 이것이 진정한 체험, 진정한 종교, 진정한 영성입니다.

엄청난 규모의 천체, 항성과 행성을 움직이는 것이 중력장, 전자기장, 핵력장이 아닌 의식장이듯이, 육체가 지금 이렇게 말하거나 눈 껌벅이고, 입술 하나의 움직임도 육체 저 혼자 어떻게 할 수가 없습니다. 하나의 의식이 전체 모든 것을 주재합니다. 주재자나 관찰자, 경험자, 주인공은 없습니다. 그냥 끝없는 의식의 자기 경험만이 있습니다. 무슨 자가 있으면 주객으로 확 나뉘어 버립니다. 그것은 생각 속에서나 일어나는 가상의 분리일 뿐이지 실제의 분열이 아닙니다. 실제 분열이 아니기 때문에 가상의 분열에서 일어나는 이 속박은 역시 가상의 속박임을 이해하는 것, 이것이 깨달음입니다. 그러나 그 안에 깨닫는 자는 없습니다.

그다음 단락입니다.

그 어떤 노력도 하나임을 나타나게 할 수 없다.

하나임, 의식입니다. 이 단일의식을 어떻게 노력해서 나타나게 할까? 노력 자체가 이미 의식 작용인데. 그냥 봐야 하는 것입니다. 앞선 분들이 가리키는 화살표를 그냥 보면 됩니다. 자꾸 안 보려 하니까 문제예요. 자기 나름대로 자꾸 땅 파고 하늘로 승천을 하려 하니까 문제인 겁니다. 아니, 잘 가르쳐 주면 그것만 보면 끝입니다. "무엇이 부처인가?", "바로 그거야." 이렇게 말입니다.

이미 나 자신이 그것인, 있는 그대로의 나가 되기 위한 극단적인 애씀의 유일한 있음직한 효과는, 결국 완전히 지쳐 밑바닥에 쓰러져 모든 것을 놓을 수밖에 없게 되는 것이다.

이미 나 자신이 그것인,

나 자신은 육체가 아니고 의식입니다.

있는 그대로의 나가 되기 위한,

아니, 있는 그대로 나기 때문에 있는 그대로 나가 되기 위해서 노력한다는 말은 엉터립니다. 아니, 있는 그대로 나라는 것은 이미 있는 그대로의 나입니다. 'I am that I am.' 마음을 탐구한다는 말은 마치 공간을 잡으려고 한다는 것과 같습니다. 공간은 본래 있습니다. 톨레(Eckhart Tolle)가 말하기를, "내 공간이 네 공간보다 훨씬 광대하다." 내 공간이 네 공간보다 훨씬 광대하다니 이게 무슨 말이지? 그런 말을 하는 사람은 미친 사람입니다. 소위 말해서 "나는 깨달았다. 깨달음을 체험했다. 견성했다." 혹은 "그것은 해오(解悟)고 증오(證悟)가 아니다." 이따위 말을 하는 사람은 "내 공간이 네 공간보다 훨씬 광대하다."라고 말하는 사람과 같습니다.

결국 완전히 지쳐 밑바닥에 쓰러져 모든 것을 놓을 수밖에 없게 되는 것이다.

그렇습니다. 우리가 애써서 장좌불와하고, 책을 수만 권을 읽고, 엄청나게 수행 고행할 때에, 우리가 얻을 수 있는 유일한 효과는 깨달음이나 해탈 자유가 아니고. 그냥 완전 나가떨어지는 것입니다.

그러니까 전형적인 단계를 말씀 드렸습니다. 첫째, 발심, 둘째, 수행 공부, 셋째, 절망, 넷째, 희박심, 다섯째, 고향집으로의 회귀, 이렇게 보통 이야기하는데, 즉 피를 말리는 수행, 고행을 했을 때에 최고의 바람직한 효과는 그냥 나가떨어지는 것입니다. 왜 나가떨어지나?

안 되는구나. "아! 이것은 노력해서 되는 게 아니구나!" 노력해서 되는 게 아니다. 참 적나라하게 잘 표현하고 있습니다.

이런 효과는 꼭 수행이나 영적인 세계에서 뭘 해야만 오는 건 아닙니다. 지쳐 나가떨어지는 일은 세속에서도 종종 일어납니다. 세상에서 돈을 벌려다가, 권력을 잡으려다가, 어떤 여자나 남자를 내 것으로 만들려고 무진 애를 쓰다가, 쫄딱 망하거나, 감옥에 들어가거나, 애인이 배신으로 떠나려 할 때, 우리는 느닷없이 자아가 저 멀리 수백 미터 뒤로 물러나고, 우리의 진정한 정체가 갑자기 드러나는 수가 있습니다. 사형 선고를 받아놓고 기다리는 시간이야말로 가장 영적인 시간입니다. 왜? 자발적이든 강제적이든 이제는 모든 것을 놓을 수밖에 없으니까요. 즉, 아공, 법공을 강요당할 수밖에 없죠. 아공 법공을 깨닫는 게 아니고. 아공, 법공을 강요당하는 것입니다. 사형, 즉 나도 사라지고 객관 세계도 사라집니다. 사형 선고가 최고의 깨달음의 촉발이 될 수도 있다는, 조금은 이해를 돕기 위해 드리는 말입니다.

항상 화살표가 가리키는 곳을 봐야지 화살표가 좋다고 그것을 붙들고 거기에 뽀뽀하고 타인에게 화살표를 이야기할 필요가 없습니다. 가리키는 대로 순식간에 가버려야 됩니다.

이 놓아버림 안에서 또 다른 가능성이 일어날 수도 있다.

놓아버린다 하지만 그냥 나가떨어지는 것입니다. 이 나가떨어지는 것 안에서야말로 다른 가능성이 일어날 수 있습니다. 즉, 우리가 준비하는 것이 나가떨어지는 것인데, 이것도 마음대로 안 됩니다. 일부러 나가떨어지려고 하면 그것도 위선이고 꾸며낸 거라서 안 됩니다.

그러나 고군분투하여 신성화되려 함으로써 자유를 회피하고자 하는 유혹은 매우 매력적이다.

그래서 깨달은 사람이나 성인이 되어서 깨달음을 회피하려 합니다. 이 자체가 깨달음으로부터, 즉 자유와 평화로부터 오히려 도망가는 것입니다. 도망가면 고통과 공포입니다. 그러나 이 유혹은 매우 매력적이죠. 우리가 왜 이런 깨달은 사람, 성자, 성인에 매력을 느끼느냐 하면, 돈 벌고 권력 가지면 생존과 번식에 유리하듯이 똑같이 유리하다고 생각하고 있는 것입니다. 깨달은 사람, 성자, 성인이 되면 자기는 그것을 부인하겠지만, 자아의 깊은 내면 안에는 생존과 번식에 유리하다고 무의식적으로 생각할 수밖에 없습니다. 그래서 이런 유혹은 매우 매력적입니다. 자아가 열심히 노력해서 깨달은 사람이 되는 것 말입니다. 그래서 부처님께서 말씀하시기 어려웠습니다. 다들 열심히 노력하는데, "야! 우리는 이미 육체 안에 없어!" 이 말씀을 하시려니 참으로 민망하셨을지도 모르겠습니다.

시간 안에서의 노력과 분투는 해탈을 가져오지 않는다.

이걸 잘 새겨야 됩니다. 시간 안에서의 노력과 분투는 해탈을 가져오지 않는다. 왜? 시간 안에서 없던 해탈이 다시 나온다면 나중에 그것은 또다시 없어집니다. 그래서 안 없어지는 것은 뭐냐? 지금 있어야 된다! 즉, 해탈 전에 있는 거야말로 진정한 해탈 재료지 없던 해탈이 나타나면 이것은 반드시 사라집니다. 왜? 시간 안에서 사라지지 않는 것은 없기 때문입니다. 농담 같지만 명언에 가까운 말입니다.

"시간 안에서 사라지지 않는 것은 없다." 이렇게 시간 안에서 사라지지 않는 것은 없다면, 우리가 할 수 있는 건 뭘까요? 없습니다. 나가떨어지는 것밖에 없어요. 그냥 땅바닥에 엎드려서 펑펑 울어야 됩니다. 일부러 울 수도 없습니다. 눈물이 안 나옵니다. 또 눈물이 나오기 시작하면 멈출 수도 없습니다. 결국 우리가 할 수 있는 것이 아닙니다. 하늘이 하는 것을 내가 하는 줄로 착각할 뿐입니다.

시간 안에서의 노력과 분투는 해탈을 가져오지 않는다.

왜, 해탈처럼 보이는 뭐가 나타나더라도 반드시 사라질까요? 시간 안에서 사라지지 않는 것은 없기 때문입니다.

삶은 힘들게 수행하는 그런 과제가 아니다. 삶에는, 노력하여 획득할 것이 아무것도 없다는 깨어남 이외에는, 획득할 것이 아무것도 없다.

이 말은 좀 네거티브합니다. 부정적인 말씀인데 삶에는, 노력하여 획득할 것이 아무것도 없다는 깨어남 이외에는 획득할 것이 아무것도 없다. 이 말은, 삶이 그냥 이미 선물입니다. '내가 없다.'는 것은 '모든 것이 나다.'는 말과 똑같아, 삶에서는 얻을 것이 아무것도 없으며 삶 자체가 이미 얻음이다. 즉, '삶이 선물이다.'라는 말입니다. 우리가 어린아이 때 해맑게 뛰어 놀던 것을 생각해 봅시다. 그것이 축복이고 선물입니다. 다른 게 있을까요? 우리가 돌아가고자

143

하는 것은 어릴 때 아무 걱정 없이 친구들하고 줄넘기도 하고 구슬치기도 하다가, 힘들어서 집이 와 그냥 푹 쓰러져 자는, 아무 조건 없이 해맑은 삶이죠. 왜? 삶은 무엇을 얻거나 수행하거나 해탈하기 위한 그런 수단이 아니고. 이미 해탈의 결과물이니까요.

세 번째, 삶은 해탈의 결과물입니다. 이것을 비유적으로 이야기하면 "어! 우리는 너무 무섭고 공포스러운 줄 알았는데 알고 봤더니, 우리가 즐기러 돈 내고 테마파크의 놀이동산에 들어와 있었다." 우리는 무서운 거 타려고 3, 4시간을 기다립니다. 회전목마는 줄을 서지 않습니다. 무서운 것을 타려고 오히려 기다립니다. 삶은 해탈의 결과물입니다. 이 말은 우리는 놀이동산 안에 들어와 있는데, 그 안에서 무서움을 극복하는 것이 과제가 아니라 그냥 무서운 놀이기구나 테마를 타는 것이 목적이라는 겁니다. 충분히 이해됩니다.

이 부분은 우리가 놀이동산에 가서 무서운 것을 타든 편안한 것을 타든 목적은 그냥 노는 거라는 것. 놀이동산에 있는 모든 테마는 이미 이 놀이의 결과물, 자유의 결과물입니다. 우리가 놀이동산에서 놀겠다는 선택의 결과물입니다. 그래서 삶은 해탈의 결과물입니다. 그렇기 때문에, 그다음 제목이 나옵니다.

<깨닫게 되는 사람은 아무도 없다>

깨달음은 있습니다. 왜냐하면 의식이 깨달음이니까. 그런데 깨닫는 사람은 없다. 그 앞에…

(깨닫지 못하다가 새롭게) 깨닫게 되는 사람은 아무도 없다.

여기 괄호 안의 말은 스피커가 보충 설명을 해 놓은 말입니다. 거꾸로입니다. 깨달음이 사람을 발견하는 것이지 사람이 깨달음을 발견하는 것은 아닙니다. 그래서 "내가 깨달았다." 하는 사람은 "내 공간이 더 광대하다."라고 말하는 것과 같습니다. 공간에는 네 공간 내 공간이 있을 수 없기 때문입니다.

# 깨닫게 되는 사람은 아무도 없다

*No-one Becomes Enlightened*

# 15강

# 깨달은 사람, 깨닫는 사람은 없다 ㅣ
# 자아의 '생존과 번식' 몰입은
# 선도 아니고 악도 아니다

2021. 8. 27.

오늘은 『오픈 시크릿』 3장 <깨닫게 되는 사람은 아무도 없다 No-one Becomes Enlightened>입니다.

깨닫는 사람은 없습니다. 왜냐하면, 이미 모든 중생이 보디사트바라 했고, 모든 중생이 이미 깨달아 있기 때문입니다. "모든 중생을 깨달음으로 인도했더니 실제로 깨닫게 된 중생은 단 하나도 없다." 이렇게 금강경은 이야기하고 있습니다. 이와 관련해서 뉴에이지 계통, 그리고 non-duality 계통에 요즘 아주 많이 유행하는 말이 있습니다. 'nothing and everything'입니다. 아무것도 아닌 동시에 모든 것이다." 이렇게 이야기합니다. 아무것도 아닌 것이 곧 모든 것입니다. 진공묘유(眞空妙有)와 같은 말입니다.

진공묘유를 서양식으로 표현하면, 'nothing and everything' 입니다. 아무것도 아닌 진공, 텅 비어있는데(말이 텅 비어있다는 것이지 텅 비어있다고 해서 없거나 비었다는 것이 전부가 아니고, 오히려 텅 빈 그

149

자체가 곧 이 세계와 일치합니다.) 이 세계와 일치한다는 그런 뜻입니다.

그래서 nothing and everything이기 때문에 결국 깨닫지 못하고 있던 어떤 사람 내지 중생이 수행 공부를 해서 깨달은 사람으로 변모되는 그런 일은 역사상 단 한 건도 없다는 그런 뜻입니다. nothing입니다. 'nothing and'의 'and'란 말은 동시 동작입니다. nothing and everything 이 얘깁니다. nothing and everything은 결국 진공묘유입니다. 혹은 제법공상(諸法空相)이란 말과 정확하게 일치합니다. 왜, nothing and everything이라 했을까? 이것은 한자어 무(無) 혹은 공(空)을 영어로 번역할 때 nothing이라 하는데, 이것은 '아무것도 없다.'라고 해석해도 되지만, 특정한 물건이 아니다. 이렇게 'no thing'으로 해석할 수도 있고. 더욱 쉬운 설명은 이렇습니다.

우리는 무엇을 '있다' 할 때 상식적으로 보이고 들리고 만져지면 있다 하고, 보이고 들리고 만져지지 않을 때, 무엇이라 할 수 없는 것이 있는 것을 nothing이라 하지만, 모든 것이 그런 것은 아닙니다. 가장 가까운 우리 체험은 무엇인가? 이 공간, 공간을 "없다" 하는 사람은 없습니다. 공간은 있습니다. 그러나 보이지도 않고 떨리지도 않고 손으로 만질 수도 없습니다. 포착할 수가 없습니다. 전자기장, 중력장, 양자장 등도 마찬가지입니다. 그러나 분명히 있습니다.

우리의 진정한 정체인 이 의식도 유일 의식입니다. 유일신이죠. 유일신이자 유일 의식인 우리의 진정한 정체 역시, 보이지 않고 들리지 않고 만져지지 않기 때문에 nothing이라 합니다. 없어서 없는 것이 아니고, 텅 비어서 텅 빈 것이 아니고, 다만 보이지 않고 들리지 않고 만져지지 않기 때문에 nothing이라 하고, 무(無)

라 하고, 공(空)이라 하지만, 또 진공(眞空)이라 합니다.

그리고 everything은 무엇인가? 삼라만상입니다. 일월성신, 산하대지, 바로 세계입니다. 세계! 아무것도 아닌 것이 온 우주입니다. 온 세상입니다. 진공(眞空)인데 묘하게 있습니다(妙有). 세계는 공의 나타난 모습이라는 뜻입니다. 그래서 nothing and everything은 "의식이 곧 세계다. 의식이 곧 존재다. 의식이 곧 있음이다." 입니다.

그래서 우리가 nothing and everything이라는 말을 들을 때, 하등 '무슨 말인지 모르겠다.'라고 여길 필요도 없고. 신비하거나 대단한 말이라고 할 필요도 없지만, 또 "무슨 개소리냐?"라고 무시할 필요도 없습니다. nothing and everything, 저것은 또 다른 말로 하면, '있는 그대로'입니다. '있는 그대로' 혹은 '이대로 그대로' 이렇게 이야기할 수 있습니다.

<킹덤 오브 헤븐>(2005)이라는 명작 영화가 있습니다. 여기에서 살라흐 앗 딘은 이슬람 왕입니다. 그는 마지막에 이렇게 이야기합니다. "예루살렘이 어떤 의미인가?" 했을 때, 살라흐 앗 딘이 이렇게 이야기합니다. "아무것도 아니야." 하고는 뒤이어서 "모든 것이지." 이렇게 이야기를 합니다. 하나님의 왕국은 nothing and everything입니다.

자아는, 육체 안에 들어있다는, 영혼이 문제를 해결하는 주체로 여기고 누구나 출발을 합니다. 그러나 중간에 그게 수십 년이 지난 다음에야 비로소 이런 이야기를 듣게 됩니다. 자아는 깨달은 사람이 될 수도 없고, 자아는 생사 문제 해결의 주체가 아니라는 청천벽력 같은 말을 듣게 되고. 마치 망치로 머리를 한 대 얻어맞

151

은 듯한 느낌을 받게 됩니다.

"이게 도대체 무슨 말인가? 예수님과 부처님도 열심히 공부 수행하고 진리의 말씀을 믿고 따랐기에 결국 깨우침이 일어났든가, 아니면 하나님과 자리를 같이하게 된 것이 아닌가?"라고 철석같이 믿고 있었는데, 그런 것이 아니라고 하니까, 큰일이 난 것입니다.

그러나 큰일이 난 것이 아니고, 매우 좋은 일이 일어난 것입니다. 드디어 깨달음이 자아를 발견할 수 있는 상태, 준비 상태, 스탠바이 상태로 들어간 것입니다. 자아가 말랑말랑해졌을 때, 부처님께서 자아를 오히려 발견해 내시고 가엽게 여기십니다. 부처님과 예수님과 하나님은 자아가 힘을 뻗쳐가지고 여기저기 돌아다니는 동안은 그냥 둡니다. 부모도 마찬가지죠. 자식이 씩씩하고 건강하게 재밌게 돌아다니는 동안은 신경 쓰지 않습니다. 자녀들이 아프고 뭔가 고민스럽고 얼굴에 슬픔이 가득할 때, 우리는 그들과 같은 심정이 되어서 자녀들을 발견합니다. 자녀들이 쏘다니고 건강하고 웃고 이렇게 돌아다니면, 자녀들을 우리는 일부러 발견할 필요가 없게 됩니다. 이와 마찬가지입니다.

그래서 "깨닫게 되는 사람은 없다." 이 말을 우리가 "nothing and everything, 진공묘유, 제법공상"이라는 말로서 진정한 의미를 다시 회복할 수 있게 되고. 더 나아가 정확한 분별력을 가지고 이 자아라는 것이 무엇인가를 이해하게 될 때, 역으로 우리의 진정한 정체가 동반해서 이해되는 일이 일어날 수 있습니다.

다시 한번 말씀드리면, 우리 육체나 자아 안에 의식이나 영혼, 내면세계가 있는 것이 아니고. 이미 이렇게 한계 없는 의식이 있고. 그다음에 의식 안에서 의식의 체험, 소중한 체험 수단이죠.

수단으로서의 육체라 할 때 인간 육체만을 이야기하는 게 아닙니다. 개체, 개체라 하는 게 옳겠습니다. 인간, 동물, 식물, 곤충, 박테리아, 바이러스, 그리고 돌멩이까지 육체라 할 수 있습니다. 그리고 육체 안에 다시 자아가 생겨납니다. 육체가 의식 안에서 생겨나고 생멸한다고 합니다. 육체가 의식 안에서 생멸하고 의식은 불생불멸입니다. 또 육체 안에서 자아가 생멸하게 됩니다. 그러면 nothing and everything은 무엇인가? 세상만사 모두를, 하늘과 땅을 뒤덮고 있으면서, 하늘과 땅을 동시에 만들어내고 있는, 즉 만들어냄과 동시에 의식합니다. 의식함과 동시에 만들어냅니다. 즉, 의식과 창조는 매 순간 이루어지고 있습니다. 의식이 곧 창조입니다. 이것은 '의식 이퀄(=) 세계다.'라는 말과 같습니다. 의식 = 창조고, 의식 = 세계입니다. 즉, 진공묘유이고 오온개공입니다.

자, 이 상황 안에서, 육체와 자아는 의식을 발견하고 의식에 도달하려 합니다. 자기 정체가 무엇인지를 알아내려고 합니다. 그러나 이것은 수단 혹은 방법의 오류입니다.

간단한 예로, 어떤 작업 시, 그에 맞는 수단을 사용해야 됩니다. 예를 들어, 망치로 종이를 자를 수 없고, 가위로 바위를 부술 수는 없습니다. 그래서 육체와 자아는 수단으로 치면 가위입니다. 그리고 의식은 바로 망치입니다. 망각과 착각과 오해를 부숴버리는 망치. 망치는 의식이고 육체는 가위에 해당됩니다. 우리가 무언가를 깨트리는 작업이 필요하면 망치, 즉 의식을 사용해야 되는데, 가위로 부수려 하고 있습니다. 그것이 바로 우리의 자아와 육체를 가지고 의식에 도달하려고 하는 그런 일입니다. 망치로 한 방에 부숴버려야 합니다. 돈오입니다. 두세 방도. 돈오도 두세 번, 여러 번 일어날 수 있습니다.

　이런 이야기의 의도는 무엇일까? "깨닫게 되는 사람은 없다." 는 말은, 우리가 고통과 공포 속에서 계속 살라는 얘기가 아닙니다. 자아의 역할과 기능에 대해서 있는 그대로를 이해하고 수긍하라는 말입니다. 자아의 역할은 개체의 생존과 번식인데, 자아에게 생뚱맞게 역할과 기능이 없는 "깨달음으로 나아가라." 혹은 "깨달은 사람이 되라."는 요구는 불가능합니다. 있을 수가 없는 일을 자꾸 강요하면 오작동이 일어나고, 오작동이 다른 말로 고통과 공포입니다. 잘 작동되는 것을 우리가 뭐라 할까요? 자유와 평화라 합니다.

　"자아의 역할과 기능을 이해하고 수긍하라."는 말은 자아를 버리라는 것이 아니고, 더욱 생존과 번식에 계속 매진하라는 말도 아닙니다. 이것도 아니고 저것도 아닙니다. 그냥 있는 그대로를 이해만 하라. 즉 가위는 자르는 것, 망치는 부수는 것임을 이해만 하면 끝입니다. "자아가 생존과 번식에 특화되어 있다."는 말은 자아가 좋은 것이라는 말도 나쁜 것이라는 말도 아닙니다. "자아는 고매한 깨달음을 추구 안 하고 생존과 번식만 추구하니까 나쁜 놈이구만.", 전혀 그게 아닙니다. '있는 그대로' 내지 '역할과 기능'은 선악이 아닙니다. 도덕 판단을 하는 게 아닙니다. 그러니까 "자아가 생존과 번식에 특화되어 있다."는 말은 자아를 무시하거나 이게 나쁜 것이라는 말이 아니고, 그냥 주어진 역할과 기능을 가치중립적으로 이해하라는 말이며, 그것이 자아를 바로 보는 것인데, 이것은 정견의 단서가 됩니다.

　요약해서 말하면, 자아가 생존과 번식에 특화되어 있을 뿐 깨닫는 수단으로는 적합하지 않다는 것입니다. 깨닫는 수단은 바로 의식입니다. 그래서 우리는 의식을 진지하게 탐구 중이고, 결국 자아를 이용해서 하고 있지만 그 이용의 최대 한계치는 의식이 자아를 발견하게끔 준비할 수밖에 없습니다. 자아는 열심히 수행해서 의식으로 변할 수 없습니다. 이미 자아가 의식의 결과물이니까요. 우리의 삶 자체가 깨달음인데, 어떻게 무슨 깨달음 안에 있는 자아가 열심히 공부해서 깨달음으로 변한단 말일까요? 생존과 번식은 깨달음의 또 다른 버전이고, 생존과 번식은 나쁜 것도 좋은 것도 아닙니다.

그래서 경전에서 이야기했습니다. "법주법위(法住法位), 법은 항상 법으로서 있고, 세간상상주(世間相常住), 세간상은 늘 세간상으로 있다." 마치 두 개를 이야기하는 것 같습니다. "진리는 늘 진리이고, 세속은 늘 세속이다." 이렇게 잘못 들을 수 있습니다. 그 앞에, "그러므로 항상 일승만을 말한다. 단 하나만을 말한다."하고는 그렇기 때문에, 법은 늘 법위, 법으로 있고 세간은 늘 세간으로 있다고 합니다. 이 말은 무엇인가? "진공이 묘유다.", "제법이 공상이다.", "nothing이 everything이다."라는 것입니다. 그래서 법화경의 '법주법위 세간상상주'의 의미가 다시금 회복되는 것입니다. "법은 항상 법으로서 있고 세간은 늘 세간으로 있다." 이 말은 법이 곧 세간이라는 것입니다. 그래서 우리가 이 의식의 정체와 위치, 자아의 정체와 위치를 정확하게 알 때, 우리가 선각, 선현의 가리킴을 올바로 이해한 것이 됩니다.

그래서 깨닫게 되는 사람은 아무도 없다. 이 수단 방법의 오류를 우리가 정확하게 분별해 낼 때, 이 말은 어려운 말이 아니게 됩니다. nothing이 곧 everything이다. 이 말은 의식이 곧 세계다 혹

155

은 의식하는 것과 동시 동작으로 세계 창조다. 즉, 육체와 자아는 늘 생존과 번식 활동에 매진하지만, 그것이 곧 의식의 나타남 내지 의식 작용이고. 의식의 자기 체험이라는 것입니다. 의식의 자기 체험이 다른 말로 자아의 생존과 번식 활동이라고 가치중립적으로만 이해하면, 그다음에 저절로 사랑, 위빠사나, 있는 그대로의 수용, 더 넓은 포용 같은 일은 부산물로 일어나지만, 그것은 자아의 행위가 아니고, 처음부터 단일의식의 작용이었음을 자아는 알게 되고 수긍하게 되는 것입니다.

　이어서,

　(깨닫지 못하다가 새롭게) 깨닫게 되는 사람은 아무도 없다.

　'새롭게 깨달았다.'라고 느껴지는 일이 있을 수는 있습니다. 그렇지만 그것은 사라집니다. 왜냐하면 시간 안에서 사라지지 않는 것은 그 무엇도 없기 때문입니다. 내용을 봅시다.

　예전에는, 사람들이 실제로 깨닫게 될 수 있으며, 그 사건은 누군가가 로또에 1등으로 당첨되는 것과 비슷한 것이라고 믿었다.

　나는 예전에는, 즉 '이 진실을 이해하기 이전에는'이란 뜻입니다.

　그렇습니다. 우리 대부분은, "내가 어찌 감히 이 꼬라지로 어떻게 깨달은 사람이 될 수 있겠는가?" 하지만 이 꼬라지 이대로 바꾸거나 건드릴 필요가 없다는 이 사실은 진정으로 놀라운 복음입니다. 무언가를 해야 하고 애써 만드는 것은 복음이라 할 수 없습니다. 그것은 더욱 자아를 괴롭히는 것이니까요. 그렇습니다. 사람이 깨닫는 것은 로또 1등 당첨과 비슷한 것이라고 믿었다고 합니다. 이 토니 파슨스도 '예전에는' 말입니다.

　단 한 번, 이 상을 타는 데 성공하면,

즉, 우리가 자신이 생존과 번식에 매진하는 동안도 깨달음 안에 있습니다. 깨달음 안에 이미 있었습니다. 그럼에도 불구하고, 단일의식의 정체, 위치를 몰라 의식이 몸, 육체 안에 있다고 여기기 때문에, 육체가 육체 안에 없는 이 의식을 발견해내야 됩니다.

단 한 번, 이 상을 타는 데 성공하면, 그 이후 당첨자에게는 영원한 축복과 무오류성 그리고 다시는 썩지 않는 선량함이 보장된다고 말이다.

그래서 이렇게 보통 상상합니다. 깨닫지 못한 중생이었다가 깨달은 부처나 예수님이 되면 어떻게 되느냐? 늘 편안하고 늘 자유롭고, 늘 행복하고 늘 모든 것을 용서하고, 원수를 사랑하고 이렇게 될 것이라고 상상하지만, 이는 깨달음에 대한 잘못된 환상으로 경전에서는 그렇게 이야기하지 않습니다.

"아니다. 깨달아도 그 꼬라지 그대로 매한가지이다."라고 이야기합니다. 그리고 오료동미오(悟了同未悟)라 합니다. "깨닫기 전과 깨달은 후가 같다." 같다는 것은 겉모습이 100% 같다는 말입니다. 그러나 깨닫기 전과 깨달은 후가 같다는 "전삼삼 후삼삼(前三三 後三三)" 이 말은, 달리 이야기하면, 깨닫기 전과 깨달음 이후는, 즉 의식의 정체와 위치에 대한 이해가 일어나기 전과 일어난 후에는 360도 전부 회까닥 바뀌어 버립니다. 완전히 뒤집어져 버리는 거죠. 전도몽상이 다시 원위치하게 된 겁니다. 그러나 겉모습은 같습니다.

# 테마파크의 망각 버튼 |
# 의식한다, 고로 존재한다

2021. 8. 30.

　우리들은 곧잘 "우리들의 진정한 정체가 무엇인가?" 이렇게 묻습니다. 진정한 정체가 있다면, 진정하지 않은 정체가 있죠. 그런데 이 말의 정의상 진정한 정체라면 모든 것이 진정해야 됩니다. 그래서 사실은 우리는 이미 진정한 정체여야만 합니다. 왜냐하면, 그것이 진정한 정체니까요. 그래서 '가짜 정체, 진짜 정체'라고 할 때, 가짜 정체는 그야말로 있는 것이 아니고 없으며, 오로지 있는 것은 진정한 정체만이 있습니다. 왜냐하면 진정한 것이니까요. 그래서 우리의 진정한 정체는 바로 의식입니다.

　그러면 육체는 무엇인가? 육체는 우리의 가짜 정체라기보다는 우리의 진정한 정체인 의식이 자기 체험을 위해 사용하고 있는 매우 소중한 도구입니다. 육체와 자아를 개발해내기 위해 우리들은 수십억 년을 노력해 왔기 때문에, 이 육체와 자아는 매우 소중하고 놀라운 의식의 결과물입니다. 즉 깨달음과 해탈의 결과물입니다. 그래서 "우리는 육체가 아니다." 할 때는 이 육체를 비하하거나, 무의미하게 여기거나, 가치 없으니까 버리거나 죽여야 한다는 의미가 전혀 아닙니다. 완전히 뒤집어진 말이죠. "우리의 진정한 정체가 육체라기보다는 의식이다." 이렇게 할 때는 육체가 매우 소중한 것이란 말과 동일하고, 이것을 믿고 이해하게 될 때, 이전과는 다르게 육체를 소중하게 관리하게 되고. 막 다루지 않게 됩니다. 저절로 그렇게 됩니다.

자, 그러면 우리의 진정한 정체와 그 사용 수단인 자아를 좀 더 명확하게 구분, 분별을 해야 됩니다. 왜냐하면 용어 사용이라든가, 단어 정의가 제대로 안 되어 있을 때라도, 우리는 이미 우리가 도달하고자 하는 목표 장소에 이미 도달해 있다고 말합니다. 올바른 도달을 위해서는 우리의 사용 수단인 언어, 사유, 사고 수단을 매우 날카롭게 잘 분별 정의해야 됩니다. 그래서 현대적으로 세밀하고 쉽게 이야기 해봅시다.

우리의 진정한 정체, 즉 우리는 무엇이냐? 우리는 의식입니다. 마치 하나의 바다와 같습니다. 우리가 편의상 대서양, 태평양, 인도양, 북극해, 남극해, 이렇게 나누고 있지만 사실은 하나의 물입니다. 거기에 임의로 이름을 붙여, 없는 경계선을 그어 놓은 것인데, 바다는 하나입니다. 지구도 하나고 바다도 하나입니다. 의식에 비유됩니다. 우리는 단일의식, 혹은 한마음입니다. 그렇기 때문에 우리들 정체는 육체 안에 들어있지 않고 바로 여기(공간)에 있습니다. 그래서 우리는 복수가 아니고 단수입니다. plural이 아니고 singular죠. 단수 개념입니다. 이렇게 할 때, 우리가 가장 혼란스러워 하는 것이 바로 자아입니다. 자아! 혹은 육체라 해도 됩니다. 육체와 자아는 완전히 하나로 결합돼 있습니다.

이 자아는 우리가 여태까지 의식이라고 했습니다. 의식이라고 했는데 자아는 의식이 아니고, 의식의 활동성입니다. 자아와 육체의 활동, 즉 바다의 활동이 생각입니다. 사고하고 사유하는 것입니다. 그래서 옛 철학자가 말했습니다. "하나님은 두 가지 속성으로 이 세상에 나타난다. 사유와 연장이다."라고요. 사유는 정신이고 연장(extension)은 물체를 이야기합니다. 핵심 포인트는 우리는 자아를 의식으로 생각한다는 겁니다. 그래서 잠에서 깨어나 자아가 재건립 되면 의식이 돌아왔다 하지만, 의식은 가지도 않고 오지도 않아 불거불래(不去不來), 불생불멸(不生不滅)입니다. 이 부분을 확실히 해야 됩니다.

우리는 자아를 사용해서 사랑의 체험을 하고 있는데 자아는 의식이 아닙니다. 자아는 생각입니다. 즉, 파도죠. 자아는 파도인데 우리는 그것을 바다로 여기고 있습니다. 물론 전체 파도가 바다이기는 합니다. 그러나 하나하나의 파도를 바다라고 할 수는 없습니다. 바다의 입장이 된다면, "파도가 바다다." 이야기할 수 있지만, 파도의 입장, 즉 자아 관점에서는 무턱대고 "파도가 바다다." 이것은 엄밀하게 따지면 옳지 않습니다. 그러면 우리가 오해를 풀어야 할 것이, 자아는 의식이 아닙니다. '자아는 의식 활동 중에서, 아주 한정된 생각, 사고, 사유를 이야기한다.' 이렇게 알아야 합니다.

우리가 의식이라고 할 때, 이것은 낮에 깨어 있는 의식, 밤에 꿈도 없는 깊은 잠에서의 무의식, 꿈꿀 때의 잠재의식이기도 합니다. 이렇듯 3가지로 심리학적 구분을 하지만, 3개의 의식이 있는 것은 아닙니다. 유식 불교에서 1식에서 8식까지 나눌 때, 아뢰야식과 말나식이 별도로 있느냐? 아닙니다. 하나 의식의 여러 측면을 이야기하는 것뿐입니다. 그래서 우리가 의식이라 할 때는 낮에 생각의 바탕이 되는 의식, 깊은 잠이나 생전, 사후의 무의식, 혹은 각종 바르도(Bardo, 중간계) 상태에서의 잠재의식, 즉 꿈, 자각몽, 체외이탈, 임사체험 등에서의 잠재의식 전체를 단일의식이라 합니다.

그래서 이제는 자아를 '의식'으로 여기지 말고, 의식의 작용, 즉 성령(聖靈)인 '생각'으로 알아야겠습니다. 자, 그래서 "우리의 진정한 정체를 우리가 믿고 이해하게 되면 뾰족하게 좋은 일이 있느냐? 그래서 어쩌라고?" 이렇게 물을 수 있습니다. 우리는 육체라기보다 육체를 소중한 수단으로 여겨 사랑의 자기 체험을 하는 단일의식입니다. 그리고 이 단일의식은 여기(몸)에 있는 것이 아니고 여기(공간)에 있습니다. 이렇게 할 때, 이는 인류가 발견해낸 가장 소중한 인류의 자산인 것입니다. 이것이 반야바라밀의 전부입니다. 우리 인류가 영원토록 소중히 간직할 지혜의 핵심이고 전부입니다. 그런데 '이런 믿음과 이해가 일어나면 뭐가 그렇게 좋은 거지?', '왜 이런 질문이 일어날까?' 고통과 공포 속에 있는 사람의 눈으로 볼 때, 이런 믿음과 이해가 일어났다는 사람을 보니, 하나도 변한 게 없이 똑같아 보입니다. 그 사람도 여전히 무한한 자유와 평화 속에 사는 게 아니고 나와 똑같이 고통과 공포 속에 있는 듯이 보입니다. 그래서 "개뿔! 이런 게 뭣에 필요해? 그냥 그때그때 적응해서 사는 것이 다 아니야? 살면 살고 죽으면 죽지." 자아 관점에서는 이렇게 생각할 수 있습니다.

그래서 이 반야 지혜에 대한 믿음과 이해만큼 중요한 것이 우리들의 반야에 대한 필요성입니다. 누구나 고통과 공포를 싫어하고, 자유와 평화를 원합니다. 그런데 놀랍지만, 고통과 공포와 별도로 있는 자유와 평화는 없습니다. 이게 무슨 말이냐? 고통과 공포와 별도의 자유와 평화는 없지만, 고통과 공포의 실상을 반야로써 비추어 보면 완전히 바뀌어 버립니다. 그래서 반야의 연금술적인 작용, 이것을 근현대에서는 '철학자의 돌(Philosopher's stone)'이라 하는데, 이 반야 지혜가 모든 것을 바꾸어 버립니다. 바꾸어 버리지만 하나도 바뀌는 것은 없습니다.

모든 것을 360도, 아니 그 이상 바꾸어 버립니다. 완전히 바뀌어, 전도몽상을 두세 번 뒤집어 제자리에 갖다 놓지만, 이름과 모양은 하나도 바뀌는 것이 없다는 엄청난 효과. 그러나 이름과 모양은 하나도 바뀌지 않기 때문에 자아 관점에서는 반야 지혜가 아무런 효용성이 없어 보입니다. 이것이 바로 무지(無智)입니다. 그래서 우리가 무지를 타파해야 된다고 하는데, 이런 말은 추상적이어서 이해가 안 가고 말장난 같죠. "다 바뀌지만 왜 하나도 바뀌지 않느냐? 그게 뭐야? 언어유희 아니냐?"고 말할 수 있지만, 놀이동산의 비유로 돌아가 봅시다.

누군가가 즐기기 위해서 고급 테마파크에 입장했습니다. 그런데 고급 테마파크의 옵션은 테마파크란 사실을 잊어버리게 합니다. 그리고 언제든 호주머니 속에 망각제거 버튼을 나누어 준 후 테마파크에 입장해서 각종 테마를 즐기게 합니다. 테마 중에는 자유롭고 평화스런 테마도 있지만 자이로드롭같이 공포스러운 테마도 있습니다. 이런 저런 놀이기구를 오가다가 싫증이 나면, 테마파크를 탈출해야 됩니다. 그런데 탈출은 본래 없습니다. 뭐만 하면 될까요? 망각 옵션만 제거하면 됩니다. 즉 전도몽상을 제거하기만

162

하면 됩니다. 그래서 우리의 전도몽상은 나쁜 것이 아니고 고의로 채택해서 놀이동산을 실감나게 즐기는 것입니다.

망각옵션을 제거하면 고통과 공포는 천국의 놀이로 바뀌어 버립니다. 그러나 어느 하나 바뀐 게 없습니다. 망각 제거 버튼을 누르기 전과 누른 후를 비교해 볼 때, 여전히 자이로드롭은 잘 돌아가고, 이것을 타는 사람은 여전히 고통과 공포를 느끼고 스릴감을 느낍니다. 그래서 하나도 바뀌는 것은 없지만 완전히 전체가 바뀌어 버립니다. 즉 지옥이 천국으로 바뀌어 버리는 엄청난 일이 벌어지지만, 사실은 하나도 바뀌는 것이 없다는 말의 의미가 비유라기보다 진실입니다. 50%는 비유지만 50%는 진실입니다. 정확하게 우리의 상황과 일치합니다.

그래서 전도몽상이 우리가 채택한 옵션이라는 것. 우리의 자기 체험을 보다 실감나게 즐기기 위해 우리가 옵션을 채택했고, 안전장치로서 망각 제거 버튼을 또 선택했다는 것입니다. 망각 제거 버튼, 즉 반야 지혜에 대한 믿음과 이해, 이 버튼을 누를 때 완전히 다 바뀌어버리지만, 즉 지옥이 천국으로 바뀌어 버리지만 사실은 하나도 변하는 게 없다는 이것이 '전삼삼 후삼삼'의 소식입니다.

오료동미오(悟了同未悟), 완전히 깨닫고 나면 미혹했을 때와 완전히 동일합니다. 테마파크인 줄 몰랐을 때와 테마파크를 알았을 때도 여전히 똑같은 테마는 돌아가고. 이것을 똑같이 즐기지만 진실에 있어서는 지옥이 천당으로 바뀝니다. 이 말이 오료동미오입니다. 우리가 오해하면 안 됩니다. "아, 중생이 부처라 하니까, 깨닫기 전후가 같으니까, 막행막식해도 되는구나?" 천만의 말씀입니다.

그래서 르네 데카르트(René Descartes)가 "코키토 에르고 숨 (Cogito, ergo sum)"이라고 했습니다. 코기토(Cogito), 의식한다. 에르고(ergo), 그러므로. 숨(sum), 존재한다. 그러니까 에르고는 이퀄(=)입니다. 의식한다는 숨(sum), 존재한다. 즉, 의식이 존재고 존재가 의식입니다. 존재가 먼저 객관적으로 있고 앎이 있는 게 아니고 존재와 앎은 동시 작용입니다. 이것이 'Cogito, ergo sum'입니다. 이 것을 자아 관점에서 보고, "생각한다, 고로 내가 있다." 이렇게 하는데, 엉터리입니다. 모든 철학과 종교는 그 핵심을 잊어버렸습니다. 원래 코기토는 '의식한다.', '알아챈다.', 'aware, 의식한다.'입니다. 그러므로 '존재한다.'입니다.

그래서 "그대가 그것이다." 이렇게 합니다. "데우스 파투스 숨 (Deus fatus sum.)" 이 말은 "의식한다. 고로 그것이 존재다."라는 말입니다. 데우스(Deus)는 신, 하나님입니다. 즉 우리의 진정한 집에 도달하게 되었고 천국임을 알게 되었다. 즉 테마파크를 여태까지는 테마파크인 줄 망각하고 있었는데 테마파크인 줄 알게 되었다. 이 말이 'Cogito, ergo sum.'이고. 'Deus Fatus sum.'입니다. 신이 되었다. 누가? 그대 혹은 우리가 하나님임을 알게 되었다는 것입니다. 중세나 근대였다면 아마도 불경죄로 화형을 당했을 것입니다.

그래서 모든 진실은 백일하에 드러났고 우리는 지금 즉시 고향의 품에 뛰어들기만 하면 된다는 것이 드러났습니다. 그럼에도 불구하고 의심은 여전히 올라오고, 자아 관점은 수시로 회복될 것입니다. 그때마다 필요시 망각제거 버튼을 눌러야 하는 과정이 뒤따르겠지만 그것은 매 순간 각자의 선택인 동시에 단 하나의 의식의 선택이기도 합니다.

이렇게 깊은 이해와 돌이킴이 일어났다 할지라도 다시 돌아온 자아의 관점에서 볼 때 항상 의심이 일어납니다. 이때 단 하나의 기준이 있습니다. 우리는 죽음에 임박해서 스스로에게 반드시 묻게 됩니다. 어떻게? "잘 살았나?"라고요. 그런데 하나님이나 심판자가 나타나 묻는 것이 아닙니다. 우리 스스로가, 우리의 대리인에게 묻는 것입니다. 대리 행위를 잘했냐? 이렇게 묻는 것입니다. 있는 거라고는 우리밖에 없습니다. 우리 밖에 하나님이나 사탄이 있어 그들이 우리를 유혹하는 게 아닙니다. 우리가 우리에게 묻습니다.

"잘 살았나?"

그때 가서야 인생이 주마등처럼 스쳐 지나갑니다. 슬픔도 후회도 올라오는데, 제일 안 좋은 것이 후회입니다. 그러면 또다시 꿈을 꾸어야 할지도 모릅니다. 망각 버튼이 심하게 적용되어 고통과 공포 놀이기구를 강제로 또 타야 될지도 모릅니다. 어쨌든 강제로 태워지면 낭패입니다. 물론 궁극에서 낭패란 없고 "No problem"입니다. 그러나 아무리 스릴 있는 놀이기구라도 그것을 한 시간 타면 고통입니다. 그래서 "지금 당장 어떻게 말하고 행동해야 될까?" 이거 하나입니다. "지금 즉시 죽었다고 생각하라!" 더욱 정확하게는 "10분 뒤 죽는다고 생각하라." 10분 뒤에, 그러면 자동적으로 의식이 각성됩니다. 호주머니 속의 깨달음 버튼은 사형 선고입니다. 사형 선고를 받으면, 의식이 저절로 각성되고 자각이 일어납니다.

왜 그런가? 그것이 자연이기 때문입니다. 그래서 "10분 뒤에 죽는다. 즉 죽기 전에 죽으면 죽을 때 안 죽는다." 이 말은 죽을 때,

즉 열매를 맺을 때에 벌어질 일을 매 순간 우리가 연습할 때, 그것이야말로 가장 멋진 자유로운 삶, 통쾌한 죽음으로 우리를 인도한다는 것입니다. 그래서 지금 "그래, 반야에 대한 믿음과 이해는 있어. 그럼 어떻게 살아야 될까?" 10분 뒤에 죽는다고 여기고 살면 됩니다. 이 말은 무엇인가? 10분 뒤에 모든 삶의 이미지가 주마등처럼 스쳐 지나가면서 후회할 것을 안 하면 됩니다. 지금이라도 즉시 10년 전의 일이지만 전화해서 "친구야 미안하다."하면 됩니다. 친구가 안 받아들여도 됩니다. 연락이 안 되어도 됩니다. 왜냐하면 이미 의식 속에 다 들어있기 때문에 상대방이 없어도 됩니다. 그 연락처나 어디 사는지 몰라도 됩니다. 그게 동물이든 식물이든 관계없습니다. "미안하다. 그때 내가 죽었을 때 후회할 그런 언행을 했구나! 미안하다." 이렇게 하면, 그것이 죽기 전에 죽는 것이고, 전도몽상이란 망각 옵션을 제거하고 자유로운 삶과 유쾌한 죽음이 된다고 말할 수 있습니다.

자, 두 번째 줄입니다.

무지 속에서, 즉 망각입니다. 테마파크라는 사실을 망각함 속에서죠.

무지 속에서, 나는 이러한 깨닫게 된 사람들은 나와는 전혀 다르게 무엇인가 특별한 것을 노력한 끝에 얻어 소유한 것이리라 생각했다.

그렇습니다. 우리 모두는 그렇게 생각합니다. "저기 생불이 있다. 살아있는 부처가 있다." 하면, 나하고는 다른 거룩하고 신성한 누군가를 떠올립니다. 이 말이 누구를 비하하는 것은 아닙니다. 있는 그대로 평등하게 보아야 합니다. 같은 의식입니다. 우리가 테마파크 안에 있음을 망각하면 착각하게 됩니다. 또 깨닫게 된 개인이 있다고 여깁니다.

깨닫게 된 사람들은 나와는 전혀 다르게 무엇인가 특별한 것을 노력한 끝에 얻어 소유한 것이리라 생각했다.

이 말은 뒤집어 얘기하면, 토니 파슨스 님께서 완전한 깨달음을 이루고 났더니, "깨닫는 사람도 없고 특별한 것도 없고 노력해서 얻어지는 것도 아니다."라는 깨달음을 말씀하시는 것입니다.

이런 망상은, 깨달음은 비범하며 선택된 소수의 사람 이외에는 사실상 거의 얻을 수 없는 것이라는 생각을 강화했다. 이런 오해와 착각은, 완벽한 상태는 어떻게 보여야만 한다는, 내가 붙잡고 있던 어떤 이미지로부터 나왔다.

이것이 깨달음에 대한 상입니다. 이 말은 그림이고 가짜입니다. 그림은 진실된 게 아닙니다. 사과 그림은 사과가 아니죠. 그래서 우리가 말하고 얘기하는 깨달음은 그림인 것입니다.

그 완벽한 상태는 어떻게 보여야 한다는 이미지로부터 나왔다.

이 말입니다. 전부 파도입니다. 그 어떤 것도 시간 안에서는 전부 사라집니다. 그래서 우리 자신이 시간임을 알 때에만 아무리 사라져도 사라짐이 없고. 또 사라지는 현상에 대해서 우리가 아무런 영향을 받지 않게 됩니다.

깨달음은 완전성이라는 생각과는 아무런 상관도 없다는 것을 나는 아직 알 수 없었다.

테마파크에서 깨어나도 여전히 회전목마는 자유롭고, 자이로드롭은 공포스럽습니다. 그러니까 이 꼬라지 이대로가 완벽한 해탈입니다.

깨달음은 완전성과는, 즉 완전성이라는 생각입니다. 완전성은 없는데 그 생각이 있습니다. 완전성이 왜 없느냐? 완전성이 있다면 불완전성도 당연히 있게 됩니다. 즉, 완전성을 계속 노력하고 강화하다 보면 불안정성이 똑같은 비율로 강화되고 그래서 끝이 없습니다.

이런 신념들은, 내가 그렇다고 상상하는 나의 부족함을, 그때 당시에 우연히 끌린 "영적 영웅들"과 비교할 때 더욱 엄청나게 강해졌다.

그래서 우리가 도판이나 종교계의 도사나 셀럽들을 자기 자신과 비교해서 "아! 나는 너무 초라하고 깨닫지 못했어. 그런데 저 사람은 너무 영웅적이고 깨달은 사람이고, 많은 사람들이 추종해. 그래서 나는 얼마나 못났냐?"라는 이것이 무지인데, 이 무지를 없애는 것은 단 한 순간입니다. 호주머니 속 망각 제거 버튼만 꺼내서 탁 누르면 됩니다. 그럼 도판 종교계의 셀럽들을 무시한다는 것이냐? 그 말이 아닙니다. 하나로, 진정한 사랑 속에 우리가 공포 테마도 즐기고 자유 테마도 즐길 수 있다는 것입니다.

# 누군가 "나는 숨을 쉴 줄 안다."고
# 엄숙히 선포한다면?

2021. 8. 31.

'있는 그대로'라고 하는 것은 그대로일 뿐이지, 자아가 받아들이고 안 받아들이고 할 수 있는 것이 아닙니다. 왜냐하면 있는 그대로 안에서 자아는 조그만 역할을 해나가고 있는 것이기 때문입니다. 우리는 늘 단일한 의식에 대한 의심이 조금 남아 있습니다. 설사 반야에 대한 이해가 있었어도 재차 이렇게 의심합니다. "우리는 복수가 아닌 단수로 하나인데, 다양한 사람들이 있어 다투는 원인이 다른 생각 때문이지 않느냐?" 맞습니다. "그리고 사람뿐 아니라 동식물도 다양한 캐릭터가 있지 않느냐? 그런데 어떻게 하나의 의식이고 하나의 마음이라고 하느냐?", "분명히 이것과 저것은 다른데, 왜 하나라 하느냐?" 이렇게 의심합니다.

테마파크 안에는 많은 놀이기구와 테마가 있고, 기존 테마를 없앨 수도, 없던 테마를 추가할 수도 있지만, 그 전체를 뭉뚱그려 하나의 테마파크라고 합니다. 또 하나의 스토리라인을 가진 소설

이 있을 때, 그 소설 안에는 수많은 캐릭터가 등장해서 다양한 생각과 느낌이 펼쳐지지만, 그냥 하나의 소설 이야기라 말합니다. 단일의식 안에서, "이 단일의식은 자기의 사랑 체험을 위해서 매 순간 수많은 캐릭터들을 만들어냄과 동시에 의식하고 있다." 이렇게 이야기 할 때, 우리는 보다 깊은 깨침에 이를 수 있습니다.

오늘은 『오픈 시크릿』 3장, 두 번째 단락입니다.

나는 거의 모든 사람이 깨달음을 이런 방식으로 본다고 느낀다.

그렇습니다. 깨달음은 자아가 로또 당첨되듯이 깨달음을 얻어 자기 소유로 할 수 있다는 듯이 그렇게 봅니다. 소를 타고 소를 찾는구나, 물속에 있으면서 물을 찾는구나, 이렇게 합니다.

확실히 이런 신념들에 용기를 북돋워 주고 또한 실제로 깨닫게 될 수 있다고 주장하는 많은 사람이 있었고 지금도 여전히 있다.

자아는 일종의 비즈니스를 할 수밖에 없습니다. 세상일은 다 비즈니스지만, 소위 말하는 도판, 종교 영적 세계에서도 얼마든지 비즈니스가 있습니다. 말만 세속과 출세속이지 사실은 같습니다. 그래서 자꾸 "체험이나 깨달음 그런 것은 없다. 내지 필요하지 않다."라고 해놓고는 은근히 또 자기 상표를 붙여서 체험을 이야기하는 일이 허다합니다. 도판도 50년이 넘어가는 긴 세월 속에 대략 6세대가 지나고 있습니다. 전 세계적으로 본다면, 레이먼드 무디(Raymond Moody)의 임사체험 연구 보고서인, 『죽음 뒤의 삶(Life after life)』, 이 책이 1975년에 나왔는데, 이때로부터, 기존 종교로부터 벗어난 새로운 대승운동, 종교개혁 운동이 도판입니다.

그래서 기성종교들에 비해 많이 세련되기는 했지만, 여전히 기성종교의 좋지 않은 관행을 물려받아 그대로 행하는 사람들이 많습니다. 조심해야 될 것은 이런 것입니다. 처음에는 올바르게 이야기하고 깨쳤을 때 "깨달음은 자아의 소유됨이 아니다." 해놓고는 은근히 자아를 내세우고 체험을 내세우는 이야기를 합니다. 그래서 실제로 깨닫게 될 수 있다고 주장하는 많은 사람이 있었고, 지금도 여전히 있습니다.

> 나는 이제는 이것이, 누군가가 세상을 향해 "나는 숨을 쉴 줄 안다."라고 선포하는 것과 같이 무의미하고 허망한 말이라는 것을 안다.

참으로 점잖게 그러나 강하게 질타하고 있습니다. 욕하지 않고 욕을 하는 100배의 효과로서, 지금 깨달았다느니, 체험을 했다느니, 또 체험을 시켜준다느니, 체험이 일어났다느니, 누구는 견성했고 누구는 못했다는 이런 식의, 해괴망측한 유튜브 강의를 통한 이야기는 참으로 세상 사람의 어리석음보다 더 어리석은 모양을 나타내고 있습니다. 이것은 마치 "내가 깨달았고, 내가 깨달음 체험을 했다. 그리고 당신들도 기존 깨달음 체험과는 다른 진짜 깨달음 체험을 해주겠다."고 말하는 것으로, 누군가가 갑자기 벌떡 일어나서 "나는 숨을 쉴 줄 안다." 이렇게 마치 진리를 선포하듯이 선포하는 것과 같은 얘기라는 것입니다.

제발, 누구는 체험을 했고 견성을 했는데 누구는 못 했으니까 체험이 일어나게 해주고 실제로 이런 체험이 일어났다고 하는 것은 지양되어야 합니다. 그냥 침묵 속에서의 깊은 이해! 이것이 전부입니다. 혹은 자아가 저절로 포기되어져서 그냥 스탠바이 상태로 있을 수밖에 없는 것! 이것이 전부입니다. 깨달음이 자아를 발견하는 것이지 자아가 깨달음을 발견하거나 만들어내는 것이 아닙니다. 그러니 얼마나 허망한 꿈속의 깨달음 놀이를 하고 있는 것인지? 멀쩡하게 숨 쉬고 있으면서 또 숨 쉬는 방법을 억지로 배웁니다. 무의미하고 허망하죠.

자, 그다음 단락입니다.

본질적 깨달음 자각은, 깨닫는 사람은 아무도 없으며, 깨달을 무엇도 없다는 갑작스러운 이해를 동반한다.

본질적 깨달음 자각은, 그러니까 진정한 자기 발견입니다. 진정한 자기 발견은 깨닫는 사람이 아무도 없으며, 깨달을 무엇도 없다는 즉, 주객이 없습니다. 깨달을 사람이 없습니다. 아공(我空)입니다. 깨달을 무엇도 없습니다. 법공(法空)입니다. 여기서 "없다. 없다. 다 없다." 하지만 이것은 뭘까? "있다. 있다. 다 있다. 딱 하나만 있다." 한마음, 하나의 의식만 있다! 이 얘기입니다. 이러한 깊은 이해가 일어나는 것일 뿐입니다. 그냥 돌이킴입니다. 본래 있는 것을 그냥 앎 속에서 아는 것입니다. '앎이 앎 속의 앎이었다.' 이것을 새삼스레 다시 아는 것입니다. 즉, 망각의 제거일 뿐인데, 이것에 '체험이다.'라고 이름을 붙일 필요가 있을까? 그렇게 되면 "나는 숨 쉴 줄 안다."라는 선포와 같다는 것이죠.

깨달음은 단순하게 늘 있다.

이렇게 말씀하고 있습니다. 깨달음은 단순하게 늘 있습니다. 어디에 있나? 이(몸) 안에 있지 않고 여기(공간)에 늘 있습니다. 깊은 잠에서도 있고, 육체가 태어나기 전에도 있고, 육체가 죽은 뒤에도 있습니다. 늘 있습니다.

이것은 우승 트로피처럼 얻거나 성취될 수 없다.

숨 쉬는 것이 로또 당첨처럼 얻어가지는 능력일까요? 그냥 몰랐을 뿐입니다. 여태까지 숨 쉬고 있다는 사실을 몰랐을 뿐입니다.

모든 것 일체는 지금 하나임이며, 깨달음을 발견하기 위해 우리가 행하는 모든 노력은 깨달음을 방해한다.

왜? 자아가 하는 모든 노력은 그 자체가 생각이니까 수단을 잘못 택한 것입니다. 못을 박는다면서 가위를 선택한 것입니다. 적절한 도구를 사용해야 됩니다. 자아는 적절한 도구가 아니므로 오히려 그 도구가 사라지거나 뒤로 물러날 때 올바른 수단이 저절로 나타납니다. 자아는 의식의 국소적(局所的) 자변(自變)으로서 생각입니다. 우리는 단일의식을 알아보려고 하는데 자아가 나서면 단일의식이 가려집니다. 자아의 노력은 실상을 알아보는 것을 방해합니다.

왜? 자아는 의식이 아니고 생각이기 때문입니다. 생각은 올바른 도구가 아닙니다. 우리의 일상 삶에서는 생각이 매우 소중합니다. 그래서 "생각을 무조건 없애라." 이 말도 엉터리입니다. 생사 문제 해결에서는 다른 도구를 사용해야 됩니다. 생각 도구는 잘 모셔놓고 소중하게 사용해야 합니다.

# 본래면목 '알아보기'는 어렵지 않다 |
# '심오한 체험'은 해탈과 아무런 상관이 없다

2021. 9. 3.

자아는 진정한 우리의 됨됨이가 될 수 없습니다. 왜냐하면 자아는 의식이 아니라 생각이고, 또 어떤 시공간의 자아를 우리라 해야 될지 모를 정도로 매 순간 변해갑니다. 가변적이고 임시적이어서, 그리고 생각이기 때문에 우리의 진정한 됨됨이가 아닙니다.

그러면 우리의 진정한 됨됨이 혹은 본래의 얼굴은 무엇인가?

의식입니다. 의식이 우리의 진정한 얼굴, 본래 얼굴입니다. 그러면 의식은 어디 있느냐? 두뇌나 육체 안에서 의식이 만들어지느냐? 아닙니다. 의식 안에서 두뇌와 육체가 매 순간 만들어집니다. 의식의 위치는 어디냐? 여기[공간]입니다. 왜 그럴까? 여기에 지금 컵이 있다는 말은, 다른 말로 바꾸면, 의식이 있다는 말과 동일합니다. 의식이 있으면 동시에 컵이 있고, 컵이 있으면 동시에 의식이 있습니다. 의식함과 동시에 의식됨이 있습니다. 의식됨과 의식함은 동시 동작으로서 하나입니다. 즉 의식함 주체와 의식됨 객체가 구분되는 경계선이 없습니다.

현대에 와서 그 경계선이 사라진 게 아니고, 도사들이 주객의 경계선을 지워버려 사라진 게 아니고 본래부터 없었습니다. 언어와 생각으로 우리가 자아를 만들었고, 이 자아가 온갖 가상의 경계선을 만들어냄으로써 멋진 경험들이 일어날 수 있는 테마파크를 만든 것입니다. 그래서 창조와 알아봄은 동시입니다! 알아본다는 것이 창조고, 창조가 곧 알아봄입니다. 창조가 의식이고 의식이 창조입니다. 그래서 세계가 곧 깨달음이고. 깨달음이 곧 이 세계입니다. 이것이 전부입니다. 단 한 톨도 남기지 않는 무루(無漏)의 지혜입니다.

마지막 문장을 이어서 보도록 하겠습니다. 토니 파슨스 님은 지금 우리의 오해와 착각을 깨워주는 말씀을 계속하고 있습니다.

깨달았다는 주장 혹은 특정한 입장의 견지를 주장하는 사람들은, 그 주장 자체가 가지는 모순된 성질 및 그들이 성취했다고 상상하는 그 상태를 소유하고 있다고 여기고 있음을, 단지 알아채지 못하고 있을 뿐이다.

자아는 깨닫는 역할과 기능이 없습니다. 오히려 자아는 깨달음의 결과물입니다. 깨달음을 풍부하게 경험하기 위해 만들어낸 아주 소중하고 사랑스러운 수단이 자아인데, 깨달음의 결과물인 자아가 느닷없이 단독으로 깨닫게 되고, 그래서 다른 못 깨달은 사람들을 인도를 하며 가르치고, 이럴 수는 없습니다. 이것은 전부 상상이고 착각입니다.

그러면 왜 이런 일이 벌어질까? 이 세상은 왜 깨달았다는 사람이 나타나서 못 깨달은 사람을 깨달음으로 인도한다는 그런 그림이 그려질까? 이것도 하나의 테마입니다. 돈을 추구하는 테마,

권력을 추구하는 테마, 이성을 추구하는 테마가 있듯이, 깨달음이라는 테마가 있는 것입니다. 그것을 즐길 뿐입니다. 깨달음 놀이를 하고 있습니다.

그런데 이 깨닫고 못 깨닫고 놀이가 어디에서 일어나느냐? 단하나의 깨달음 안에서 일어납니다. 즉, '깨달았다.' 이것도 깨달음이고. '못 깨달았다.' 이것도 깨달음입니다. 이런 생각 자체가 이미 깨달음의 현현입니다. 모든 것이 하나의 깨달음 안에서 일어나는 테마들인거죠.

그들은, 즉, 깨달았다고 주장하는 자아들은,

어떤 종류의 심오한 개인적 경험을 했을 수는 있지만,

그렇습니다. 우리가 꿈속에서 엄청난 경험도 많이 합니다. 하늘을 날아다니는 경험, 바닷물 전체를 한입에 삼키는 경험, 심오한 경험을 할 수 있습니다.

이런 것은 해탈과는 전혀 아무런 상관도 없다.

즉, 자아의 '체험, 경험'이라는 것은 생사 해탈입니다. "생사로부터 자유롭다." 이 말은 삶과 죽음에서 자유롭고, 삶에서 통쾌하고 죽음에서 유쾌하다는 뜻입니다. 고통과 공포가 자유로 바뀌는 것이 아니고. 고통과 공포가 깃털처럼 가벼워지고 임팔라처럼 가볍고 해맑아진다는 뜻입니다.

결과적으로 그들은 여전히 자신들의 특정한 신념 체계에 기반을 둔 개인주의적인 관념들 안에 스스로 묶인 채 있다.

그렇습니다. 깨달은 사람과 못 깨달은 사람이 보이는 한 여전히 자아 관점입니다. 의식 관점은 그야말로 하나의 의식이기 때문에 그런 게 없습니다. 물론 자유로운 마음으로 아주 귀여운 어린아이들이 소꿉놀이를 할 때, 얼마든지 호응은 해줄 수 있습니다. 그렇지만 영원히 거기에 묶여 두게 한다면, 해탈, 생사 해결은 요원해집니다.

그래서 즐기는 건 좋지만 그것은 아직 의식 관점이 아닙니다. 즉, 금강경에서 말하는 "모든 중생이 깨달은 다음에 보니 한 중생도 깨달은 중생이 없더라." 이것이 자기의 신앙 고백이 되지 않는 한, 제아무리 심오한 체험을 한다 할지라도, 못 깨달은 사람이 눈에 보인다면 그것은 자아 관점입니다.

종종 '영적 교사' 혹은 '깨달은 스승'의 역할을 떠맡을 필요를 느끼는 듯하며, 필연적으로 학생이나 제자가 되려는 사람들을 끌어당기게 된다. 그들의 가르침은 여전히 이원성에 뿌리를 두고 있으므로 불가피하게 "지도자"와 그 가르침을 따르기로 선택한 사람들로의 분리를 촉진한다. 추종자들이 증가함에 따라 스승의 배타적이며 독점적인 역할은 더욱 강화될 필요성이 있게 된다.

이들은, 그러니까 깨달은 자들입니다. 소설 속에 등장하는 깨달은 자아죠. 그럼 당연히 못 깨달은 자아가 있습니다.

그래서 깨달은 자들은 여기서 우리가 이것을 소꿉놀이나 하나의 테마로 볼 수 있다면 다 긍정될 수 있습니다. 영적 교사 놀이, 깨달은 스승의 역할 놀이, 또 학생과 제자 놀이, 또 추종자와 리더 놀이 등등의 놀이가, 이 하나의 의식이라는 관점에서 보아질 때는 다 수긍되고, 글자 그대로 있는 그대로이기 때문에 있는 그대로가 될 수 있습니다. 그렇지 않고 아직 단일한 의식에 대한 깊은 이해와 믿음이 일어나지 않는 차원에서의 이런 놀이는, 고통과 공포가 가중됩니다. 가벼워지는 방향이 아닌 무거워지는 방향이라는 의미로서 이 말을 이해해야 합니다.

이런 역할이 채택될 때 흔히 나타나는 현상 중 하나는 "인간적 약점"의 표출 및 시인에 대한 (자기) 단속이다. 이런 것과 함께 스승과 추종자들 간의 거리가 통상적으로 만들어진다.

신비화 된다는 것입니다. 깨달은 사람이라고 선포해버리면, 이후 평범한 사람이 될 수 없습니다. 왜냐하면 깨달은 사람에 걸맞는 언행을 해야 되기에 인간적 약점이 드러납니다. 나는 깨달은 사람이란 말을 안 했더라면 방귀도 뀌고 실수도 할 수 있는데, 이제는 방귀도 못 뀌고 실수도 못 하게 되는 거죠. 깨달음 놀이도 좋지만 깨달은 자아가 되면 불편합니다. 성자의 언행을 억지로 해야 됩니다. 또한 학생 놀이 역할을 맡은 사람들과 거리가 생겨 버립니다. 왜냐하면 깨닫지 못한 사람과 다른 깨달은 사람이 되어야 하기 때문입니다.

"스승"의 특별함이 더욱 효과를 발휘할수록 추종자들의 요구도 더욱 커지게 되는 것과 마찬가지로, 언제나 그 가르침도 더욱 모호하고 뒤엉키게 된다.

그래서 이랬다저랬다 할 수 있습니다. "체험이 필요 없다." 했다가, 또 "여기서 하는 체험이야말로 체험이다." 이랬다가 "깨달음은 없다." 했다가 "깨달음은 또 있다." 했다가⋯. 물론 방편으로, 궁여지책으로 그렇게 말할 수는 있을지언정, 이런 혼돈이 일반화 되어 버려도 사실은 눈치 채기 어렵습니다.

가르침의 불명확성이 증가하는 것과 같이하여 분리가 더욱 확대되고, 종종 추종자 중 많은 사람은 더욱 혼란스럽게 되고 복종하게 된다. 이와 관련된 통상적 효과는 무조건 추종, 환멸, 혹은 알아채고는 다른 데로 옮겨가는 것이다.

도판에서는 어디에 머물러 공부하게 될 때 3가지 현상이 일어납니다. 일정 시간이 지나면 추종자가 되는 것, 아니면 환멸감을 느끼면서도 계속 있는 것, 혹은 '나는 여기 졸업해야 되겠다.' 하고 눈치 채고 도망가 버리는 것, 이렇게 세 가지 부류로 나타납니다.

그 다음입니다.

그러나 이런 종류의 영향력들은, 마치 숨을 쉬는 것처럼 자연스럽고 단순하며 곧바로 누릴 수 있는 것을 자각하고 수용하는 사람들의 능력에 대해 의심과 무능력한 느낌을 만들어내고 유지되게 한다.

즉 멀쩡하게 잘 살던 사람들이 깨달은 사람이라는 학교에 들어가서 오히려 바보가 됩니다. 차라리 그런 걸 몰랐으면, 영적인 세계, 도판, 종교, 이런 걸 몰랐으면, 그냥 당당한 한 명의 자아 내지 개인으로 살아갈 수 있었을 텐데, 괜히 이런 것을 잘못 알아서 상대적으로 자기는 '못 깨달은 사람'이라며, 주눅 들고 바보가 되어 버립니다. 그러나 그 도사를 잘 보십시오. 여기 도판의 셀럽이든, 아니면 깨달았다고 선포한 사람이든, 그 사람을 똑바로 직시해 보면, 그 사람이 가지고 있고 알고 있는 것 중에 우리가 안 가지고 우리가 모르는 것은 하나도 없다는 말을 분명히 말씀드립니다. 그리고 여기에 대해 추호의 의심도 없어야 합니다.

그래서 이 의심과 부족감은 집단 무의식에 내재하는데 환상에 불과하다! 이렇게 말할 수 있습니다. 환상에 불과합니다. 자, 그다음에, 깨달음을 완전히 이해하고 껴안은 사람들은 팔아야 할 것이 전혀 없다.

깨달음을 완전히 이해하고 껴안은 사람들은, 깨달음은 그냥 의식입니다. 단일의식을 완전히 이해한 것입니다. 체험하고 깨달은 게 아닙니다. 그냥 의식이 "이것이 우리 정체구나. 그리고 이 의식이 여기[몸] 있는 게 아니고 여기[공간] 있구나."입니다. 그리고 팔아먹을 게 없습니다. 오히려 희박심이 아닌 자아는 많은 것을 가지고 있습니다. 오히려 평범한 중생들이 팔아야 될 것이 많지만, 진짜 도사라면 팔 것이 하나도 없습니다. 왜냐하면 자기 눈에 뻔해서 다른 사람이 가진 것 중에서 자신만 특별히 가진 것도 없고, 오히려 많이 없고 더 없습니다.

그들이, 이 소식을 서로 나눌 때는 그들 자신이나, 나누는 것에 대하여 꾸밀 필요가 없다.

그들이 누굴까? 이제는 자아를 뒤로한 사람들입니다. 자아가 뒤로 물러나고 본래 얼굴이 앞으로 나온 사람들이죠. 그들은 종교적으로, 영적으로, 건축물로, 옷으로, 그림으로 시장에서 꾸밀 필요도 없고. 무슨 이상한 말로 체험이니 뭐니 이런 걸로 꾸밀 필요도 없습니다.

그들은 어머니, 아버지 혹은 지도자 역할에 대하여 그 어떤 관심도 없다.

억지로 관심 없게 할 필요는 없습니다. 맡은 역할에 따라 하늘의 허락하심에 따르기만 하면 됩니다. 그런데 일반적으로는 그 어떤 관심도 없습니다. 그렇기 때문에, 오히려 어떤 역할이 주어질 때 굉장히 잘 해낼 수 있습니다. 관심이 있으면 흑심이 생겨 오히

180

려 역할수행이 잘 안 됩니다. 그다음에,

독점권은 배타성을 키우지만, 자유는 벗으로 사귐을 통하여 같이 나누어진다.

그래서 깨달음과 깨닫지 못함, 견성과 견성치 못함, 체험자와 비체험자의 구분이 독점권과 배타성을 키웁니다. 이래서는 원하는 생사 문제의 자유가 일어나지 않습니다. 오히려 우리가 원하는 길은 평등하게 벗으로의 사귐을 통하여 나눕니다. 부처님도 제자들이나 도반을 늘 "벗이여, 친구여"라고 불렀습니다.

# 시간
*Time*

# '죽음'이 만들어지고 발명되어야 했던 이유 ।
## 자아 = 시간 = 죽음

2021. 9. 4.

개인적 동기가 저 멀리 물러나길 기도합니다. 개인적 동기는 자아로 잘 다루어야 됩니다. 까다로운 손님이지만 소중하고 반가운 손님으로 대접을 해야 합니다. 왜냐하면 우리는 생사 문제를 해결하기 위한 길을 나섰기 때문입니다. 생사 문제 해결의 길을 나선 것은 언뜻 보면, 자아처럼 보이지만, 사실은 자아가 아니었습니다. 자아는 어쩔 수 없이 단일의식의 발심을 등에 업고 길을 나서게 된 것입니다.

그래서 알고 보면, 자아는 결정적인 순간에는 뒤로 물러나야만 우리의 본래 얼굴이 저절로 드러나게 되고 문제를 해결할 수 있는 것입니다. 그래서 자아의 한계와 역할과 기능을 잘 알고 이해하는 것이 문제 해결의 지름길입니다. 생사 문제 해결이라 하니까 심각하고 어려워 보입니다. 우리는 생사 자체에 대해서 잘 모른다고 하면서 자아를 가지고 어떻게 해보려고 합니다.

185

그래서 어제 토니 파슨스 님의 말씀 중에 "우리의 진정한 정체를 그냥 알아보고 온전히 이해한, 깊이 이해해서 전도몽상을 뒤집은 사람은 팔아야 할 것이 전혀 없다." 이렇게 이야기했습니다. 팔아먹는 것은 어떤 경우에 팔아먹을까? A는 가졌지만 B는 가지지 못한 뭔가가 있을 때 팔 수 있습니다. 그런데 깨달음은 그런 게 아닙니다. 이 말은 매우 중요합니다. 깨달음을 온전히 이해한 사람, 의식이 깨달음입니다. 왜냐하면, 의식이야말로 자각이고, 그냥 스스로 아는 것입니다. 유일하게 의식만이 스스로 압니다. 육체나 컵, 시간이나 공간, 이런 것들은 스스로 알지 못합니다. 의식만이 스스로 압니다. 이것이 바로, 진리인 동시에 제1원인인 하나님의 이름이 바로 '스스로 아는 자'인 이유입니다.

그리고 이것은 유일하므로 누구나 다 가지고 있습니다. 공간과 마찬가지입니다. 예를 들어, A가 B에게 공간을 팔 수 있을까요? 공간은 너와 나의 구분이 없습니다. 내 공간, 네 공간이 없습니다. 의식이 그와 같습니다. 온전한 이해의 주체는 주체자가 없습니다. 온전한 이해만 있지, 이해한 사람은 없습니다. 왜냐하면 온전한 이해가 일어날 때, 자아는 저 멀리 뒤로 물러나 있기에 개인은 현실태(現實態)에서 가능태(可能態)로 바뀐 잠재태(潛在態)로 저기 물러나 있는 상태이기 때문에, 자각은 의식이 하기 때문입니다.

이해는 있습니다. 온전한 이해가 일어나고 이해가 오히려 자아에게, 개인에게 정보를 알려줍니다. 그러면 고집스러웠던 자아가 준비가 됐을 때, 희박심이 일어나고 자아는 모든 희망과 기대를 버리고, 절망합니다. 절망의 상태가 바로 준비 상태입니다. 준비 상태에 있을 때 온전한 이해가 자아에게 정보를 줍니다. 그러면 자아는 비로소 고집을 꺾고 수긍을 합니다.

그래서

깨달음을 완전히 이해하고 껴안은 사람은 팔아야 할 것이 전혀 없다.

왜? 이해하고 보니 모든 사람이 그냥 깨달음이니까. 나에게 없는 것이 저 사람에게 있는 것도 아니고, 나에게 있는 것이 저 사람에게 없는 것도 아니더라. 온전하게 평등해서 위아래가 없더라. 그게 무상정등정각(無上正等正覺)입니다. 아래 위가 없는 평등한 의식은 늘 있었고 없었던 적이 없습니다. 육체 자아와 세계는 있다가도 없지만 의식은 없지 않습니다.

그래서 "깨달은 사람과 못 깨달은 사람 놀이를 테마파크 안에서 놀이기구 즐기듯 할 수는 있지만, 하더라도 알고 한다면 괜찮습니다. 그런데 놀이임을 모르고 하면 지옥의 고통이 될 수도 있습니다.

『오픈 시크릿』의 4장을 보도록 합시다. 이제 제목을 바꾸어서 <시간 Time>이라고 되어 있습니다.

외관상의 분리 안에서,

개인, 개체 혹은 자아가 별도로 있다는 것. 이것이 분리입니다. 별도로 있고, 그 개체 안에 개체마다 영혼이 들어있다. 이것이 심한 분리입니다. 그런데 이것은 외관상일 뿐입니다. 겉모양이 그럴 뿐이지 사실은 아닙니다. 겉모양은 파도를 보거나 높은 산을 보면 별도로 있는 것 같습니다. 백두산과 에베레스트 산이 각각 별도로 있는 것 같죠. 그러나 자세히 본다면, 그냥 하나의 땅덩어리입니다. 분리는 외관상의 겉모습을 말합니다.

외관상의 분리 안에서, 나는 아무런 의심도 없이 시간의 존재와 영향을 받아들였다. 시간에 대한 믿음과 더불어 나는 불가피하게 시작, 중간, 그리고 끝… 깨달음이라는 목표와 결말을 향해가는 여정이라는 관념과 경험에 묶여 버렸다.

자, 우리는 언제 시간을 받아들였나? "아! 시간이라는 게 있구나. 나는 시간에 묶여 있구나. 이 엄청난 시간이라는 힘에 의해 나는 매 순간 과거에서 현재와 미래로 계속 내동댕이쳐지고 있구나."라는 이런 믿음을 언제부터 받아들였을까? 그래서 드디어 시작과 끝이라는 관념을 믿게 되었고. 시작과 끝이 나타났기에 우리는 시간 안에서 미래를 향한, 미래의 목표 설정을 하게 되었고, 시간이 경과되면 그 목적이 달성될 것이고, 이어서 자유와 행복이 나에게 오리라고 언제부터 믿게 되었을까? 그것은 자아의 탄생과 일치합니다. 다섯 살 전후로 해서 자아라는 개체 의식이 형성됩니다. 자아의식의 형성과 함께 시간이 따라옵니다. 시간이 오고. 그러면 시작, 중간과 끝이 창조됩니다. 그래서 5세 전후로 해서 자아가 나타나면 동시에 시간과 시작과 중간과 끝이 나타나고, 목표 설정이라는 행위가 당연시되고, 그 다음에 기대와 희망이라는 것이 생겨납니다.

묘하게도, 우리의 육체, 자아라는 것 때문에 오히려 시작과 끝이 생겼습니다. 생존과 번식을 위한 최상의 테크니컬한 도구로 인해서 진짜 죽음이 있다는 믿음이 생겨났습니다. 그래서 자아가 곧 시간이고, 시간이 곧 시작과 끝이고 그것은 목표, 기대, 희망이고 동시에 죽음입니다. 그러면 죽음을 없애려면 어떻게 해야 될까? 순차적으로 거꾸로 이런 것들을 사멸시키면 됩니다. 사멸은 있는 것을 없애는 게 아니고. 오해를 정견으로, 즉 온전한 이해로 바꾸면 됩니다. 오해를 정견으로 대체하면 역순으로 무너집니다. 그래서 목표, 기대와 희망이 무너지고 그러면 절망으로 보입니다. 그러면 시작과 중간과 끝이 사라지고, 시간이 사라지면서 자아가 물러납니다.

그래서 늘 개인적 동기를 저 멀리 뒤로 하는 기도를 함과 동시에 자아를 알고 사용하면 됩니다. 우리는 '우리와 별도로 시간은 객관적으로 있다. 그리고 공간도 우리와 별도로 객관적으로 있다.' 이렇게 생각을 하지만, 우리가 깊은 잠에 들어 있을 때, 시간도 공간도 없습니다. 한편 시간과 공간은 언제 출현할까? 바로 자아의 출현과 동시에 출현합니다.

자, 그러면 자아나 시공간의 진정한 정체는 무엇일까요? 그래서 이러한 그림이 오래전에 이미 나왔던 것입니다. 이것이 의식입니다. 이 안에서 육체가 출몰하고, 육체에 동반해서 자아가 출몰합니다. 그렇다면 이 자아와 시공간과 목표, 기대, 희망, 시작, 중간, 끝, 죽음의 실상은 무엇일까? 바로 단일의식입니다. 이 의식은 어디 있을까? 바로 여기 눈앞에 있습니다. 컵이 의식됩니다. 이것이 의식입니다. 시간이 우리 밖에 객관적으로 있다고 해 버리면 온갖 것이 같이 나타납니다. 시간이 객관적으로 있어서 흘러가는 게 아닙니다. 완전히 거꾸로 되어야 합니다. 우리는 '시간이 과거, 현재, 미래로 직선적으로 흘러가기 때문에 우리가 이 안에서 과거, 현재를 경험하고 미래를 경험한다.'고 생각하며 믿고 있습니다.

거꾸로 해봅시다. 모든 것이 전도몽상이니까 거꾸로 우리의 경험과 그에 대한 기억 순서대로 배치합니다. 왜 순서대로 배치할까? 그래야 어떤 사건이 혼동 없이 이해되고 알려져야, 우리는 잘 생존하고 번식할 수 있으니까요. 그래서 경험과 기억을 순서대로 배치하기까지 우리가 140억 년이 걸렸고, 경험과 기억을 순서대로 배치했기 때문에 오히려 시간이 흐르는 것처럼 느껴지고 있습니다. 거꾸로 된 것입니다. 시간 안에서 우리가 순차로 경험하는 것이 아니고, 우리의 경험과 기억을 순서대로 배치한 부산물로 시간이 있고, 마치 이것이 흘러가는 것처럼 우리가 믿게 된 것입니다.

그래서 시간은 객관적 실재가 아니고 그냥 앞뒤 순서입니다. 만일 앞뒤 순서가 없다면 시간은 멈춰버립니다. 시간을 직선으로 우리가 믿지 않고, 예를 들어 순환으로 우리가 시간을 믿는다면, 그래서 이 안에서 자아가 순환하는 대신 뒤로 물러나 의식이 시간 전체를 자각하게 된다면 시간은 멈춰버립니다. 왜? 이미 하나의 순환으로서 이미 전체로 하나로 존재하기 때문에 시간이 멈추는 거지요.

상상, 사고실험이라는 게 있습니다. 우리가 빛의 속도로 공간을 달리면 시간이 멈춥니다. 왜 그럴까? 빛의 속도에 가까워지면 국소적인 자아가 사라집니다. 왜냐하면 빛의 속도면 사실은 무소부재하게 되어서입니다. 모든 순간에 모든 공간이 존재하게 됩니다. 즉, 특별하게 존재하지 않게 됩니다. 무소부재라는 것은 특별한 존재가 아니라는 것입니다. 전체에 존재하기 때문에 그러면 시간이 멈춥니다. 이 말은 모든 시간에 존재하게 되는 것과 마찬가지라는 뜻입니다.

이렇게 얘기하면, 뭔가 신비하고 큰 이야기가 되기 때문에, 그냥 시간이라는 것은 객관 실재가 아니고, 우리의 경험을 이해하기 쉽도록 배치하는 과정에서 부산물로 발생한 것이다. 공간도 마찬 가지입니다. 시공간이 우리의 경험과 기억의 배치 순서에 의해서 부산물로서 발생하게 된 것입니다. 이렇게 기존의 이해를 완전히 뒤집어서 우리가 이해할 때, 시간과 공간의 실상을 보다 잘 파악할 수 있습니다.

칸트는 불교 서적을 많이 탐독한 것으로 잘 알려져 있습니다. 그래서 시간을 믿게 된 것은 자아가 가상의 존재라는 것을 모르기 때문입니다. 자아가 가상이 아니니까 시간도 가상이 아니게 됩니다. 그래서 자아는 시간 안에서 깨달음을 목표로 매진해야 되게 되어버렸습니다. 없던 것이 갑자기 생겨나 이상한 일을 벌이기 시작한 것입니다. 본래는 아무것도 없이 단지 단일의식만 있는데, 자아가 나타나서 시간이 만들어지고 이러다 보니 자아는 시간 안에서 깨달음이라는 목표를 향해서 나아가야 합니다.

그런데 이게 모순인 것이, 자아는 이미 깨달음의 결과물이고 깨닫는 기능이 없습니다. 자아는 개체의 생존과 번식에 충실할 뿐입니다. 그럼에도 불구하고 깨달음의 결과물이, 이미 깨달음인 그것이 깨달음을 목표로 해서 나아가는 이상한 상황이 발생합니다. 그러니까 140억 년 자연 선택의 오작동이라고나 할까? 이 자연 선택의 놀라운 결과가 바로 호모 사피엔스의 자아 탄생인데, 이 자아의 탄생이 99% 멋진 일이었지만, 1%의 오작동이 일어났습니다. 죽음이라는 것이 왔고. 또 죽음을 초월하기 위해서 깨달음이라는 것이 생겨나 버렸습니다. 오작동입니다. 일종의 99% 순작동 외에 1%의 오작동인데, 이 1%의 오작동이 우리에게 엄청난 고통과 공포감을 지금 선사하고 있는 것입니다. 그래서 이 여정이라는 관념은, 학교에서 성적이 좋다거나, 사업에 성공한다거나 혹은 깨달음을 이루는 등 어떤 수준에서든 적용된다. 이것은 시간 안에서 어떤 결과를 얻거나 되고자 하는 모든 사람의 경로다.

그렇습니다. 이제는 테마파크의 놀이 주제인 테마에 완전히 몰입되어 시간 놀이를 진지하게 합니다. 그래서 시간 안에서 사라지지 않는 것이 없고, 자아조차도 반드시 사라져야 하건만, 그 짧은 시간 안에 목표를 설정해서 획득하려고 합니다. 그것이 나쁘다는 건 아니고 열심히 함으로써 재미있게 시간을 즐길 수는 있지만, 그러기 위해, 즉 의식의 자기 체험을 위해서 고안된 것이라는 것을 잊어먹는 망각이 문제입니다. 망각과 오해, 즉 전도몽상이 문제인 것이지 목표를 설정해서 이루고 또 시들해지는 것 자체가 문제는 아닙니다. 이 모든 일의 실상을 모르는 것이 문제입니다.

그러다 보니, 제일 밑바탕인 자각조차도 하나의 목표 설정이 되어 버렸습니다. 숲속에서 숲을 찾으면 숲이 보일까요? 숲 전체가 안 보입니다. 그런데 계속 숲속에서 숲을 찾아 헤매는 오작동이 지금 일어나버리고 있습니다. 이것은 어느 정도 수긍은 됩니다.

# 의식도 개인도 죽음이 없다 I
# 자아, 시간, 죽음은 발명된 것

2021. 9. 5.

　　단일한 의식은 자기 체험, 사랑의 체험을 위해 그 수단으로서 자아를 만들어 냈습니다. 자아는 육체를 바탕으로 합니다. 즉, 육체가 하드웨어라면 자아는 소프트웨어죠. 그리고 이러한 메커니즘 없이는, 자기 체험을 할 수 없기에 오랜 숙고 끝에 이런 수단을 고안해 낸 것입니다. 그래서 자아는 자기 체험의 수단으로 만들어진 것입니다. 자아가 나타나니까 시간과 공간이 자연히 나타나고, 이것이 객관이 되며 그 안에서 육체와 자아가 흘러가는 것이 아니라, 육체와 자아가 의식 안에서 만들어지니까 시간과 공간이라는 것이 부수적으로 동반해서 나타났습니다. 시간이 나타나니 시공간 연속체가 나타나고, 죽음이 또한 나타났습니다.

　　다시 말하면, 죽음은 본래 있는 것이 아니고 만들어지고 발명된 것이며, 그래서 진짜가 아니고 임시적 가상의 것이기에 사라집니다. 죽음은 고안된 것이어서, 상상 속에서 만들어진 것입니다.

193

그래서 자아와 시공간 그리고 죽음은 사실은 하나입니다. 구분될 수 없는 하나입니다. 그래서 아이러니합니다.

　의식은 자기 체험을 위해서 자아를 만들어냈는데, 자아를 만들어낸 것에 수반해서 죽음은 필연적으로 만들어질 수밖에 없었습니다. 자기 체험을 위한 수단인 죽음이 왜 고통과 공포로 인식될까? 그것은 육체와 자아라는 것이 자기 체험의 수단으로 고안된 것이라는 진실의 망각 때문입니다. 죽음이 고통과 공포로 오해된 것이지 실상은 그런 것이 아닙니다. 본래 죽음이란 없고 오히려 죽음이란 현상은 신기한 발명품인데, 이것이 왜 필요했을까요? 의식의 자기 체험, 사랑의 자기 체험을 위해서 필요했다는 반전이 일어나게 되는 것입니다.

　오늘 말씀드릴 주제는 자아, 시간, 죽음은 만들어지고 발명된 것이고, 그러므로 우리에게 의식이든 자아든 죽음이란 없다는 매우 자유롭고 유쾌한 주제로 가볍게 이야기해 보려고 합니다.

　첫째, 자아가 고안되었기에 시간이 나타났고, 시간이 나타나다 보니 죽음도 필연적으로 나타났습니다. 그래서 자아, 시간, 죽음은 하나고 이것은 만들어지고 발명된 것입니다. 누가 만들고 발명했나? 소위 말하는, 창조주, 단일의식입니다. 그런데 창조자는 없습니다. '자기 창조적 피조물' 혹은 '자기 피조적 창조주'이기 때문에 특별하게 구분되는, 만든 주체 내지 발명 주체는 없습니다. 마치 믿음과 이해의 주체 없이 그저 믿음과 이해만 있는 것과 마찬가지입니다. 자꾸 주체와 객체로 나누는 것은 자아, 가상의 주체입니다. 자아의 오랜 습관이고요. 그 자체는 나쁜 것이 아닙니다. 자아는 그렇게 나누도록 가르쳐지고 배워졌기 때문에, 어쩔 수 없고 그것을 알아보기만 하면 문제는 없습니다.

자, 첫째 의식이라 할 때는 개인 영혼이나 육체 속에 들은 의식을 이야기하는 것도 아니며, 깸 세상의 의식만을 이야기하는 것이 아닙니다. 의식은 9가지 얼굴로, 9가지 세상으로 나타난다고 이미 말씀 드렸습니다. 단일의식입니다. 이 의식에게 죽음은 존재하지 않고, 심지어 자아에게도 죽음은 없습니다. 이것이 오늘 말씀 드릴 강독의 주제입니다.

우리는 많이 들었습니다. 의식에게 죽음은 없기에 불생불멸, 불래불거입니다. 그런데 자아에게는 왜? "자아는 육체와 결합된 바디 마인드 복합체여서 자아는 죽는 것인데, 왜 자아에게 '죽음은 없다'는 이야기를 할까?" 이런 의문이 듭니다. 이것을 알아보기 쉽게 이야기를 해보겠습니다.

의식은 자기 체험을 위해 파도를 일으킵니다. 그 필수적인 파도가 바로 육체이며 하드웨어에 해당하고, 자아라는 소프트웨어, 가상의 경험 주체입니다. 왜 가상이라 할까요? 진정한 경험은 의식에게 귀속되기 때문입니다. 그래서 의식이 최 외곽에 있고 그래서 이 참나를 육체나 육체 안에 표시하면, 이것은 큰 오해를 초래할 수 있습니다. 가장 넓은 외곽에 의식이 있습니다. 물론 하나하나의 경계선은 가상의 경계선이어서 실제로는 경계가 없습니다.

한편 실재하는 것은 의식의 자기 체험밖에 없습니다. 즉 의식 밖에 없다는 거죠. 항상 실재하는 것, 즉 가짜 아닌 진짜로 존재하는 것은 의식뿐입니다. 의식이 의식을 의식한다. 이것밖에는 없습니다. 그래서 지금 어떤 사람이 차를 마시는 듯한 외관을 보일지라도, 이것의 실상은 무엇일까? '의식이 의식을 의식한다.'입니다. 내가 컵에 들어있는 차를 마신다가 아니고. '의식이 의식을 의식한 다.'입니다. 이것이 실상입니다. 그래서 항상 있는 것은 참나의 자기 체험, 다른 말로 그냥 사랑입니다. 이것이 진정한 사랑입니다. 혹은 사회적으로 이야기하면, 정의와 공정입니다. 이 의식의 자기 체험 혹은 사랑을 표현하기 위해, 육체라는 가상의 경계가 만들어지고, 하드웨어를 바탕으로 자아라고 하는 소프트웨어가 만들어지게 됩니다.

그래서 자아의 임시적 통제하에 육체는 관리되면서 오로지 개체, 즉 육체의 생존과 번식을 위해서 최선을 다하게 됩니다. 왜냐하면, 개체의 생존과 번식에 최선을 다하는 것이 가장 최선의 자기 체험이 일어나는 수단임이 발견되었기 때문입니다. 자, 이런 상태에서 죽음이 어떻게 실제로 나타나고 사라지는지 혹은 존재하거나 존재하지 않는지를 살펴볼 수 있습니다. 보시다시피, 죽음은 육체와 자아의 문제였습니다. 그런데 따져보면, 육체는 자아 없이 존재조차 할 수 없습니다.

육체 혼자 있다 해도, 모든 것은 의식 안에 있기 때문에 객관적으로 있는 것은 없습니다. 어쨌든 육체가 있다 하더라도, 이 가상의 인식 주체, 경험 주체가 심지어 육체 자체도 경험합니다. 육체를 경험하는 이 자아 없이는 육체는 나타날 수가 없습니다. 그렇기 때문에 우리가 깊은 잠에 빠지거나 혹은 탄생해서 자아가 형성되기 전 1년에서 5년 동안은 사실상 육체가 없는 것과 마찬가지입니다. 존재하지 않습니다.

육체가 아무리 하드웨어로 만들어졌다 해도, 탄생 후 5세 정도를 전후해서야 자아가 발생하게 되고 비로소 육체는 나타납니다. 육체가 나타나면 시공간이 나타나고, 이것이 세계입니다. 그래서 자아와 세계는 동일한 것이고, 결국 서서히 마치 죽음이 있는 것처럼, 즉 자아가 마치 실재하는 것처럼 보이듯이, 죽음도 천천히 실재하는 것처럼 보이는 것입니다. 그러면 자아의 존속 기간을 우리가 예리하게 관찰해봅시다. 육체라는 하드웨어가 엄마의 자궁으로부터 나타날 때 이것을 탄생이라 합니다. 자, 육체가 탄생했다고 해서 자아가 있느냐? 없습니다. 지금 하드웨어의 생성 과정이기 때문에 아직 자아는 없습니다. 즉 육체의 탄생이 있다 해도 자아는 있는 것이 아닙니다. 그러면 자아는 언제 생겨나느냐? 육체의 탄생 후 5년이 지나야 자아는 서서히 잠에서 깨어나듯이 출현합니다.

셋째는, 이 하드웨어가 기능 정지를 합니다. 육체의 죽음이죠. 자아의 죽음이 아닙니다. 육체의 기능 정지는 사실은 그 누구에게도 고통과 공포를 주지 않습니다. 육체 자체는 하드웨어이기 때문에 그 누구에게도 고통과 공포를 주지 않습니다. '죽는다.'라고 느끼고 생각하는 것은 자아입니다. 그런데 정작 자아는 육체가 온전히 기능을 정지하기 이전에 혹은 그 직전에 자아는 다시 사라져버립니다. 왜 그럴까? 자아는 육체라는 하드웨어에 기반한 소프트웨어이기 때문에, 육체가 기능이 원활히 돌아가야 생겨나고, 육체가 기능을 거의 정지하거나 못하게 되면 자아는 거의 사라져 버립니다. 그래서 육체가 온전히 정지해 버리면 그 직전 혹은 그와 동시에 자아 역시 사라집니다. 왜냐하면 자아는 육체라는 하드웨어에 기반하기 때문입니다.

그래서 예를 들어 육체가 100년의 유효기간이라 하면, 5년을 빼야 됩니다. 그래서 자아의 존속기간은 사실상 95년이라 해야 됩니다. 즉 자아라는 소프트웨어는 육체라는 하드웨어보다도 더 짧은 존속기간을 가지는데, 이는 자아가 육체 내부에 존속하기 때문입니다. 이 말은 무슨 얘기냐? 자아 자체는 탄생이 없다는 것입니다. 탄생은 육체의 나타남이고 죽음은 육체의 기능 정지입니다. 그래서 정작 자아에게는 죽음도 없는 것입니다. 왜냐하면 육체의 죽음 이전에, 내지 죽음과 동시에 사라지기 때문입니다.

그래서 우리가 보통 알듯이, 의식이, 불성이 우리의 본성이 불생불멸인 줄 알았더니, 자아도 불생불멸이었습니다. 어떤 의미에서 불생불멸인가? 가상적이고 임시적인 주체라는 의미에서 불생불멸이고, 또 실제 현실에서도 자아는 정확한 탄생 시점이 없습니다. 분명한 것은 육체 탄생과는 완전히 별도입니다. 또한 육체의 죽음 이전에 자아는 사라지기 때문에 정확하게 언제 사라지는지도 불분명합니다. 그래서 자아에게도 탄생이 없을 뿐만 아니라 죽음도 없습니다.

그래서 이 나 혹은 우리를 자아에 한정하더라도 우리는 죽음을 경험하거나 체험할 수 없습니다. 그래서 자아에게도 죽음은 없다는 말이고, 의식, 참된 우리에게도 죽음은 당연히 없습니다. 우리는 육체와 자아의 출몰, 나타남과 사라짐을 수단으로 사용합니다. 육체와 자아의 출몰을 통해서 늘 자기 체험 혹은 자각을 합니다. 사랑은 곧 자각입니다. 그래서 의식에게는 당연히 죽음은 없고, 자아에게도 죽음은 없다고 말할 수 있습니다.

그러면 우리가 알고 있는 죽음에 대한 공포와 고통은 무엇이냐? '자아가 마치 어느 시점에 실제로 태어났다.'라고 여기는 것과 마찬가지로, '언젠가 내가 죽음을 체험할 것이다'라는 상상 속의 상상인 셈인데, 실감이 좀 안 나지만, 가상현실이 진짜와 거의 비슷한 것과 같습니다. 1식에서 8식까지 있다고 한다면, 이 8차원 가상현실에만 있는 그런 죽음이라고 말할 수 있습니다.

그런데 너무 현실감이 나니까, 가상현실인 줄 알면서도 우리는 그 안에서 고통과 공포, 좋게 말해 스릴을 체험하고, 그것을 애써 돈을 내고 그러한 체험을 우리는 구매합니다. 구매를 해서 고통과 공포를 일부러 즐깁니다. 그래서 대반전이 일어나는 것이, "단일의식, 한마음에게만 죽음이 없는 것이 아니고. 자아에게도 죽음은 없다." 그러면, "육체는 사실 출생하고 죽고 하지 않나?" 그렇습니다. 육체 자체는 아무것도 아닙니다. 이 말이 좀 이상하게 들리겠지만, 탄생과 죽음에 관련해서는 아무 의미가 없습니다. 이 컵은 컵 자체로 만들어졌습니다. 그래서 반드시 깨지거나 사라질 것입니다. 이것을 탄생과 죽음이라 할 때, 컵 자체는 아무런 문젯거리가 안 됩니다. 마찬가지로 육체 자체에게는 육체의 나타남과 사라짐이 아무 문제가 안 됩니다. 그것을 기반으로 한 소프트웨어, 자아에게 문제가 되는데, 정작 그 문젯거리는 오해에 기반한 것이었음을 알 수 있습니다.

이 앞서 존재하셨던 선각자가 아닌, 선각, 깨어난 의식의 말씀에 의거한다면, 우리는 이같이 삶과 죽음에서 깃털과도 같은 가벼운 자유와 고요한 평안을 동시에 느낄 수 있습니다. 그래서 우리가 유일하게 의지해야 될 곳은 바로 선각의 말씀, 즉 반야바라밀, 지혜입니다. 그래서 오직 반야바라밀에 의지함으로써 공포를 멀리한다는 반야심경의 '원리전도몽상'이란 말을 확연히 이해하게 됩니다. 이 스피커가 이런 말을 독자적으로 할 수 있는 것은 아니며, 바로 깨어난 의식의 가리킴을 통해서 현대적으로 말할 수 있을 뿐입니다.

그러면 다시 텍스트를 봅시다. 세 번째 단락입니다.

이 메시지는 외관상으로 보이는 태어남과 죽음이라는 과정에 의하여 내 정신에 가장 강하게 아로새겨졌다.

즉 자아와 시간이 실재한다는 믿음입니다. 자아와 시간이 실재하게 되면 탄생과 죽음도 진짜로 있는 것처럼, 오해하게 될 수밖에 없었다는 얘기입니다. 가상의 자아인데도 실재한다고 여기면, 즉 테마파크 안인데 테마파크인 줄 모르면, 혹은 가상현실인데 진짜 현실로 오해 내지 망각했다면, 자아가 실재하면 시간도 실재하고. 그러면 세계도 실재하고 죽음도 진짜로 있는 것처럼 믿어질 수밖에 없다는 얘기입니다.

이와 같은 강력한 메시지는 반박 불가능해 보이는 시간의 존재, 그리고 흐름, 그리고 영향을 강화시켰다.

이렇게 말합니다.

시간의 영향력으로 생겨나 보이는 것을 내가 경험하는 만큼, 나는 시간이 있다는 것을 믿게 되었다.

여기서 말하는 '나는'은 소위 말하는 참나가 아닌 자아를 말합니다. 자아는 늘 그렇게 여길 수밖에 없습니다. 어쩌지 못하는 이 객관 시공간 안에서 조그마한 한 톨보다도 더 미미한 존재로서 이 엄청난 시공간 속을 방랑하고 헤매는 한 명의 집시, 한 명의 나그네처럼 느낄 수밖에 없기 때문에, 어찌 가련하고 슬프고 불쌍하지 않을까요? 그래서 자아는 시간이 있다는 것을 믿게 되었고, 시간을 믿게 되면 죽음도 진짜로 있는 듯 믿게 되지만, 그 믿음은 또 하나의 상상이고 잘못된 믿음입니다. 부처님께서 늘 말씀하시기를, "깨달음은 무엇이냐? 잘못된 믿음을 올바른 믿음으로 바꾸는 것이 깨달음이지 다른 것은 없다(正見). 구체적 방법은 뭐냐? 모든 악을 행하지 말고 모든 선을 행하라!(諸惡莫作 衆善奉行)" 이렇게 너무나 쉽게 알려주셨습니다.

그래서 시간이 있게 되면 또 어떻게 되느냐?

시간의 존재를 믿게 되면서 또한 나는 나 자신의 존재의 한계를 믿게 되었다.

그렇습니다. 솔직히 이야기해서, 육체와 자아 복합체, 바디마인드 콤플렉스입니다. 이 육체 자아 복합체가 전체의식 안에서 자기가 독자적으로 할 수 있는 건 없습니다. 왜냐하면 독자적 존재가 아니기 때문입니다. 국지적이고 관계 속에서만 발생합니다. 육체와 자아가 있다고 해서 존재할 수 있는 게 아닙니다. 다른 육체와 자아의 관계 속에서만 존재합니다. 이것을 '관계적 존재'라 합니다. 관계적 존재는 옛말로 연기적(緣起的) 존재라고 합니다. 연기한다는 것은 저것이 있어야 이것이 있다는 것입니다. 이것이 현대어로는 '관계적 존재'입니다. 즉, 연기한다는 말은 나타나는 모든 것이 자아가 없다. 아니 진실된 알맹이가 없다. 다 실체 없이 나타난다는 것입니다. 이것이 연기이고 연기법입니다.

그래서 "중도는 연기고, 연기는 무아고, 무아는 공이다."하며 공식처럼 이야기하는데, 이것을 현대어로 하면, 관계적 존재입니다. 관계적 존재라는 말은 관계 안에서만 일어납니다. 관계는 다른 말로 쉽게 하면, 스토리입니다. 소설적 존재, 가상적 존재, 픽션입니다. 픽션, 만들어지고 발명된 겁니다. 왜 그럴까? 육체가, 자아가 아무리 있다 쳐도 어디 무인도에 턱 갖다 놓았다 해봅시다. 그러면 아무리 100년이 지나도 아무런 경험 내지 뭔가가 안 일어납니다. 우리가 지금 논하고자 하는 이 고통과 공포를 일으키는 자아의 세계는 관계없이는 발생하지 않습니다. 그래서 연기적 존재는 요즘 말로 현대어로 관계적 존재고, 이것은 가상 내지 소설적 존재입니다.

자, 시간이 나타났기 때문에 촉박해집니다. 왜냐하면 자아는 '곧 죽는다.'는 상상 때문에 실제로 사라집니다. 그런데 자아 100%라면, 즉 의식의 관점이 아니라면, 자아의 관점에서는 마음이 급해집니다. 그래서 이 짧은 시간 안에 빨리 뭔가를 이루어내야 됩니다. 그것도 의미 있고 매우 좋은 무엇인가 행하고 만들어내야 합니다. 그래서

주어진 기간을 잘 활용해야 한다고 믿게 되었고. 나는 남아 있다고 상상하고 믿는 기간 동안, 가치 있는 무엇인가를 해야 했고, 무엇인가를 성취하여야 했으며, 무엇인가가 되어야만 했다. 결과적으로 목적이라는 관념이 태어났고, 이와 더불어 내 기대와 목적 달성을 가져올 수 있는 것에 대한 시간과 노력의 투자가 동반되었다.

즉 자아 관점에서는 이제 종말이 다가오고 있기 때문에 급합니다! 급하게 뭔가를 자꾸 해야 됩니다. 계속 압박감과 조급함에 시달립니다. 제아무리 돈과 권력이 많아도 하늘이 자연적으로 모든 노력과 애씀을 종결시키기 전까지, 자아는 끊임없이 고통 받습니다. 자꾸 등 떠밀려서 무엇을 해야만 합니다. 가만히 있지 못합니다. 그런데 이 반야바라밀에 의지할 때, 즉 우리 정체에 대한 알

아봄, 즉 믿음과 이해가 일어날 때는 어떻게 될까요? 이미 모든 것이 우리 안에서 100% 온전하게 돌아가고 있습니다. 그 온전함 안에는 죽음, 생사가 통째로 온전합니다. 우리가 본래 의도한 것이 아무 문제없이 돌아가고 있습니다. 이 상황 안에서는 자아의 조급함과 압박감은 없어집니다. 그러면 고통과 공포가 가벼워져서 그것을 이름하여 자유와 평안이라 하지, 고통과 공포와 별도로 자유와 평안이 있는 것이 아니었다는 어떤 깨침이 오게 되면, 육체와 자아의 이 꼬라지 그대로 아무것도 될 필요가 없고. 무엇을 얻을 필요도 없고, 무엇을 성취할 필요도 없고, 심지어 특별한 보람 있는 것을 찾아 헤맬 필요도 없다는 바른 이해가 찾아옵니다. 그 이해가 다른 말로, 자유와 평화고 정의와 사랑입니다.

# 기대와 목표

## Expectation and Purpose

# 21강

## 뜰 앞의 잣나무는 의식 안에 있나, 밖에 있나? ǀ
## 기대와 목표 설정이 곧 고통과 공포

2021. 9. 7.

의식과 우리의 일상의 삶은 분리된 것이 아닙니다. 세속과 출세속이, 세간과 출세간이, 차안과 피안이, 심지어 이승과 저승이 두 개가 아닙니다. 두 개가 아니라는 뜻은 조금 깊은 이해를 필요로 합니다. 본래 다른 두 개가 있는데, 이것이 같다는 게 아니고, 처음부터 두 개가 없었다는 뜻입니다. '두 개가 없었다.'라는 말은 하나는 있었느냐? 하나도 없다는 것입니다. '있다'와 '없다'를 다 포함하기 때문에 심지어 하나라고도 할 수 없습니다!

그래서 6조 혜능(惠能)은 "이 무슨 물건이 이렇게 왔는고?" 하고 물었을 때, 남악회양(南嶽懷讓) 선사께서 "한 물건이라 해도 맞지 않습니다."라고 한 것이 바로 그 얘기입니다. 하나의 의식, 한마음이라 해도 맞지 않습니다. 자아가 없는 투명한 의식은 이름입니다. 이름이 아닌 실재는 어디 있느냐? 컵입니다. 이거란 말이죠. 지금 날씨가 미나리 파전에 소주 한 잔 딱 마시기가 아주 걸맞습니다. 이렇게 이것이 실재고 나머지는 이름입니다. 그래서 현대적 대승 운동은 이렇게 시작되어야 합니다.

이 세계가 의식이고 존재가 곧 의식이기 때문에, 세계를 연구하는 분야인 과학과, 의식 혹은 마음을 연구하는 분야는, 모두 의식 공부입니다. 이 분야들은 서로 융합되어야 합니다. 과학, 종교, 철학, 영성 분야, 신비 분야가 마치 다른 분야로 생각된 것은 최근의 일입니다. 인류의 오랜 역사 안에서는 이들은 하나로 연구되었습니다. 다른 것이 아니라고 관념되었는데, 최근 르네상스와 산업혁명기 이후 과학과 종교와 형이상학이 분리되었습니다. 예전에는 그렇지 않았지만, 현대성은 많이 부족했습니다. 의식이 집단적으로 많이 깨어나지 못했습니다. 그래서 최근에는 예전의 그러한 모습으로 돌아가자는 게 아니고, 온고이지신(溫故而知新), 예전을 바탕 삼아 현대적으로 다시 융합되어야 합니다. 그래서 과학자와 영성주의자들은 서로 배척해서는 안 되며, 이것이 현대적 대승 운동의 출발점이 되어야 합니다. 세계와 의식은 같은 것이기 때문에 세계를 탐구하는 과학 분야와 의식을 탐구하는 형이상학 분야가 합치되어야 합니다. 이것이 현대적 불이(不二)입니다. 아드바이타 베단타이자 non-duality입니다.

현대적 의미의 불이(不二)는 뭐냐? 세계가 의식이고 존재가 의식이고 물질 안에는 시공간을 포함합니다. 물질이 나타나려면 시공간이 있어야 됩니다. 물질은 곧 시공간입니다. 그래서 "물질 시공간이 곧 의식이다."라는 것이 현대적 버전의 선현, 선각의 반야바라밀로, 두 개로 나뉜 것이 본래 하나였음을 우리가 깊이 이해하는 과정입니다.

그래서 우리가 여러 가지를 공부하고 배울 필요가 없습니다. 하나만 깊이깊이 이해하면 됩니다. 전체적 이해죠. 체험 같은 것은 필요 없습니다. 물론 체험이 저절로 일어난다면 그것은 하나의 깊은 이해의 계기가 될 수는 있습니다. 그러나 체험은 아무것도 아닙니다. 그렇다고 체험을 못 일어나게 일부러 막을 필요도 없습니다. 깊은 이해의 계기는 될 수 있지만, 그깟 체험 찾자고 수십 년을 고생할 필요는 없다는 것입니다. 선현, 선각들의, 훌륭한 스피커들의 말씀을 우리가 언하(言下)에 그냥 수긍해 버리면 됩니다. 솔직히 말하면, 이해도 필요 없습니다. 믿음입니다. 물론 만천하에 공인된 선각, 선현입니다. 그러나 만천하가 믿고 이해하기 싫어합니다. 참으로 아이러니합니다. 만천하에 선각, 선현으로 공인되어 있음에도 불구하고, 대부분의 만천하 사람들은 그 말씀을 믿고 이해하기 싫어합니다. 왜? 자아의 관점에서는 그게 자아의 죽음으로 보이기 때문입니다.

어쨌든 우리에게는 이해조차 필요 없습니다. 깊은 이해든 얕은 이해든, 무슨 증오(證悟)냐 해오(解悟)냐? 그런 것 다 필요 없습니다. 역사상 공인된 선각의 말씀 중에, 인연에 맞은 단 한 구절만 지금 즉시 이 순간 믿어버리면 게임 오버입니다! 테마파크에서 눈을 확 떠버리는 것입니다. 감겼던 눈이 확 떠지면서 만세를 부를 수도 있고, 춤 출 수 있고, 그냥 기쁨의 눈물을 흘릴 수도 있습니다. 이 말이 그냥 말로만 들리겠지만, 어떤 시절 인연이 오면 예전과 다르게, 처음 듣는 것 같이 그 말씀이 다가오게 됩니다. 희한한 일이죠. 그것은 자아가 어떻게 희박해지느냐에 따라 준비 상태의 변화로 그런 일들이 문득 나타납니다.

그래서 매 순간이 자유냐, 속박이냐의 선택이 옵니다. 기회는 매 순간에 있습니다. 신의 은총으로부터 우리는 매 순간 초대되고 있습니다. 그래서 이를 실감하기를 바라는데, 실감이나 체험은 오히려 정견에 대한 믿음과 이해를 방해하는 수가 있습니다. 사실상 체험은 필요 없을 뿐만 아니라 만일 일어난다면, 당연히 저절로 일어나야 됩니다. 노력과 수고의 결과로 일어나는 체험은 가짜 체험입니다. 만일 저절로 일어난다면 그것은 정견에 대한 강한 증거는 될 수 있습니다. 직접 증거가 아니고. 간접 증거는 될 수 있습니다. 즉, 정황 증거입니다.

자, <기대와 목표 Expectation and Purpose>라는 새로운 장입니다.

기대와 목표라는 것은 미래의 뭔가를 자꾸 염두에 두는 것입니다. 기대, 앞으로 일어날 것을 기대하는 것입니다. 목표! 현재는 목표 달성이 안 된 것입니다. 미래에 어떤 성취할 목표가 있다는 것은 현재는 목표 달성이 안 된 초라한 존재고, 또 미래의 어떤 기대가 있다면 현재는 기대에 부응하지 못하는 초라한 존재라고 자아가 지금 혼자 전도몽상을 하고 있는 것입니다. 자기 정체성, 즉 단일의식에 대한 정체와 위치 파악이 이해가 일어나지 않았기 때문에 그렇습니다. 테마파크라는 사실을 망각한 상태이기 때문에, 늘 기대와 목표를 우리는 설정해서 무엇인가가 되어야 되고 무엇인가를 얻어야 됩니다.

이 두 가지입니다. 기대와 목표입니다. 내가 지금의 나 아닌 뭔가가 되어야 되고, 다른 누군가가 되어야 되고, 혹은 지금 없는 무엇인가를 가져야 됩니다. 기대와 목표의 다른 말은, 바로 고통과 공포입니다. 기대와 목표, 우리 문명에서는 이것을 장려합니다. 늘 미래의 기대 성취를 위해 노력하고 목표를 세워라. 끊임없이 노력하고 경쟁하라는 말을 합니다. 좀 무자비하게 얘기하면 "타인을 짓밟아라." 이 얘기나 마찬가지입니다. 내 몸 하나의 몸인데 어떻게 짓밟느냐? 사랑이 없다는 말입니다. 기대와 목표, 그래서 이것은 다른 말로, 고통과 공포라고 새깁니다.

자, 그러면 우리가 제일 싫어하는 게 뭘까? 고통과 공포를 없이 하는 것이고, 그래서 해탈 자재를 원한다. 그러려면, 고통과 공포를 없이 해야 된다. 그러려면 기대와 목표를 버려버려야 한다. 기대와 목표는 다른 말로 뭘까? 자아이고, 시간이다. 이것을 죽일 거냐? 못 죽인다. 140억 년에 걸친 희대의 걸작품이다. 자아를 탄생시키기 위해서 이 자연, 즉 의식은 엄청난 노력을 했다. 이 걸작품, 마스터피스를 왜 버린다고 하는 것일까? 그런 얘기는 하지 말고. 그냥 살짝 100미터 뒤로 조금 물러나서 편안히 있게 모시기만 하면 된다. 이 자아를 고급 게스트하우스에 모셔 놓는 것이 고통과 공포를 깃털처럼 가볍게 하는 것이다!

우리 토니 파슨스 선각의 말씀을 한번 따라가 보도록 합시다.
나는 목표에 대한 기대를 통하여 시간과 분리의 한계 속에 갇혀버리게 되었다.

그렇습니다. 목표와 기대를 내세우는 순간, 감옥에 갇혀버립니다. 묘하게도 자유와 행복의 추구를 위해 기대와 목표를 설정했는데, 이 설정 때문에 오히려 감옥에 갇혀버립니다. 곧, 고통과 공포가 발생해버립니다. 어릴 때를 생각해 봅시다. 어릴 때와 똑같이 되어서는 안 됩니다. 자각을 포함한 어릴 때로 돌아가야 합니다.

어릴 때는 그 어떤 기대와 목표가 있지 않았고, 그때 우리는 너무 자유롭게 마음껏 뛰어놀았습니다. 그 안에는 어떤 분리도 고통도 공포도 없었습니다. 뒤돌아보면, 그 당시 객관적으로는 고통과 공포였는데 "몰랐다."라고 자아는 엉터리로 둘러대겠지만, 진짜 솔직해진다면, 어린 시절에는 기대와 목표가 없었고 누구나 평등했고, 그 자체로 아뇩다라삼먁삼보리였고, 따라서 시간과 속박이 없고, 시간과 속박이란 자아의 억압이 없었기에, 고통과 공포가 없었습니다.

나는 영적인 것을 포함하는 다양한 인생의 목적과 목표들을 추구해 왔다. 전통적 종교 윤리 안에서, 나는 그때 당시에 풍부한 전통을 가진 권위 있는 지혜를 대표한다고 믿기는 동서양의 다양한 교리들 및 관념들을 만나고 경험하였다.

이렇게 기대와 목표를 세우고 결국 모든 것을 버리게 되는 과정을 담담하게 말씀하고 있는데, "기대와 목표가 그래서 나쁜 것이다."라는 이야기를 하려는 것은 아니라는 점을 잘 이해해야겠습니다.

# 신의 기록부에 적힌 내 점수는 몇 점인가? ǀ 영적 세계에서 자아의 생존 전략

2021. 9. 8.

선현, 선각의 사랑과 지혜 말씀에 대한 믿음과 이해가 일어나기를 간절히 기도합니다. 자아가 할 수 있는 것은 이것이 전부입니다. 자아가 준비하는 것은 자아가 보다 더 유연해지고 희박해져서 손님의 위치에서 자신의 생각에 매몰되지 않는 것, 그것이 준비의 전부가 됩니다.

그렇다면 자아는 어떤 수행 방법을 통해 유연하고 희박해져야 되느냐? 그것은 아닙니다. 오로지 선각의 말씀에만, 즉 반야바라밀에만 의지할 때, 정견에 대한 말씀을 여러 버전으로 자주 접할 때, 저절로 준비되는 것입니다. 준비도 어떤 의미에서는 저절로 되어집니다.

강독을 이어가겠습니다. <기대와 목표> 두 번째 문단입니다.

내가 본 것의 결과로 나는 부족하고 결핍되었고, 가치 있는 무엇인가가 되고, 어떤 곳에 속하기 위하여 뭔가를 해야만 한다고 결심하였다.

차라리 '이런 영적 세계, 깨달은 자아가 있다.' 이런 것을 보고 듣지 않았을 때는 아무런 영적인 압박감이 없었습니다. 그런데 괜스레 이런 것을 보고 들은 나머지, 상대적으로 어떻게 됐을까요? '나는 뭔가 부족하고 결핍되어 있구나.' 이렇게 믿어졌고 그래서 지금의 이것이 아닌 다른 누군가가 되어야 한다는, 즉 상상 속에 있는 '깨달은 사람, 부처, 그리스도, 진리의 화신, 도사' 이런 뭔가 다른 걸로 변해야 되고 '지금 나에게 결핍된 무언가를 얻어야 한다.'는 믿음과 결심이 일어나게 되는데, 이러한 믿음과 상상이야말로 없던 곳에서 갑자기 고통과 공포를 일으킵니다. 이 고통과 공포는 꼭 영적인 기대 내지 목표 외에도, 세속적인 기대와 목표 역시도 고통과 공포를 일으킵니다.

예를 들어, 내가 생각하는 필요 이상의 돈과 권력 등을 원하고 목표로 삼아 기대할 때, 엄청난 고통과 공포가 오게 됩니다. 왜냐하면, 99.9%는 오지 않을 불가능한 목표를 세우기 때문에, 부자연스러워지고 고통과 공포가 상존하게 되는 것입니다. 그런데 영적인 목표는 세속적인 목표보다 더 불가능하고 있을 수 없습니다. 자아의 원래 역할과 기능은 생존과 번식이고 자아는 깨닫는 기능이 없습니다. 깨달음이 찾아올 수 있도록 준비는 할 수 있습니다. 자기가 점점 뒤로 물러날 수는 있지만, 물러난다 해서 생존과 번식 기능이 멈추느냐? 그것도 아닙니다. 그래서 이렇게 말합니다.

내가 어떤 목표 지점을 향하여 진보하고 있다고 느낄 필요성을 충족시켜줄 실제 모델을 나는 찾아야만 했다.

그래서 우리는 이리저리 헤매고 우리의 결핍감을, 특히 도판에서는 영적인 결핍감인데, "나는 깨닫지 못했다."라는 이 결핍감을 해소시켜 줄 학교와 사람을 찾아 헤매고 그런 결핍감에 부응해서 "아, 당신은 나날이 진보하고 있고 잘하고 있으니 언젠가는 깨닫게 될 거야."라는 것을 이렇게 내어주는, Give & Take가 있게 됩니다. 이런 비즈니스 스쿨은 어디에나 있습니다. 그래서 찾아 나서게 됩니다.

나는 외관상 크리스천이 되려고 노력하는 듯이 보였다.

그렇습니다. 토니 파슨스는 영국인입니다. 범 기독교 세계와 문화권 안에 있습니다. 그러니까 가장 가까운 기독교인이 되어서 이 결핍감을 충족해야 되겠다고 결심하고 노력을 시작한 것입니다.

그 당시 내가 가졌던 정보를 고려할 때 그러한 접근이 가장 적절하게 보였다. 나에게 주어져 내가 가지게 된 것은, 서구적 배경, 또 성경적 역사와 전통에 대한 지식, 외관상 의심할 여지없는 진리, 과정, 의례들… 원죄, 기도, 고백, 용서, 성찬의식, 정화, 그리고 기록되고 말해진 것들이었다.

즉 기독교 전통입니다. 서양 문화의 튼튼한 기반인 기독교 전통, 서양 문화에는 세 가지 기반이 있습니다. 그리스 전통, 히브리 전통과 기독교 전통입니다. 이 세 가지가 서양 문화와 문명의 기반인데, 범 기독교 전통이라 할 수 있습니다. 여기에서 영적인 기대와 목표를 설정하고 결핍감을 충족해야 되겠다며 찾아 나선 것입니다.

나는 그 당시에 내가 이해하고 신성시하던 것과 나의 영적인 삶에 의미를 부여해 줄 것으로 기대하고 바라던 것들에 최선을 다하고 있다고 느꼈다. 내가 더 열심히 노력한다면, 내일은 오늘보다 더 나을 것이며, 여기보다 더 나은 다른 곳에 있게 될 것이었다.

그러니까 기대와 목표를 향해서 점점 더 성취되고 나아간다는 이러한 느낌과 믿음이 매일매일 강화된 것입니다. 마치 우리가 세상에서 어떤 시험에 합격하기 위해 최선을 다하는 노력과 동일하며 차이가 없습니다. 영적인 목표라 해서 더 고등하고 세속적인 목표라 해서 더 하등한 건 아닙니다. 영적인 목표와 세속적 목표는 진실에 의하면 무엇인가? 단 하나의 마음이 현현된 것뿐입니다. 그 다음입니다.

나는 부족하고 결핍되었기 때문에, 회개를 통하여 신의 은총에 다다르며, 이것을 통하여 나는 마침내 존재의 낮은 수준에서 더 높은 수준으로 이동할 자격을 갖추게 된다는 메시지를 믿게 되었다.

이것이 "중생이 변해서 부처가 된다!"는 얘기입니다. 중생이 열심히 수행해서 부처가 된다. 이것은 '보디사트바'라는 개념에 어긋나고, 정견에 어긋납니다. '깨달은 중생이다.' 이 말은 중생이 열심히 해서 부처로 변한다는 게 아니고. 중생인 채로 부처고, 부처인 채로 중생이다. 이미 100%다. 100% 중생이 100% 부처라는 것입니다. 이런 깊은 이해가 찾아오면, 그래서 우리를 집어삼켜 버리면, 드디어 옛 사람들의 "용과 뱀이 뒤섞여 있다. 용과 뱀이 함께 논다."는 이 말을 알 수 있게 됩니다. 그러니까 믿음과 이해가 우리를 집어삼키는 것이지, 자아가 노력해서 지혜를 집어삼키는 것이 아닙니다.

그 다음입니다.

이제 나는, 나의 완성이라는 목표를 달성하는 데 필요하다고 생각되고 믿기는 돈과 수단을 가졌다.

자, 이제 약속을 받았습니다. 예를 들어 기독교라면, 기독교

216

안에서 "이런 것을 당신이 행하면, 신의 축복과 은총이 당신에게 퍼부어질 것이고 그때가 되면 당신은 모든 결핍에서 벗어나 드디어 하나님 옆 보좌에 앉게 될 것이다." 이렇게 약속을 받았기 때문에, 이제 든든합니다. 모든 수단을 가지게 된 것입니다.

"아버지 하나님"이 천상의 네모난 광장에 앉아서 셈하고 기록하는 동안, 나는 기도로서 간청하고 내 공적(功績)을 연기(演技)해서 하나님과 협상하면 되는 것이다.

그러니까 이게 비즈니스입니다. 하나님이 나를 지켜본다. 내가 기독교 전통에 입문한 뒤부터 나를 지켜본다. 지켜보면서 장부에 기록한다. 선한 행동, 플러스 몇 점. 또 간혹 욕심 부리면 마이너스 몇 점. 이렇게 예금통장에 기록해 놓는다. 그러면 나는 되도록 하나님이 계속 나를 지켜보면서 이렇게 장부에 적고 있기 때문에 보다 높은 점수를 얻기 위해서 이제 연기를 해야 된다. 사랑과 희생과 봉사를 연기해야 된다. 이것은 이제 비즈니스가 됩니다. 하하하

그래서 나중에, 육체가 죽으면 하나님하고 담판 짓고 계산해야 됩니다. 장부 꺼내놓고, "자, 내 계산으로는 1,000점 정도 한 것 같은데, 하나님은 마이너스 200점을 준다. 하나님이 말씀하시기를 800점이면 천상, 일곱 천국 중에 제5천국에는 제가 갈 수 있잖아요?" 이렇게 딜을 할 수 있기 때문에 든든한 것입니다. 그래서 사랑, 희생, 봉사, 용서, 포용, 자비, 이런 것이 연극으로 행해집니다. 그러면 그걸 위선이라 합니다. 우리가 차라리 "악한 것보다 더 나쁜 것이 위선이다." 왜냐하면 악인은 크게 회개할 수 있습니다. 그러나 위선자는 회개의 기회조차 없습니다. 이것은 비즈니스입니다. 대부분의 거대 일반 대중 종교 안에서는 이런 일이 벌어지지

만, 너무 최면 상태에 빠져 있기 때문에, 이것이 딜(deal)인지 자체를 인식하지 못합니다.

그냥 이렇게 합니다. "위선적인 것이라 할지라도 나쁜 일을 행하는 것보다는 낫지 않느냐?" 이 세상적 관점에서는 그럴 수 있습니다. 자아의 관점에서는 그럴 수 있는데, 경전에 나와 있다시피, "이 세상에서 가장 위대할지라도 하늘에서는 가장 끝자리다."라고 하듯이, 이런 것은 무위에서 나와야 합니다. 무위는 단일의식, 한마음입니다. 우리가 자아에 매몰되어 있는 동안, 즉 여기(자아)에 머무는 동안은 이런 것이 안 됩니다. 되더라도 위선적으로 될 수밖에 없습니다. 물론 억지로라도 하면 겉모양은 좋죠. 그러나 자아는 반드시 다른 자아와 투쟁 내지 경쟁해야 됩니다. 왜냐하면, 생존과 번식이 특화된 역할이기 때문에, 그래서 심지어 이러한 무위적인 덕목들도 어떤 면에서는 저 깊은 무의식 속에 생존과 번식 동기가 있을지도 모릅니다. 이런 것들을 행하면 생존과 번식에 더 유리할 수도 있습니다. 다른 측면에서의 세속적 경쟁이 교묘히 감추어지고 영적인 경쟁으로 올라간 것입니다.

'내가 다른 사람보다 더 사랑과 희생과 봉사를 하면 하나님의 장부에 내가 남들보다 더 천국에 먼저 갈 수 있는 티켓이, 장부에 점수가 쌓여 티켓을 얻을 수 있으리라.'는 또 다른 방식의 자아의 생존 전략입니다. 그래서 우리가 하나의 단일의식에 대한 믿음과 이해가 일어나면, 그다음부터는 '저절로' 다. 사랑 체험, 희생 체험, 용서 체험, 포용 체험, 이것이 진정한 체험입니다. 이런 체험은 저절로 일어납니다. 그래서 체험이 먼저가 아니고, 깊은 믿음과 이해가 전부이며 거기에 따라 나오는 저절로 나타나는 부산물이 무위행이 됩니다. 이 무위행이야말로 유일하게 위선이 아닙니다.

자꾸 하나님하고 딜한 것처럼, 부처님하고 딜하려 합니다. 그래서 내가, 예를 들어 예불 내지 참선, 장좌불와를 몇 개월, 혹은 매회 안거에 들었고, 혹은 3천 배를 몇 번 했다. 이런 것 역시도 자칫하면 부처님 장부에 기록해 놓는 점수 따기가 될 수 있습니다.

# 컵은 의식 안에 있나, 밖에 있나? |
# 우리의 본래면목은 9개

2021. 9. 9.

　　앞서가신 분들의 지혜의 말씀에 대한 믿음과 이해가 일어날 수 있기를 진심으로 기도합니다. 그분들의 지혜가 무엇이냐? 복잡하지 않습니다. 질문에 이미 다 포함되어 있습니다. 무슨 질문이냐? "저기 큰 바위덩어리가 네 마음 안에 있느냐? 마음 밖에 있느냐?" 이렇게 묻습니다. "나무가 의식 안에 있느냐? 의식 밖에 있느냐?", "이 컵이 마음 안에 있느냐? 마음 밖에 있느냐?" 이렇게 묻는 것입니다.

　　이 질문은 마치 이런 것과 같습니다. "의식이 의식 안에 있느냐? 의식 밖에 있느냐?" 그래서, 질문은 질문이 아니고, 답은 또 답이 아니게 됩니다. 자아의 관점에서는 그런 질문이 성립할 수 있을지 몰라도, 본래 관점에서는 질문 자체가 성립하지 않습니다. 그래서 답도 없는 것입니다. 그러면 그냥 "없다. 없다. 다 없다."로 끝나느냐? 아닙니다. "있다. 있다. 다 있다." 이렇게 이야기할 수 있고,

그래서 1,700 공안 중에 그런 게 있습니다. "무엇이 부처인가?", "바로 묻는 그것이다!" 그러니까 이것은 질문 자체가 그냥 답이라는 말입니다. "컵은 마음 안에 있는가? 밖에 있는가?" 이렇게 질문할 때 이것은 질문 자체가 바로 그것입니다. 이렇게 합니다. 그렇게 묻는 그것이다. 이렇게 할 때 이것이 왜 묻는 그것일까?

컵은, 컵 의식입니다. 마음 의식입니다. 아는 의식입니다. 밖은? 의식입니다. 그래서 이 질문 자체가 "의식은 의식 안에 있는가? 밖에 있는가?" 본래 의미가 이렇게 되는 것입니다. 그렇기 때문에 지금 깨달음을 물었기 때문에 깨달음을 그대로 가리키는 것입니다. "바로 그것이다!" 이렇게. 그런데 이것이 오랜 숙고와 고민이 없는 경우에는 "바로 그것이다." 할 때, 이것이 금방 이해되지 않습니다. 그래서 믿음이 동반되어야 합니다.

"의식은 의식 안에 있을까? 의식 밖에 있을까?", "이것은(공간) 이것 안에 있을까? 이것 밖에 있을까?" '장천하어천하(藏天下 於天下)입니다!' 의식을 의식에 감추었더니 세상사람 모두가 의식 속에 있으면서 의식이 어디 있는 줄 모르더라. 천하를 천하에 감춘다는 뜻입니다. 그리고 누군가가 봉사활동을 많이 해서, 힘들었고 그렇게 해서 "천국행 티켓을 확보했다." 이렇게 이야기한다면, 그 사람이 나쁜 사람은 아니지만, "천국행 티켓을 내가 가졌다."라고 말하는 부분에 대해서는 어처구니없으며, 나쁘게 보면 유치한 것이고, 좋게 보면 참 너무 해맑구나. 이렇게 볼 수 있습니다. 그러나 묘하게도 "나는 깨달았다." 또 "자아가 깨달았다.", "저 사람은 깨달았다. 이 사람은 깨닫지 못했다." 이런 것은 유치하지 않게 보고, 매우 그럴듯하게 봅니다.

그러나 "내가 깨달았다. 다른 사람은 깨닫지 못했다.", "나는 천국행 티켓을 얻었고 당신들은 천국행 티켓이 없어 천국을 못 간다."라는 이야기와 같은 얘기입니다. 그래서 단일한 의식에 대한 이해는 사실 자아가 무엇인지에 대한 이해와 동일합니다. 자아는 선도 아니고 악도 아닙니다. 가치중립적인 것이고, 굳이 이야기하자면, 자아는 우리가 우리 자신을 사랑으로 체험하기 위해서 고안해낸 매우 소중한 수단으로서의 우리의 대리인입니다. 육체 자체만으로는 아무 의미가 없습니다. 육체 자체는 자기 스스로 생사를 알지 못합니다. 그래서 "육체 끌고 다니는 놈이 무엇이냐? 송장 끌고 다니는 주인공이 뭐냐?" 할 때, 육체 안에 든 영혼을 가리키는 것은 아닙니다. 자아는 영혼이 아닙니다. 자아는 그냥 자아일 뿐입니다. 그럼 송장을 누가 끌고 다닐까?

단일의식은 각각의 육체에서 대리인을 내세웁니다. 자아는 의식의 대리인으로서 송장을 끌고 다닙니다. 그러면 진정한 송장을 끌고 다니는 주인공은 누구일까? 주인공 자체는 없습니다. 왜냐하면 의식은 단일의식이기 때문에 육체 마다마다에 들어 있지 않습니다. 육체 전체가 이 하나의 의식 안에 들어 있는 것이지, 육체 마다마다 의식이 들어 있지 않기 때문에 주인공은 없습니다. 주인공은 없지만, 단일의식의 대리인으로서 자아가 이 송장을 관리합니다. 이 송장이 나타난 한참 뒤에 자아는 발생해서 송장의 종료 직전에 자아는 사라집니다. 그런데 자아가 주체적으로 하느냐? 아닙니다. 이 단일의식의 대리인인데, 이 단일의식은 어떤 자아라든가, 어떤 누구라든가, 무엇이 아닙니다. 왜냐하면, 전체가 이 하나의 의식이기 때문에 그렇게 이야기를 할 수 없죠. 그러므로 최선은 아니지만 차선으로라도 단어를 정확하게 사용해야 될 필요성이 있습니다.

자, 마지막 단락입니다.

"아버지 하나님"이 토니 파슨스가 처음에 결핍감의 충족을 위해 기독교 전통에 입문을 한 것입니다. 가까운 기독교에 입문했습니다. 그런데 캐릭터 상, 참 열심히 했을 겁니다. 진지하고 성실하게 기독교적 신앙생활을 하였습니다. 그런데 그 신앙생활의 적나라한 모습이 무엇인가 봤더니,

> "아버지 하나님"이 천상의 네모난 광장에 앉아 셈하고 기록하는 동안, 나는 기도로서 간청하고 공적(功績)을 연기(演技)하여 협상하면 되는 것이다.

즉 하나님 아버지입니다. 하나님 옆에 앉으신 주 예수 그리스도와 여호와 하나님 아버지께서 천상의 빛나는 광장의 보좌에 앉으셔서 기독교인의 점수를 매기고 있는 것입니다. 수기 장부에 "아, 이 사람은 몇 점. 좋은 것 했으니까 플러스 몇 점. 나쁜 것은 마이너스 몇 점." 이렇게 장부를 기록하고 있습니다. 그래서 언젠가 죽을 때, 육체가 죽은 이후 이 장부를 꺼내 들고 심판하기 때문에, 되도록이면 플러스 점수를 맞는 그런 언행을 연출해야 됩니다. 연극을 해야 합니다. 유치찬란하고 해맑은 것은 마찬가지입니다.

자, 다음 페이지 첫 번째 단락입니다.

> 인생의 의미를 부여하고, 더 낫고 가치 있는 무엇인가가 될 수 있는, 많은 시간, 기회, 지식이 있는 듯이 보였다.

자아의 관점입니다. 자아가 결핍감을 메꾸기 위해 목표와 기대를 설정했는데, 그 목표와 기대 설정에 걸맞은 많은 기회가 있는

듯이 보였습니다. 세상에도 있고, 출세간에도 있습니다. 세상에는 많은 돈과 권력, 이성을 획득할 수 있는 길과 지식이 있고, 출세간의 세계를 보니, 수많은 종교와 철학과 형이상학이 있었습니다. 수많은 종류의 깨달음이 있고, 수많은 종류의 천국행 티켓을 파는 티켓 부스가 도처에 있었다는 뜻입니다.

나의 목표는 희망과 결혼하는 것이었다. 왜냐하면, 옳게 잘 나아가고 있다는 느낌을 강화하기 위하여 투쟁하고, 노력하고, 저항하고 이를 고집스럽게 계속하도록 영감을 불어넣는 것은 더 나은 것들에 대한 희망이기 때문이다.

희망과 결혼을 한다? 결국은 쿨하게 이혼을 해야 됩니다. 희망과 이혼하고 났더니, 쿨하게 친구가 될 수 있습니다. 어떤 말로 이혼이 나쁜 것은 아닙니다. 결혼하고 이혼하는 것, 이것이야말로 가치중립적인 것입니다. 선도 아니고 악도 아닙니다.

희망은 목표와 기대의 다른 말입니다. 목표와 기대를 위해서는 장애 요소들을 다 제거해야 됩니다. 그렇게 해서는 우리는 최대 50%밖에 못 누립니다. 온전히 테마파크를 다 즐기기 위해서는 오히려 기대, 목표, 희망 없이 매 순간 기대와 목표설정 없는 어린아이 때처럼 있음이 좋습니다. 그런데 뒤에 자아가 형성된 후 어른들은 자꾸 강요를 합니다. "빨리 자아를 성립해가지고 너 자신이 원하는 것이 되어라." 우리가 어릴 때는 그런 게 없습니다. 지금 만족이라는 개념도 없습니다. 불만족이 있어야 만족 개념도 있습니다. 만족, 불만족, 그런 게 없습니다. 그저 누리고 즐기는 것입니다. 즐기고 누리는 것입니다. 어릴 때는 다른 누군가가 되려는 생각 자체가 없습니다. 그리고 지금 있는 것을 100% 즐기지 없는 것을 구태여 획득하려고 하는 생각 내지 희망 때문에 고통 받지도 않습니다. 모든 어린아이들은 해맑게 뛰어놉니다. 그것이 천국입니다. 다른 천국은 없습니다. "천국에 들어가려면 어린아이와 같아져야 한다." 이렇게 경전에도 말씀을 하십니다.

자, 희망과 목표와 기대 설정을 한 이후에는 어떤 일이 벌어질까요? 성취되지 않기 때문에, 마치 무지개처럼 목표 도달이 되지 않습니다. 그래서 늘 고통과 공포가 발생합니다.

이제 나는 영적 진보를 이룰 수 있었고, 다른 사람들도 그렇게 되도록 도울 수도 있었다.

영적 진보란 것은 미묘하게 우리를 옭아매는 동아줄입니다. '개인적 영혼이 있다.' 이렇게 되면, 그럴듯하게 이해됩니다. "우리가 지구별에 와서 고생하는 것은 영적 진보, 영혼의 영적 진보를 위함이다. 영적 진보의 최종 목표는 하나님 혹은 불성 혹은 진리와 하나가 되기 위해서다." 이렇게 말합니다. 아니, 없는 개인적 영혼이 어떻게 이 단일한 의식과 다시 하나로 합쳐질 수 있을까요? 그것은 상상 속의 일이기 때문에 그런 성취가 일어나더라도, 결국은 아무것도 아닌 것이 밝혀지고. 우리의 직관은 이런 것이 엉터리임을 스스로 알고 있습니다.

우리의 장애가 되는 큰 하나의 올가미가 바로 영적 진보 혹은 영혼의 진화라는 개념이고, 둘째는 자아가 깨닫는다는 개념입니다. 그리고 깨달음의 체험이 있어야 이것이 깨달음이라는 이 세 가지 가장 큰 장애가 정견에 대한 믿음과 이해를 방해합니다. 그저 어린아이처럼 단순하게 지혜의 말씀을 믿고 이해하면 끝날 일을, 왜 이렇게 복잡하게 하는지 모르겠습니다. 복잡하게 하면 그것이 진짜인 줄 착각합니다. 진짜 진리라면 단순해야 합니다. 복잡하면 일단 진리가 아니라고 보아야 합니다. 여러 가지 가짜 질문들을 만들어 복잡하게 하는 것이 자아의 생존 전략입니다. 일단 없는 영혼을 발명해 놓고 영혼이 진화하느냐? 없는 죽음을 발명해 놓고는 "죽은 뒤에 어떻게 되느냐?" 이미 있는 이것을 없는 진리라고 상정하고는 "진리에 도달하기 위해서는 어떻게 해야 되느냐?" 이렇게 자꾸 복잡하게, 견성이니, 돈오니 점오니, 돈오돈수니 돈오점수니, 이렇게 복잡하게 뭔가를 만들어 갑니다.

모든 경전을 합하면, 한마디로 심(心)이라 할 수 있습니다. 현대적으로 의식입니다. 의식! 의식은 아홉 가지 얼굴로 나타납니다. 현실 낮의 깸 세상, 밤의 깊은 잠 세상, 꿈 세상, 자각몽, 체외이탈, 임사체험 세상, 육체의 탄생 전 세상, 육체 사후 세상, 그리고 자아의 임시후퇴 세상, 이렇게 9가지의 얼굴로 의식은 나타납니다. 그래서 우리는 '본래면목'이라 하면서, 뭔가 하나를 찾으려 합니다. "본래면목이 있다 하더라!" 우리의 본래면목은 본래 정체입니다. "우리의 정체라는 것이 있다 하더라!" 그것이 본래면목입니다. '본래면목이니까 진짜 다른 건 다 가짜고 진짜 하나의 얼굴이 있겠거니' 이렇게 생각합니다. 아닙니다. 본래면목은 크게 9가지로 나타납니다. 하나가 아닙니다. 이 아홉 가지 얼굴 전체가 본래면목입니다.

더 세분하면 천 개도 됩니다. 왜 그럴까요? '천수천안관세음보살'이라 하는데, 왜 천 개만 될 것인가? 만 개, 10만 개도 됩니다. "본래면목이 하나다." 이 말은 "모든 것이다." 그래서 "특별하게 우리들이 생각하는 9가지 전체가 본래 얼굴이다." 이렇게 의식은 스스로를, 9가지 모습으로 우리 자신을 체험합니다.

전체가 체험이고, 지금 엄청난 체험이 일어나고 있습니다. 9가지 체험을 늘 합니다. 왜 하느냐? 테마파크에 들어온 사실을 망각했기 때문입니다. 왜 하느냐? 사랑입니다. 의식은 사랑이고. 우리의 진정한 정체는 사랑, 자비, 정의, 공정입니다. 그래서 선현들의 지혜 말씀에 대한 믿음과 이해 없이는 이런 것은 우리들에게 주어지지 않습니다. 육바라밀은 수행 수단이 아니고. 지혜가 드러나면 저절로 나타납니다. 사랑, 자비, 정의, 공정 아닌 게 없기 때문에, 다른 걸 할 수 없습니다. 그래서 사랑은 해야 돼서 하는 게 아니고, 사랑 이외에는 다른 것을 할 수 없기 때문에, 다른 것은 모르기 때문에, 오직 사랑하는 건데, 그렇게 되면 사랑은 사랑조차 아니게 됩니다. 이름이 떨어져 나가버립니다.

"만법귀일(萬法歸一) 일귀하처(一歸何處)", "만법은 하나의 얼굴로 돌아가는데, 이 하나의 얼굴은 어디로 가는가?" 하나가 되면 모든 이름과 모양이 떨어져 나가버립니다. 의식도 하나의 이름입니다. 떨어져 나가버립니다. 그러면 무엇이 남게 되느냐? 그 어떤 이름도 모양도 없는 이 사랑 체험! 그것만이 남게 됩니다. 그 어떤 이름과 모양도 떨어져 나간, 이름이 없으니까 표현이 안 됩니다. 사랑 체험만 남게 된다. 이렇게 말할 수 있습니다.

# 자아 욕망에 끌려가는 것은 문젯거리가 아니다 ┃ 중생인 부처냐, 부처인 중생이냐는 매 순간의 선택

2021. 9. 12.

　우리가 흔히 이야기하는 '에고의 욕망' 혹은 '에고의 욕망에 끄달린다.' 그 자체는 전혀 문제가 아닙니다. 자아는 생존과 번식이란 역할이 정해져 있고, 그것이 전부입니다. 그러므로 당연히 개인적인 욕심은 이기심(selfish)입니다. 이기심을 내게끔 되어 있고, 그것은 자연스러운 것이기에 그 자체의 문제는 없습니다. 즉, 에고에게 이기적인 욕망이 일어나고, 자아가 그 욕망에 이끌리는 것은 선도 아니고 악도 아니고, 도덕적인 것도 아니고 비도덕적인 것도 아님을 알아야 합니다.

　다만, 자아를 건드리지만 않으면 됩니다. 자아는 일단 옆으로 제쳐 두고, 자아가 욕심을 내든 무슨 짓을 하든, 우리의 관심, 즉 의식의 초점을 단일의식에 대한 믿음과 이해에만 두어 이에 대한 믿음과 이해가 일어나기만 하면 됩니다. 물론 일상생활에서나 일을 할 때, 직업적 커리어를 유지하려면 자아적 관점에서 언행을 해야 되지만, 그렇지 않은 시간에는 의식에 대한 믿음과 이해에만 관심을 기울인다면, 에고의 이기적인 것 자체는 전혀 문제가 아닙니다.

그러니까 에고를 어떻게 하려 해서 되는 게 아니고, 정견, 우리의 진정한 정체에 대한 관심이 높아지면, 에고 문제는 저절로 점점 깃털처럼 가벼워지는 것이지, 에고를 중점에 놓고 이것을 문제 삼는 것은 옳지 않습니다. 에고는 자아이고 개인이고 이것이 개체입니다. 그러니까 에고(ego)기 때문에, 자기중심적(egoistic)일 수밖에 없고, 자아(self)기 때문에 이기적(selfish)일 수밖에 없습니다. 이것은 너무나 자연스러운 거니까, 여기에 대고 140억 년 동안 습관 지어진 것에 저항하면 안 됩니다.

에고의 욕망은 자연 그 자체입니다. 무위자연이기 때문에 그냥 가만두면 됩니다. 다만 에고와 자아를 우리의 전부로 생각하는 그것이 오해입니다. 이 오해만 올바른 이해로, 정견으로 되돌이킴하면 됩니다.

오해는 전도몽상입니다. 에고와 자아가 또 개인과 개체가 조금은 침묵하며 이걸 들으면 순간적 이해가 일어나고, 그것을 돈오라 합니다. 시간과 노력이 필요하지 않습니다. 왜냐하면, 시간과 노력 자체를 우리 안에서 만들어내고 있기 때문입니다.

그러면 진짜 사실적으로 이야기해서, 왜 믿음과 이해가 일어나지 않느냐? 솔직히 말씀드리면, 믿음과 이해가 안 일어나는 걸 원하는 것입니다. "그럴 리가? 저는 생사 해결을 하고 싶고, 고통과 공포에서 벗어나고 싶은데요?" 천만에! 진실로 얘기하면, 이 말을 순간적으로 이해하고 믿음이 일어날 수 있는데도 왜 안 그러는 줄 아십니까? 자꾸 에고와 자아를 자기로 여기고 싶고, 이것이 없어지면 마치 죽는 것처럼 생각하기 때문에, 저 깊은 무의식 속에서 믿음과 이해를 안 일으키는 것이라는 말씀입니다.

모든 선지식께서 말씀하셨습니다. 에고와 자아는 건드리지 말라고. 애들이 욕심을 내든 말든, 이 자체는 문제가 없습니다. 에고 자아의 끄달림이 문제인데, 누가 끄달리느냐? 에고가 자기 욕망에 자기가 끄달리는 것입니다. 욕망이 있고 내가 끄달려 가는 게 아니라, 욕망이 그냥 끄달림입니다. 이것은 제거할 수는 없고, 다만, 우리 정체에 대한 오해를 올바른 이해로만 바꾸면 된다고 천 번 만 번 강조합니다. 이 스피커 말이 아니고 선지식의 말씀입니다.

이해는 지금 당장 되는데, 왜 안 되는가요?

안 되지 않습니다. 안 하는 것입니다. 못 하는 게 아니고, 안 하는 것입니다. 자, 우리는 "못한다. 나는 못해. 이해가 못 일어난다." 하지만, 안 하는 것이란 말입니다. 안 한다. 그러니까 "cannot 이 아니고 don't 내지 will not입니다." will not. 진정으로 원하지 않는 것입니다.

우리는 will not이면서 마치 cannot인 것처럼 위장을 합니다. 왜 그럴까? 하하 이거(에고, 자아)를 그냥 계속 붙잡고 싶은 것입니다. 전도몽상, 꿈속에 있는 게 좋고 꿈에서 깨어나기 싫은 것입니다. 한마디로, "깨어나기 싫다.", "깨어나기 싫다." 이것이 진실입니다.

이 스피커뿐만 아니라, 훌륭하고 위대한 스피커들께서 동서고(東西古)뿐만 아니라 금(今)! 지금에도 많은 스피커들이 단순한 이 이야기를 하고 있습니다. 복잡한 게 아닙니다. 의식입니다. 의식이란 말은 앎입니다. 죽음을 왜 겁을 낼까? 이 앎, 의식, 즉 우리의 핵심이 사라질까봐 겁을 냅니다. 한편 "에고는 자아를 어떻게 하려 하지 말고 가만두어라." 이 말이 손님으로 잘 접대한다는 말입니다. 수심결의 염기즉각(念起則覺)이 손님으로 접대하는 것입니다. 관심의 초점 이동만 하면 되지, 뭐를 없애려고 하면 안 됩니다. 자연을 어떻게 없앨 건가요?

자, 이것이 무엇을 바탕으로 하느냐? 전체의식(일원상) 안에 이 육체와 자아라는 손님, 그냥 말로 임시 나누는 것입니다. 이런 나눔은 없습니다. 의식이라는 주인 안에 육체와 자아라는 손님이 어떻게 움직이는지 알기만 하면 됩니다. 일어나는 즉시 알아차리면 문제가 사라집니다. 의식은 자기의 대리인인 육체와 자아의 욕망뿐만 아니라 모든 활동을 압니다. 그런데 의식이 착각으로 이(육체) 안에 들어가 버리면 자아가 100%가 되어버립니다. 그래서 이(육체) 안에서 나오라는 것입니다. 육체 안에 갇히면 육체와 자아가 100%가 돼 버리고, 고통과 공포와 죽음이 100%가 되어 버립니다.

그런데 정견에 의지해서 '보리살타(菩提薩埵) 의반야바라밀다(依般若波羅蜜多)'니까, 오로지 정견으로 단일의식에 대한, 바른 이해에 의지해서 자아를 알기만 하면 문제가 없습니다. 그러니까, 단순히 다 잊어버리고 그냥 선지식님들의 정견에 따르면 됩니다. 단일의식은 몸마다 의식이 들어 있는 것이 아니고 하나의 의식으로 하늘과 땅을 뒤덮고 있는 동시에 하늘과 땅을 만들어 냅니다. 이 지혜만을 그냥 이해하고 일상을 살면, 이런 문제는 (욕심, 이기심, 욕망, 끄달림) 그냥 일어나도 일어나지 않는 것이 됩니다.

요약하면, 에고와 자아를 건드려서는 안 된다. 에고와 자아는 자기 일을 잘하고 있다. 하나님의 명령에 잘 순종하고 있다. 우리가 자꾸 이것을 갖고 놀고, 끄달려 가고 싶어 그러는데, 그러지 말고, 그게 싫다면, 고통과 공포가 싫다면, 애들은 그냥 손님으로 가만 놔두고, 주인에만 관심을 기울이라는 것입니다. 주인은 뭘까? 단일의식입니다. 이것이 지혜입니다.

그래서 주인에 관심을 안 기울이고 자꾸 손님에 관심 기울이면 손님하고 싸우게 됩니다. 손님은 손님 대접만 하고 주인은 주인의 자리를 지켜야지, 손님이 들어왔는데 자꾸 자기가 손님인 것처럼 하면, 손님이 기분 나쁘죠. 주인은 주인의 역할을 해야 합니다. 그래서 손 주 객 주가 이 지혜에 대한 이해가 일어나면 비로소 알게 됩니다. '아, 손님이 손님이 아니고 주인의 대리인이구나.' 이렇게 압니다. 주인에 대한 지혜가 일어나면, 손님은 이 주인과 한 몸이구나, 주인의 대리인이구나! 이렇게 알 수 있습니다. 그래서 끌려가도 괜찮습니다. 그것은 문제가 아닙니다. 진짜 문제는 뭐냐? 자꾸 우리의 진짜 정체에 대한 이해와 믿음을 자꾸 고의로 안 일으키는 것입니다. 이걸 원치 않는 것입니다.

진짜로 원해보세요. 왔을 때 바로 와락 먹어버립니다. 진짜 원한다면, 진짜 배고프다면, 먹어버립니다. 묻지도 따지지도 않습니다. 목이 마르고 보면, 그게 구정물이든 뭐든, 무슨 몇 십억을 옆으로 제쳐두고 그 물을 벌컥 마셔버립니다. 서강의 강물을 한입에 삼켜버립니다. 그러니까 이해와 믿음, 즉 지혜에 대한 관심을 기울이면 이것은 아무 문제가 안 됩니다. 여기에 대한 깊은 돌이킴이 일어나기를 진심으로 기도합니다.

"여기(의식)에서 이리로(육체 자아로) 들어가서 문제 해결을 할까?" 하는데, 이것은 안 됩니다. 그게 아니고 여기서 이리로 나가서(육체 자아에서 의식으로) 뭔가를 하는 것, 이것이 문제 해결이란 말입니다. 우물 안 개구리 문제는 우물 안 개구리가 못 풉니다. 그러니까 피를 피로 씻어낼 수는 없고, 넘어진 사람은 땅을 짚어야 일어납니다. 반드시 반야바라밀이라는 의지처(단일의식)가 있어야 일어날 수 있습니다. 이게(에고, 자아, 개인, 개체) 우물 안입니다. 우물 안 개구리끼리, 개구리가 70억 개라 하더라도 해결이 안 됩니다. 반드시 우물 밖에서 해결이 돼야 됩니다.

그래서 지독하게 이기적인 에고가 갑자기, 지하철에 떨어진 사람을 자기 목숨을 희생하면서까지 구해 올리고, 또 이기적인 사람이라 하더라도 주변의 사랑하는 부모자식이 위기에 처하면 초인적인 힘을 발휘해 희생 봉사를 할 때, 그것이 에고가 하는 것일까요? 아닙니다. 응급 상황에서 자아가 갑자기 뒤로 물러나고, 우리의 진정한 파워가 전면에 나서기 때문에 그런 것입니다. 그러니까 순간순간에 우리는 얼마든지 천국과 지옥을 왔다 갔다 하는 것이고, 순간순간에 무명과 돈오가 교차됩니다. 늘 용과 뱀이 뒤섞여서 있는 것입니다.

순간순간 매 순간 매 순간, 우리는 선택할 수 있습니다. '깨어날 것이냐? 전도몽상 속에 있을 것이냐?'를 매 순간 선택하는 것입니다. 한 번 선택으로 영원히 가는 그런 게 아닙니다. 매 순간 우리는 '전도몽상이냐? 여기에서 깨어날 것이냐?'를 늘 선택하고. 이 "뱀과 용, 중생과 부처가 늘 뒤섞여 있다." 이 말은 하나입니다. 하나!

반야바라밀은 자아와는 아무런 상관이 없습니다. 의식은 그냥 요지부동으로 불생불멸 불래불거입니다. 그래서 아무 문제없습니다. 그냥 모르면, 부처인 중생입니다. "아! 무슨 말인지 진실을 알면 중생인 부처다." 둘 사이에 어떤 차이가 있을까? 엎치나 메치나 전삼삼 후삼삼 똑같습니다. 오료동미오(悟了同未悟), 완전한 깨달음은 안 깨달은 것과 똑같습니다. 이게 보디사트바입니다. 부처인 중생, 보디사트바, 보살입니다.

대승불교의 최고 목표점인 구경각이 이것입니다. 안 깨어난 채로 보디사트바입니다. "부처인 중생이다." 이것이 대승불교의 최고의 목표입니다. 이게 뭘까요? 그냥 이대로! 이 꼬라지 이대로 그냥 끝난 것입니다! 자아가 욕망에 끌려갑니다. 이게 뭐지? 실상은 의식의 나타남입니다. 인도식으로 표현해서, 의식의 유희고 놀이고 춤입니다. 춤추는 공이라고 거창하게도 이야기할 수 있습니다. '알았다.' 그러면 중생인 부처입니다. 사트바보디입니다. 그래서 보디사트바든 사트바보디든 다 보살입니다. "이미, 완성되어 있던 줄 어찌 알았으리오!" 육조단경에 "하기자성(何期自性) 본자구족 (本自具足), 하기자성 능생만법(能生萬法), 하기자성 본무생사(本無生死)" 그다음에 하나가 더 있는데, 하기자성, 본래 움직이지 않는다 (本無動搖). 그런 것이 있습니다. 본래 끝나 있었다. 우리가 그냥 논리적으로 생각해 봐도 그렇습니다. 140억 년만 있는 게 아니고 시간은 영원하기 때문에 빅뱅 이전에도 수많은 빅뱅이 있었습니다. 그렇다면 진짜 영원한 시간이 이미 흘렀습니다. 영원한 시간이 흐르는 동안 우리가 못 해냈을 리가 없습니다. 이미 영겁 이전에 모든 게 끝나버렸고, 그 이후는 전부 그냥 이렇게 즐기는 것입니다. 마치 어린아이들이 아무런 근심 걱정 없이 무엇이 된다거나 무엇을 얻는다거나 할 그런 기대와 목표 없이 그냥 이미 주어져 있는 것을 100% 즐기듯이, 이미 우주에서는 그런 일이 발생하고 있었다는 이야기입니다.

그래서 부처인 중생과 중생인 부처는 하나입니다. 매 순간의 선택입니다. "그냥 믿음과 이해를 나는 좀 더 미루고 싶어." 하면 그냥 겉보기 고통과 공포를 좀 더 즐기는 것이고. "아이고, 나는 고통과 공포 놀이는 혐오감이 들어 그만하고 싶어." 하면, 중생인 부처를 선택하면 됩니다. 엎치나 메치나 같은데, 여기서 보죠. 매 순간 부처도 벗어날 수 없고, 또한 중생도 벗어날 수 없습니다. 중생을 버리고 부처가 되는 게 아니라고 수천 번 말합니다. 깨달아도 중생 그대로고, 또 부처도 그대로입니다. 중생을 버릴 수도 없고, 부처를 버릴 수도 없습니다. 선택은 언제 일어나느냐? 지금 매 순간 일어납니다. 요즘 유행하는 말로 한다면, 하나님의, 부처님의 초대장은 매 순간 발송되고 있습니다. 그 초대장을 받아들이느냐, 마느냐는 매 순간 우리의 선택입니다.

그래서 부지불식간에 갑자기 초인적 힘을 발휘해서, 희생과 봉사하는 행위가 사회면에 간혹 나옵니다. 그래서 그 사람에게 물어봅니다. "당신은 의인적 행동으로 사회적 영웅이 되었는데, 어떻게 그렇게 할 수 있었습니까? 자신의 목숨이 위태로운데 어떻게 다른 사람을 구할 수 있었나요?" 하면, 하나같이 이야기합니다. "나도 모르겠어요." 나도 모른 채 그리 되었다고. 당연합니다. 에고와 자아가 그 당시 뒤로 물러나 있었습니다. 일종의 자각의 순간입니다.

두 번째 단락을 읽어보겠습니다.

목표, 희망, 믿음은 나에게 성공할 수 있다는 힘과 의지를 주었다.

토니 파슨스의 글 중에서 <기대와 목표> 장이 제일 긴데, 그 이유는 우리가 제일 벗어나기 어려운 것이, 이것을 가지고 뭔가 해가지고 깨달음에 이르러야 되는 게 아닌가? 하는 잘못된 믿음 때문입니다. 도저히 믿기지가 않습니다. 깨달음은 "이미 우리가 부처다. 이미. 우리가 만약에 중생이라 하더라도 그것은 이미 부처인 중생이고 또 자기가 아무리 깨달았다고 설쳐봤자 중생인 부처다." 이것을 우리가 믿기 어렵기 때문에 이해가 일단 안 되고, 믿음도 안 일어나는데, 이것은 오랜 버릇입니다. 최소 140억 년 된 버릇으로 자꾸 이 개체를 가지고 어떻게 해보려 하기 때문에, 이것은 일단 "수단의 오류다. 수단이 잘못되었다."라는 것을 강조하다 보니, 길어졌습니다.

토니 파슨스 님은 원래 글을 길게 쓰시는 분이 아닙니다. 그럼에도 불구하고, 이 장에서는 길게 쓰고 있습니다. 이것은 무엇이냐?

"에고와 자아를 가지고 어떻게 하려 하지 마라."라는 것을 계속 강조하기 위함입니다. 자기 자신의 잘못된 방향에 대해서, 적나라하게 의식의 관점에서 되돌이켜 이야기를 하고 있습니다. 우리로 하여금 이런 오류 속에서 오랜 시간을 허비하지 말라는 사랑과 자비입니다.

목표, 희망, 믿음… 이런 것들은 많은 사람에게 매우 소중하다고 알려져 있으며,

그렇습니다. "목표를 설정해라. 희망을 가져라. 믿음을 가져라." 여기서 말한 믿음은 세상적인 믿음입니다. 물론 자아가 단일 의식을 알고 난 다음에도 자아로서 생활해야 합니다. 왜냐하면 중생인 부처니까요. 중생이 사라지지 않습니다. 중생으로 여전히 생활해야 되는데, 그때는 목표와 희망, 이런 걸 설정해도 됩니다. 돈오한 다음에는 목표와 희망을 설정해도 됩니다. 왜냐? 자아 관점

100%가 아니기 때문에 더 이상 그런 것들로 인해, 고통과 공포가 그렇게 무겁지 않습니다. 예를 들어 목표와 희망이 성취되든 말든 그 과정 자체를, 중요시하기에 "성취되면 되는 것이고 안 되면 안 되는 대로 다 좋다." 이렇듯 대 긍정이 일어나기에, 더 이상 고통과 공포가 무겁지 않다는 얘기입니다.

물론 그들 또한 혼란, 절망, 의심의 그림자 안에서 살아간다.

많은 사람에게 소중하다고 알려져 있으며, 숭배되고 또한 외견상 강한 힘을 가진 가치들일지라도 역시 혼란, 절망, 의심의 그림자 안에서 살아가는 것들입니다. 그렇습니다. 우리가 들으면 '목표 희망' 이런 것이 좋게 들립니다. 그러나 대부분 목표 희망이 무엇을 잉태하고 있을까요? 목표 달성이 안 됐을 때의 절망, 고통과 공포, 희망이 절망으로 바뀌는 그런 가능성을 99.99% 잉태하고 있습니다.

당시에 나는 사물의 그런 측면에 대하여는 생각지 못하였다.

모든 사물은 이원성입니다. 행복을 추구하면 불행이 잉태되고, 정의를 추구하면 불의가 잉태됩니다. 이 말은 행복과 정의를 추구하지 말라는 게 아닙니다. 그렇게 들린다면 이 강독은 인연이 없는 것입니다. 이원성이 하나라는 것을 알면, 약견제상비상(若見諸相非相)이면 즉견여래(卽見如來), 즉 그다음 묘하게 관찰됩니다. 이원성을 삼원성, 십원성이라도 이제는 문제가 안 됩니다. 하나죠. 하나만 알면 됩니다.

우리가 자아로서, 육체 안에 들어있어 보이지만, "우리는 자아라기보다는 바로 의식이다." 이게 답입니다. 그래서 이게 전부입니다. 이렇게 되면 이원성이든 욕망이든 에고든 자아든, 아무 문제가 안 됩니다.

> 마침내 필연적으로, 양극 사이에서 끝없이 흔들리는 시계추는 기대와 실망, 노력과 무능함, 외견상 강점과 약점들과 부딪혔고, 그들 모두는 내가 이 꿈으로부터 깨어나는 데 일조를 하였다.

결국 지혜에 대한 믿음과 이해, 이것이 꿈에서 깨어나는 것인데, 이렇게 하는 준비 과정으로서의 의미밖에 없습니다. 왔다갔다 희망을 품었다가 절망했다가 다시 또 희망했다가 절망했다가 왔다 갔다 하는 곳에, 즉, 자아를 가지고 이것을 다루어서 수행하고 공부하고 정화하고 종교 활동을 하는 이 모든 과정은 결국 뭐냐? 꿈에서 깨어나는 준비를 하기 위한 과정에 불과합니다. 그렇다면 그렇게 고통스럽게 준비 과정을 겪지 말고, 단번에 선택하면 어떨까요? 부처인 중생을 선택하지 말고, 중생인 부처를 그냥 선택하는 것이 어떨까? 많은 선각들께서 우리들에게 사랑으로 제안을 하셨고, 지금도 제안을 해주시고 있습니다.

# '제상비상 즉견여래' 현대적 해석 ㅣ
# 물도 없이 밀가루 반죽이 될까?

2021. 9. 13.

고대로부터 우리에게 전해주신 지혜, 반야바라밀은 너무나 간단해서 어처구니가 없습니다. 너무나 쉽고 간단해서 우리가 믿기도 어렵고 또 이해하려 들지 않습니다. "설마 그러려고?" 이렇게 생각합니다.

자, 이 땅과 하늘을 포함한 모든 천체가 운행하고 있습니다. 운행을 위해서는 운동의 바탕이 있어야만 됩니다. 그것을 우리가 공간이라 하는데, 고대로부터 깊은 사랑으로 전해진 지혜의 말씀은 너무 간단합니다. '이것이다. 바로 공간 자체가 마음이요, 의식이다.' 믿고 이해하기가 어렵습니다. 왜냐하면 의식이란 게 깊은 잠에 들었을 때는 사라지고, 또 우리가 육체가 태어나기 전에는 의식이 없고, 육체가 죽으면 역시 의식이 없습니다. 즉 다시 말하면, 육체 안에, 예전에는 심장이라 했지만 이제는 두뇌라 하며, "두뇌에서 의식을 만들어낸다." 이렇게 너무나 굳게 믿고 있기 때문에

239

"공간이 의식이다."라는 이 말이 쉽게 수긍가지 않습니다.

그런데 순간입니다. "공간이 의식이다." 이 말에 대해 믿음을 일으키면 이해가 일어나고, 이해가 일어나면 믿음이 따라옵니다. 이 두 가지는 같이 가는데, "공간이 의식이다." 이 말은 이 스피커가 지어낸 말이 아닙니다. 경전에서도 무수히 이야기합니다. 직설적으로 얘기하지 돌려 얘기하는 게 아닙니다. 그냥 "공간이 의식이다." 이렇게 직설적으로, 『원각경』에서 얘기합니다. "무변허공각소현발(無邊虛空 覺所顯發)"이라고, 가없는 공간이 곧 의식이 나타난 바입니다.

공간과 의식이 각각 따로 있어 의식이 공간에 퍼져 있는 게 아니라는 점을 명백히 해야 합니다. "공간이 객관적으로 있고, 이 공간에 의식이 안개처럼 퍼져 있거나 스며 있다."는 말이 아닙니다. 그냥 이 공간이 의식입니다. 의식은 시공간 자체로 변모할 수 있습니다. 시공간으로 변모함으로써 그 안의 만물이 생성합니다. 만물을 왜 생성할까? 만물의 운동 변화를 통해서 사랑의 자기 체험을 하는 것입니다. 의식의 자기 체험을 하는 중입니다.

그래서 이것만 어린아이처럼 쉽게 탁 받아들이면, 모든 문제가 더 이상 문제가 아니게 됩니다. 이것을 확실히 해야 됩니다. 이 깨달음을 믿고 이해되면 어떻게 될까? 문제가 해결되는 게 아닙니다. 즉 해답이 나오는 게 아닙니다. 혹은 문제가 사라지는 게 아닙니다. 그러면 무엇이냐? 문제는 그대로 있습니다. 문제 그대로 문제가 아님이 드러납니다. 이것을 이름하여 '아뇩다라삼먁삼보리'라고 합니다. 완전한 반전입니다. 우리는 "문제가 있다."고 말합니다. 문제가 실제로 있고 이것을 해결해야 된다고 합니다. 그래서 늘 해결책을 찾으나 해결되지 않습니다.

　이 스피커도 30년 이상 이것을 찾았지만, 해결하지 못했습니다. 엉뚱한 데서 문제가 아니게 됐는데, 그건 처음부터 그랬던 것입니다. 해답도 없습니다. 왜냐하면, 문제가 실제 문제가 아닌 가짜 문제였기에 당연히 해결책도 해답도 없고, 가짜 문제이기 때문에 문제가 사라지는 일도 없습니다. 문제가 실재해야 사라질 수 있습니다. 그래서 사라지는 것도 아닙니다. 그러니까 이런 것은 전부 생각이 일으키는 이원성의 문제고, 그럼으로써 전부 고통과 공포로 직결되어 버립니다. 그래서 이 지혜 반야바라밀에 핵심은 이것입니다. "문제 그대로 문제가 아님이 드러난다." 이렇게 말할 수 있습니다. 테마파크의 비유 그대로입니다. 테마파크인 줄 모르고 무서운 놀이기구를 타고 있으면 거의 고통과 공포와 죽음입니다. 그런데 테마파크인 줄 알고 있으면, 하나도 바뀌지 않은 채로 자이로드롭이든 청룡열차든 이전의 공포와 고통과 무서움은 그대로 있지만, 이제는 문제가 아니게 됩니다. 그러면 어떻게 될까? 그사이 안 보였던 것이 이제는 보입니다. 그냥 주어져 있는 것들, 신선한 공기, 맑은 물, 따뜻한 햇볕, 걸어갈 수 있는 이 땅, 이 공간 자체에 대한 무한한 사랑과 감사가 갑자기 일어날 수도 있게 됩니다. 이것이 사랑의 연금술, 철학자의 돌입니다.

　금강경의 '약견제상비상 즉견여래(若見諸相非相 卽見如來)'는 현대적으로 보면, 문제 그대로 둔 채 문제가 아님이 드러납니다. 하나로 이렇게 다 해결돼 버립니다. 너무 쉽죠. 그냥 공간이 의식이다. 너무 쉽습니다. "공간이 의식이다." 이 말을 듣고 이해하고 믿는 데 몇 초가 걸릴까요? "공간이 의식이다." 이 말은 우리가 육체

마다마다에 들어있는 것이 아니고 공간은 하나니까 없는 데가 없습니다. 그다음에 육체와 세상 만물이 공간 안에 들어있지 육체와 세상 만물 안에 공간이 들어있는 게 아닙니다. "공간이 의식이다." 이 말은 "공간이 곧 우리다." 이 말이고. "우리가 곧 깨달음이다." 그럼 육체와 자아는 뭐냐? 의식 공간, conscious space입니다. awareness space라 할 수도 있고요. 이 의식 공간 안에서 육체와 자아는 의식 체험을 위해 출몰하는 것입니다. 작은 단위의 출몰이 하루고, 큰 단위의 출몰이 사계절이고, 대규모의 출몰이 바로 생사입니다. 그러니까 생사 자체는 본래 있는 것이 아니고, 의식 공간 안에서 의식의 여러 가지 얼굴입니다.

이렇게만 안다면 우리의 삶과 죽음이 매우 자유롭고 유쾌하고 편안한 것으로 바뀝니다. 이것이 선현들이 사랑으로 전해준 유일한 지혜입니다. "공간이 의식이다."『원각경』에도 있고, 또『황벽어록』에도 있다. "공간이 마음이다. 공간이 의식이다." 그러면 우리의 문제가 다 해결되어 버립니다. 사실상 문제 그대로 문제가 아니게 됩니다. 영혼의 문제, "영혼이 언제 육체로 들어가느냐? 영혼이 진보하느냐? 영혼이 완성되어야 되느냐? 영혼이 윤회하느냐?" 전부 엉터리 가짜 문제라는 것이 드러납니다. 우리는 자아를 영혼으로 착각했었습니다. 그래서 비슷한 자아가 나타나면, "아! 예전 자아가 윤회했구나." 이렇게 생각하는데, 그게 아닙니다. 비슷한 캐릭터는 얼마든지 있을 수 있습니다. 현생에서도 각자의 캐릭터만 독특한 게 아닙니다. 심지어 쌍둥이가 있습니다. 일란성 쌍둥이는 완전히 똑같죠. 캐릭터 자체도 일란성 쌍둥이가 가장 비근한 예입니다. 한 개의 캐릭터가 영혼이라 합니다. 한 개의 영혼이 두 개의 육체를 가지고 있는 것이 일란성 쌍둥이입니다. 이걸 어떻게 설명할 것인가?

또, 하나의 육체 안에 수많은 영혼이 들어 있습니다. 다중 인격의 경우는 하나의 육체 안에 수많은 자아와 영혼이 들어있습니다. 이것은 어떻게 된 거냐 말입니다. 그러니까 이게 전부 엉터리 얘기입니다. 다른 건 다 알 필요 없고, 다 치워버리세요. "공간이 의식이다." 이렇게 우리가 이해하고 보면, 나머지는 저절로 됩니다. 그래서 돈오점수(頓悟漸修)에서 점수(漸修)는 무위로, 무위자연으로 저절로 닦아지는 것이다. 그래서 별도의 보림(保任)도 필요 없습니다. 보림은 자아가 또 나서려는 수작이요, 전략입니다. 보림이란 말 자체를 잊어버려야 합니다.

'약견제상비상 즉견여래'를 현대적으로 이야기하면, 문제 그대로 둔 채로 그것이 문제가 아님이 드러날 때, 이것이 현대의 대승적 깨달음입니다. 누구나 접근할 수 있고, 돈과 권력이 없으면 오히려 더 잘 접근할 수 있습니다. 돈과 권력이 있으면 이런 데 관심을 기울이지 않습니다. 그래서 오히려 "마음이 가난한 사람이 복이 있나니 천국이 저희의 것이다." 이렇게, 돈과 권력이 있으면 마음 생각이 복잡합니다. 생각이 부자입니다. 마음이 가난한 자, 생각이 가난한 자라는 뜻이고. '자아가 말랑말랑해지고 희박해졌다.' 그런 뜻입니다. 자아가 저 100미터 뒤로 물러나서 자아를 손님으로 취급한다. 그런 뜻입니다.

요약하면, 선현들로부터 전해 받은 지혜는 너무 간단합니다. 이 공간이 공간이 아니고 바로 의식이었다. 그럼 공간 안에 들어있는 것은 의식과 다른 물체냐? 아닙니다. 물체가 즉 공간입니다. 일

정한 경계 라인, 가상의 경계입니다. 경계 라인이 있는 물체가 없
다면 공간도 발생하지 않습니다. 즉 공간과 물질은 하나입니다. 하
나. 쉽게 애기하면, 의식이 시공간과 그 안에 있는 모든 내용물을
만들어내는 게 아니고. 의식이 스스로 안에서 시간과 공간과 모든
물체 내지 물질로 나타납니다. 스스로를 표현합니다. 의식의 표현
형이 바로 시간 공간, 물질입니다. 현대 물리학에서도 비슷하게 얘
기합니다. "단 하나의 특이점, singularity, 이 특이점 안에서 폭발
이 일어나서 시공간과 물체가 만들어졌다." 이렇게 얘기합니다. 빅
뱅 이후에 시공간이 나타났기 때문에 빅뱅, 시공간 이전에 빅뱅이
라는 단 하나의 특이점, 이것을 의식으로 바꿔보자는 말입니다. 특
이점, singularity를 consciousness로 awareness로 바꿔보자는
말입니다.

그러면 현대 물리학으로 말해도, "의식 안에서 시공간과 모든
천체와 물질이 나타났다." 이렇게 말하고 그것을 과학이라 합니다.
예전의 과학과 형이상학이 하나가 됐을 때로 다시 지금 돌아가고
있는 중이라고 말할 수도 있습니다.

자, 세 번째 단락입니다. 영적인 공부의 길에 들어선 이후 자아
가 결국은 절망하는 과정, 즉 자아로서는 '이게 안 되는구나.'라는
과정을 토니 파슨스 님께서 아주 자비롭게 말씀해주고 계십니다.

> 그런 모든 교감과 참회, 그리고 모든 영적인 과제는 끝이 없어 보
> 인다. 탐욕적이고 밑 빠진 영적 쇼핑 카트를 나는 기도, 금욕, 겸
> 허, 숭배, 그리고 선행으로 채워야 했지만, 비록 내가 그중 하나
> 의 바닥에 도달한다고 해도, 아마도 나는 또 다른 것을 복종과 순
> 결로써 채워야만 할 것이다.

자아가 깨닫는 주체가 되어 공부의 길로 들어섰을 때 공부 리스트, 즉 영적인 쇼핑 카트는 끝이 없습니다. 뉴에이지나 일부 도판에서는 그리 얘기합니다. "우리는 영혼의 진화를 위해서 나아간다." 그 영혼의 진화가 언제 끝이 날까? 시간의 끝에 도달해야 영혼의 진화가 끝나는데, 시간의 끝은 없으니까 영원히 진화해야 될지도 모릅니다. 백겁을 수행한다 해도 안 되겠죠. 여기서 나오는 '기도, 금욕, 겸허, 숭배, 선행, 복종, 순결'은 매우 좋은 덕목들입니다. 그런데 솔직히 말씀드리면, 이것을 자아는 할 수 없습니다. 육바라밀의 보시, 지계, 인욕, 정진, 선정, 지혜나, 인(仁), 의(義), 예(禮), 지(智), '기도, 금욕, 겸허, 숭배, 선행, 복종, 순결' 이런 것들은 저절로 나오는 것입니다. 저절로 되어야 하고 저절로 나올 수밖에 없습니다. 왜냐하면, 하나의 의식이고 너와 내가 없는데, 사실 사랑이라 할 수도 없다는 깊은 이해가 일어나면, 금욕은 금욕이 아니고, 겸허는 겸허가 아니고, 육바라밀은 육바라밀이 아니고, 인의예지는 인의예지가 아닙니다. 그렇게 되었을 때 그것이 진정한 육바라밀, 인의예지, 겸허와 사랑입니다.

그래서 거꾸로 됐습니다. 선결문제의 오류입니다. 앞뒤가 바뀌어 버렸습니다. 이 지혜에 대한 깊은 이해의 자연적 부산물로 나오는 것이어야 하는데, 그 부산물을 먼저 하려다 보니까, 될 리가 없습니다. 백억 년을 해도 안 된다는 그 말씀을 하고 있는 것입니다.

나는 노력하고 또 노력했지만, 어떤 면에서 그 모든 것들은 너무 구태의연하고 기쁨이 없는 것으로 보였다.

그러니까 자연스럽게 안 되면 기쁘지도 않습다. 억지로 의무적으로 하니까, "해라." 그래서 하니까, 심지어는 하나님이 부처님이 염라대왕이 나를 보면서 수기 장부에 점수를 매긴다면 하는 일이 뭐 그리 기쁠 수 있을까? 뭐 그리 편안하고 유쾌할 수 있을까? 물론 나쁜 일 하는 것보다는 기분은 좋겠지만, 분명히 한계가 찾아옵니다.

이미 두려움으로 가득 차 있고 무기력한 추종자가, 부정과 숭배하는 수련을 통하여 가질 수 있는 기대는, 고작 두려워하고 무기력한 추종자가 되는 것 이외에는 달리 있을 수 없다. 이는 마치 종교적 독신생활을 고수하는 길을 가면서 하나가 되는 결혼 축하 연회에 이르고자 하는 것처럼 아무런 소용이 없다. 나는 마치 내가 아무런 액체도 넣지 않고 밀가루만 가지고 빵과 과자를 구우려 하는 듯이 느껴졌다.

두 가지 매우 재밌는 비유를 하고 계십니다. 독신생활을 하면서 행복한 결혼 생활을 목표로 잡는 사람이 있다면 미친 사람입니다. '경건한 독신생활을 수단으로 해서 행복한 결혼 생활이라는 목표에 도달하겠다.' 이것이 모든 수행자와 도판 공부인들, 모든 종교인들, 철학자들의 장애입니다. 쉽게 얘기하면, 자아가 나선 거죠. 이 길에는 자아가 생각 끝에, 노력 끝에 결국은 뒤로 물러나야 합니다. 그러면 저절로 우리 의식이 나섭니다. "아! 이제 좀 싫증이 많이 났구나." 하고 사랑의 눈길과 손길을 보내는데도 알아채지 못합니다. '경건한 독신생활이 결국은 행복한 결혼 생활에 이르리라.' 이렇게 하고 있습니다. 우리가 불가능한 길을 자꾸 가는 것입니다. 영혼의 진화니, 자아가 깨달아야 된다느니, 중생이 공부해서 부처가 되어야 한다느니, 선정과 참선과 명상을 깊이해서 깨달음을 얻어야 된다는 게 전부 뭐라고요? 경건한 독신생활을 수단으로 해서 행복한 결혼 생활이라는 목표에 도달하고자 하는 일과 같습니다.

그러니까 우리가 '이 도판에서 10년, 20년, 30년 해도 왜 안 되지?' 하는 이유가 이것입니다. 첫 단추가 잘못 꿰어졌습니다. 자아가 깨닫는 주체가 돼야 되고, 부처가 돼야 되고, 모든 자아의 문제가 해결돼야 되고, 독신생활을 하면서 행복한 결혼 생활에 도달해야 되고, 밀가루만 가지고 물도 안 넣고 빵을 만들려고 하니 될게 무어냐? 늘 입안에 모래 씹는 기분입니다. 입안에 모래를 씹는 느낌은 서걱거리고 스산하고 외롭고 슬픕니다. 이제는 그럴 필요가 없습니다. 그동안 많이 고생을 했으니 이제는 그만해도 됩니다. 이제는 다 같이 쉴 수 있습니다. 간단합니다. 여기서(몸) 여기로(공간) 나오기만 하면 됩니다. 회광반조(廻光返照)는 이렇게 하는 것입니다. 이렇게(몸 방향) 하는 게 아니고 이렇게(공간으로) 하는 겁니다. 여기서(몸)에서 나오기만 하면 됩니다. 나오는 방법은 무엇인가? 선현들이 사랑으로 전해주신 이 지혜를 믿고 이해하는 것, 그것이 전부입니다.

# 컵은 물체인가 의식인가? |
# 공간물체시간은 단일체다 |
# 초심과 착함이 대자유의 열쇠

2021. 9. 16.

우리들이 생사 문제를 해결하고자 걸어가는 과정에서 어려움을 겪고 있는 것은 가이드가 없기 때문입니다. 가이드가 없이 홀로 걷는 일은 참으로 위험합니다. 극소수의 캐릭터들만이 생사 해결의 길, 혹은 테마파크라는 사실을 기억해 내는 좁은 길을 걷고 있고, 좁은 길이기 때문에 가이드가 필요합니다.

가이드는 많지만 올바른 화살표를 주는 가이드 선택을 위해서, 먼저 눈이 뜨여야 한다는 전제가 있기에 쉬우면서도 어렵습니다. 유일한 화살표는 이것 하나! 단일의식입니다. 이를 표현하는 여러 용어가 있지만 단일의식을 쓰는 이유는 "의식이다." 하면 굉장히 쉽게 와 닿을 수 있기 때문입니다. "컵을 의식한다. 육체를 의식한다. 온 세상을 의식한다. 의식을 의식한다. 깊은 잠에서는, 혹은 죽은 뒤에는 의식이 의식되지 않음을 의식한다."처럼, 현대인에게는 의식이란 말이 와 닿습니다. 이제 길은 정해졌습니다. 단일의식의 정체와 위치 파악이 생사 해결의 마지막이고 종착점입니다. 요약하면, 바로 세계가 의식입니다. 세계와 의식은 두 개가 아니었습니다. 즉, 의식을 주관이라 하고 세계를 객관이라 하면, 주객은 본래 두 개가 아니었습니다. 금강경식으로 얘기하자면, "주관은 주관이 아니고 그 이름이 주관이고, 객관은 객관이 아니고 그 이름이 객관이라 했다."

그런데 "세계가 의식이다." 이렇게 해놓고 보면 뭔가 그럴 듯은 한데, 구체적으로 와 닿지가 않습니다. 그래서 실감 체험을 하고 싶습니다. 머리로는 이해되는데 가슴으로 이해 안 되는 것 아니냐? 이런 헤맴이 일어납니다. 자아 관점으로 돌아가게 됩니다. 그러나 이것은 잘못된 것이 아닙니다. 지극히 자연스러운 일이고요. 의심을 조금조금씩 제거해 나가면, 그리고 일상생활에서 의식이 거듭 확인되면, 그런 의심은 문제가 안 됩니다. 그리고 의심이 일어나고 해결하는 점수(漸修)의 과정, 이것 자체가 체험입니다. 의심의 체험, 이것이 진정한 체험입니다. 이 체험을 통해서, 주변에 인연 닿는 사람들을 도울 수 있는 용기가 생겨날 수 있습니다.

자, 구체적으로 이야기해 보겠습니다. '세계가 의식이다.' 이것을 구체적으로 이야기해 보죠. 일단 세계는 존재입니다. 존재가 곧 의식입니다. 그렇다면 당연히 의식은 하나입니다. 왜냐하면 세계는 하나이기 때문입니다.

세계는 우리가 어떻게 이름을 붙여서 분할할까? 일단 공간을 가장 직관합니다. 그다음 이 안에 온갖 물체가 들어있습니다. 물체가 있고, 또 물체의 형상 변화를 통해서 시간이라는 것을 우리가 만들어냈습니다. 그래서 세계는 '공간물체시간'이라고 말할 수 있습니다. 공간은 그야말로 단일 공간이고, 시간은 과거, 현재, 미래로 흐르는 시간이라 합니다. 물체는 뭘까? 물체, 물질은 그야말로 컵, 책상, 바위 덩어리, 산하대지, 일월성신, 우주 전체입니다. 여기서 우리가 늘 빼놓는 것 하나가 있는데, 바로 우리의 몸으로, 색신이라고 하는 물체입니다.

자, 그러면 "공간과 물체와 육체와 시간이 의식이다." 그런 뜻입니다. 이것을 좀 더 구체적으로 실감할 수 있게 이야기를 해 봅시다.

물체는 육체를 반드시 포함해야 합니다. 육체는 의식이나 정신이 아니며, 온갖 물리 법칙에 종속되고 적용 받습니다. 세계가 의식이라면, 의식의 정체와 위치, 세계의 정체와 위치, 공간의 정체와 위치, 물체의 정체와 위치, 시간의 정체와 위치를 알아야 됩니다. 그래서 수많은 경전과 어록에 "공간이 곧 의식이다." 이렇게 알려줍니다. "의식이 공간과 같다."가 아닙니다. 비슷하다가 아닙니다. 다시 한번 강조하는데, "공간이 객관적으로 있고 의식이라는 게 공간에 빈틈없이 스며들어 있다. 마치 짙은 안개처럼 의식이 공간 안에 뿌옇거나 투명하게 스며들어 있다."는 그런 말이 절대 아닙니다. 즉, "의식이 공간이다." 할 때는 의식이 공간과 비슷하다도 아니고, 같다도 아닙니다.

A와 B가 같다(A = B)할 때는 이미 다른 것입니다. A와 B가 같다 할 때는 우리의 생각은 이렇게 인식합니다. "A도 따로 있고 B도 따로 있는데 이것이 같구나." 지금 그렇게 봅니다. '세계가 별도로 있고 의식이 별도로 있는데, 이 두 개가 같구나!' 이렇게 이해하기 쉬운데, 말과 언어의 한계입니다. 그게 아니고 이게 '같다'는 말

의 진정한 의미는, "A와 B가 없다."는 말입니다. 이 말이 이해가 잘 안 가죠. 언어의 한계입니다. "세계가 의식이다.", "공간이 의식이다." 이 말이 혼란스럽습니다.

"이것이 공간이고 이것이 의식이다." 이렇게 하는데, 이것이 같다 했는데. 공간하고 의식은 이름이 서로 다릅니다. 그러므로 이름은 없애버려야 됩니다. 그러면 그냥 '이것'만 남습니다. 뭔지는 몰라도 이름 붙일 수 없습니다. 그러나 기왕에 의식이라 이름 붙였으니까 이것을 최대한 말로 표현하면, "공간이 의식이다."라는 말은 공간이란 이름은 사실 가짜로 임시로 붙인 것이고 의식이다. 즉 '의식이 의식이다.' 이런 뜻입니다. 그래서 비슷하다거나 같다, 이런 말은 오해를 불러일으킬 수 있습니다. 공간이 곧 의식입니다. 즉입니다. 즉. 즉합니다. 즉 우리말로는 곧 하나입니다. 본래 하나입니다. 이것은 『원각경』에 무변허공 각소현발(無邊虛空 覺所顯發), 이래서 바로 공간이 의식 그 자체입니다. 의식이 나타난 바입니다. 『황벽어록』에서도 공간이 마음과 비슷한 게 아니라 그냥 공간이 곧 마음입니다. 이렇게 최소한 공인된 경전과 어록에서 공간이 의식이라 하고 우리도 지금 이 순간 직관할 수 있습니다. 그래서 '공간이 의식이다.'라는 것에 대한 증거는 지금 경전과 어록을 증거로 할 수 있지만, 사실 입증이 필요 없습니다.

그다음 우리가 의심나는 부분이 바로 물체입니다. 공간이 의식이라는 건 알겠는데, 도대체 지금 공간 안에 있다고 여겨지는 물체들은 도대체 의식과 무슨 상관이냐? "의식은 인식 주체고, 물체는 대상일 뿐이지 않느냐?", "인식 대상을 왜 자꾸 의식이라 하느냐?" 하는 의심이 일어납니다. 그래서 이 부분의 의심을 부수어야 하겠습니다.

호모 사피엔스 문명은 은연중 이렇게 가리켰습니다. '공간이란 것이 객관적으로 존재하고, 이것은 불변이다. '빅뱅 이후 공간은 본래부터 있고, 이 안에서 온갖 천체와 물체가 생겨났다. 그리고 온갖 물체와 천체가 사라지더라도, 공간은 객관으로 남아 있을 것이다.'라고 잘못 생각하고 전도몽상을 일으킵니다. 현대 물리학에 의해서도, 공간이 불변으로 있는 게 아니고, 매 순간 빛의 속도로 팽창하고 있다고 합니다. 그리고 이 '공간 자체가 팽창한다.'는 이 말은 뭘까? 물체가 빛의 속도로 움직여 가기 때문에 공간도 덩달아서 팽창한다는 그런 뜻입니다. "물체가 빛의 속도로 확산되어 가기 때문에 공간도 거기에 동반해서 빛의 속도로 확장된다." 이렇게 말하고. 또 어느 순간에 가서는 어느 임계점에 도달해서 다시 수축한다고 합니다. 그런데 공간 자체가 수축하는 게 아니고 온갖 물체들이 다시 본래의 빅뱅 상태로 돌아갑니다. 만법귀일(萬法歸一)인가? 돌아가기 시작하면 다시 공간이 수축합니다. 이렇게 현대 물리학에서도 이야기를 하고 있습니다. 이것은 무슨 얘기냐?

한번 사고 실험을 해봅시다. 물체 없는 아무것도 없는 공간을 상상해 봅시다. 상상이 될까요? 여기서 포인트는 육체도 물체라는 것입니다. 그러니까 지금 상상하면 육체는 늘 남아 있을 것입니다. 텅 빈 공간 안에 육체만 동동 떠 있을 것입니다. 영화 <2001 스페이스 오딧세이>에 나오는 우주 태아처럼 육체는 공간에 둥둥 떠 있습니다. 그 물체 없는 공간이 아닙니다. 육체도 제거한 아무것도 없는 공간, 이것은 있을 수 없습니다.

그다음 공간 없는 물체를 상상해 봅시다. 공간 없는 물체, 즉 공간이 배제된 이 컵, 있을 수 있을까요? 점보다도 더 작게 찌부러 들겠습니다. 공간은 확장성, 연장, extension의 개념이니까, 즉 다시 말하면, 물체 없는 공간도 없고. 공간 없는 물체도 없습니다. 즉 옛스럽게 표현하면, "공간과 물체는 서로 연기한다." 즉 두 개는 실체가 없는데 서로서로 의지해서 동시에 나타나고 동시에 사라집니다. 그러니까 물체가 빛의 속도로 사방팔방으로 퍼져 나가기 때문에 동시에 공간도 지금 팽창하고 있는 것입니다. 일단은 그렇게 이야기하는 것입니다. 그렇게 보면, 공간은 고정불변의 어떤 객관 물체가 아니고, 물체라는 어떤 모양과 한계를 가진 것과 동반해서 생멸한다는 것을 알 수 있습니다. 즉 다시 말하면, 우리는 여태까지 공간은 불변으로 있고, 이 안에 온갖 물체들이 나타났다 사라졌다 하는 줄 알았는데, 그게 아니고 공간과 물체는 하나였다는 것입니다. 양자물리학에서도 지금 이 결론에 도달하고 있습니다. 물질파, 물질 파동이라고 합니다. 파동 자체가 곧 공간입니다. 중력장, 전자기장, 핵력장 등등의 장(場) 자체가 공간입니다.

그렇다면 물체와 공간은 본래 하나였습니다. 여태까지 '공간이 객관적으로 있고 이 안에서 온갖 물체가 오고 간다.' 이것은 잘못된 오해였음을 알아야 하고, 이에 대해 선각들께서는 수없이 말씀을 하셨지만, 현대 물리학이 여기에 대해 논하고, 같은 결론에 도달하려 하고 있습니다. 그래서 임마누엘 칸트도 "시공간은 우리의 감성 형식이다."라고 했습니다. '감성 형식이다.' 이 말은, 우리가 물체를 감각하고, 보고 만지는 것입니다. "이 시각과 촉각 작용, 이것이 일어나기 위한 전제로서, 시공간은 본래 의식 안에 있는 것이다." 이것이 칸트의 『순수이성비판』의 결론입니다. 그리고 이 말

때문에 서양 철학 세계 전체가 놀라 뒤로 자빠졌죠. 그러나 칸트가 힌트를 삼은 것은 동양에 있습니다. '일체유심조(一切唯心造)', '모든 것은 마음이 만들어 낸다.'라는 이 하나의 단서를 가지고 『순수이성비판』이 출현하게 된 것입니다. 그래서 "시공간이 감성 형식이다. 즉 감각의 틀이다." 이 말은 시공간이 본래 객관으로 있는 게 아니고 물체가 나타나기 위한 전제라는 겁니다. 그러면 물체는 객관으로 있느냐? 아닙니다. 물체는 공간이 나타나기 위한 전제입니다. 서로서로 전제가 되는 것이죠. 물체가 나타나려면 공간이 전제되어야 하고, 또 공간이 나타나려면 물체가 전제되어야 합니다. "물체는 공간을 전제로 한다." 이것은 이해가 쉬운데, "공간도 물체를 전제한다."는 이 말은 이해가 잘 안 가죠. 다 '공간이 저 혼자 있을 수 없다. 공간이 존재하려면 반드시 어떤 경계선을 가진 형태가 나타나야 된다. 다른 말로 하면, 경계선을 가진 형태가 곧 공간이다.'라는 말의 한계인데, 한번 잘 들어보세요.

공간이 지금 별도로 나타난 적이 없습니다. 우리의 솔직한 경험은 어떤 형태의 테두리를 가진 뭔가를 물체라 합니다. 어떤 형태와 테두리를 가진 뭔가가 나타날 때만 공간이 있다는 말은, 어떤 형태의 테두리를 가진 물체와 공간은 하나란 뜻입니다. "공간이 나타나려면 물체가 전제되어야 되고, 물체가 나타나려면 공간이 전제되어야 된다." 이 말은 물체와 공간이 하나라는 것입니다. 물체와 공간이 별도로 있으니까 이것이 같은 게 아니고, "물체와 공간이 본래 하나다!" 이것은 현대 양자물리학도 마찬가지로 이야기합니다. 이게 뭐지? 입자와 파동의 중첩성입니다. 양자 중첩이라 합니다. 양자라는 것은 우주 전체를 만들어내는 기본 단위입니

254

다. 이 양자가 어떤 상태냐? 입자, 즉 물체, 입자가 물체입니다. 물체와 파동, 즉 공간입니다. 공간 전체를 채우는 것이 파동입니다. 그래서 입자와 파동의 중첩 상태로 있습니다. 즉, 물체는 물체로만 있는 게 아니고 공간은 공간으로만 있는 게 아니고, 양자 중첩이라는 것은, 모든 것은, 우주의 모든 것은 입자 상태와 파동 상태를 동시에 가집니다. 이것이 양자 중첩이고, 다른 말로 하면, 물체와 공간이 중첩된다. 즉 하나라는 얘기입니다.

그래서 도달하는 결론은, '물체는 곧 공간이다.'입니다 그러면 제1전제가 '공간이 의식'이라 했습니다. 그래 물체가 공간이면 공간은 의식이고, 즉 '물체가 의식'이라는 이 선각의 결론에 논리적으로 쉽게 현대적으로 깊고 스마트한 분별로 선각의 말씀을 믿고 이해하게 할 수 있습니다.

자, 그러면 시간도 역시 의식이 돼야 됩니다. 시간 역시 의식이 되어야 합니다. 육체 역시 물체에 포함되고 물체이므로 육체도 의식이라는 것을 우리가 알게 됩니다.

자, 시간은 뭘까요? 공간, 물체를 둘로 하면 안 됩니다. 둘이 붙어야 됩니다. '공간물체', 이렇게 이름 붙여야 합니다. 공간물체의 운동 변화를 시간이라 합니다. 운동 변화가 없으면 우리에게 시간이 없는 것입니다. 그렇습니다. 이건 너무 쉽죠. 그래서 시간은 공간물체라는 하나, 공간물체 하나의 운동 변화를 시간이라 합니다. 공간물체는 뭔가? 의식입니다. 즉 의식의 운동 변화를 시간이라 하므로, 시간 역시 의식이 되어 버립니다. 공간 물체의 운동 변화가 시간인데, 공간물체가 의식이기 때문에, '시간 역시 의식이다.'라는 결론에 쉽게 도달합니다.

부가해서, 시간의 방향, 즉 과거에서 현재, 미래로 흘러가는 것처럼 보이는 이 시간의 방향은 그 정체와 위치가 어떻게 될까? 이것도 어렵지 않습니다. 시간은 공간물체의 운동 변화입니다. 그러면 방향은 뭘까요? 공간물체의 운동 변화의 방향입니다. 즉 운동 변화의 순서입니다. 그러니까 과거, 현재, 미래라는 게 본래 있는 게 아니고, 의식의 운동 순서라는 얘기입니다. 의식의 변화 순서를 우리가 그냥 '시간의 방향이다.' 이렇게 이름 붙였습니다. 그리고 방향은 직선이 아니고 원운동이라는 것을 우리가 알 수 있습니다. 반복되니까, 처음부터 끝까지 완성되어 있다는 뜻입니다. 이 원(일원상)은 알파와 오메가까지 이미 완성되어 있습니다. "하기자성(何期自性) 본자구족(本自具足)"입니다. 하기자성(何期自性) 본자청정(本自淸淨)! 이렇게 본래 완성되어 있더라는 것입니다.

그런데 호모 사피엔스 문명이 말하듯 시간을 일직선으로 보면, 우리는 진화 진보되어야 하고, 목표 설정이 있어야 되고, 그러면 온갖 다사다난한 고통을 겪어야 되고, 자유와 평화를 자꾸 그리워해야 되고, 사랑이 나타나지 않게 됩니다. 시간을 이렇게 직선으로 보느냐? 이미 완성으로 보느냐? 마하무드라로 보느냐? 아니면 과제 설정의 개념으로 보느냐에 따라서 이렇게 엄청난 우리의 운명이 갈라져 버립니다. 우리가 시간의 방향이라는 것이 단지 임의적으로 의식의 운동 변화의 순서를 붙여놓고는, 마치 시간이 별도로 객관적으로 있고 그 시간이 우리를 죽음이라는 현상으로 잡아먹는 것처럼 그렇게 생각하니까, 온갖 고통과 공포가 발생합니다.

자, 요약하면, "세계가 의식이다." 이 말은 '의식은 곧 공간-물체-시간의 단일체다.' 이렇게 여기 하이픈을 넣을 필요도 없습니다. 그냥 하나입니다. '공간물체시간'이라고 이름을 붙여야 됩니다. 의식의 정체는 뭔가? 의식의 정체는 '공간물체시간'이고. 의식의 위치는 뭘까? 바로 '공간물체시간' 자체입니다. 그럼 어디 있나? 의식은 바로 이거다! 이것이다! 이렇게 합니다. 손을 얘기하는 게 아닙니다. 이거다! (손을 펴 보이며) 이렇게 (손을 펴서 빙빙 돌리며) 하기도 하고, 또 오해를 불러일으키니까 그냥 이거다! 이렇게 하는 것입니다. '이거다'를 현대적으로 얘기하면, '공간물체시간 단일체다. 공간과 물체와 시간이 별도로 있는 게 아니고 단일체다.'입니다.

아인슈타인의 '시공간 연속체'는 훌륭한 발견이었습니다. 그러나 더 나아가야 됩니다. 물체에 대한 우리의 의심이 늘 일어나기 때문에 '공간물체시간 단일체다.' 이렇게 '이것이 단일체 하나다. 단일체다.' 단일체라고 말을 하면 어쩐지 좀 부족합니다. 단일 그냥 일(一), 공간물체시간 하나, 이렇게 이야기할 수 있습니다. 이것이 여기에 대한 우리의 믿음과 깊은 이해, 그리고 돌이킴이 일어날 수 있게 되기를 간절히 기도합니다. 앞으로는 의식의 다른 말로 '공간물체시간'이라고 하겠습니다. 공간물체시간 단일체, 이것이 바로 우리의 참된 정체입니다. 참으로 기묘하죠.

여기에서 어디 생사가, 탄생과 죽음이 자리 잡을 데가 전혀 없습니다. 공간물체시간이 바로 우리입니다! 이렇게 '이것이 곧 의식이다.' 할 때, 모든 선각들께서 "무엇이 부처인가?", "무엇이 하나님인가?", "무엇이 달마가 동쪽으로 온 까닭인가?" 했더니, 바로 "컵이다!", "뜰 앞에 잣나무다!", "마른 똥 막대기다!", "동산이 물 위로 간다.", "야반삼경에 문빗장을 만져 보아라!", "어제 시장 가서 만 원 주고 마삼근을 샀다.", "서강의 강물을 한입에 삼켜버려라." 이렇게 공간, 물체, 시간을 이야기한 것입니다. 공간, 물체, 시간을 이야기 하는 것이 곧 의식, 마음, 불성을 드러내는 것입니다. 제가 오늘 이렇게 구체적으로 말씀드린 이유는, 아마도 이 공간과 시간에 대해서는 의식 일체성을 이해할지라도, 물체에 대해서 우리가 많이 현혹됩니다. "아니, 아무리 봐도 이거(컵 받침)는 그냥 물체지, 이게 왜 의식이란 말인가?" 이렇게 하게 되죠. 그런데 '이게 물체지? 왜 의식이라고 하는가.'의 정체와 '위치가 어디 있냐?', '이것이 왜 의식이지?', '이것이 뭐냐고?', '이것이 왜 의식이지?' 이것은 하나의 말입니다. 이게 언어고 이게 생각입니다. 생각은 언어로서 하고.

무슨 말이냐 하면, 언어를 수단으로 생각을 합니다. 우리가 언어를 배우기 전에는 생각할 수 없습니다. 그러면 세계상이 드러나지 않습니다. 헬렌 켈러가 "water"라는 단어를 알기 전까지 이 세계는 나타나지 않았습니다. 원초적 상태에 있었습니다. 즉 언어를 배움으로써 세계가 드러나는데, 이 언어를 수단으로 우리는 생각을 합니다. 생각은 뭘까? 의식의 요동침입니다. 생각이 크게 요동치는 것은 의식이 크게 움직이는 거고, 생각이 가라앉는 것은 의식이 잔잔해지는 것입니다. 자, (컵 받침을 들어 보이며) 이것이 왜 의식이지? 이것은 그냥 유리, 유리 객체 아닌가? 이게 뭐지? 이게 생각이잖아? 생각은 곧 의식이잖아? 생각은 너무나 기적인 것입니다. 기적!

"아! 내가 죽는구나!" 이게 뭘까? 언어를 수단으로 하는 생각이고 의식의 운동 변화입니다. 즉, 공간물체시간으로서 의식 자체입니다. "부처님 자체다." 이렇게 말할 수 있습니다.

그래서 더 이상 의식의 내용물인 동시에 의식 그 자체인 물체에 대해서 더 이상 의심을 가지지 맙시다. 현대 양자물리학에서도 양자 중첩이라고 이야기하지 않나요? 양자 중첩은 바로 물체와 의식이 하나고 물체와 공간이 하나다. 그런 뜻입니다. 거듭 이야기하지만, 공간과 물체와 시간이라는 어떤 객관적인 불변의 뭐가 있고, 육체로서의 주관이 공간과 물체와 시간을 의식하는 게 아니고, 물체도 아닙니다. 육체도 물체입니다. 그냥 하나입니다. 여기는 알거나 이해하거나 믿는 그런 자가 없습니다. 그 누구도 없습니다. 관찰만이 있지 관찰자는 없습니다. 보는 자는 없고 봄만 있습니다. 봄, 앎, 만짐, 앎만 있습니다. 이렇게 해서 우리는 점점 앞서 걸으신 선각께서 가리켜 주신 소중한 지혜에 대한 믿음과 이해를 점점 깊이하고, 그럴수록 고통과 공포가 가벼워짐을 발견하게 됩니다.

다시 텍스트로 가서,

표현할 수 없는 것을 교의로 표현하려는 시도는 불가피하게 허위 진술로 귀착된다.

독트린입니다. 어떤 종교적 도구화입니다. 종교적 도구화로,

이렇게 이야기합니다. 표현할 수 없는 것, nothing입니다. 즉한 물건도 아닙니다. 남악회양(南嶽懷讓)이 말한 "한 물건이라 해도 맞지 않는다."로 표현할 수 없습니다. 그렇지만 모든 것으로 이미 나타나 있는, 이렇게 표현할 수 있습니다. 모든 것, 즉 '공간물체시간'인 바로 이것, 이것을 표현하려는 시도는 불가피하게 허위 진술로 귀착할 수밖에 없습니다. 그러니까 "세계가 의식이다." 이러면, 이 자체가 벌써 말하는 순간 틀렸습니다. 그러면 '세계라는 것이 있고 의식이라는 게 있어서 이 두 가지가 같구나.' 이렇게밖에

우리에게 들리지가 않습니다. 허위 진술이 되어 버립니다. 그러나 최대한 친절하게 표현을 할 수밖에 없고. 토니 파슨스 님도 앞에서 그 부분에 대해서 충분히 이야기를 했습니다. 최대한 이 부분을 서로 공유 내지 공감하기 위해서 노력하겠습니다.

창작자의 미묘하고 아름다운 자연의 노래를 영원한 종교적 교리라는 한계 속으로 완벽하게 번역해 넣으려는 모순된 생각 말이다. 새가 날아가고 나면, 종종 새 노래의 정수는 잃어버리고 빈 새장만 남아 있게 된다.

현대의 거대한 대중 종교, 기독교, 불교 이슬람을 비롯한 거대 대중 종교가 본래 간직했던 정수가 사라졌습니다. 형식화, 교조화, 조직화됨으로써, 그리고 현대에 와서 비즈니스화 됨으로써, 그 정수가 사라져 버리고 형식만 남아 있다는 뜻입니다.

나는, 사막에서 아름다운 무엇인가를 막 발견한 어떤 한 사람을 지켜보고 있는 신과 악마의 이야기를 좋아한다. 신이 악마에게 말하길. "아하, 이제 저 사람이 진리를 발견했으니 넌 아무것도 할 수 없어.", 악마가 대답한다. "그렇지만, 난 그가 진리를 조직화하는 것을 도울 수 있을 걸."

하하하! 신과 악마가 서로 겨루고 있습니다. 신이 자랑을 한다. "아 한 사람이 깨달았으니까, 내 편이야." 그랬더니 악마가 "아닐 걸? 저 사람은 곧 종교 만들어내, 조직화할 거야. 그러면 내 편이 될 거야." 즉 진리, 불성, 의식이라는 것은 매 순간 지금 여기에서 이렇게 살아있어야 됩니다. 이것을 조직화하고 교리를 만들어내면, 거대 종교는 될지언정, 그래서 주말마다 많은 사람에게 심리적 위안, 즉 플라시보 효과를 줄 수는 있지만, 실제 효력은 미미합니다. 어쨌든 신은 이렇게 이야기합니다. "진리를 깨달았으니 내 편이야." 했더니 악마는 "아닐 걸? 곧 조직화 돼. 종교화 돼." 이렇게 말하는데, 이 말은 무슨 말일까? 진리는 초심이 간직돼야 됩니다. 성직자 계급이 생겨나고 종교 조직이 생겨나고, 또 단계가 생겨나고, 누구는 깨달았고 누구는 못 깨달았고, 누구는 견성했고 못 했고, 누구는 체험했고 못했고, 이런 모든 것이 조직화 내지 교조화입니다. 영혼이 있는데 이것이 계속 진화해야 되고, 이런 것이 전부 교의고 하나의 조직화입니다. 이러면 악마가 됩니다. 그래서 악마의 편이 됩니다.

다시 말하면, 뭐냐? 초발심변정등각(初發心時變正覺)입니다. "초발심이 진정한 구경각이다." 이 말은 초심 내지 초발심, 발만 빼면 초심이므로, 초심 내지 초발심이 그야말로 엑기스라는 겁니다. 그래서 선각의 가리킴에 처음 일어난 그 "아하!" 그게 크든 작든 간에, "아하! 그렇구나!" 이것이 계속 유지되는 것이 종교의 핵심입니다. 모든 것이 의식이구나. 삶과 죽음조차도 서로 연기하는 것이고 실체가 없는 건데, 삶과 죽음의 진정한 정체는 바로 이 하나의 의식이구나!" 이렇게 믿음과 이해가 탁 일어났을 때, 이것이야말로 모든 종교와 형이상학과 신비주의의 정수고 핵심입니다.

지금 이 스토리는 수없이 많이 도판에서 인용되고 있지만 어느 분의 말씀인지를 출처가 안 밝혀져 있습니다. 이 토니 파슨스 님의 말씀인데, 『오픈 시크릿』에 적혀 있습니다. 토니 파슨스 님의 여러 가지 말씀이 수없이 인용되면서도, 현대 영성 운동에서 본격적으로 토니 파슨스 님을 왜 소개를 하지 않는지? 그것이 저의 의문이고 미스터리였습니다. 아마도 이 '토니 파슨스께서는 타협하지 않기 때문이 아닌가?' 싶습니다. 대중의 자아 관점과 진짜 단 한 톨도 타협하지 않기 때문에, 본인 말씀대로 팔아먹을 것이 없어 보이니까, 진정한 지혜를 말씀하시지만, 대중적 관심과 인기가 상대적으로 적고, 많이 인용만 당하지 실제로 소개되지 않고 있는 게 아닌가? 이렇게 보여집니다.

그래서 신은 깨달음인데 악마는 뭘까? 종교화하는 것입니다. 초심을 버리는 게 악마고, 쉽게 얘기하면, 초심 자체가 하나님이고, 초심이 없어지는 것, 이것이 악마다. 이렇게 요약할 수 있습니다.

# 과거는 지금 일어나는 기억, 미래는 지금 일어나는 상상 | 법신(단일의식)에 대한 깊은 이해는 고통과 공포를 제거한다

2021. 9. 17.

생사 문제 해결을 위해서 길을 나선 우리에게 선현, 선각께서는 올바른 화살표와 이정표를 제시해 주셨습니다. 다행스럽게도, 이 진리의 빛, 반야 지혜는 우리가 새롭게 애쓰고 노력해서 얻어지는 것이 아니고, 매우 쉽습니다! 왜? 이미 있는 것입니다. "이미 있는데 우리가 단지 알아보지 못한다."라고 합니다.

그래서 지난 시간에 반야 지혜의 정체와 위치에 대해 좀 더 명확히 했고, 그래서 나온 결론은 '공간물체시간'이었습니다. 공간물체시간 단일체, 이것이 바로 의식의 정체고 의식의 위치였습니다. 다시 한번 벤다이어그램을 사용, 시각적으로 분명히 해보자면, 지금 우리는…(일원상을 그리며) 이것은 임의의 지금 경계선입니다. 사실은 경계선이 없습니다. 우리는 어디에 있느냐? 바로 이 의식입니다. 의식은 공간물체시간 단일체입니다. 이것이 우리고, 참나, 진아, 법신입니다. 법신은 우리들과 따로 떨어져서 저 멀리 극락이나 천국에 있는 게 아니고, 우리말로 하면, 진짜 우리 자신, 진짜 나 자신. 이것이 법신입니다. 그래서 진정한 우리 정체는 의식입니다. 의식은 구체적으로 공간물체시간 단일체입니다. 왜냐하면 이 세 가지, 즉 이 하나는 동시에 출몰하기 때문입니다!

그러면 의식은 어떻게 자기 자신을 체험하느냐? 바로 화신(化身)을 통해서입니다. 육체라는 하드웨어와 자아라는 소프트웨어를 통해서 우리는 우리 자신을 경험합니다. 화신은 무엇일까? 바로 육체와 자아를 뜻합니다. 즉 법신은, 법신 자체로는 자기 자신을 체험할 수 없기 때문에, 화신을 통해서 체험합니다. 법신의 대리인입니다. 백억 화신을 통해 경험합니다. 사피엔스만이 아닌 모든 생명체와 무생명체를 통해서, 스스로 천백억 화신으로 나툽니다. 왜냐하면 모든 생명체와 무생명체가 곧 의식이기 때문에. 그래서 육체와 이것(자아)이 화신입니다. 화신이란 뜻은 가상적이고 임시적인 존재로, 진정한 것은 아닙니다.

그러나 법신의 관점에 선다면, 이제는 모든 것이 진정하게 됩니다. 자아의 관점, 즉 화신의 관점에서는 이것은 어디까지나 100% 가상이기 때문에 가짜입니다. 자, 그러면 보신(報身)은 무엇이냐? 보신은 바로 법신이, 즉 우리가 이 화신, 육체와 자아를 통해서 바로 이, 소위 말하는 세간과 출세간을 모두 경험하는 체험하는 이 능력과 성질입니다. 세간과 출세간을 동시에 체험하는 능력과 성질, 이것을 보신이라 합니다. 용과 뱀을 동시에 체험하고, 이승과 저승을 동시에 체험하고, 차안과 피안을 동시에 체험합니다. 이 것이 보신입니다. 법신을 성부(聖父), 보신을 성령(聖靈), 화신은 성자(聖子)라 합니다. 하나님 아버지께서 성자, 자신의 독생자를 대표

대리인으로 내세워서 성령, 즉 역사를 하신다는 이야기입니다.

이쯤에서 우리의 추가적인 의문을 다루어 보죠. 공간과 물체 부분은 이해와 믿음이 일어났습니다. 그런데 시간은, 의식이라는 이 부분입니다. 의식은 고정불변하고 불생불멸한 것을 법성게(法性偈)에서는 '구래부동명위불(舊來不動名爲佛)'이라 했습니다. "예부터 움직이지 않는 것을 의식이라 한다."는 얘기입니다. 즉 의식은 움직이지 않습니다. 즉 다시 말하면, 시간은 움직이지 않는다. 흐르지 않는다는 얘기입니다. "공간이 움직이지 않는다." 이 말은 우리가 이해가 됩니다. 물체 역시도 변화하지 않습니다. 『조론(肇論)』에 보면 「물불천론(物不遷論)」이 있는데, 물체 역시 움직이지 않는다고 합니다. "물체가 생주이멸(生住異滅)을 하는데, 왜 움직이지 않는다고 할까?" 그것은 자아 관점에서는 생주이멸이 진실로 보이지만, 의식 관점, 즉 법신의 관점에서는 생주이멸은 가상적이고 임시적인 것이기 때문에 실재하지 않는 것이라고 말할 수 있고, 이에 대한 깊은 이해가 일어날 때, 이것은 직관이 됩니다!

시간은 마치 과거에서 현재를 거쳐 미래로 직선상을 흘러가는 것처럼, 우리에게 감각되는데 어찌하여 시간이 움직이지 않는다 하는가? 혹은 시간이 직선이 아니고 일원상의 시간 개념이 어떻게 있을 수 있는가?라는 의문입니다. 이것은 우리가 기존에 가졌던 상식을, 정견에 의해서 부술 때 본래의 시간의 정체가 드러날 수 있습니다. 우리가 "과거, 과거"하지만 과거는 단순하게 기억입니다. 기억이 없으면 과거는 존재하지 않습니다. 미래를 우리는 실재라고 여기지만 사실은 미래는 무엇인가? 기대, 추측, 상상입니다. 즉 미래가 있는 것이 아니고, 우리의 의식 속에서 기대, 추측,

상상이라는 파도가 일어나는 것, 이것을 미래라 하고, 우리의 의식 속에서 기억이 리콜되는 것, 이것을 과거라 합니다.

　그러면 실제로 있는 것은 무엇이냐? 과거, 현재, 미래의 시간의 흐름이 있는 것이 아니고, 움직이지 않는 의식 안에서, 파도가 일어나는 것입니다. 기억이라는 파도, 기대와 상상이라는 파도가 일어납니다. 즉 하나의 큰 바다가 있는데 바다 자체는 전혀 움직이지 않습니다. 다만 바다 안에서 파도가 일어났다 가라앉았다 합니다. 파도 하나하나인 화신의 관점에서 본다면, 파도 하나는 생멸하며 시간의 흐름 속에 속박되어 있습니다. 그러나 전체인 법신인 '다르마카야(Dharmakāya)'의 관점에서 본다면, 처음부터 끝까지 움직이는 것은 아무것도 없습니다. 즉 일원상이라고 표현할 수도 있고, 하나의 점이라고 표현할 수도 있습니다. 무엇이? 시간과 공간과 물체가 그렇습니다.

　그럼 현재는 뭐냐? 현재는 지금이 아닙니다. 지금이 순간적으로 지나간 다음에 알아차리는 것입니다. 엄밀하게 이야기하면, 현재도 순간적 과거입니다. 모든 일은 이미 일어났습니다. 무엇이 일어났나? 의식이 일어난 것입니다. 모든 일은 이미 일어났고, 뒤늦게 자아가 알아차립니다. 그래서 현재는 현재가 아니고, 순간적 과거, 순간적 알아차림입니다. 뒤늦은 알아차림이며 이것을 현재라 합니다. 그렇다면 실제로 존재하는 것은 지금밖에 없습니다. 이론상 지금이라는 하나의 특이점밖에 없고, 여기에서 항상 기억도 일어나고 기대와 상상도 일어납니다. 시공간과 물체는 지금에 고정되어 있습니다. 지금!

　그런데 이것이 왜 움직이는 것처럼 감각되느냐? 기억이라는 파도가 일어났다 가라앉고, 기대와 상상이라는 파도가 일어났다 가라앉음으로써, 지금, 늘 지금입니다. 기억이 리콜되는 것은 항상 지금입니다. 순간적으로 뒤늦게 알아차려지는 것은 항상 지금 알아차려지고, 기대와 상상은 항상 지금 일어납니다. 과거와 현재와 미래가 한 점에서 융합되어 있습니다.

이것을 좀 더 비유적으로 설명하면, 시간이 직선이 아니고 하나의 점이라 했을 때, 봅시다! 이게 현재입니다. 자아 관점입니다. 이렇게 흘러간다 할 때, 이게 과거일 것입니다. 그러면 이쪽이 미래입니다.

자, 현재 관점에서 과거는 뒤에 있습니다. 즉 기억입니다. 기억은 마치 뒤에 있는 것처럼, 미래는 앞에 있는 것처럼 느껴집니다. 상상, 기대, 목표, 희망이죠. 계속 현재에서 미래로 지금 이동합니다. 그러면 미래는 다시 현재가 되고, 다시 그 앞은 미래가 됩니다. 계속 나아가다 보면, 어떻게 될까? 과거가 먼 미래였다는 놀라운 사실이 드러납니다. 이것은 거꾸로 흘러도 마찬가지입니다. 시계 방향이든 반시계 방향이든, 과거가 결국 미래고, 미래가 결국 과거라는 사실이 드러납니다.

그래서 의식의 다른 말은 "지금 여기다."라고 말할 수도 있지만, 이것은 너무 이론적이고 추상적으로 느껴집니다. 그래서 좀 더 구체적으로 시간의 정체를 드러내 보자면, 단적으로 이야기해서, 우리는 과거가 고정돼 있다고 느낍니다. 전혀 그렇지 않습니다. 우리의 경험에 솔직하다면, 과거는 자아의 경험치가 쌓여갈수록 과거도 계속 바뀌어 갑니다. 즉 실제로 고정돼 있는 과거라는 것이 없기 때문에, 즉 계속 운동 변화하는 자아의 관점에서 과거 것을 계속 리콜할 때, 이 관점 변화에 따라서 과거도 계속 변해갑니다.

예를 들어, 과거가 그 당시에는 현재였습니다. 과거인 현재 당시에 긍정적으로 평가했던 일이 지금 자아의 관점에서 본다면, 부정적으로 바뀔 수 있고, 또 과거인 현재였을 때, 현재인 과거였을 때 긍정적으로 평가한 일이 지금 자아의 관점에서는 부정적으로 다시 바뀔 수 있습니다. 즉 과거는 고정불변이 아닙니다. 이 말은 무엇인가? 과거는 고정불변이 아니라는 겁니다. 미래도 고정불변이 아닙니다. 이 말은 시간이 직선으로 흐르는 것이 아니라는 것입니다. 그래서 법성게의 말씀과 단경의 말씀이 증명이 되는 것입니다. 그리고 가장 큰 연금술적인 변화는 언제 일어나느냐? 우리가 자아 관점에서 의식 관점으로 이동될 때, 그렇다고 자아 관점이 완전히 버려지거나 억압되는 것은 아닙니다. 의식 관점으로 이동해서 본래의 관점을 회복하고, 그다음에 자아의 관점을 사용하는 것, 이것을 묘관찰지혜(妙觀察智慧)라고 하는데, 이 묘관찰지혜에 의거하면, 어떤 일이 발생할까?

이것에 좀 깊은 이해가 일어나기를 기도합니다. 과거 전체가 완전히 바뀌어 버립니다. 겉모양이 바뀌는 건 없지만 과거 전체의 의미가 완전히 바뀌어 버립니다. 다시 한번 테마파크의 비유로 돌아가 봅시다. 과거의 모든 경험이 고통과 공포였다고 할 때, 테마파크인 줄 몰랐을 때는 이게 진짜 죽음의 고통과 공포였는데, 테마파크인 줄 알고 났더니 과거의 고통과 공포는 상쾌한 스릴감이었다. 이런 얘기입니다. 이것이 이름하여 자유와 평안의 획득이고, 또 다른 말로 하면, 고통과 공포가 깃털처럼 가벼워졌다고 합니다.

이런 사례에서 보듯이, 과거라는 것은 직선처럼 흐르는 무자비한 시간의 흐름 속에서 고정불변으로 있는 것이 아니고, 미래 역시 당연히 아직 실현되지 않았기 때문에 당연히 고정불변이 아닙니다. 이 반야지혜의 가장 큰 효과는 시간 전체를 그대로 놔둔 채 송두리째 바꿔 버립니다. 그래서 우리가 그토록 애타게 만나고자 갈구했던 진정한 우리의 정체 내지, 우리 자신이 법신, 다르마카야는 바로 '공간물체시간'이다. 그래서 "바로 이거다." 이렇게 "바로 이것이다.", "컵이다.", "뜰 앞에 잣나무다." 이렇게 말씀하신 깊은 뜻을 우리가 드디어 이해할 수 있고, 영산회상에서의 염화미소가 바로 우리 자신의 일이 됩니다. 부처님께서 왜 이렇게 꽃을 드셨을까요? 바로 공간물체시간 단일체를 이렇게 적나라하게 드러내신 것입니다. 그래서 마하가섭이 깊은 이해로서 자유와 평안의 미소를 지었습니다.

자, 세 번째 단락을 보도록 하겠습니다.

이전 단락에서 언급했습니다. 초발심을 유지하는 것, 진리에 대한 순수성을 유지하는 것, 이것이 하나님의 왕국, 천국이라고 했고, 이 초심을 잃어버리거나 망각하는 것을 악마라 했습니다. 초심을 유지하는 것, 이것이 상당히 중요합니다. 그리고 늘 기도해야 합니다. 우리가 생사 문제 해결의 길에 처음 들어섰을 때 먹었던 그 마음, 그 심정, 초심, 초발심입니다. 그래서 늘 개인적 동기와 자아가 저기 100미터 뒤로 물러날 수 있도록, 그래서 이 의식이 전면에 저절로 나타날 수 있도록 우리는 늘 기원을 해야 하겠습니다.

언제나 혹은 어디서나 조직화된 종교는 있다. 조직화된 종교는 우리들의 최악의 두려움과 가장 어두운 죄책감, 그리고 사람들과 민족들과 신념 간의 가장 추한 투쟁을 가장 쉽게 낳고 키우는 풍요로운 토양이다.

그러니까 진정한 종교라면 생사 문제의 해결 혹은 고통과 공포에 대한 해결책을 제시하면 좋으련만 오히려 거꾸로 두려움과 죄책감, 투쟁과 전쟁을 키우는 풍요로운 토양이 되어버렸습니다. 인류사에서 가장 잔인한 전쟁의 바탕에는 종교 갈등이 있었습니다. 참으로 아이러니합니다. 이 사랑과 자유를 말하는 종교에서 늘 증오와 속박을 일으키니 이것이야말로 어떻게 된 일인지 우리는 매우 의아해합니다. 풀 수 없는 커다란 미스터리입니다.

우리가 종교적 신앙을 가지는지와 무관하게, 이런 상처들은 우리 안에 깊이 자리할 수 있고 우리 경험의 모든 부분 안으로 침투해 들어온다.

그래서 이런 일이 계속 반복되면 어떤 특정 종교인이라고 이야기할 때, 그 종교에 속하는 사람이라면 모르되, 그렇지 않은 사람은 굉장한 선입관을 가지고 우리의 동료, 친구, 사랑하는 사람, 형제자매들을 선입견을 가지고 평가하게 될 수밖에 없습니다. 이것은 참으로 좋지 않습니다. 그래서 현대적 의미의 대승 운동 혹은 종교개혁이 절실한 시점입니다. 그래서 소위 말하는 도판 대승 운동도 일어난 것인데, 이 기점은 1975년 레이먼드 무디가 임사체험을 최초로 공개적으로 연구해서 체계적으로 글로서 발표한 『Life after life』라는 책이 출간된 1975년을 기점으로, 전 세계적으로 현대적 의미의 종교개혁 대승 운동이 일어난 것으로 보여지고. 그렇다면 지금 벌써 50년 가까이 흘러갔습니다. 10년을 한 세대로 본다면, 5G 혹은 6G에 이르는 것이라 볼 수 있습니다.

자, 네 번째 단락입니다.

> 내가 직관적으로, 내가 찾고 있는 것은 긍정과 부정을 넘어선 것이라는 것을 알아차렸을 때, 속죄하는 부정과 신중하게 고려된 긍정에 기초한 윤리 체계는 부자연스럽고 부자유하게 느껴졌다. 나는 이런 상황들에서 옮겨가, 우리 시대의 치유와 영성의 세계를 탐구하였다.

이원성 속에서 상당한 시간을 보내고 나서 토니 파슨스는 '알아차렸다.' 이렇게 이야기합니다. 긍정과 부정, 선과 악, 도덕과 비도덕, 윤리와 비윤리, 이 사이에서 왔다 갔다 하는 것은 덧없습니다. 이 전체는 자아의 관점입니다. 그리고 자아의 관점은 임시적이고 가상적인 관점이기 때문에 얼마든지 변해갈 수 있습니다. 오늘은 A가 진리가 되었다가, 내일은 B가 진리가 됩니다. 오늘은 A가 선이었다가 내일은 A가 악이 됩니다. 바로 이러한 무상하고 덧없음이 우리에게 고통과 공포를 안겨줍니다. 그래서 다른 세계로 옮겨가게 된 것입니다. 그다음 글입니다.

> 완성을 향한 이러한 접근들이, 내가 그 이전에 부닥쳤던 어떤 것들보다도, 그리고 매우 자유롭게 열린 생각보다도, 더욱 지혜로우며 받아들일 만하게 보였다.

그러니까 보다 더 나은 것, 물질적으로 치면 보다 더 많은 돈과 권력을 추구하듯이, 초반에 영적인 세계 탐구의 세계에 들어왔을 때보다 더 진리에 가까운 것, 보다 더 완성에 가까운 것을 자꾸만 찾고 구하게 됩니다. 그런데 이 찾고 구하는 이 마음이 사실은 곧 결핍감이고 고통입니다. 결핍이 실제로 있어서 찾는 것이 아니고, 찾기 때문에 결핍이 발생하는 것입니다. 완전히 전도되어 있습니다. 우리는 "결핍이 있고 당연히 결핍이 있으니까 이것을 보충하기 위해서 찾는다." 이렇게 좌뇌가 변론과 변명을 합니다. 그러나 거꾸로입니다. 찾으니까 결핍이, 없던 결핍이 나타난 겁니다. 어린아이들을 보세요. 우리가 볼 때는 저렇게 많이 부족한데도 어떻게 저렇게 해맑고 천진난만하게 행복하고 자유롭게 시간을 보낼까? 이렇게 어떤 면에서 많이 부러워집니다. 우리들 자신도 그런 시간을 보냈으면서도 그렇습니다. 그다음에,

> 그것은 사람들과의 관계, 창조력, 건강, 부유함, 그리고 무엇보다 가장 중요한 나 스스로 느끼는 자긍심을 방해하는 것처럼 보이는 내 인생의 부분들을 발견하고 치유하고 통합하는 것을 배울 수단의 주어짐에 대한 엄청난 흥분이었다.

자아 관점에서 자아의 결핍과 문제를 자꾸 해결해 나가는 더 좋은 수단과 방법, 영적인 길이 자꾸 발견되니까 흥분되고, 더욱 무엇인가 영혼의 완성을 위해서 나아가고 있다는 그런 희망과 일시적인 만족감이 주어지기 때문에 엄청난 흥분이 있게 됩니다. 자아의 흥분입니다. 자아는 흥분하지만 흥분한 만큼 그다음에는 가라앉게 됩니다. 산이 높은 만큼 골짜기가 깊게 마련입니다.

다음으로

> 우리 모두 이것을 한다면 이 세상이 얼마나 멋지게 될 것인지. '나는 어떻게 되어야 하는가.'에 대한 다른 누군가의 삶의 방식의 개념적 모델이 되기 위하여 나 자신을 다듬어 나가야만 한다는 생각은 특히 호소력 있게 다가왔다.

'다른 누군가의 모델이 되고 싶다.' 이것은 어찌 보면 개인적 동기고 자아의 관점임이 100% 명확하지만, 우리가 잘 알아채지 못합니다 '모범적인 사람이 되어야 되겠다.' 이것은 그 누구도 부

정하지 않는 굉장히 좋게 받아들여지는 관점입니다. 하지만 꼼꼼히 따져보면, 우리가 생사 문제의 해결의 관점에서 본다면 이것은 세상에서 돈과 권력을 추구함과 하등 다를 바가 없습니다. 그냥 모양과 가면만 바뀌었지, 돈과 권력을 추구하는 것이나 개인적인 영적 완성을 추구하는 것은 사실은 완전히 동일합니다. 왜 그럴까? 바로 동일한 자아의 관점에 서 있고, 자아의 기능과 역할은 단 하나, 생존과 번식입니다. 그러나 이 관점이 우리의 본래 정체로 이동이 됐을 때는, 과거 전체가 완전히 변화됨과 동시에 의식 관점에서는 돈과 권력을 추구하든 영적인 것을 추구하든 모든 것이 옳게 됩니다.

자아 관점에서는, 돈과 권력을 추구하든 영적인 완성을 추구하든 전부 나쁜 것, 아니 나쁘다기보다는 올바르지 않은 것이지만, 의식 관점에서, 그때그때 인연에 따라서 돈과 권력을 추구하든 아니면 영적인 활동을 해 나가든 간에 이것은 모두 올바른 것입니다. 이렇게 일단은 말할 수 있고, 궁극의 차원에서는 전체가 전부 옳고 그름으로 따질 수 없는 하나의 의식이다. 이렇게 말할 수 있습니다. 그러나 뒤의 말은 일단은 우리가 생각할 필요가 없고, 앞에 드린 말씀, 자아 관점에서는, 이 세상에서 사기를 치든, 산에 가서 도를 닦든 전부 올바르지 않고, 의식 관점에서는, 세속을 살든 출세속(出世俗)을 살든 그것은 하늘의 올바른 명령에 순명하는 것이다. 이렇게 요약해서 말할 수 있습니다.

273

# 이 세상 모든 일은 플러스알파 | 죽음조차도

2021. 9. 21.

　　오늘은 아주 좋은 소식을 하나 전해드리고 싶습니다. 그것은 "우리들은 본래부터 깨달아 있다."는 얘기입니다. "우리들은 처음부터 깨달음 속에 있었고. 우리들 자신이 바로 깨달음이다." 즉 생사 문제를 해결하기 위해서 길을 나섰는데, 어느 인연에 도달하고 보니, "처음부터, 아니 태고 이전부터 우리들 자신의 본래 모습, 본래면목이 바로 깨달음이었다. 단일의식이었다." 즉 생사 문제가 처음부터 문제가 아니었다는 것입니다. 즉 해결의 정답을 가진 그런 문제가 아니었다는 사실이 드러나는 것입니다.

　　우리는 처음부터, 대열반, 마하사마디, 깨달음의 자리, 본바탕, 어차피 육체가 죽으면 가게 되는 그곳, 육체가 태어나기 이전부터 본래 있는 이곳 여기에서 우리들 각자 각자의 삶의 모습을 직접적으로 혹은 간접적으로 체험하고 있었던 것입니다. "태고 이전부터 문제는 없었다." 이렇게 말할 수 있는데, 이것이 왜 좋은 소식(good news), 복음이냐? 그 어떤 일이 일어나도 플러스알파라는 것입니다. 우리는 이미 부처님이나 하나님의 품 안에 들어 있으면서 온갖 체험을 하는데, 개인적 체험 안에는 반드시 슬픔과 외로움이 있습니다. 왜냐하면 우리가 기쁨을 좋아하지만, 기쁨의 체험을 위해서는 슬픔이 반드시 바탕이 되어야 하고, 즐거운 인간관계 속에서의 사랑, 배려, 격한 감정적 체험을 위해서는, 외로움이라는 바탕이 있어야만 하기 때문입니다.

즉 다시 말하면, 슬픔과 외로움, 고통과 공포라는 것이 덤으로 보태진 것입니다. 물론 즐거움, 기쁨, 사랑, 행복, 자유는 당연히 덤이고 플러스알파인데, 거기에 반해서, 우리는 외로움과 슬픔과 고통과 공포는 플러스알파라고 여기지 않습니다. "제발 이것은 없어졌으면…" 하지만, 이 플러스, 좋은 쪽의 알파를 체험하기 위해서는 반드시 외로움과 슬픔도 있어야 합니다. 모든 일이 플러스알파입니다.

그래서 어떤 일이 일어나도 플러스알파고, 아무리 손해 보고 본전에 도달한다 하더라도 이미 본전치기 자체가 이미 완전한 깨달음입니다. 애쓰고 노력해서 뭔가를 얻거나 할 필요가 없습니다. 그러면 개인적 관점은 이렇게 질문할 것입니다. "아! 나는 이것이 플러스알파로 안 느껴져. 나에게는 깨달음이니 뭐니 그런 건 하나도 없고 오로지 외로움과 슬픔만 있어."라고 주장하겠지만, 솔직히 우리의 삶을 관찰한다면, 사실상 부족한 것은 없습니다. 모든 것이 완전히 갖추어진 위에 플러스알파로 일어나는 것입니다. 우리의 삶 전체가 플러스알파라는 것입니다. 이런 말 하면 식상하지만, "우리의 삶 전체가 하늘로부터의 선물이다." 이렇게 이야기할 수 있고, 심지어 외로움과 슬픔과 공포조차도 그렇습니다.

자, 이어서 두 번째 단락을 보도록 하겠습니다.

선택할 수 있는 무척 흥미롭고 새로운, 엄청나게 많은 과정과 20세기에 영적인 모험같이 느껴지는 것을 공유할 수많은 사람이 있었다. 충격적이고 찬란한 돌파구들, 감정의 격동, 가장 내밀한 것의 드러남에 대한 흥분과 두려움, 스승에 대한 진정한 순종, 왜 내가 여성들에 대하여 그토록 매혹됨과 동시에 두려움을 가지는지 등등에 관여한다는 것은 너무나 매력적인 일이었다. 다른 사람들의 고뇌와 계시들, 과거 삶의 기억들, 현재의 도전 그리고 미래의 희망과 두려움들을 공유하는 것, 이 모두는 하늘의 계시였고 확정이었다. 그것은 전부 매우 흥분되는 것이며 전부가 나에 대한 것이었다.

그래서 아직까지 토니 파슨스는 많은 사람들이 그래왔듯이 자아, 개인의 관점에서 새로운 영적인 길을 가면서 겪게 되는 온갖 매혹적인 갖가지, 학교들, 스승들, 그리고 테마들을 체험하고 있습니다. 단일의식이란 테마파크 안에서 어떤 사람은 돈 벌고 출세하는 테마, 어떤 사람은 영적인 수행을 하며 영적으로 고무되는 테마를 체험합니다. 이것은 선택이며, 테마라는 것에 있어서는 완전히 동등합니다. 어떤 것이 좋고 나쁘고, 어떤 것이 선하고 악하고, 이런 게 없습니다. 물론 이것은 의식의 관점입니다. 자아의 관점이 되어 버리면, 모든 것이 상대적이 되어서 "내 기준과 다른 것은 전부 틀렸다."가 됩니다. 그러니 전쟁이나 증오가 일어날 수밖에 없고, 사랑은 존재할 수 없습니다. 그런데 전쟁이나 증오조차도 사실은 알고 보면, 플러스알파입니다.

어차피 우리가 알게 된다기보다 이미 알고 있습니다. 이미 알고 있는데 그냥 잠시 잊어먹은 것입니다. 그래서 '자아 관점'을 극복합니다. 개인적 동기를 좀 멀리한다는 이것이 어렵지만 쉽고, 쉽지만 어렵습니다. 자아가 할 수 없는 것에 대해서 자꾸만 강요하거나 매달리면 안 되겠습니다. 자아는 이미 우리들이 만들어낸 우리들의 결과물입니다. 우리의 대변인이고 스피커죠. 그러니까 이 스피커를 매뉴얼 따라 잘 사용하면 될 뿐, 이것을 가지고 다시 이미 우리 자신인 우리가 어찌 우리가 되겠는가? 결과물이 자기의 창조주를 어떻게 집어삼킬 수 있을소냐? 작은 것이 큰 것을 집어삼키거나 파악하거나 할 수는 없습니다. 큰 것이 작은 것을 포용해야 합니다. 자아는 가만히 내버려 두고 적절하게 자아 캐릭터의 특성에 맞춰 적절하게 손님 대접만 하면 되고, 의식의 관점에 서기 위해서는, 일단 작은 것이 큰 것을 어찌할 수는 없습니다. 즉시 큰 것의 관점에서 작은 것을 포용합니다. 반드시 사자가 여우를 잡아먹어야 합니다.

차 한 잔이 있어 이 차는 내가 아니라지만, 내가 아닌 이 차를 내가 마시고 나면 차가 내가 되어 버립니다. 왜냐하면 "나의 살과 피가 되어 내가 됐다." 하는데, 그러면 조금 전까지 내가 아니던 것이 어찌 내가 될 수 있을까? 그래서 이게 본래 나였다는 걸 알 수 있고, 처음부터, 그렇게 따지면 햇빛, 공기, 물, 음식, 동물, 식물 모든 것들이 나입니다. 왜냐하면 서로 잡아먹고 뱉어냄으로써 하나로 순환되니까요. 그래서 공간물체시간 단일체라는 것이 재차 입증이 되고, 좀 전까지 내가 아니었던 것이 지금 내가 되고, 또 나였던 것이 배출되면 금방 혐오스러운 내가 아닌 게 되어 버립니다. 어찌 그런 일이 일어날 수 있을까? 즉 자아와 의식은 하나입니다.

본래 하나입니다. 그러니까 나도 됐다가 내가 아닌 것이 됐다가 할 수 있는 것입니다.

이렇게 숙고해 보면, 도무지 나와 나 아님의 경계선이 없다는 것을 알 수 있습니다. 왜 그러냐 하면, 처음부터 그랬기 때문입니다. 우리는 의식이고, 의식은 공간물체시간 단일체인데, 이 안에서 육체와 자아가 임시적으로 발생합니다. 우리들이 사용하는 것입니다. 사자가 여우를 한입에 삼키듯, 의식이 자아를 한입에 삼킬 때 둘은 하나가 됩니다.

정확하게 얘기하면, 이 여우와 사자는 하나였습니다. 즉 사자가 여우였고 여우가 사자였다는 것을 알게 됩니다. 육체와 자아가 의식이었고, 의식이 육체와 자아였다는 것을 알게 된다는 얘기입니다. 그래서 옛 말씀이 있습니다. "본래 한 물건도 없었고, 그 어떤 일도 이 세상에서는 일어난 적이 없다."고. 왜? 여우가 사자고 사자가 여우로서 하나였으니까, 처음부터 끝까지 이 하나이기 때문에 "본래무일물(本來無一物), 천하본무사(天下本無事)", "본래부터 한 물건도 없었고, 하늘 아래에 그 어떤 사건 사태도 일어난 적이 없다." 이렇게 말합니다. 그러나 아무것도 없었다는 게 아닙니다. 이 하나가 있었습니다. 이 하나는 하나라고 이름 붙일 수도 없지만, 굳이 이름 붙이면 사랑입니다 이렇게 "의식은 사랑이다." 이렇게 말할 수 있습니다.

# 우리의 기본 자산에 대한 이해는 공포를 제거 | 반야 지혜 안에는 개인이 없다

2021. 9. 24.

　　우리들에게 주어진 기본 자산에 대해서 분명히 이해해야 합니다. 왜냐하면 주어진 기본 자산에 대한 오해나 착각 때문에, 우리들 개인의 삶은 외로움과 스산함, 고통과 공포로 점철되어 있기 때문입니다. 왜 그런 것일까? 그 원인은 우리에게 주어진 기본 자산, 본전이 이것에 (몸을 가리키며) 국한되어 있는 줄 알기 때문입니다. 우리에게 주어진 육체와 자아가 전부라는 호모 사피엔스 문명의 가르침은 일종의 최면입니다. 우리가 마치 개인인 듯 삶을 영위하는 동안은 당연히 고통과 공포가 전부를 차지할 수밖에 없습니다. 왜냐하면 육체와 자아는 그 존속 기간이 너무나 짧고 허망하기 때문입니다.

　　그래서 제아무리 돈과 권력을 획득해도 그것을 개인적 차원에서 쓰거나 누린다면 너무나 덧없고 허망합니다. 너무나 짧고 의미가 없어 무의미해집니다. 개인의 삶은 그 모습이 화려하고 대단하다 할지라도, 한갓 외롭고 쓸쓸한 생존과 번식에 몰두하는, 한갓 불쌍한 동물의 생활에 그치고 맙니다.

이 모든 고통과 외로움은 어디에서 발생할까? 우리에게 주어진 자산에 대한 오해 때문에 발생합니다. 육체와 자아가 전부라면 이것은 필연적으로 시작과 끝이 있게 되고, 그 시작과 끝은 너무나 짧습니다. 이 안에서 어떤 일을 하든, 성공한 개인이든 실패한 개인이든 전부 외로운 한 마리의 동물에 불과하고, 갈등과 공포 속에서 살아갈 수밖에 없고, 또 자신의 정의는 무한하고 거대한 시공간 안에서의 하나의 놀잇감에 불과하다는 느낌을 받을 수밖에 없습니다. 왜냐하면 시간은 무자비하게 흘러가고, 공간은 무한하게 넓기 때문에 이 안에 존재한다고 여겨지는 육체와 자아는 너무나 왜소한 작디작은 존재가 될 수밖에 없기 때문입니다. 이러한 우리의 개인적 착각 때문에 일어나는 고통과 공포를 불쌍히 여기셔서, 선각들은 지혜를 알려주셨습니다.

"우리들이 가진 자산은 여기(몸)에 국한되는 것이 아니고 바로 이것이다!", "바로 이 시간물체공간 단일체인 이 의식이다!", "이 세계가 곧 의식이다." 그리고 이것이 우리에게 주어진 자산이다. 즉, "우주와 세계가 곧 우리 자신이다."라는 이 유일하고 단일한 지혜를 우리에게 가리키셨습니다. 이 가리킴에 의해서 우리의 전도몽상이 다시 원위치하게 되는데, 이렇게 되는 방법을 기독교에서는 그냥 "크게 회개한다!" 또 동양 계통에서는 "돌이켜 본다." 회광반조(廻光返照)한다. 이렇게 이야기합니다.

둘 다를 현대적으로 이야기한다면, 물려주신 지혜에 대해서 큰 믿음과 이해를 일으키고 깊은 돌이킴에 의해서 "우리에게 주어진 자산이 여기(몸)에 국한되는 게 아니고 바로 이것(의식)이구나." 할 때, 어떤 일이 벌어질까요? 이 짧고 허망하며 성공하든 실패하든 무의미한 이 삶이 갑자기 엄청나게 의미 있고 쓸쓸하지 않고, 재미있고 자유롭고 평화로워 이전의 고통과 공포가 더 이상 고통과 공포가 아니게 매우 가벼워진 그런 삶을, 온전히 슬픔이나 기쁨에 무관하게 즐길 수 있습니다.

자유와 평화는 별도로 있는 것이 아니고, 고통과 공포를 제거해서 자유와 평화를 획득 나가는 것이 아니고, 우리가 외로움과 고통과 공포가 전부인 줄 알았던 이 개인적 삶이 우리의 본전 위에서 주어진 플러스알파였다는 것. 이것을 알 때 고통과 공포가 깃털처럼 가벼워지고, 마치 놀이동산에서 무서운 놀이기구를 탈 때의 그 스릴감으로 바뀝니다. 이때 반야바라밀에 대한 믿음과 이해가 우리들 것이 되고, 이것을 이름하여 '돈오'라 합니다. 이렇게 문득 깨닫는 것입니다. 알고 보니 매우 쉬웠던 것입니다. 그래서 일대사 인연에 의해서 개인적 숙제가 마쳐지고, 그다음에 주변에 인연 닿고 사랑하는 사람들이 숙제를 빨리 마치도록 이렇게 인연을 맺어주는 것, 이것이 참으로 재밌는 삶이 아닌가! 싶습니다.

마치 우리가 어릴 때 무슨 시간이나 공간이나 물체의 노예라고는 전혀 생각지 않고, 이 전체 시공간과 물체 전체의 주인인 듯이, 아무 생각 없이 돈과 권력이나 이런 것과 아무 상관없이, 자기의 신분이, 자기 태어난 부모가 누군지 환경이 뭔지 아무 상관없이, 재미있게 놀았던 그러한 의식 그것이 바로 깨달음이고, 그것이 회복된다. 이렇게 말할 수 있습니다. 이렇게 우리들에게 주어진 기본 자산, 이 단일한 의식에 대한 이해에 이르기 전의 개인적 과정에 대해서 토니 파슨스가 계속 이야기를 하고 있습니다.

네 번째 단락입니다.

나는 가장 깊고 가장 계시적인 명상에 몰입하였고, 가장 최신의 가장 중요한 서적들을 탐독했으며, 그리고 당연히 가장 최신의 치유법에 열성적으로 매진하였다. 그것들은 마치 땅에서 새로 솟아난 처음 보는 과일처럼, 즙을 빨아 먹고 소화하고 혹은 맛보고 그리고는 던져졌다.

그렇습니다. 제일 먼저 하는 것이 일단 참선이나 명상을 하고, 그다음 영성 서적을 읽는 일입니다. 이것이 이 길을 나선 모든 개인들의 처음 하는 일입니다. 이제 이렇게 하다가 원하는 것이 안 옵니다. 개인적 삶 안에는 원하는 것이 오지 않습니다. 그래서 절망에 이르고. 자아가 결국은 말랑말랑해지고 희박해져서 저기 100m 뒤로 물러날 때, 그때 우리에게 주어진 본전, 기본 자산이 눈에 들어옵니다. 즉 알아봐집니다.

그러니까 개인적 삶은, 깊은 계시든 깊은 명상이든 깊은 몰입으로 자아가 탈락되든 간에, 돈을 많이 버는 삶이든, 개인적 삶은 무의미합니다. 전부 외롭고 쓸쓸하고 고통과 공포가 일어납니다. 그것이 개인적 삶인 한은, 그것이 영적인 삶이든 세속적인 삶이든 똑같습니다.

그러니까 명상하고 책 보고, 그다음은 보통 힐링 과정입니다. 감정 치유입니다. 그래서 어린 시절을 되돌아보고, 또 부모 형제 간, 친구 간의 관계를 되돌아보면서, 눈물을 펑펑 흘리고 나면 뭔가 크게 정화된 느낌이 일어나, 깨달음이 온 듯이 느껴지기 마련입니다. 그래서 소위 말하는 비즈니스 도판 코스를 보면, 이렇게 눈물을 펑펑 쏟게 하는 그런 과정들이 많이 설정되어 있습니다.

이런 호흡법, 저런 확언, 이런 통합법, 저런 특별하고 의미심장한 에너지 이 모두는 초기 시절의 나에게는 매혹적이었다. 만약 이런 활동들이 자기 성찰 아니면 자기 방종이라는 것을 볼 수 있었더라면, 나는 하나의 예외를 제외하고는, 모든 외견상의 선택은 개인적 동기에서 발원한다는 것을 진즉에 알아챌 수 있었을 것이다.

토니 파슨스 님께서도 지금 '개인적 동기(self-motivation)'라는 단어를 쓰고 있습니다. 잠깐, 이 스피커도 놀랐습니다. 책을 번역한 것이 지금으로부터 6년 내지 7년 전에 처음 번역했는데, 저도 자세히 읽는 것은 지금이 다시 처음입니다. 강독하면서 처음 읽는 것인데 참으로 이런 일치에 대해서 놀랍습니다. 그러니까 어떤 단어나 어떤 사상을 이야기할 때, 우리는 하나의 의식이기 때문에 특정 개인의 소유라고 주장할 수 없겠습니다. 즉 이 스피커가 아무리 이것을 "의식, 의식" 이렇게 이야기한다 해서, 이것이 전매특허가 되어서는 안 됩니다. 아무런 저작권도 없고 아무런 특허권도 없습니다. 그것이 참된 지혜라면 누구나 다 자기의 것으로 주장할 수 있습니다. 즉, 이 지혜에 있어서는 도용이나 카피나 누구를 본뜬다는 이런 것은 있을 수 없다는 것을 알아야 되고, "참된 지혜를 가리키는 책이라면 그 안에 저작권이 없다. 저자가 없다." 이렇게 해야 합니다. 저자가 없습니다. 진정한 저자는 누구다? '바로 이거'입니다. 단일의식입니다. 한마음이 진정한 저자입니다.

그래서 개인적 동기에서 이루어지는 모든 것은 그것이 영적인 활동이든 세속적 활동이든 전부가 유위법이고, 유위법이라면, 금강경에서 얘기하듯, 전부 꿈과 같고 환상 같고 이슬 같고 번개와 같아서 너무 무의미하고 덧없습니다. 그래서 '유위법, 무위법'을 우리가 어렵게 생각하는데, 간단합니다. 개인적 동기가 들어간 것을 유위법이라 하고, 의식 자체가 활동하는 것을 무위법이라 합니다. 그래서 자아가 뒤로 물러날 때, 무위법이 저절로 나타나는 것이고, 자아가 하는, 자아가 한다고 착각하는 모든 행위는 유위법이 됩니다.

그러나 방금 한 말을 다시 부정해야 되는데, 사실은 유위법은 없습니다. 왜냐하면 유위법은 개인적 활동인데, 개인 자체가 가상의 주체이기 때문에, 유위법은 실제로는 존재하지 않습니다. 모든 것은 의식의 활동 변화이기 때문에, 실제로는 유위법은 없습니다. 그냥 유위법이 있다고 우리가 착각하는 것이죠. 어쨌든 개인적 동기, 개인적 활동, 자아의 활동, 즉 '우리에게 주어진 자산이 이것이 전부다.'라고 우리가 오해하는 동안은 참된 지혜에 대한 깨어남이, 눈뜸이, 그런 인연이 오지 않습니다. 즉 제아무리 깊은 명상이든 대단한 서적의 탐독이든 엄청난 힐링이 일어나더라도, 그것이 자아의 관점에서 일어나는 동안은, 그것은 지혜도 아니고 아무런 의미도 없다는 것을 알아챌 수가 없습니다. 누군가가 인연이 되어 우리의 진정한 자본금에 대해서 알려주어야만, '이 자아 중심의 모든 활동은 의미가 없는 거구나.' 이렇게 알아챌 수 있습니다. 그다음 단락입니다.

감정을 밖으로 드러내는 것은, 그리고 긍정적으로 생각하고, 어머니를 용서하고, 내면의 어린아이를 치유하고, 과거에 파고들기 등등과 더불어 신성불가침이 되었다. 이 모든 일은 치명적으로 중요하게 지키고 따라야만 할 것들이 되었다. 차라리 현대판 십

계명과 같은 것이었다.

이런 것들이 많이 도판에서 유행하는 것입니다. 감정을 드러내고, 긍정적으로 생각하고, 가족과 친구 주변 사람을 용서하고, 내면 어린아이를 치유하고, 과거에 파고들기 등을 통해서 자아를 정화시키고 갈고 닦아, 자아가 드디어는 깨달은 사람으로 변모된다는 엄청난 수천 년 된 착각을 바로 알아채지 않는 한, 이러한 일들은, 소위 말하는 '영혼의 진화'라는 이름하에 계속 이루어지는 어리석은 반복이 앞으로도 계속 일어날 것입니다.

그다음,

나는 동양적 명상과 혼합된, 핵심적인 현대적 의미의 많은 치유를 경험하는 심도 있는 코스를, 주거하면서 수행하는 데 일 년을 보냈다.

힐링 치유 섹션 과정 같은 수많은 과정을 토니 파슨스 님은 직접 가서 살면서 수행하는 데 근 1년을 보냈습니다. 결국 나중에는 이 모든 것이 별 의미 없음을 알게 되면서, 동시에 또 다른 진정한 이해는 무엇이냐? "그 어떤 순간도 버려지는 순간은 없었다." 이렇게 결국 알게 되고, 이것이 반야 지혜가 지나간 과거의 기억을 송두리째 바꿔버리는 연금술이 됩니다. 이 아이러니한 반야 지혜 단일의식에 대한 이해가 일어나기 전까지는, 개인적 수행 과정이 너무나 어리석은 일이라 느껴졌고, 정작 반야 지혜에 대한 이해가 일어나면, 그것이 개인적 수행이든 개인적 세속의 성취를 추구하든 간에 전부 재미있고 의미 있는 일이었다는 이해가 오게 됩니다. 그러니까 이것이 역설에 해당합니다. 이렇게 될 수밖에 없습니다.

# '집 짓는 자'를 정색하고 마주 볼 준비

2021. 9. 28.

실제로 있는 것, 즉 실재하는 것은, 다시 말하면 "진짜로 있는 것은 무엇이냐?" 바로 단일의식입니다. 단일의식은 구체적으로 무엇이냐? 공간물체시간 단일체입니다. 즉, 이 세계가 곧 의식이고, 의식이 곧 이 세계입니다. 그래서 이런 말이 가능합니다. "일체 명(名)이 바로 심명(心名)이다." 이렇게 말할 수 있습니다. 일체 명이 심명, 즉 "모든 이름이 바로 마음의 이름이다." 이렇게 이야기를 할 수 있고, 이것은 마조 스님의 『마조어록(馬祖語錄)』에 이렇게 기록되어 있다.

"모든 이름은 그저 마음을 가리키는 이름이다."

그러니까 '화이트보드, 보드마카, 책상, 컵, 육체, 자아, 현생, 내생, 깨달음, 체험, 견성, 견성 못함…' 이 모든 게 이름입니다. 이 모든 것이 곧 마음의 이름입니다. 그런데 이 마음이 곧 부처라 했기 때문에 결국은 우리가 아는 모든 것은 전부 부처고 깨달음이란 뜻입니다. 그래서 이것을 현대적으로 바꾸면, "일체 명은 바로 의식의 이름이다." 이렇게 이야기할 수 있습니다. 가리키는 족족 의식이 아닌 것이 없습니다. 그러면 의식은 무엇이냐? 의식도 하나의 이름입니다. 의식이라는 이름으로 가리키고자 하는 것은 무엇일까? 바로 이것(손을 펴 보이며)이다. 그리고 이것이 무엇이냐? 다시 또 이름을 사용할 수밖에 없습니다. 공간물체시간 단일체다. 이렇게. 일체입니다. 모든 것이 하나로, 모든 것 하나가, 일체, 모든 것이 바로 의식이고 마음입니다.

우리가 그토록 목말라 찾아 헤매던 것이 바로 우리 눈앞에 있었고, 우리 자신이었습니다. 이에 대해 의심을 제거하고 확실한 믿음과 이해를 일으킬 때, 우리의 고통과 공포가 깃털처럼 가볍게 될 것입니다. 토니 파슨스를 크게 두 파트로 분류하면, 앞의 문장이 유위행(有爲行)에 대한 것이고 그다음이 무위법에 대한 이야기입니다. 유위법이란 무엇이냐? 가상의 주체를 진정한 주체로 여기고 하는 모든, 일체의 모든 행위가 유위법입니다. 유위법은 허망하고 덧없고, 결국 고통과 공포로 귀결되고, 전도몽상을 깨뜨려 주지 않습니다.

두 번째 단락부터 보도록 하겠습니다.

얼마 후 나는 이런 치유와 방법이 나에게 적합하며 많은 이익이 있다고 결정하였다.

자아는 두 가지 놀이 방법이 있습니다. 세속적 놀이와 영적인 놀이입니다. 세속놀이는 돈과 권력과 이성을 추구하는 것이고. 영적인 놀이는, 깨달음, 영혼의 진화 같은 것을 추구합니다. 가장 조심해야 될 것이 '영혼의 진화'라는 그럴듯한 말입니다. 영혼을 인정하게 되면 부처님 말씀하고도 너무 어긋납니다. 무아(無我)라 했지 않나? 부처님의 3가지 진리의 도장[삼법인(三法印)-무상(無常), 고(苦), 무아(無我)], 무아라고 했는데, 영혼이 있다면 무아가 아닙니다. 영혼이 있게 되면 상당히 골치 아픕니다. 영혼을 우리가 다루어야 하고, 관심 가져야 하고, 그야말로 진화를 시켜서 진리와 하나 되게 해야 하는 등 엄청난 숙제가 부여됩니다.

이어서,

나는 이전에 고수해오던 금지와 억제로부터 엄청난 변동을 경험하였고, 내 이전의 행동에 강력한 영향을 끼친 신념 체계와 패턴들을 알아차릴 수 있었다. 많은 일이 행해지면서, 자아 정체성과 자긍심에 힘을 주고 이를 강화하는 것이 중요한 목표임이 드러났다.

그렇습니다. 유위법에서는 그것이 세속적 행동이든 영적인 행동이든 간에 그저 자아를 계속 강화하는 것입니다. 아니, 이렇게 반박할 수 있습니다. "아니, 자아를 버리고 전체와 하나 되는 범아일여(梵我一如)가 왜 자아를 강화하는 것이냐?" 이렇게 물을 수 있습니다. 범아일여는 작은 자아가 큰 자아가 되려는 것입니다. 작은 자아를 버리고 전체와 하나된 자아, 전체가 아니고, 전체와 하나된 자아, 결국은 큰 자아가 되는 것입니다. '깨달은 자아, 부처가 된 자아, 예수 그리스도가 된 자아, 신과 합일돼서 심지어 신이 된 자아.' 그러니까 이게 참 괴상한 놀이인데, 그냥 작고 시시한 자아가 신과 합일을 합니다. 범아일여 그래서 신이 된, 어디까지나 자아입니다. 자아는 끝까지 남아 있습니다. 이 자아가 가짜고 가상의 주체인데 무슨 신이 진짜일 수 있을까요? 이런 놀이입니다.

그다음 세속적 행동은 뭔가? 유위법은 크게 두 가지로 나눌 수 있습니다. 작고 시시한 자아가 신이 된 자아가 되는 것, 혹은 깨달은 자아가 되는 것, 이것이 하나의 유위법 놀이고, 둘째는 돈이 없고 권력도 없고, 여자와 남자가 없는 자아가 돈 있고 권력 있고 이성이 나에게 무한히 동경하는 그런 자아로 바뀌려는 이 두 가지 논리입니다. 이것이 유위법인데, "이 두 가지 유위법은 여몽환포영(如夢幻泡影) 여로역여전(如露亦如電) 응작여시관(應作如是觀) 하라."라고 했습니다.

　일체 유위법은 전부 꿈속에서 호랑이에게 쫓기는 것입니다. 그것이 범아일여가 된 자아든, 돈과 권력을 획득한 자아든 똑같습니다. 눈이 감기는 날이 올 때, 아무 소용이 없습니다. 오직 하나밖에 없습니다. 소용 있는 것은 무위법입니다. 무위법은 무엇이냐? 자아가 행위하지 않는 것입니다. 그럼 무엇이 행위할까? 바로 마음이고, 의식이 전면에 나서는 것인데, 우리의 진정한 정체는 자아가 활동하는 한, 절대 가만히 있습니다. 그냥 자아가 마음대로 하도록 내버려 둡니다. 그래서 이 자아가 지쳐서 나가떨어지면 비로소 이를 긍휼히 여겨 행위를 하게 됩니다. 물론 중간중간 순간적인 응급 상황에서는 나섭니다. 이때는 자아가 강제로 뒤로 물러나게 됩니다. 그래서 "일체 성현은 무위법으로 중생과 차별된다." 이렇게 경전에서 이야기하고 있습니다. 그래서 우리가 의식의 정체와 위치를 아는 것도 중요하지만, 바로 자아의 한계, 즉 자아는 생존과 번식 기능이 부여되었지 절대로 무슨 깨달음을 얻거나 깨닫는 그런 기능과 역할은 없다는 사실을 우리가 분명히 이해할 때, 우리의 진정한 정체는 저절로 드러납니다.

　이 이론은 만약 내가 이러한 과정들을 받아들이고 동질화한다면 마침내 나는 더욱 생동감 있고, 균형 잡히고 효율적인 개인으로 출현할 수 있다고 생각되었다. 전체 안에서의 관계 맺음과 내 역할에 대한 보다 명백한 견해를 가진 개인으로서 말이다.

즉 어디까지나 그냥 개인을 개선시키는 것입니다. 개인 개선이 목표라면 세상에는 진리 탐구나 생사 문제 해결보다는 훨씬 다른 테크닉들이 많습니다. 삶의 지혜라든가, 삶의 기술, 또 여러 가지 처세술이 상당히 많습니다. 그런 것이 훨씬 더 낫고 효율적입니다.

이 모든 구조는 상당한 수련과 노력으로부터 개발되는 강력한 신념 체계 위에 건립될 필요가 있었다. 그러나 믿음은 의심의 그림자 안에 거주한다. 신념 그것은, 언제나 우위를 점하려는 의심을 억압하는 바로 그 정도로만 효율적으로 기능할 수 있다.

개인적 믿음과 이해는 항상 의심을 동반합니다. 그러나 개인 없는 믿음과 이해는 단일의식으로부터 우러나는 것이기 때문에, 결국에는 의심이 힘을 못 쓰게 됩니다. 그러나 개인적 동기가 섞여 있다면, 그것은 어디까지나 개인적 믿음과 이해에 머물게 되고, 이것은 진정한 믿음이라 할 수 없고 늘 의심으로부터 도전받고 의심에게 패배하게 됩니다. 그럼 이렇게 물을 수 있습니다. "아니, 그러면 어떤 것이 개인적 믿음이고, 어떤 것이 의식으로부터 저절로 나오는 자연적 믿음이냐? 그 구분을 어떻게 하느냐?"라고 물을 수 있습니다. 그 구분 기준이 무엇이냐? 답은 이렇습니다. 이미 우리는 알고 있습니다. 이미 우리는 구분합니다. 어떤 것이 개인적 동기고 어떤 것이 개인적 동기가 없는 행위인지를 우리는 이미 알고 있습니다. 모른 척 할 뿐, 알고 있습니다.

그러니까 우리는 기본적으로 이미 보디사트바고 선지식입니다. 이미 알고 있습니다. 모른 체 하고 자꾸만 물어봅니다. 이미 알고 있는 것을 자꾸 물어봅니다. 왜? 그게 싫기 때문입니다. 이미 알고 있는 것은 진리고 지혜인데, 질문은 전부 가짜 질문입니다. 우리는 반야지혜와 생사 해결에 대해서 자꾸만 질문을 합니다. 그런데 질문의 주체가 자꾸 자아가 됩니다. 그런데 진리, 지혜, 생사 해결 안에는 자아가 없어 무아라 했습니다. 그래서 "질문자가 가짜다."라고 알려줍니다. 모든 자아는 사실상 의식의 대리인입니다. 진정한, 질문에 대한 진정한 답은 바로 무아이기 때문에, 즉 자아가 유령 팬텀, 도깨비, 귀신에 불과하다는 이 진실을 알고 싶지 않아 자꾸 모른 척하면서 묻습니다. 그리고 자아의 가장 큰 전략은 이렇게 스스로를 속이는 것입니다. "아니, 나는 다 알겠고 이해도 되는데, 실감이 안 오고 가슴에 와 닿지 않는다. 믿음이 일어나지 않는다."라고 이야기하는데, 그것을 자세히 관찰해 보면 자아가 이것을 받아들이기 싫어하는 것입니다.

무아, 공, 연기입니다. 무아는 곧 공이고, 공은 곧 연기입니다. 이것이 바로 지혜입니다. 그래서 자아는 진리, 지혜, 생사 해결의 진정한 해법을 그냥 받아들이기 싫은 것입니다. 그런데 본래부터 알고 있습니다. 누군가가 이야기를 한마디 해주는 순간 바로 알아차립니다. 왜? 의식의 대리인인, 자아는 대리인으로서 활동하고 있기 때문에 다 알고 있습니다. 그래서 자아가 바라는 것은 진리나 지혜나 생사 해결에 대한 답을 바라는 게 아니고, 오히려 자아가 원하는 답은 자아는 영혼으로서 영원불멸하고 영혼이 끊임없이 이렇게 육체를 바꿔 입으면서 진리를 향해서 늘 나아간다는 식으로 해야, 자아가 늘 존속하게 됩니다. 단번에 반야 지혜를 받아들이면 자아는 단번에 사라져버립니다.

그래서 자아가 계속 생존하는 방식은 영혼이라는 걸 만들어서 지금 당장 있는 자신의 정체를 거부하는 것입니다. 그래서 "이런저런 수행을 하면 언젠가는 깨닫게 될 것이다." 이 답을 원합니다. 이것을 이해하는 순간 집 짓는 자아의 트릭을 우리가 바로 알 수 있습니다. 이를 알아채는 순간! 사실은 모든 것이 끝납니다. 게임오버인거죠. 그러니까 진리를 이해하는 것이 곧 자아의 트릭을 알아채는 것과 같은 것입니다. 진리를 곧바로 믿고 이해하든, 아니면 자아의 트릭을 눈치채버리든 같은 얘기입니다. 파사현정(破邪顯正)이든 현정파사든 같은 얘기입니다.

그래서 자아가 끊임없이 질문하는 자아를 우리는 관찰합니다. "왜 자아는 끊임없이 질문할까?" 똑같습니다. 그게 영적인 행위든 세속적 행위든 생존하고 번식해야 됩니다. 그러려면 영적인 세계에 영혼이 필요합니다. 영혼이 있어야 이걸 가지고 끊임없이 집에 안 돌아갑니다. 집에 돌아가는 길을 원하지, 집을 원하지 않습니다. 그래야 자아가 계속 존속됩니다. 그것이 신이 된 자아든, 깨달은 자아든, 부처님이나 예수가 된 자아든, 똑같습니다. 그래서 진정으로 부처님과 예수님께서 말씀해 주신 이 반야 지혜를 자아는 거부합니다. 의식에 대한 지혜만 믿고 이해하면 끝날 일을 자아는 그것을 거부하고 우회적인 방법을 쓰다 보니 그토록 많은 경전과 어록과 종교가 발생하게 된 것입니다.

자, 다섯 번째 단락입니다.

나는 다시, 내가 부분으로 나누어진 것들을 고치고 한데 모으면 마침내 함께 단일한 전체를 만들 수 있다는 희망 안에서 노력하고 있음을 보기 시작했다.

그러니까 지금 돌이켜보는 것입니다. "의식의 관점에서 이전 과거 것을 돌이켜 봤더니 참으로 엉터리 짓을 했다. 그러나 엉터리 짓조차도 전부 사실은 의식의 활동이었기에 아무 문제는 없다." 부분으로 나누어진 것을 한데 모으면, 즉 자아가 따로 있고 또 신이 따로 있습니다. 그래서 열심히 노력해서 범아일여, 즉 두 개가 하나 되면, 단일한 전체를 만들 수 있다는 희망을 가졌었다는 것입니다. 아니, 이미 나누어진 것이 어떻게 하나가 될 수 있을까요? 본래 하나여야 하나가 되는 것이지. 또 가상의 연기법은 알맹이가 없어 무아입니다. 연기는 무아고 공으로 본래 하나인데, 나누어졌다고 여기고는 그걸 하나로 만들려니까, 하나가 될 리가 없습니다. 헛된 희망입니다.

그러나 이런 접근법은, 깨달음은 자아정체성과 자긍심에 관련된 나의 노력과 기대를 넘어선 곳에 있다는 이전의 나의 이해와는 정면으로 모순된 것이었다.

그렇습니다. 오히려 초발심이 일어났을 때는 "아, 자아가 문제구나." 하면, 초발심 안에는 개인적 동기가 없습니다. 그러므로 초발심이 곧 구경각입니다. 그런데 영적인 길을 가다 보면 자아가 돌아와서 신이 되려는 자아가 더욱 강화됩니다. 그러다보니 이상하다는 느낌이 듭니다.

"처음 초발심 때는 자아가 오히려 없었는데, 영적 수행을 수십 년 하다 보니, 왜 이렇게 영적인 자아가 커져 있지? 처음하고 다른데?"라는 묘한 느낌이 일어납니다. 즉, 깨달음은 오히려 자아관점과 무관하다는 것을 알게 됩니다. 그런데 '왜 자아가 계속 강화되지?'라는 모순점을 결국은 발견하게 됩니다.

삶의 수레바퀴 안에서 개인으로서의 변화를 추구하는 사람들을 위하여, 현대적 치유의 세상은 이전에 지나간 그 어떤 것보다 더 깊고 더 받아들일 만한 수많은 시야를 제공한다.

그러니까 수많은 코스가 있지만 개인 중심의 코스, 하나입니다. 그게 돈 버는 코스든 깨닫는 코스든 간에 하나입니다. '찌질한 자아에서 훌륭한 자아로 변한다.' 이것밖에 없습니다. 이 세상은 같은 코스입니다. 세속 코스든 영적인 코스든 둘 다가 사실은 추구하는 목표는 자아, 하나밖에 없습니다. 자아 스스로 자아가 볼 때 훌륭한 자아로 바뀌는 것, 이것이 목표입니다. 이것을 분명히 눈치 챌 때야 비로소 처음 이 길을 나섰을 때의 초발심을 다시 기억해낼 수 있습니다. 초심 유지의 중요성을 우리는 알 수 있습니다. 그 다음에 중요한 이야기입니다.

내 경우에 공원에서의 깨달음의 일별은 내 21세 때의 종교적 길에서 벗어남을 가져왔다.

이로부터 몇 년이 지난 후 나는 현대적 치유법에 관여했는데, 이들이 더 깊게 가능성과 소통하는 수단이 되리라 생각하였다.

여기서 말하는 '깨달음의 일별'은 지금 토니 파슨스라는 자아의 어떤 노력과 수행과 공부에 의해서 나타난 결과가 아님을 우리는 분명히 알아야 합니다. 이런 일별은 누구나 저절로 일어납니다. 단지 눈치를 못 챌 뿐. 자아 중심의 영적인 길을 걷다 보면, 이러한 저절로 일어나는 순간에 대해 민감해지고, 이 순간을 포착할 수 있습니다.

그래서 저절로 일어난 이러한 순수의식의 순간을 딱 한 번 포착해서 알아본 다음에는 '여태까지 자아 중심으로 걸어온 이 종교의 길, 모든 세상 사람들이 가고 있는 대중 종교의 넓은 길은 진정한 반야 지혜와는 아무 상관이 없구나, 세속에서 돈과 권력을 추구하는 것과 영적인 추구는 완전히 동일하구나.'라는 그러한 이해가 일어났습니다.

이야기를 요약해보면, 자아는 오히려 반야 지혜를 싫어합니다. 왜냐? 존속을 원하기 때문입니다. "자아에게는 깨닫는 기능과 역할이 없다." 이 사실을 우리가 분명히 이해할 때, 보다 더 처음부터 우리의 자산인 이 단일의식에 대한 믿음과 이해가 쉽게 일어날 수 있습니다.

# 31강

## 우리는 죽지 않는다 | 삶은 자체가 목적이고 다른 이유가 없기에 아름답다

2021. 9. 30.

　반야 지혜의 핵심은 간단하고 쉽습니다. 왜냐하면, 세계가 곧 의식이고, 의식이 곧 세계이기 때문입니다. 반야 지혜의 다른 말이 바로 의식이고 예전에는 마음이라 했습니다. 한마음, 단일의식은 어디에 있었느냐? 바로 이 세상 자체였습니다. 의식이 세상 안에 있는 것이 아니고, 혹은 의식이 세상 밖에 있는 것이 아니고, 의식이 그냥 이 세상이었습니다. 이것은 어떻게 들으면 매우 쉽고 단순하게 들리지만, 여기에 대한 이해가 깊어질수록 점점 깊은 맛이 우러나는 지혜의 핵심이 됩니다.

　그러면 우리가 알고자 하는 것은, 깨달음 내지 전도몽상에서의 깨어남 혹은 생사 문제 해결입니다. 이 생사 문제의 해결이 단일의식을 아는 것인데, 알고 봤더니 어처구니없게 단일의식은 바로 이 세상 자체였습니다. 그래서 모든 선현, 선각들께서 이렇게 가리킨 것입니다. 우리도 똑같이 가리킬 수가 있습니다. "무엇이 부처인가?", "무엇이 하나님인가?" 하면, "바로 이거다." 이렇게 (손을 펴 보이며) 한단 말입니다. 혹은 "바로 이거다." 이렇게 (검지를 올리며) 한다는 말입니다. 어디를 가리키나? 아무리 가리켜 봤자 가리키는 그것을 포함해서 이 세상입니다. 우리도 똑같이 가리킬 수 있습니다.

"무엇이 생사를 해결하는 지름길인가?", "바로 이것이다.", "아니, 그것은 세상이잖아? 물체고 공간이고 시간을 지금 가리키고 있는 것이지 의식이 아니잖아?" 이렇게 하면 이리 답할 수밖에 없습니다. "지금 바로 의식을 가리키고 있는 것이다." 이것이 (손을 펴 보이며) 의식을 가리키는 것이지 세상을 가리키는 것이 아닙니다.

그래서 육체와 운명을 같이 하는 자아의 움직임에 대해, 우리는 매우 예리하게 알아야 합니다. 이것이 경전에 적혀 있는 "늘 깨어있으라."라는 말의 의미입니다. "늘 깨어있으라." 자아의 동향, 자아의 동기에 대해서 늘 알아보고 알아차리되, 이것이 일종의 공부 내지 수행이 되어서는 안 됩니다. 어느 정도 저절로 돼야 됩니다. 왜 저절로 돼야 할까? 자아가 하면 유위행이 되고, 위빠사나는 무위행에 속하는 것입니다. 그래서 "이 세상이 곧 의식이다."라는 이해가 온다면, 자아의 동향은 저절로 관찰됩니다.

우리가 오래전에 길을 떠나 수십 년을 헤매었지만, 최종 지점에 도달하고 봤더니, 참으로 당황스럽게도 찾을 필요가 없었습니다. 찾고 구하고 누군가로부터 무엇인가 해답을 얻고 혹은 어떤 과정을 거쳐 어떤 체험, 견성, 개인적 깨달음을 얻을 필요가 없었다는 참으로 아이러니한 결말에 도달하게 됩니다. 누구나 마찬가지입니다. 왜냐하면, 우리는 흩어져 있는 다수의 개인이 아니고, 처음부터 끝까지 오직 단일의식이었기에, 결국에는 이 지점에 도달하고야 마는데, 왜 도달하고야 말까요? 처음부터 여기에 있었기 때문입니다. 처음부터 탄생 전에도 여기 있었고, 태어나 깨달음이라는 이야기를 듣고는 '그런 게 있나 보다.' 하고 찾고 구하는 과정에서도 여기에 있었고, 육체가 사라진 뒤에도, 여기(손을 펴 보이며)에 있습니다.

"아니, 육체가 죽은 뒤에는 세상도 사라지고 아무것도 없는데, 왜 여기에 있느냐? 아까 이 세상이 바로 육체라 하지 않았느냐? 아니, 이 세상이 바로 의식이라 하지 않았느냐?" 이렇게 질문할 수 있습니다. 육체가 죽으면 개인적 자아 차원에서는 세상이 사라집니다. 그러나 세상 자체가 사라진 것이 아니고. 세상 자체가 돼 버린 것입니다. 전체 세상으로 회복되면 세상이 없어지는 것입니다. 지금은 주객으로 나누어진, 가상의 주객으로 나누어진 세상이기 때문에 우리가 세상이라 하는 것이지, 본래로 회복되면 그냥, 소위 말하는 단일의식으로 돌아갑니다. 돌아가는 것이고, 만법귀일(萬法歸一)이며, 하나는 어디로 돌아갈까? 하나는 돌아가고 자시고 하는 것이 아닙니다. 알파와 오메가는 그저 이것입니다! (손을 펴 보이며)

우리가 의심에 빠지는 이유는 오래된 자아의 습관 때문입니다. 간단히 벤다이어그램 그림을 봅시다. 의식은 다른 말로 반야지혜, 자각이라 합니다. 스스로 아는 것입니다. "I am that I am." 입니다. 의식 밖에는 스스로 아는 게 없습니다. 우리는 육체가 이 컵을 아는 줄 알지만, 아닙니다. 육체는 이 컵과 똑같은 물체입니다. 물체는 아는 성품이 없습니다.

그래서 『임제록』에도 이런 말이 있습니다. "이 육체는 물체인

298

데, 어떻게 보고 듣고 느끼고 알겠느냐?" 말하고 듣는 것이 그대들의 육체인 줄 알지만 천만에 그게 아니다." 이렇게 임제 스님은 이야기합니다. "지금 설법 청법하는 것이 무엇이냐?" 그것은 두뇌도 아니고 심장도 아니고, 도무지 육체가 아니고 허공도 아니다. 그러면 무엇이 설법 청법하느냐? "바로 눈앞의 역력한 이 한 물건이 설법 청법한다."고 말합니다. 이 눈앞에 이 역력한 한 물건. 역력(歷歷)하다 하면, 선명하고 굉장히 의식이 각성된 상태만을 이야기하는 게 아닙니다. 희미한 것도 희미한 그 자체로 역력한 것입니다.

　　그래서 무슨 말을 하고 싶은 거냐 하면, 자각이란 말을 우리가 신비화해서는 안 되며 이것은 그냥 스스로 안다는 얘기입니다. "스스로 안다."의 '스스로'란 말이 참으로 중요한 말인데, 그 무엇에도 의지하지 않는 것입니다. 스스로란 독립입니다. 다른 무엇에도 의존치 않는 것, 바로 제1원인입니다. 이 제1원인이야말로 바로 하나님, 부처님이라 하고, 여러 종교에서 이야기하는 바로 신, 창조주입니다. 혹은 요즘 말로 참나, 진아(眞我), 깨달음, 반야 지혜라 하고, 수도 없이 이름을 붙일 수 있습니다. 제일 멋진 이름이 법신(法身)입니다. 진리 자신입니다.

　　이 '스스로'라는 말은 깊이 숙고해봐야 합니다. 스스로 안다. 우리는 이 육체가 스스로 아는 줄 알지만,『임제록』을 인용했듯이, 육체는 이 컵이 스스로 자기를 컵이라 하지 못하듯이, 육체도 스스로 자기를 육체라 하지 못합니다. 그럼 무엇이 지금 컵이라 하고 육체라 하고 있느냐? 바로 이것입니다. "이것이다." (손을 펴 보이며) 하니까 불친절합니다. 그래서 현대적 용어로 "의식이다." 이 의식만이 홀로 오직 홀로 스스로 압니다. "천상천하 유아독존이다." 스

299

스로 압니다. 다른 것은 스스로 알지 못 합니다.

그러면 의식 안에 육체와 자아가 있습니다. 자아가 출몰합니다. 그런데 이 육체와 자아는 하나가 아닙니다. 다른 육체도 있고 다른 자아도 있고, 또 사람만 있는 것이 아닙니다. 동물의 육체가 있고, 또 자아가 있고 또 식물은 그러면 육체가 없느냐? 식물도 육체가 있습니다. 그리고 어느 정도 거기에 걸맞는 자아가 있습니다. 그럼 돌멩이에는 자아가 없느냐? 육체와 자아가 없느냐? 돌멩이에도 육체가 있고 거기에 걸맞는 자아가 있습니다. 그러면 곤충은? 곤충도 바이러스도 당연히 있죠.

오해만 풀리면 우리는 더 이상 찾고 구할 필요가 없습니다. 『마조어록』의 "부구법자 응무소구(夫求法者 應無所求)", "응당 혹은 무릇 생사를 해결하고자 하는 사람은" 부구법자, 즉 "무릇 법을 구하는 사람은", "응무소구, 마땅히 구함이 없어야 한다.", 희한한 말입니다. 아니, 진실을, 부처를, 하나님을, 생사 해결을, 깨달음을 구해서 온 사람에게 이렇게 "당신이 진정코 진리를 알고자 하느냐?", "네" 그럼 대답합니다. "그렇다면 진리를 찾지 마!" 이렇게 얘기합니다. 멀리서 찾아온 자아로서는, 참으로 실망스러운 말일 테지만, 가리킴을 말해주는 스피커를 진정으로 믿고 신뢰한다면, 생사 해결의 답을 찾지 마라. 즉 자아 차원에서 뭔가를 추구하지 마라. 토니 파슨스 님도 계속 그 얘기를 하고 있는 것입니다.

이제 중요한 이야기를 해보겠습니다. 사람을 포함한 모든 육체와 자아는 각종 자기의 역할과 기능에 의해 움직이고 있습니다. 움직임을 견문각지(見聞覺知)라 합니다. 보고 듣고 느끼고 아는 각자의 활동인데, 우리의 문제는 이런 것입니다. 어떤 육체를 보니까, 깨달은 자아로 보입니다. 또 이 자아가 자기는 "깨달았다."고 이야기를 하고 있습니다. 그러다 보니까 이 나로 여겨지는, 이 의식 안에는 나인 육체도 있고 타인의 육체도 있다. 이렇게 설정이 되어 있는 것입니다.

세상에서 경험이 일어나기 위해서, 어떤 것은 내가 돼야 되고 어떤 것은 타인이 되어야 한다. 이건 설정입니다. 그냥 소설, 연극, 꿈속의 설정처럼. 어린 시절 놀던 때의 우리 편, 네 편, 내 편 나눌 때의 임시적인 설정입니다. 우리 편이 되면 놀이할 때 진짜 우리 편으로 한 몸입니다. 그러나 그 놀이가 끝나고 다음 게임으로 넘어갈 때는 또 다른 편이었던 사람이 우리 편이 될 수 있습니다. 내가 아니었던 것이 내가 되어버립니다. 어린아이 때 동기화 동일시가 더 잘 됩니다. 어린 때야말로 전지전능한데 이게 설정입니다. 현실 경험을 위한 설정이 이제 나와 타인으로 설정돼 있고, 타인은 깨달은 자인데 나는 못 깨달은 사람. 이렇게 느껴집니다. 고민합니다. '왜? 나는 믿음과 이해가 일어나지 않지?', '왜 나는 저 사람처럼 개인 깨달음이 안 일어나지?'

어떤 강의를 듣다가 문득 눈물을 왈칵 쏟으며 "드디어 알았다. 깨어났다. 이전에는 내가 몰랐는데 이제는 알게 되었어." 그 말은 "다른 사람은 못 깨달았는데 나는 이제 깨달았어." 그 말이나 "이전에는 나는 못 깨달았는데 이제는 드디어 깨달았어." 이 말이나 똑같은 말입니다. 자, 이런 일을 누가 하고 있는지 봅시다. 지금 이 스피커가 하고 싶은 얘기는, 어떤 자아는 '체험도 없고 견성도 없고 깨달음도 없다.'라고 지금 스스로 견문각지하고 있습니다. 어떤 자아는 '체험도 있고 견성도 했고 깨달음도 있다.'라고 견문각지하고 있습니다. 보고 듣고 느끼고 알고 있습니다. 그러면 이 체험을 했다 안 했다를 떠나 견문각지를 누가하고 있느냐? 무엇이 하고 있느냐? 이렇게 묻고 싶습니다. '누가'라기보다 '누가라는 착각'을 일으키고 있나?

지금 무엇이 못 깨달은 사람이라 견문각지하고 있고, 무엇이 깨달은 사람이라 견문각지하고 있나요? 자아가 그렇게 하고 있습니다. 지금 이 스피커가 이렇게 한다고 칩시다. "과거에는 내가 못 깨달았는데 지금은 깨달아 있다."라고 할 때, "과거에 나는 못 깨달았어."라고 말하고 알고 있는 그것은 무엇인가? 그리고 "지금은 나는 이제 깨달았어."라고 말하고 있고 알고 있는 것은 무엇인가? 무엇이 그렇게 말하고 알고 있나? 다시 한번 『임제록』을 얘기해보면, 육체, 두뇌, 심장이나 허공은 보고 듣고 느끼고 아는 것이 아닙니다. 즉 "깨달았다." 하는 것도 무엇이 하고 있느냐? 바로 이 의식이, 의식만이 자각합니다. 의식만이 스스로 알기 때문에 의식이 그러고 있습니다. 자, "나는 못 깨달았다." 이것은 무엇이 하고 있다? 역시 스스로 보고 듣고 느끼고 알고 하는 것은 스스로 하는 이 의식밖에 없습니다.

모든 것은 자각입니다. "나는 깨달았다." 이것이 깨달음이고, "나는 못 깨달았다." 이것이 깨달음입니다. "아! 나는 죽는구나." 이것이 깨달음이고, "아! 내가 죽다 살아났다." 이것이 깨달음입니다. "모든 것이 자각 안에 들어있는 것이 아니고, 모든 것이 자각 자체입니다. 그래서 'Nothing is everything.'입니다. 만법귀일(萬法歸一) 일귀하처(一歸何處)입니다. 이렇게 해서 체험이나 깨달음이나, 도사 도인들에 대한 그럴듯한 이야기를 하는 모든 스피커들에 대한 의심과, 부러움, 결핍감, 부족감, 이런 것들이 일시에 해소됩니다. 이것이 정견이고. 정견에 의해서 해소됩니다. 이것을 돈오라 하고 이것이야말로 진짜 체험이고 진짜 견성입니다. "개인적 견성은 없다."라는 이해, 이것이 진정한 견성입니다.

그래서 중간 결론을 말씀드리면, 육체와 자아는 늘 구도의 과정에서 실패자입니다. 실패할 수밖에 없습니다. 또 실패해야만 정견에 대한 이해가 찾아옵니다. 항상 실패할 수밖에 없고, 진정한 우리는 늘 성공해 있었습니다. 즉 "모든 실패는 성공 안에 나타나는 하나의 이벤트다." 그래서 자아인 우리는 영원한 실패자고, 의식인 우리는 영원한 성공입니다. 우리를 자아로 여긴다면 우리는 영원한 루저고, 정견에 의해 전도몽상이 원위치 된다면 우리는 항상 성공해 있었음을, 항상 자각 하나뿐이었음을 우리는 알게 되고, 이것이야말로 진정한 복음이고 좋은 소식이고, 모든 선현, 선각께서 우리에게 간곡히 말씀해 주신 반야 지혜의 가리킴입니다. 다른 것은 없습니다. 오직 이거 하나뿐!

자, 이번 시간에는 토니 파슨스 님이 자아로서 헤맨 내용입니다. 그래서 '아 도저히 자아 차원에서는 이 일이 성공할 수 없구나.'라는 것에 대한 결론이 맺어지고, 다음 시간부터는 무위법, 즉 본격적으로, 정견에 대한 재밌는 이야기들이 나오고 있습니다.

그러나 여기서 다시 나는, 시간으로 둘러싸인 기대와 목표와 결실들에 매혹되고 매몰된 나 자신을 발견하였다.

자꾸 자아로 돌아갑니다. 항상 자아는 성공 안에서 가상의 목표를 설정해서 자꾸 성공과 실패를 반복합니다. 그런데 아이러니하게도 모든 성공과 실패가 전부 뭐였다? 성공이었습니다. 이제

대긍정이 되는 것입니다.

시간의 세계에서는, 목표와 결실이 완벽하게 적절해 보이지만, 그러나 그를 둘러싼 집착과 기대 위에 너무나 많은 투자가 필요합니다. 이것이 돼야 되고, 저것에 속해야 하고, 변화가 돼야 되고, 혹은 더 나아져야 되고 정화돼야 하고 등등

시간의 세계에서는 시작과 끝이 있습니다. 반드시 죽게 됩니다. 시간의 세계에서는 참으로 힘듭니다. 이것 아닌 저것이 되어야 하고, 바뀌어야 되고, 더 진화해야 되고, 더러운 것을 씻어내야 되고. 그러나 자각 깨달음 안에 있을 때는, 깨끗하다가 어디 있을까요? 깨달음 안에서는 불구부정(不垢不淨)입니다. 부처인 중생이든 중생인 부처든 간에 같습니다.

중요한 새로운 사람과 장소, 의식의 마스터들과 진리의 스승들이 모든 곳에서 샘솟듯이 출현하여 그들만의 독특한 삶의 공식을 제안한다.

그렇습니다. 우리가 찾는 수많은 스승과 또 기발한 이야기들은 어디서 일어나고 있을까요? 이 안(의식)에서 일어납니다. 전부가 깨달음입니다. "전부가 해탈이다." 안 찾을 때는 아무도 없는 것 같은데 찾기 시작하면 스승들이 샘솟듯이 나타납니다. 왜냐하면 이 안에는 없는 것 없이 다 있기 때문이다. 전부 아뇩다라삼먁삼보리, 평등합니다. 정견으로 볼 때는 그러합니다. 위빠사나도 무위행으로 저절로 되는 것이지만, 자아가 끼어들면 힘들어집니다. 오히려 고통과 공포가 더 발생하며 주변 사람이 힘들어집니다.

그리고 우리는 이 공식에서 저 공식으로 옮겨 다님으로써, 자유가 어느 한 장소 혹은 다른 한 장소에 거주하는 것이 아님을 알지

못하는 것으로 보인다. 왜냐하면, 자유는, 바로 그 본성에 의하여, 배제되거나 배타적일 수 없다는 단순한 이유 때문에.

자유와 행복이 어딘가 특정한 곳에 있는 것만 같아 인도, 미얀마, 미국 세도나로 가곤 합니다. 진리가 만일 어떤 특정 장소에 국소적이라면 그건 진리가 아닙니다. 마른 똥 덩어리가 진리가 아니라면 진리는 다른 데 특별하게 있다는 것인데 그렇게 되면 진리가 아닙니다. 그래서 할 수 없이 우리는 마른 똥 덩어리도 진리로 여길 수밖에 없습니다. 논리적 생각에 의해서라도 그렇습니다. 그래서 못 깨달았다고 여기는 자아가 찾아다니는 동안은, 자신이 깨달음 안에 있으면서도 어딘가에 또는 여기에만 자유와 해탈이 있겠거니, 이렇게 여깁니다.

자유는, 바로 그 본성에 의하여, 배제되거나 배타적일 수 없다는 단순한 이유 때문에.

그렇습니다. 자유 그 자체의 정의 내지 본성에 의해서 배타적일 수가 없습니다. 모든 것을 포용해야 그것이 자유고, 그래서 구속조차도 자유입니다. 속박을 자유롭게 선택한 것입니다. "속박은 자유가 아니다." 해서는 자유 그 자체의 정의에 모순됩니다. 그래서 자유는 속박조차 포괄해야 합니다. 그러고 보니 속박은 속박이 아니고 우리가 선택한 겁니다. 즉, "속박될 자유다." 우리가 테마파크에 가서 돈 내고 무서운 거 탈 때 일단 타고 난 다음에는 무서움에 속박됩니다. 속박을 우리가 선택했습니다. 그래서 속박의 자유, 즉 속박조차도 자유였습니다. 그리고 자승자박(自繩自縛)이란 스스로 묶이고 스스로 속박되는 것인데, 속박조차도 자유에 속하는 것입니다.

우리가 그다음의 "영적인" 향상을 기대하며 행진해 갈 때, 우리가 발견하고자 하는 그 보물은 우리가 가고자 하는 그곳에 있지 않고, 오히려 우리가 행하는 바로 그 발걸음의 단순한 본성에 있음을 우리가 알지 못하는 것으로 보인다.

중요한 얘기입니다. 우리가 해탈 견성을 구하려고 막 나아가는 발걸음, 못 깨달은 사람이 깨달은 사람이 되려고 지금 전진해 가는 이 과정이 어디에서 일어나고 있을까? 바로 이 자각의 표현이 아니고서는 단 한 톨도 이런 일이 일어날 수 없습니다. 그래서 "무엇이 깨달음인가?" 하면 "아, 나는 못 깨달았으니 깨달아야겠다." 이것이 바로 깨달음입니다. 왜? 이것이 자각이니까요. 자아나 육체가 이러고 있는 것이 아닙니다. 같은 것이 이해가 없으면 통속적이 되고, 이해가 있으면 기적이 되는데, 이런 것을 연금술, 철학자의 돌이라 합니다. 매 순간이 기적입니다. 우리가 영적인 향상을 기대하며 나아가는 그 발걸음 그 자체가 바로 보물입니다!

시간 안에서 더 나은 상황을 발견하려는 우리의 돌진은, 매 순간 그 자신을 표현하고 있는 존재의 꽃을 밟아 뭉개고 있다.

그렇습니다. 못 깨달은 자아가 깨달은 자아가 되려는 생각은 무엇을 밟아 뭉개고 있을까요? 이 말이 스스로 아는 성품, 자각 의식을 밟아 뭉개고 있습니다. 자각 없이 어떻게 '나는 못 깨달았는데 깨달은 사람이 돼야지.' 이렇게 활동할 수 있을까? 견문각지는 성자든 도둑놈이든 다 똑같습니다. 대단한 최고의 깨달음이 있어서 아뇩다라삼먁삼보리가 아니고. 무상정등정각(無上正等正覺)에서 '위가 없다.' 이 말은 최고라는 뜻이 아니고 '위가 없다.' 이 말은 위아래도 없다. 그래서 무상정등정각입니다. 위아래가 없는 평등한 자각 안에서 모든 일이 어린아이 게임처럼 오징어 게임처럼 일어납니다. 오징어 게임이 심각하지 않으면 좋은데, 돈과 권력에 목숨을 거니까 심각한 게임이 됩니다.

존재의 꽃, 이것이 뭐냐? 의식입니다. 반야 지혜의 불꽃입니다. 반야의 불꽃은 다른 게 아니고, 바로 단일의식 스스로의 자각력입니다. "육체가 죽고 나면 아무것도 모를까?" 의식은 아무것도 모른다는 것을 알고 있습니다. 그래서 언제든 다시 또 다른 육체가 나타나면 바로 알게 됩니다.

목표를 향한 우리의 집착은 우리 스스로의 무엇인가를 증명하려는 필요성으로부터 태어난다고 여겨진다. 그러나 삶은 그저 단순한 삶이다. 삶은 무엇인가를 증명해야만 하는 것이 전혀 아니다. 이번의 봄은 지나간 봄보다 더 나아지려고 애쓰지 않으며, 물푸레나무는 참나무가 되려고 애쓰지 않는다.

왜? 이미 이것이기 때문입니다. 이미 아뇩다라삼먁삼보리이고, 반야 지혜고, 이미 해탈 자유고, 자각이기 때문에 이번 봄은 지난 봄보다 더 나아지려고 하지 않고, 국화는 장미가 되려고 노력하지 않고, 고양이는 개가 되려고 하지 않습니다. 고양이가 "멍멍" 하려 하지 않고. 개가 "야옹"하려고 노력하지 않습니다. 모든 것은 자연 스스로 그러하고 그저 이대로입니다. 그러니까 삶은 숙제가 아니고 그냥 경험하는 것입니다. 일어나는 경험입니다. 자승자박, 스스로 숙제를 만들어서 풀려 하는데 자꾸 더 어려운 숙제를 만들어 냅니다. 숙제가 끝이 나지 않습니다. 자아는 늘 실패하고, 우리는 늘 성공에 있습니다.

범상치 않고 극적인 것에 대한 이끌림에서 저절로 놓여나면, 평상적 삶에 놓인 단순한 경이로움이 드러날 수 있다.

그래서 드디어 무심히 걷다가, "아! 이 걸음걸음이, 나라는 자아가 걷는 것이냐? 아니면 하늘이 이렇게 하는 것이냐?"라는 의문에 문득 부딪히고, "이 걸음걸음 한 걸음 한 걸음이 그냥 통속적인 것이 아니고 바로 이것이구나!" 이렇게 되면 캐릭터에 따라 두 가지 반응이 나타납니다. 크게 웃거나, 크게 울게 되는, 그렇지 않으면 묵묵히 침잠하게 되는 반응들이 일어날 수밖에 없습니다. 이것은 부산물이고 대단한 것도 아닙니다. 그것 역시 자각의 나타남입니다.

뭔가 대단해 보이는 '견성, 체험, 깨달음' 같은 범상치 않고 극적인 것의 이끌림에서 놓여나면, 저절로 놓여나면, 일상의 삶이 바로 이 의식입니다. '이 세상이 바로 깨달음이었구나.'라는 깊은 이해가 일어납니다. 게임 오버입니다. 그럼 테마파크에서 나오던가, 다른 것을 해야 됩니다. 다른 걸 할지라도 그것은 하늘이 하는 것입니다. 어떤 경우에도 자아가 하는 게 아닙니다. 그 뒤에 아름다운 이야기로 끝을 맺습니다.

왜냐하면 삶은 그 자체가 목적이고, 다른 존재 이유가 필요치 않다. 이것이 삶의 아름다움이다.

참으로 그러합니다. 삶은 그 자체가 목적이고 다른 존재 이유가 필요치 않다. 이것이 삶의 아름다움입니다. 마치 어린아이들이 동네에서 친구들하고 놀이를 할 때 노는 목적이 뭐냐고? 아이들에게 물어보면 당황할 것입니다. 또 지금 구슬치기나 딱지 따먹기, 고무줄놀이를 땀을 뻘뻘 흘리면서 재밌게 하고 있는데, "그렇게 하는 목적이 뭐냐? 왜 땀을 뻘뻘 흘리고 노는 거니?" 그러면 "이 아저씨 뭐야?" 이렇게 할 것입니다.

놀이에는 목적이 없습니다. 어린아이 입장에서 그건 놀이가 아니고 그냥 삶입니다. 삶! 삶은 어떤 목적이나 의미가 없습니다. 우리는 "삶은 그러면 무의미하고 무목적이구나!" 이렇게 오해하기 쉽습니다. 그러니까 이 오해가 문제인데, 삶에는 목적이 없습니다. 그리고 '의미가 없다'는 말은, "그럼 삶은 굉장히 무의미하고 무상하고 목적도 없기 때문에, 차라리 죽는 게 낫다."는 그런 말이 아닙니다. 삶 안에 어떤 목적이 설정되면 삶은 수단화 되어버립니다. 그리고 어떤 의미를 구해버리면 삶 자체는 오히려 무의미해집니다.

그래서 "삶 안에는 목적이 없다. 의미가 없다."는 말은 "삶 그 자체가 이미 목적이다."가 아니고, 잘 이해해 봅시다. "삶이 목적이다" 이 말도 통속적입니다. "삶은 이미 목적 달성 결과다." 이 말은 뭘까? 삶은 그냥 자각 그 자체입니다. 즉 자유 그 자체입니다. 삶은 어떤 목적을 추구하기 위해서 사는 게 아니고. 목적이 이미 달성된 결과입니다. 제1원인인 창조주가 있다면 그게 우리입니다. 창조주는 이미 완전한 것입니다. 목표가 더 이상 없습니다. 목표는 이미 달성되었습니다. 우리의 삶이 피조물이라면 창조주, 즉 완전체의 결과물이기 때문에 목적이 이미 달성된 결과입니다.

삶은 그 자체가 목적이고, 제가 덧붙이자면, 삶은 그 자체가 이미 목적 달성의 결과고 다른 존재 이유가 필요치 않습니다. 이것이 삶의 아름다움입니다. 이렇게 되면 육체가 오고 감에 전혀 신경 쓰지 않아도 됩니다.

자, 다음 강독부터는 공원에서의 일별, 저절로 일어난 일별(一

瞥) 이야기입니다. 일별을 포함해서 이제 『오픈 시크릿』의 본격적
인 이야기가 이어집니다.

# 공원
## *The Park*

# 부처는 기적이 아니고, 중생이야말로 기적 ㅣ 존재하지 않는 질문에 주어진 답

2021. 10. 5.

　서론이 마쳐졌고, 이번 시간부터는 본론에 해당하는 내용입니다. 그런데 서론과 본론이 다른 것이냐? 사실은 모든 것이 단일 의식의 작용이기 때문에 다르다 할 수 없습니다. 특히, 6장 <The Park>를 보면, 공원에서의, 소위 말하는 '일별(一瞥)'이 '깨달음의 체험'으로 비쳐질 수 있는 이야기지만, 절대로 우리가 오해나 착각하지 말아야 됩니다. 그러면 토니 파슨스라는 어떤 사람이 공원에서의 일별 이전에는 깨닫지 못한 사람이었다가 공원에서의 일별 이후 깨달은 사람으로 변했다는 것이 전혀 아니라는 것입니다.

　만약 그렇게 이해한다면 생사 해결의 길은 아직도 너무나 멀고 험난할 것이며, 우리는 수많은 학교와 선생들을 전전하며 계속 꿈속에 있을 수밖에 없습니다. 여기 나오는 일별은 '한 번 쳐다봄', '한 번 알아봄'입니다. 이것은 본래 있던 것입니다. 본래 있던 것을 새삼스럽게 알아봤다는 것이고, 공원에서의 일별은 우리들 모두의

313

매 순간의 체험이고, 우리는 깨달음 플러스알파가 있다는 대단한 반전입니다.

이것을 쉽게 말씀드리면, 부처는 그냥 단순한 깨달음입니다. 깨달음 이것밖에는 없습니다. 달랑. 부처는 깨달음, 순수의식, 자각, 한마음인데 가난합니다. 이게 다입니다. 매우 가난합니다. 그러나 중생은 놀랍게도 깨달음 하고 플러스알파가 있습니다. 중생에게는 깨달음이 본전치기인데 거기에 알파가 하나 더 있습니다. 반전이죠. 바로 자아와 세상이라는, 주관과 객관이라는 묘한 테마파크가 나타나서, 온갖 울고 웃는 이러한 엄청난 체험을 하고 있습니다.

부처는 좀 재미없습니다. 그냥 밋밋합니다. 순수의식이고 자각입니다. 더 할 말이 없습니다. 이런저런 얘기를 할 게 없습니다. 마음이 많이 가난합니다.

중생은 부처보다 더 뛰어납니다. 마음이 풍부합니다. 깨달음에 더해서 플러스알파가 있습니다. 즉 중생은 부처에다가 뭐가 더해진 것입니다. 자아와 세상이라는 주객의 테마파크가 왕창 주어져 있습니다. 그래서 이 최상승 혹은 금강승의 최고 목표랄까? 혹은 확인처가 뭐냐? 바로 보살 보디사트바입니다. 그냥 밋밋한 깨달음이 아니라, 아주 다사다난한 그러한 깨달은 중생입니다. 중생 자체가 깨달음을 밑에 깔고서 플러스알파를 가지고 있습니다.

자, 그러면 우리가 깨달음의 체험이라고 오해하고 있는 그것은 뭐냐? 그냥 우리의 일상에서 플러스알파가 없어진 것입니다. 그럼 뭔가? 없던 게 새로 나타난 것인가? 아닙니다. 있던 것이 주객 혹은 자아와 세상인데, 중생이 바뀌어서 부처가 되는 게 아니고, 중생의 본래 밑천 자산인 깨달음은 본래 있고, 늘 깨달음 체험에 더해서 플러스알파를 체험하고 있습니다. 주객이라는, 자아와 세상이라는 엄청난 테마파크를 플러스알파로 가지고 있습니다. 그래서 여기에 나오는 토니 파슨스께서도 뒤에서 확실히 얘기하지만, 우리는 여기에 대해서 귀담아듣지 않고, 어떤 개인이, 전에 없던 이상한 체험을 했다는 것에 집중하는데, 그게 아닙니다.

개인이 체험한 게 아니고, 오히려 플러스알파가 잠시 탈락되거나 임시로 뒤로 물러났습니다. 그러니까 잠시 테마파크의 놀이공원에서 쉬는 겁니다. 잠시 퇴장했다가 다시 입장한다는 얘기입니다. 그러니까 공원에서의 일별이 뭐냐 하면, 일상에서 이렇게 컵을 보고 차를 마시는 이 엄청난 체험, 이 체험이 잠시 사라진 것입니다. 그래서 이 체험을 일으키는 밑바탕, 본래 의식인 우리가 그냥 드러난 것입니다. 왜? 자아가 잠시 물러난 것입니다. 자아가 물러나면 세상도 물러납니다. 주객이 잠시 퇴장했을 때 그냥 의식의 자각이 스스로 드러납니다. 이것은 수행하거나 공부하고 책을 읽어 그렇게 되는 게 아니고, 무위법으로 저절로 그렇게 된 것입니다. 아니면 중생이 테마파크에서 놀다가, "도대체 이 테마파크가 어디서 이렇게 일어나는 것이지?"라고 의심과 분심과 발심을 일으켰을지도 모릅니다. 그게 다입니다.

그래서 뒤로 물러날 준비가 됐을 때, 즉 온갖 학교와 선생을 전전하다가, 하다 하다가 지쳐 나가떨어지면, 자아와 세상이 잠시 뒤로 물러납니다. 순간적으로 그런 인연이 왔을 때 본래 있는 의식이 드러난 것이고, 그렇게 되면 자아가 잠시 사라집니다. 그다음에 무슨 일이 있었는지는 아무도 모릅니다. 사람이 없기 때문입니다. 그런데 자아가 다시 돌아왔을 때, 자아는 마치 자기가 이런 체험

315

을 한 것처럼 이야기하지만, 아닙니다. 의식으로 정보를 전달받아, '아, 내가 없을 때, 즉 자아가 없을 때 도대체 무슨 일이 일어났는지'에 대한 정보가 주어지고, 그러면 자아는 스피커로서 우리들 본래의 면목에 대해서 이야기하는 것이지, 토니 파슨스란 자아가 공원에서 일별 이전까지는 못 깨달은 자아인데 그 뒤에는 깨달아 부처가 됐다는 그런 게 아님을 확실히 이해하고 오해하지 말아야 하겠습니다.

부처는 그냥 깨달음이고. 중생은 오히려 깨달음 플러스알파입니다. 그래서 부처보다 보살이 더 위대합니다. 무슨 우열 면에서 더 낫다는 의미가 아니고, 이것이 본래의 우리의 모습입니다. 그러니까 의식에 더해져서 테마파크가 플러스알파로 주어진 것이 보살 본래 모습입니다. 부처는 좀 어색합니다. 도사인 척하고 "흠"하고 "나는 깨달았다!" 이건 어색한 일입니다. 그래서 그러지 않고 오히려 "깨달음이 뭐지? 저 사람 뭔 얘기하지? 나는 몰라" 그냥 이렇게 살아가는 것이 오히려 더 보살이란 얘기입니다.

열자(列子)도 여러 알려진 스승에 의해서 공부한 다음에, 온갖 기괴하고 이상한 체험도 했습니다. 그러나 진정으로 이 본모습을 알고 난 후 그냥 집으로 돌아가서 돼지우리를 치웠습니다. 그것이 진정한 기적이고 사랑입니다. 우리는 토니 파슨스의 공원에서의 일별을 매 순간 밑에 깔고 있습니다. 단지 왜 이것이 우리의 본래 밑천, 본래 본전으로 있다는 것을 알아보지 못하느냐? 이 테마파크가 그 위에 더해져서 우리가 이것을 너무 실감나게 즐기고 있다 보니, 본래 있는 깨달음을 우리가 사실상 알고 있지만 그냥 알아보지 못한 척하는 것입니다. 중생은 척하고 부처는 안 척한다. 척, 안

316

척, 둘 다 뭔가? 같습니다. 길게 얘기할 것 없이 그냥 같습니다.

　오히려 "부처는 하나 모자랍니다. 플러스알파가 없습니다." 이 말은 중생이 더 위대하다는 것. 왜? 깨달은 부처 플러스알파니까. 말은 그렇게 할 수밖에 없습니다. 중생이 부처보다 훨씬 부자입니다. 부처는 그냥 부처입니다. 그러나 중생은 언제든 부처로 될 수 있는 부처이기 때문에 뭔가 하나가 더 많고 굉장히 많습니다. 그리고 언제든지 그것은 도외시할 수도 있으니까 훨씬 부자입니다. 그러니까 여기 문장을 절대로 오해하면 안 됩니다. 앞서간 생사 문제를 해결한 분들이 생사 문제를 해결했을 때, 한결같이 이야기한 게, "내가 비로소 지금 듣고 알아서 해결된 게 아니고 본래 해결의 키(key)가 내 주머니 속에 본래 있었다는 것, 이것을 그냥 확인했을 뿐이다."입니다.

　자, 오해하기 쉬운 부분에 대한 사전 준비 작업을 마쳤기에, 편안하게 읽어보도록 합시다. 이 장부터는 제가 2014년 이전에 번역한 다음, 2019년에 다시 번역한 부분입니다.

　<공원 The Park>입니다.

　어느 날 나는 런던 교외에 있는 공원을 가로질러 걷고 있었다.

　우리가 늘 하는 일입니다. 우리의 일상적 체험과 뭐가 다른지를 보면, 깨달음의 체험이라는 게, 매 순간 우리가 하는 것임을 지금 여기서 확인할 수 있고, 또 그래야만 합니다.

　나는 걸을 때 내 마음이 일어날지도 모를 미래 사건들에 대한 예상(豫想)에 완전히 사로잡혀 있다는 것을 알았다.

　그렇습니다. 우리는 길을 걸을 때 그냥 걷지 않고 늘 앞으로 일어날 일을 상상하든가 지나간 일을 회상합니다. 과거와 미래를 왔다 갔다 할 뿐, 지금 여기에 있기 어렵습니다. 왜? 자아는 본래부터 지금 여기에 있지 않습니다. 지금 여기에 있다는 말은 자아가 획 날아갔다는 말이고 자아는 존속이 끊깁니다. 그래서 자아는 존속하기 위해서 자꾸 미래에 대한 불안이나 과거에 대한 후회 등 습관적으로 자아는 자기의 존속을 계속하도록 합니다. 자아의 역할이 생존과 번식이기에 그렇습니다. 이 사실을 알면 더 이상 그런 생각이 오든 말든 상관하지 않게 됩니다. 와도, "그래, 와라. 죽으면 죽으리라." 그런 생각이 왔을 때 손님으로 잘 대할 수 있습니다. 그런 생각이 없어지기를 바라면 안 됩니다. 바라면 더 옵니다.

그런데 인연이 와 지쳐 나가떨어지고 자아가 말랑말랑 희박심이 된 것입니다. 과거와 미래라는 건 없고 언제든 바뀔 수 있습니다. 과거는 고정되어 있지 않고, 지금 자아 관점에서 의식 관점으로 넘어가면 연금술이 일어나서 완전 바뀌어버립니다. 그나마 수행과 공부의 효과라고 말할 게 있다면, 그냥 지쳐 나가떨어지게 하는 것 정도라 할까요. "아! 도무지 안 되는구나." 하니까 준비, 스탠바이가 된 것입니다. 그러다 보니, '어? 내가 길을 걸으면서 보통은 과거를 기억해서 후회하거나, 잘한 것을 기억해 자만하거나, 혹은 앞으로 다가올 일을 상상해서 불안에 떨거나, 아니면 희망에 젖거나, 이런 식으로 내가 시간에 사로잡혀 있었구나, 아니 시간을 만들어 내고 있었구나.' 하는 집 짓는 자아를 문득 보게 된 것입니다. 그러니까 저절로 자아가 약해져 의식 관점으로 넘어갔습니다. 이것은 토니 파슨스란 개인이 한 게 아닙니다.

나는 이런 마음의 예상(豫想) 혹은 투영(投影)을 버리고 그냥 걷기로 선택한 것 같았다. 나는 각각의 발걸음들이 완전히 독특한 느낌과 압박감을 가지고 있다는 것을 알아챘다. 그리고 그 발걸음은 한순간에 있었고, 다음 순간에 사라져버렸고, 다시는 같은 방식으로 반복되지 않는다는 것을 알았다.

우리도 이 말을 듣는 순간 압니다. 당연히 매 순간은 절대로 똑같지 않습니다. 순간적으로 계속 사라져갑니다. 생멸, 생멸, 생멸, 생멸, 생멸, 생멸합니다. 그러나 생멸들이 일어나려면 생멸이 아닌 의식이 있어야 합니다. 즉 의식은 자기사랑에 의해 생멸, 생멸, 생멸을 일으킵니다.

그다음입니다.

이 모든 일이 일어나는 동안 '발걸음을 지켜보는 것'으로부터 그냥 '발걸음의 현존(現存)'으로 변환(變換)이 있었다.

이 말이 신비롭게 들리지만 전혀 아닙니다. 발걸음을 지켜보는 것, 누가 지켜보는 걸까? 위빠사나입니다. 위빠사나를 자아가 한다면 그것은 주객 이원성을 강화시키는 것이 됩니다. 자아는 위빠사나를 할 수 없습니다. 그래서 문득 발걸음을 지켜보는 것은 자아에서 발걸음의 현존, 즉 존재 의식으로의 관점 변환인데, 이 관점 변환은 토니 파슨스라는 개인이 만들어낸 게 아니라, 자아가 말랑말랑해졌기 때문에, 자아가 뭔가를 포기했기 때문에 지금 본래 있는 것이 드러난 것입니다.

그다음 일어난 일은 말로 설명할 수 없다.

그렇습니다. 자아가 없으니까, 말로 설명할 누군가가 없습니다.

나는 부적절하지만 단지 이렇게밖에는 말할 수 없다. 완전한 적막이 모든 것 위에 내려온 것 같았다.

완전한 적막, 침묵입니다. "Be still and know that I am God.", "조용히 있어봐. 그리고 우리가 바로 창조주라는 것을 알게 돼." 이 얘기입니다.

모든 것이 무시간(無時間)이 되었고, 나는 더는 존재하지 않았다. 나는 사라졌고 더는 경험자가 없었다.

이것은 순간적인 일입니다. 경험자는 다시 나타나야 됩니다. 경험자가 없는 상태에서 계속 "어!" 하고 있습니다. 그것은 마치 약에 취한 것과 마찬가지입니다. 그런 것이 깨달음이 아닙니다. 깨달음은 본래 있는 깨달음 플러스알파 상태를 우리가 분명히 이해하고 믿고 확인하는 것입니다. 이것이 돈오입니다. 그다음 거기에 따라서 일상생활을 행하고 그러면 증득, 증험, 즉 증명은 저절로 되는 것입니다.

모든 것이 무시간(無時間)이 되었고 이것은 신비한 게 아닙니다. 지금도 당장 그냥 과거를 기억하지 않고, 미래 상상 없이 1, 2초만 있어 보세요. 제일 좋은 방법이 이것입니다. "죽으면 죽으리라. 한 번 1초만 죽으면 죽으리라." 이러면 과거와 미래, 기억과 상상이 휙 날아가 버립니다. 그럼 시간이 없어집니다. 본래 시간이 있었던 것이 아니고 의식이 있었고, 의식의 좌표는 지금 여기입니다.

나는 더는 존재하지 않았다. 나는 사라졌고 더는 경험자가 없었다.

그러니까 중생이었는데 중생이 부처가 된 게 아니고, 깨달음 플러스알파인데 알파가 잠시 뒤로 물러났습니다. 이렇게 되면, 이제 본래 신분만 남는 것입니다. 부처인 중생에서 자아가 잠시 사라지니 부처만 남는 것입니다. 경험자가 없기 때문에 체험자도 없고 깨닫는 자도 없습니다.

'일체 모든 것과 동시에 하나임'이 일어난 일이었다.

왜 하나냐? 한마음이고 단일의식이니까요.

나는 내가 하나에 있었다고 말할 수 없다.

그런데, 지금은 왜 이렇게 말을 하느냐? 그것은 이제 우리의 본래 정체인 깨달음이 자아인 스피커에게 신호를 주는 것입니다. 마치 공중파가 스피커로 하여금 소리 내게 하는 것처럼. 그래서 더는 경험자가 없었습니다.

여기 우리는 하루에 8시간씩 동일한 체험을 합니다. 꿈도 없는 깊은 잠에서 우리는 동일한 체험을 합니다. 왜 그 체험을 하느냐? 꿈도 없는 깊은 잠에서는 플러스알파가 사라지고 의식만 남아 있기 때문입니다. 물론 미세한 종이 한 장 같은 그런 막이 있습니다. 우리는 매일 8시간씩 이 공원에서의 체험을 하고 있습니다. 그런데 왜 토니 파슨스처럼 이렇게 모를까? 그냥 그런 체험을 하는 줄 몰랐던 것입니다. 이제 이런 이야기를 듣고 이해함으로써 이제부터는 알게 된 것입니다. 그것이 다고, 더는 없습니다. "내가 이미 사라졌기 때문이다." 이런 말들에 속아 "아! 빨리 내가 사라져야 되겠구나." 이렇게 하지 마십시오. 지금 현재 우리는 이미 멸진정(滅盡定)이고 마하사마디(Maha-samadhi, 죽음)고, 우리는 없습니다. 그래서 부처님께서도 늘 "우리는 무다."라고 말씀하셨습니다.

"그럼 지금 무아인데, 너는 뭔 얘기를 그렇게 입으로 하느냐?" 스피커입니다. 그러니까 이 녀석은 자기가 왜 이러는지 모릅니다. 알 도리가 없습니다. 자기가 하는 게 아니니까, 그런데 생각이 '자기가 한다.' 이러니까, 내가 하는 줄 압니다. 어릴 때부터 그렇게 배웠을 뿐입니다. 그런데 육체가 유효기간이 다 하면 다시, "내가 한 게 아니네." 이렇게 됨을 저절로 알게 됩니다.

나는 단지 모든 것 일체와 하나임이 일어난 일이며, 압도적인 사랑이 모든 부분을 가득 채웠다고 밖에는 말할 수 없다.

갑자기 사랑이 왜 나올까? 단일의식 한마음은 다른 말로 사랑입니다. 자기밖에 없습니다. '천상천하 유아독존' 단일의식인 자기밖에 없습니다. 사방팔방 온통 다 자기입니다. 우리는 누구를 가장 사랑할까요? 자기 자신을 가장 사랑합니다. 그래서 자기의 다른 말이 사랑이고, 우리가 애인을 부를 때 "자기야." 그렇게 합니다. 자기, 연인은 하나입니다. 사랑이라 합니다. 사랑, 물론 자아의 사랑은 배신이 반드시 있습니다. 사랑과 전쟁, 사랑과 배신이 있습니다. 그러나 단일의식은 사랑입니다.

압도적인 사랑이 모든 부분을 채웠다. 그러니까 궁금할 필요는 없습니다. 그냥 의식입니다. 사랑은 의식이고, 왜 의식이 사랑이냐? 단일의식 자기밖에 없으니까 자기 사랑입니다.

이와 함께 전체성에 대한 완전한 이해가 왔다.

전체성? 바로 단일의식입니다.

모든 것은 영원처럼 보이는 무시간적인 순간 안에서 일어났다.

그러니까 과거에 대한 기억과 미래에 대한 상상, 즉 후회와 불안이 없으면 깃털처럼 가벼워지면서 자아가 있어도 있는 것 같지 않습니다. 물론 무거워도 됩니다. 자아가 무거워도 무거운 대로 또 없습니다. 그러니까 남아있는 거라고는 그냥 이 앎입니다. 앎만 남아 있습니다. 앎! 언제부터 알게 됐을까? 육체가 태어난 뒤에 알게 됐을까? 그러면 "육체가 태어나기 전에는 나는 아무것도 몰랐다." 이것은 어떻게 알았을까? 누구한테 들어서 알았을까? 아니면 스스로의 우리의 체험일까?

앎만 남아 있다. 이 말은 '사랑만 남아 있다.', '자기만 남아 있다.', '천상천하 유아독존'입니다.

그다음에

일어난 일과 곧이어 발생한 일이 내포한 계시가 그 본성상 너무 엄청나고 혁명적이어서 나는 이 결과를 이해하고, 받아들이기 위하여 잔디에 앉아야만 했다.

왜, 깜짝 놀랐을까요? 자아가 상상하는 것과는 너무 달랐기 때문입니다. 예를 들어, 자아가 바뀌어서 부처가 되는 줄 알았는데, 대반전입니다. 자아가 잠시 뒤로 물러나니까, 자아가 어디 갔는지 몰라 혹 사라지고 나니까 뭔가 있습니다. 뭔가 거대하고 뭔가 알 수 없는 무엇. 그러니까, '이것이다(엄지검지를 모으며)' 해도 되고, '이것이다(공간을 가리키며)' 해도 됩니다. 자아는 없습니다. 자아는 그 당시 잠시 물러났기 때문에 알 수 없지만, 이제 돌아와서 의식으로부터 정보를 전달 받아 스피커가 말소리를 내는 것입니다. 가장 좋은 이름이 의식이더라. 아! 의식만 남아 있구나!

내가 본 것은 한편으로는 단순하고 분명했지만, 다른 한편으로는 완전히 전달 불가능한 것이었다. 그것은 마치 존재하지 않는 질문에 대하여 답이 주어진 것과 같았다.

질문자가 없습니다. 그 많은 질문이 해답이 주어져 없어진 게 아니고 자아가 잠시 절망에 빠져서 혹 뒤로 물러나니까, 이제 질문자가 사라졌는데, 질문자가 사라졌더니 해답이 툭 튀어나온 겁니다. 질문자가 있는 한 해답은 안 나옵니다. 그런데 질문자가 없어지니까 느닷없이 해답이 주어지는데, 해답이 주어지는 순간에는 그 해답을 원하는 질문자가 또 없습니다. 그러니까 이게 미치고 팔짝 뛸 일입니다. 아주 재미있고 아름다운 말입니다.

마치 존재하지 않는 질문에 대하여 답이 주어진 것과 같았다.

참으로 그렇습니다. 실컷 질문할 때는 절대 답이 안 나옵니다. 수십 년 수행해도 답이 안 나옵니다. 그런데 "에라 모르겠다. 나는 안 되나 보다. 그만하자. 이제 많이 먹었으니 그만하자!" 하니까 질문자가 사라지면서 느닷없이 뭔가가 나타납니다. 그게 답인지 뭔지도 모릅니다. 그런데 알고 봤더니 답입니다. 호주머니 속에 본래 있던 보물입니다.

이미 공개된 비밀이 나에게 보인 것이었다.

자, 여기서 드디어 오픈 시크릿, 공개된 비밀이 나옵니다. 왜 공개되었느냐? 이미 우리 호주머니 안에 다 있으니까. 이미 이게 우리 것이니까, 공개된 것입니다. 그런데 왜 비밀이냐? 모르니까! 이미 우리가 보물을 가졌다는 것을 모르니까 비밀입니다. 그런데 지금 이렇게 누군가가 툭 한마디 던져주니까 알게 된 것입니다. 툭 던져주는 사람이 위대한 사람일 필요도 없습니다. 선각, 무슨 깨달은, 그런 것 필요 없습니다. 공개된 비밀입니다. 모순되죠. 비밀은 원래 감추어진 건데, 공개되었는데 비밀이다. 그러니까 아이러니입니다. 존재하지 않는 질문에 대한 대답, 공개된 비밀 같은 것입니다.

그러니까 이미 있는 걸 우리가 알아보느냐, 못 알아보느냐인데, 알아보려면 준비 상태로 자아가 노글노글해야 됩니다. 즉, 자아가 물러날 준비가 되어야 합니다. 2선으로 후퇴할 준비를 해야 하는데, 자아가 자꾸 나서서 의식을 알아보려 하니까, 그런데 알아보려는 자아가 의식의 결과물로 영원한 의식 안에서의 임시적인 가상의 주체이기에, 조그만 것 안에 전체가 들어갈 수 없습니다. 여우에게 사자가 잡아먹힐 수는 없습니다. 사자가 여우를 잡아먹지. 여우가 사자가 되는 방법은 사자에게 먹히면 됩니다. 우리도 내가 아닌 컵 속의 차를 마시면 차는 내가 됩니다. 비유입니다. 조그마한 차가 인간이 돼 버린 것입니다. 하찮고 조그마한 물이 위대한 인간이 되어 버립니다. 자기가 먹힘으로써.

그리고 알려졌거나 알려지지 않은 모든 것 일체는 이 공개된 비밀을 포함하고 이를 반영한다. 천지자연, 사람들, 태어남과 죽음, 분투하고 노력함, 두려움, 욕망 모두가 무조건인 사랑 안에 있고, 또한 사랑의 반영이다.

이 사랑을 의식으로 바꾸면 됩니다. 천지자연, 사람, 생사, 분투, 노력, 두려움, 욕망, 공포, 고통, 즐거움, 울음, 웃음, 슬픔, 외로움, 기쁨, 이 모든 게 사랑 의식 안에 있고, 의식의 반영이고 바로 의식입니다.

그다음 단락입니다.

갑자기 어떤 것이 엄습해 와서 모든 것이 새로운 감각으로 느껴졌다. 나는 이전과 마찬가지로 움직이는 잔디, 나무, 개, 사람들을 보았지만, 그러나 이제는 그들의 본질뿐만 아니라 그들의 본질이 나의 본질인 것처럼 내가 그들의 본질임을 알아보았다.

잔디, 나무, 개, 사람. 그들의 본질이 나의 본질입니다. 그렇습니다. 전부 플러스알파입니다. 깨달음 플러스 잔디, 깨달음 플러스 사람이 자아입니다. 깨달음 플러스 나무, 이렇게 됩니다. 겉모습인, 플러스알파만 제거하면 전부 의식으로 똑같습니다. 하나의 의식입니다. 잔디, 나무, 개, 사람, 여기 다 나옵니다. 그러니까 이런 선문답이 있습니다. "무엇이 부처인가?", "뜰 앞에 잣나무" 이렇게 했습니다. "자, 무엇이 부처인가?" 저 정원의 잔디를 보라! "무엇이 부처인가?" 마른 개똥! "무엇이 부처인가?", "바로 이렇게 질문하는 그것이다!"

알아보았다. 이 말은 순간적으로 '자아 관점은 가상이고, 진정한 관점은 의식이구나!' 이렇게 본래 알고 있던 건데, 플라톤식으로 얘기하면 상기(想起), 그러니까 다시 기억을 해낸 것입니다. 상기를 했다는 말입니다.

그다음입니다.

달리 말하면 그것은 마치 나를 포함한 모든 것이, 깊고 모든 것을 감싸는 사랑으로 뒤덮여지는 것 같았고, 이상한 말일지 모르지만 내가 본 것은 왠지 전혀 특별한 것이 아니었다. 그것은 평상시에는 감지되지 않는 일반적인 것이다.

여기 제일 중요한 말이 나오고 있습니다. 지금 앞에서 쭉 언급을 했습니다. 마치 굉장히 특별한 일이 일어난 것처럼 말을 해놓고는 뭐라 했나?

이상한 말일지 모르지만 내가 본 것은, 바로 이 의식입니다.

왠지 전혀 특별한 것이 아니었다. 그것은 평상시에 감지되지 않는 일반적인 것이다.

평상시에는 왜 감지 안 되었을까? 플러스알파 때문에 늘 있다 보니 일반적인 것이고 감지가 안 됩니다. 앎이 없었던 적이 있냐? 없습니다. 시공간 물체가 없었던 적이 있냐? 깊은 잠 속에는 시공과 물체가 사라지지만 아무것도 없었을까? 바로 이 의식이, 단일 의식이 있습니다. 그때는 하나됩니다. 우리는 나무와 잔디와 개와 사람과 하나가 됩니다.

"우리는 깊은 잠 속에서 세계와 일치한다."는 말이 있습니다. 세상과 하나되면 어떤 느낌인가? 깊은 잠 속에서의 느낌과 같습니다. 하나 안에는 아는 자와 아는 대상이 구분되지 않기 때문입니다. 그러면 "알았다." 다시 플러스알파가 돌아왔을 때, 가상의 주체가 가상의 대상을 '알았다.' 이렇게 스피크를 하는 것입니다.

참 멋진 말들이 여러 개 나왔습니다. 공개된 비밀이 이제 나에게 보였다. 존재하지 않는 질문에 대한 답이 주어졌다. 이상한 말이지만 특별한 것이 아니다. 평상시에 있는 일반적인 것이다.

언뜻 우리가 읽으면, "아! 이게 깨달음의 체험이고, 이런 것을 해야 되는구나." 하는데 정작 토니 파슨스 선각께서는 뭐라고 얘기하고 있나? 이것은 평상시에 있는 일반적인 것입니다. 무엇인가? 이것입니다. 의식이다! 의식은 '공간물체시간' 단일체입니다. 공간물체시간 단일체 안에 이것(몸)도 포함해야 합니다. 지금 이렇게 말하고 있는 이것도 당연히 의식의 발현입니다. "바로 부처를 알고자 하는 바로 그것이다. 그렇게 질문하는 그것이다." 이렇게 우리 스스로 고백을 하게 되는 것입니다.

# 중생 = 부처 + 알파(α) ㅣ 영적 수행과
# 종교의식으로 보물을 찾을 수 없다

2021. 10. 6.

그래서 우리는 비로소 알 수 있습니다. 부처가 기적이 아니고, 중생이 진짜 기적이라는 것을 비로소 느끼고 알게 됩니다. 그래서 깨닫는다거나, 견성한다거나, 대단한 체험을 한다는 그런 일이 전혀 기적이나 신비로운 것이 아니고, 오히려 우리의 일상적인 중생의 삶이 진정한 기적이고 깨달음의 결과물이고 진짜 체험이라는 것을 이제 실감하게 되는 것입니다.

그래서 우리가 평소 이 길에 접어든 구도자들이 분명히 이해해야 하는 것 중 하나는, 세상 삶 전체가 전도몽상이기도 하지만, 구도의 길, 영적인 길로 들어선 사람도 똑같은 전도몽상을 하고 있다는 것. 무슨 얘기냐 하면, 현재 있는 것을 돌아보지 않고 없는 것, 불가능한 것을 얻거나 바꾸려고 하는 것, 이것이야말로, 세상의 전도몽상보다도 더욱 위험한 전도몽상입니다. 그래서 전에 언급했던 공식을 좀 더 명확히 이야기해보자면, 중생이야말로 깨달음의 결과, 목표입니다. 왜냐하면 중생은 부처 플러스알파였으니까요.

중생 = 부처 + 알파(α)

다른 말로 하면, 중생은 바로 부처 플러스알파라는 게 우리의 생사입니다. 즉 자아와 세상이라는 주객의 세계로서 온갖 오욕칠정을 경험하는 것, 이것이야말로 풍부한 중생의 삶입니다. 여기서 말하는 중생은 '부처인 중생'이니까, 결국은 보살, 보디사트바입니다. 중생은 다른 말로 보살인데, 이 보디사트바야말로 기적입니다.

또 중생은, 좀 더 풀이하자면, 깨달음을 바탕으로 해서, 바로 자아와 세상이라는 '덤'입니다. 공짜로 주어진 덤입니다. 우리는 덤을 아무런 대가 없이 살아가고 있다는 얘기입니다.

중생 = 부처 + 덤
중생 = 깨달음 + (자아 + 세상)

또 다르게 이야기하면, 중생은 순수의식입니다. 의식이 자아와 세상으로 나타난 것입니다.

중생 = 단일의식 + (자아 + 세상)

자, 여기서 오래된 질문, "무엇이 부처인가?", "어떻게 하면 깨달을 수 있을까?" 이 얘기입니다. "달마가 왜 동쪽으로 왔습니

329

까?", "어떻게 하면 생사를 벗어날 수 있을까?", "어떻게 하면 윤회에서 해탈할 수 있을까?", "어떻게 하면 고통과 공포를 벗어날 수 있을까?", "어떻게 하면 꿈에서 깨어날 수 있을까?"

이 전체가 하나의 질문입니다. "무엇이 부처인가?", "무엇이 예수 그리스도인가?" 이 얘기입니다. 그러면 이 공식에 의해서 자연적으로 답이 나옵니다. 어떻게 나올까? 등식의 양변에서 같은 것을 빼줍시다. 즉 좌변 중생에서 (자아 + 세상)을 빼버리고, 우변에서도 (자아 + 세상)을 빼버리고, 양변을 정리하면 아래와 같습니다.

중생 = 깨달음 + (자아 + 세상)

중생 - (자아 + 세상) = 깨달음 + (자아 + 세상) - (자아 + 세상)

∴ 중생 - (자아 + 세상) = 깨달음----------①

그런데 부처 = 중생 - 덤이므로

∴ 부처 = 중생 - (자아 + 세상)

또한 ①식에서 좌우 항을 바꿔보면

깨달음 = 중생 - (자아 + 세상) 인데, 깨달음 = 부처이므로

∴ 부처 = 중생 - (자아 + 세상) 으로서 동일한 결과가 나옵니다.

자, 그렇다면 공부 길의 방향은 명확해집니다. 자아와 세상은 한 묶음입니다. 즉, 자아가 희박해져야 합니다. 자아가 희박해지거나 혹은 뭔가? 자아가 녹아내리거나, 저는 '뒤로 물러난다!'는 표현을 좋아합니다. 100미터 뒤로 물러난다. 혹은 자아가 드디어 자

기 자신의 원위치인 손님이 된다. 그러니까 자아와 세상을 없애라는 게 아닙니다. 마이너스 부분을 진짜 주인으로 여기지 말고, 손님으로 극진히 대접하면 됩니다. 중생의 삶 그대로 자아도 그대로 둔 채, 다만 자아와 세상이 손님으로만 되면, 그것이 바로 깨달음입니다. 무슨 특별한 계합이나 견성, 깨달음의 체험이 필요 없음이 공식에 의해 명확해졌습니다.

물론 "처음부터 전제를 이렇게 해서 그 공식이 나오는 것이 아니냐?"라고 하겠지만, 이것은 제가 만든 공식이 아닙니다. 모든 선현, 선각들께서 물려주신 유일한 반야 지혜 공식입니다. 그래서 부처라는 것은 우리가 별도로 찾을 필요 없이 우리의 기본 자산입니다. 우리의 본전이고 기본 자산이고 이것을 옛말로 그럴듯하게 "본성이다." 이렇게 했습니다. 본성, 우리의 본래 성질 내지 성품입니다.

부처라는 것은 지금 여기 있는데, 항상 있는데, 이 몸이 나타나기 전부터 있고, 몸이 죽은 뒤에도 있는데, 우리가 알아보지 못하는 것이 아니고 안 알아보려 합니다. 알아보기 싫은 것입니다.

왜? 자아는 희박해지기 싫고 녹아내리기 싫고 100미터 뒤로 물러나기 싫고 손님 대접 받기 싫고 무엇이 되고 싶다? 주인이 되고프다. 그러나 주인이 될 수 없습니다. 분명히 무아라고 했습니다. "무아는 연기, 공, 중도다." 이것은 고타마 싯다르타 부처님만 말씀하신 것이 아니고, 동서고금의 모든 선배들의 일치된 말씀이기에, 의심할 수 없고 자연히 증명이 되는 말입니다.

자, 마치 특별한 깨달음의 일별 혹은 깨달음의 체험을 이야기하는 듯이 오해하기 쉬운 이런 글을 읽을 때는 이 공식을 머리에 집어넣고 읽어야 착각을 면할 수 있습니다. 진정한 일별은 나한테만 있는 것이 아니고 모든 사람 모든 동물식물, 심지어 돌멩이도 가지고 있는 거구나! 이것이 일별이고 정견이고, 깊은 이해가 온 것입니다. 그냥 "아! 모든 것이 자아에 의해서 뒤집어져 있었구나." 이런 이해가 온 것일 뿐입니다.

세 번째 단락입니다.

왜 나이고 왜 지금일까? 어떻게 나는 아무런 대가도 치르지 않고 이런 선물을 받을 자격이 있었을까?

대가 없이 오는 것이야말로 복음, 좋은 소식입니다. "천국이 본래 우리 것이었다. 천국이 본래 너희 것이다. 하나님의 왕국이 너희들의 유산이다." 이것이 진정한 복음입니다. 왜 대가 없이 올까요? 우리의 기본 바탕이니까. "깨달음은 우리의 기본 자산이고 우리의 본전이다." 그러니까 자아와 세상이 아무리 슬프고 외롭더라도 혹은 자아와 세상이 아무리 돈과 권력이 많고 인기가 대단할지라도, 그저 모든 사람에게 평등한 덤이고 알파일 뿐입니다. 모든 사람은 깨달음, 의식, 부처로서 완전하게 동일합니다. 아뇩다라삼먁삼보리고, 무상정등정각이라는 이해 안에서는 당연히 아무런 대가도 치르지 않고 선물이 아닙니다. 본래 우리에게 있었는데, 없는 줄 알았다가 있는 것을 확인했을 때, 마치 선물 받은 것처럼 느껴질 뿐.

몇 년 전에 5만 원권 4장을 호주머니에 넣어놨는데 오래 동안 잊고 있다가 옷을 입고 우연히 주머니 속 20만 원이 확인되어 재발견 시 새삼스레 공짜선물로의 기쁨이 느껴지듯이.

나는 성서적 감각 혹은 다른 감각 지각 또한 심적으로도 순수하지 않았음은 확실히 알았다.

왜 순수하지 않았다고 알게 되었을까? 계산, 딜을 한 것입니다. 비즈니스를 한 것입니다. 기독교라 하면 하나님과의 비즈니스, 불교라면 부처님하고 비즈니스를 하는 것입니다.

"내가 당신이 말한 좋은 일을 하거나 이러이러한 수행을 하면 당신이 약속한 깨달음, 천국, 극락, 이것을 나에게 달라.", "내가 열심히 수행한다면 깨달음을 달라." 이것이 딜이고 비즈니스며 순수하지 않음입니다.

나는 규칙적인 명상적 삶 혹은 영적으로 헌신적인 어떤 종류의 삶도 살지 않았다. 이러한 밝게 비추는 계시는 내 쪽에서는 아무런 노력함 없이 일어났다.

깨달음은 자아가 어찌할 수 없는 것입니다. 자아는 깨달음의 소중한 사용 도구입니다. 그리고 가상의 주체이기 때문에 자기가 주체가 되어서 이 부처와 깨달음과 의식, 하나님을 어떻게 할 도리가 없습니다. 자아가 할 수 있는 것은 오직 뭘까? 희박해지거나 녹아내려 100m 뒤로 물러나거나 손님이 되는 것입니다. 이것이 무아, 연기, 공, 중도라고 그럴듯하게 이야기하지만, 저 단어들은 어렵습니다. 이것을 현대적으로 얘기하면, 바로 자아가 희박해지고 녹아내린다는 뜻인데, 100m 뒤로 물러나고 손님이 된다는 것이고. 이것이 연기, 공, 중도의 소식입니다.

매우 쉽고 자연스러운 방식으로 내 발걸음을 관찰하도록 내가 선택되어진 것처럼 외관상 보였고, 곧이어 이 보물이 드러났다.

왜 그럴까요? 진지한, 자아를 중심으로 한 진지한 공부 과정 속에서 "도저히 이것이 아니구나. 이렇게 해서는 되는 것이 아니구나."라는 절망 혹은 희망의 포기가 자아를 말랑말랑하고 유동적으로 만드는 것입니다. 자아가 딱딱하게 굳거나 심지어 깨달은 자아가 돼서 완전히 굳어 있는 동안은 이 보물이 드러나지 않습니다. 보물은 획득되는 게 아니고. 드러나지 않습니다. 본래 있는 보물이 드러나기 어렵습니다.

네 번째 단락입니다.

나는 또한 이 선물이 이전에도 언제나 주어져 있었고, 그리고 앞으로도 언제나 그럴 것이라는 사실을 알았다.

놀라운 발견입니다. 이 선물이, 즉 우리의 본래면목인 단일의 식이다. 이것이 언제나 주어져 있었고… 그렇습니다. 심지어 이 육체가 나타나기 전에도 있었습니다. 그리고 앞으로도 언제나 그럴 것, 즉 이 육체가 사라져도, 그러니까 자아하고는 아무 상관이 없습니다. "자아가 있거나 없거나 이것은 있다!" 그것에 대한 가장 큰 제1 직접 증거 자료가 뭘까요? 바로 꿈도 없는 깊은 잠입니다. 깊은 잠 속에는 육체도, 자아도, 세상도 없지만, 깊은 잠 속에서 이것들이 탈락하면 아직 무엇이 여전히 남아 있을까? 의식과 깨달음과 부처는 여전히 남아 있습니다. 죽음은 깊은 잠과도 같습니다. 그러다가 마치 꿈처럼 자아와 세상이 다시 출몰하는 것입니다.

이것이 바로 가장 놀라운 깨달음이었다!

여기 어디에 계합한 체험이, 깨달음이, 그런 말이 있나요? 토니 파슨스의 말을 보면, 가장 놀라운 깨달음은 무엇이었을까? 의식이 본래 애초부터 있었고, 나중에도 있을 거고, 그것은 자아나 세상과는 무관하게 있는 거구나. 존재-의식-지복입니다. '사트(Sat)-치트(Chit)-아난다(Ananda)' 이것 하나입니다. 존재-의식-지복. 그러면 자아와 세상은 뭘까? 존재-의식-지복이 자기 체험을 위해서 자기 스스로가 변신한 것입니다. 변신 로봇과 같습니다. 왜 변신했을까?

사랑의 자기 체험을 위해서입니다. 그래서 세상에 난무하는 온갖 사랑 노래와 모든 사랑은 바로 이 본래 사랑의 변주곡입니다. 그토록 우리가 갈구하고 원하던 사랑이 없을 때, 우리는 참으로 분노와 증오를 일으키고, 갈구하던 사랑이 없을 때, 큰 고통과 공포를 느끼게 됩니다. 그래서 선각들께서 우리를 사랑하사 반야 지혜의 전통을 가리켜주신 것입니다.

내가 어디서 언제 어떻게 있는 것과는 전혀 상관없이, 이 본유적 존재는 나타나 나를 껴안을 준비가 돼 있었다.

즉 자아와는 전혀 상관없이, 중생 안에는 부처가 늘 있습니다. 껴안을 준비가 돼 있는 게 아니고 늘 껴안고 있습니다. 우리가 모르는 것입니다. 껴안고 있습니다.

자, 계속 봅시다.

그리고 이 보물은 고되고 외견상 의미심장한 영적 수행과 의식(儀式)들을 통하여 의미심장한 영적 수행과 의식들을 통하여 재발견되지 않는다.

하하하, 차라리 그냥 사업이나 연애에 실패하든가, 큰 배신을 당하든가 하면, 갑자기 자아가 뒤로 물러나면서 의식이 드러나 버립니다. 오히려 그런 경우가 더 많습니다.

전혀 그렇지 않다.

다시 한번 강조하고 있습니다. "우리의 본래면목은 영적 수행이나 무슨 종교의식을 통해서는 절대로 발견되지 않는다."고 지금 못을 박고 있습니다. 이 스피커도 100%, 200% 동의하는 바입니다.

이 멋지고 모든 것을 아우르는 보물은 발걸음의 본질에서, 트랙터 소리에서, 고양이가 앉는 것에서, 고통과 거부의 느낌에서, 산 꼭대기 위에서, 혹은 시내 중심가 한가운데에서 누릴 수 있다.

산하대지 일월성신이 전부 한마음이고 의식이기 때문에 굳이 히말라야나 미얀마나 세도나를 갈 필요가 없습니다. 산속으로 들어가 머리 깎고 종교 복장을 할 필요가 없습니다. 물론 해도 되지만 할 필요가 없습니다. 그러나 하면, 뭔가의 상(相)에, 이름과 모양에 묶여버리기 때문에 그렇게 할 필요가 없습니다. 그러나 이름과 모양, 상, 명상(名相)에 묶이지 않는다면, 나마루빠(nama-rupa)입니다. 이 명상에 묶이지 않는다면, 산에 가도 되고. 시장에서 콩나물 팔면서도 얼마든지 사트-치트-아난다가 드러나는 것을 알 수 있습니다.

걸음걸음마다, 무엇이 걷는가? 의식입니다. 트랙터 소리, 무엇인가? 의식입니다. 고양이가 살포시 앉는다. 뭘까? 의식입니다! 고통과 거부의 느낌? 의식입니다. 산꼭대기에 들어가서 수행한다. 의식입니다. 시내 중심가 한가운데에서 술과 마약을 즐긴다. 의식입니다

그래서 선사들이 선문답을 합니다. "무엇이 부처인가?", "자네 어떻게 여기까지 왔는가?" 이렇게 합니다. "예, 차 타고 왔습니다.", "다 알고 있네, 다 알고 있네." 그게 부처입니다. 그런데 모진 고난을 겪어보지 않은 사람은 이 말이 엉뚱한 말로 들립니다. 그냥 맨질맨질하게 있다가 "누가 깨달은 생불이다." 그래서 가서 문답했을 때 이런 말을 들으면 아무것도 아니고, 미친 소리로 들릴 뿐입니다.

그곳이 어디든 모든 곳에서 나는 고요함과 무조건적인 사랑과 하나임(Oneness)으로 완전히 둘러싸인 채 껴안아져 있다.

그것이 '언제 어디서든' 이라는 말은 시공간 전체를 이야기합니다. 왜냐하면 시공간 물체가 곧 의식이니까. 그래서 늘 이렇게 표현합니다. "언제 어디서든 사랑은 있다.", "언제 어디서든 하나님은 있다."

이 말은 뭘까? 이 단일의식이 공간물체시간 단일체라는 얘기입니다. 즉 어디에 있든 언제 있든 간에 나는 무엇 안에 있다고? 사랑과 하나임과 고요함 속에 완전히 둘러싸여 있다. 언제? 처음부터 끝까지! 무시무종(無始無終), 처음이 없는 처음부터, 끝이 없는 끝까지 모든 것이 의식입니다. 하늘과 땅이 의식입니다.

고양이가 살포시 앉아 따뜻한 햇볕을 즐기고 있습니다. 바로 이것입니다. 다른 것이 없습니다. 그래서 진정으로 이 깨달음, 견성, 계합 체험, 이런 것이 기적이 아니고, 그것은 우리의 그냥 본래 자산입니다. 우리의 본래 밑천입니다. 그러니까 걱정할 필요 없고. 오히려 바로 중생의 삶이야말로 부처보다 더욱 풍부한 부처 플러스알파고 부처 플러스 덤입니다. 덤이 바로 선물인데, 선물은 뭐냐? 바로 이 자아와 세상입니다. 우리는 이 하나님, 부처님, 사랑, 침묵 안에서 늘 걸어 다니고 울고 웃고 하고 있습니다. 그러니까 안심하고 편안해져도 됩니다. 이제는 쉬어도 됩니다. 여태까지 깨달음 혹은 견성, 계합 체험을 찾아서 얼마나 많은 고생을 했을까? 이제는 편안하게 쉴 때도 되었고, 쉴 자격도 있음을 분명하게 그리고 간곡히 말씀드립니다.

# 눈병에 걸리면, 있는 것을 못 보고 없는 것을 찾는다 | 집 나간 자녀를 기다리는 부모는 자녀의 잘잘못을 따지지 않는다

2021. 10. 7.

우리들은 엄청난 창조력을 가지고 있기에 스스로가 스스로를 규정합니다. '우리 스스로를 그냥 시시한 중생이다' 이렇게만 여긴 다면, 중생의 힘과 중생의 언행, 그리고 중생이 가질 수밖에 없는 이 베일에 쌓인 지혜의 막힘만이 드러나고, 우리 스스로가 우리의 본래 정체인 단일의식, 즉 깨달음 혹은 부처로 여긴다면, 바로 부처님의 지혜와 부처님의 언행이 저절로 나타나게 됩니다.

자, 오늘은 이어서 두 번째 단락입니다.

나중에 나는 이 보물을 어떻게 계속 유지할 수 있는지 궁금해지기 시작했다.

여기서 말하는 보물은 지금 공원에서 우연치 않게 자아가 탈락 혹은 뒤로 물러남으로써 저절로 드러난 이 의식을 이야기합니다. 처음부터, 시작 없는 처음부터 있었고 끝이 없는 끝까지 있을 이 단일의식입니다.

이게 왜 자꾸 의심이 일어나는가 하면, 자아가 뒤로 물러났을 때는 분명합니다. 자아가 없을 때는 분명합니다. 왜냐하면 자아 자체가 의심이고 오해이기 때문에, 자아 그 자체가 의심이고 오해입니다. 그런데 우리의 본래면목이 드러나는 순간은 이 자아가 잠시 사라집니다. 그러니까 의심이 있을 수가 없습니다. 그런데 자아가 다시 돌아와서 우리의 본래 정체로부터 정보를 얻습니다. 정보를 얻어가지고 "아! 이런 게 있었구나!" 하면서도 자아 자신은 가상의 존재이기 때문에 자꾸 의심을 일으킬 수밖에 없고, 그래서 자아는 이 단일의식을 어떻게 계속 유지하고 보호하고 지킬 것인가? 걱정합니다. 소위 말하는 보림의 문제입니다.

보림하고자 하는 자아가 없을 때 단일의식이 드러나는 것인데, 어찌 자아가 이것을 지키고 유지할 수 있을 것인가? 보림이란 말은 사실은 성립되지 않는 말입니다. 자아는 도무지 알 수 없는 일입니다. 그래서 자꾸 그 일이 반복되기를 원하지만, 반복되기를 원하는 자아가 바로 단일의식의 결과물입니다. 이것을 눈치채기 전까지는, 이런 두 가지 의심이 계속 일어납니다. "어떻게 이것을 지켜야 하는 거지?"

'지켜야 한다!'는 말은 "자꾸자꾸 이것이 드러나게 하는 방법이 없나?" 혹은 "계속 드러나 있게 하는 방법은 없나?" 이 말입니다. 자아가 영원히 사라져야 되는데, 그것은 육체적 죽음입니다. 육체적 죽음이 있으면 자아는 덩달아 사라집니다. 육체가 살아있는 동안은 그런 일이 일어날 수가 없습니다. 이 전체성, 단일의식에 대한 깊은 이해만이 남아있습니다. 자아는 여전히 돌아와서 이전의 활동을 계속 이어갑니다. 물론 이제는 그 의미가 달라집니다.

어떻게 달라지느냐? 가상의 주인에서 그야말로 손님의 자리로, 본래 자리로 돌아가게 됩니다. 그러나 가상의 주인이든 손님이든, 자아의 캐릭터는 그대로 유지가 됩니다.

토니 파슨스 역시 육체적 젊은 날에는 이러한 의심과 궁금함이 일어나기 마련이었겠죠. 그래서 똑같은 이야기가 보조 스님의 『수심결』에 역시 있습니다. 보림에 대한 이야기가 딱 한 군데 나옵니다. 그것을 오늘 인용해 보겠습니다. 보림 관련 5장에서, 또 어떤 사람이 귀종(歸宗) 화상에게 이렇게 물었습니다.

"어떤 것이 부처인가?(如何是佛)", 귀종이 대답했다.

"내가 지금 말해주고자 하나 그대가 믿지 않을까 걱정이다."

"화상께서 하시는 옳은 말씀을 어찌 감히 믿지 않겠습니까?"

이렇게 하니까 귀종이 대답했다. "네가 바로 그것이다!(汝是)"

그러니까 "무엇이 부처인가?" 했더니, 곧바로 대답을 안 해줍니다. "그대가, 부처를 찾는 그대가 바로 부처다!" 이렇게 곧바로 이야기를 해주면 보통은 이것을 믿지 못합니다. '에이, 무슨 찌질한 중생이, 내가 부처인가?' 다들 이렇게 여깁니다. 그래서 먼저 준비를 시킵니다. "내가 지금 당신이 부처를 물으니까, 부처를 분명히 대답해 줄 수는 있어. 그런데 그대가 안 믿을 것이 뻔하다. 그러니 내가 좀 말해주기 싫다." 이런 얘기입니다. 그랬더니 "아니, 화상께서 늘 옳은 말씀을 하시는데, 내가 왜 안 믿겠습니까?" 했더니 곧바로 "바로 네가 부처다!"라고 했습니다. 그랬더니 중이 곧바로 다시 묻습니다.

여기에 대한 깊은 이해가 일어났으면 사실 끝입니다. 물론 이제 여기에서는 짧게 편집이 되어서 그렇지, 여러 가지 일들이 일어났을 것입니다. 그래서 "부처를 찾는 그대가 바로 부처다!" 왜냐하면 단일의식의 활동이다. 부처 의식을 찾는 그것 역시 의식이기 때문에, "바로 그것이 의식이다" 이렇게 알려준 것입니다. 그리고 중이 다시 묻습니다. "어떻게 보림 하오리까?" 어떻게 보존해서 지키오리까? 그랬더니 귀종이 대답합니다. "눈병이 걸리면 허공 꽃이 어지러이 떨어진다." 병이 있으면 고쳐야 한다. 정상이 아니라는 것입니다. 그러면 없는 것이 있는 것처럼 또 있는 것이 없는 것처럼 왜곡되어 보입니다. 이것이 오해와 착각입니다. 그러니까 보림이란 것도 바로 자아가 벌이는 오해와 착각이란 뜻입니다. 그러니까 "그 사람이 이 말씀에 깨쳤느니라." 이렇게 합니다.

즉 "그대가 부처다."에서 온전히 깨침이 안 일어났습니다. 뭔가 의심이 일어났습니다. 그래서 "어떻게 보림 하오리까?" 했더니 "그것은 엉터리다! 미친 소리다!" 이렇게 얘기를 해줌과 동시에 온전한 깨침이 일어났습니다. 지금 토니 파슨스의 이 단락과 완전히 동일합니다. 그러니까 반야 지혜의 길에 있어서 길은 단 한 가지 길입니다. 그렇기 때문에 앞서 간 선각들의 길이 그대로 답습되는 것입니다. 두 번째 단락, 다시 한번 보죠.

나중에 나는 이 보물을 어떻게 계속 유지할 수 있는지… 보림입니다. 보림할 수 있는지 궁금해지기 시작했습니다. 하고는

그러나 내가 재발견하고자 찾고 추구한 그것은 결코 성취되거나 보관될 수 없다는 것을 여러 번 반복해서 보게 되었다.

즉, 이것은 보림, 즉 보존할 수 있거나 지킬 그 무엇이, 그 어떤 물건이 아니라는 이야기입니다.

내가 해야 할 것은 없고, 이 보물을 마땅히 받을 만한 가치가 있는

무엇인가를 해야 한다는 바로 그 믿음이 그것의 처음부터 타고난 성질을 방해한다.

즉 자아가 할 일은 없다. 처음부터 타고난 성질, 우리의 본성, 본래 자본은 이 의식입니다. 그런데 이렇게 드러나 있는 의식이 있다는 사실을 알아보지 못하게 만드는 것이 무엇일까? 자아의 오해입니다. 가장 큰 오해가 무엇인가? 우리는 중생이고 부처는 따로 있다는 것입니다. 그렇게 일단 한 번 믿기 시작하면 아무리 수행해도 중생이 부처로 바뀌지 않습니다. 그래서 이 스피커가 이야기한, "중생이야말로 기적이고, 부처는 기적이 아니다." 이 말을 오해를 할 수가 있습니다. 이 상(相)에, 이름과 상에 깊이 동화되어 있다면, 오해가 분명히 일어날 것입니다. 그러나 이러한 이름과 모양에서 벗어나야 합니다. 이때 세속에서의 속박뿐 아니라 영적인 속박은 아주 큰 속박입니다. 특히 '부처님, 하나님, 예수님, 창조주' 이런 큰 말들 역시 큰 이름과 큰 모양입니다. 영적인 개념에 속박되어 있는 것, 이것은 이 세상에서의 속박보다 더 위험한 속박일 수 있습니다.

이 보물은 무조건입니다. 기독교에서 하늘로부터의 축복, 은혜, 이것은 무조건입니다. 구원은 무조건이지, 자격을 갖춘 자아는 구원을 받고, 그렇지 못한 자아는 구원을 못 받고 그렇다면, 자아가 실재하는 것입니다. 자아는 실재하는 것이 아니기 때문에 그 모든 생각들은 다 엉터리입니다. 이 부분에 오해가 많은데, 다시 한 번 반복해서 읽어봅시다.

이 보물을 마땅히 받을 만한 가치가 있는 무엇인가를 해야 한다는 바로 그 믿음이 보물을 받는 것을 방해한다.

보물이 드러나는 걸 방해합니다. 보물이 드러나려면 자아가 자꾸 뭐를 해야 됩니다. 그런데 정작 보물이 드러나는 순간은 자아가 없는 순간입니다. 그런데 자아가 자꾸 나서니 보물은 드러나지가 않습니다.

그다음에 세 번째 단락입니다.

또다시 역설이지만, 이 신성한 본성은 언제든 누릴 수 있다. 이것은 언제나 손안에 있으며 영원히 준비된 상태로 있다.⋯ 지속적이고 믿음직한 연인이 우리의 모든 부름에 언제든 응답할 준비가 되어 있는 것과 마찬가지로.

그러니까 지금 당장 자기규정, 자기의 본래 정체에 대한 믿음을 바꾸기만 하면 됩니다. 즉, 오해를 정견으로 당장 바꾸기만 하면 됩니다. 그런데 이것은 사이비가 이야기하는 자기 최면 같은 것이 아닙니다. 앞서 공인된 선현들의 말씀에 대한 믿음이기 때문에, 자기규정을 중생에서 부처로 바꾸기만 하면 곧바로 쉼이 오고 자유와 평화가 오게 됩니다.

말씀드렸듯이, 중생이라 믿으면 중생의 언행과 지혜가 나올 수밖에 없고, 부처라고 믿는다면 부처의 지혜와 언행이 나올 수밖에 없습니다. 그것은 지극히 당연한 이치입니다. 그런데 이런 관점 이동에 있어, 우리가 안심할 수 있는 든든한 증거가 있습니다. 수많은 경전, 기록이 있고, 또 지금 살아있는 여러 스피커들이 같은 이야기를 합니다. 그런데, 우리가 이것을 쉽게 믿지 못하는 이유는 무엇일까? 이 자아의 역사도 꽤나 오래되었습니다. 현대 물리학에서 알려지기로는 140억 년이 지났습니다. 이 긴 시간 동안 반복되어 온 자아의 습관이 이것을 방해하고 있는 것일 뿐인데, 이 습관의 힘은 굉장한 것이지만, 지혜의 올바른 믿음과 이해에 비하면,

그 힘은 무시할 수 있을 정도로 작아집니다.

결론은, '그냥 올바른 이해와 믿음을 일으키는 것을 원하지 않는다.'라고 생각할 수밖에 없습니다. "원한다. 원한다!" 하지만 실제로는 원하지 않는 것입니다. 즉, 다시 말하면, 진실로 물어봤을 때, "진짜 원하는 것이 진실이냐? 아니면 그냥 이 세상의 진실, 즉 돈과 권력과 이성이냐?" 이것에 대해서 진짜 되물어서 선택을 해야 합니다. 그 어떤 것이 우열이 있지 않습니다. 전부 이 의식의 발현이기 때문에 괜찮습니다. 돈과 권력과 이성을 추구하는 것이 나쁘냐? 아무도, 어느 부처님이나 예수님도 그런 말을 방편으로는 하셨지만, 궁극으로는 그렇게 말리지 않았습니다. 본인이 원하는 대로 그냥 가게 두는 것입니다.

다만 언제든 되돌이킬 수 있는 그런 기회는 계속 매 순간 주어진다는 얘기입니다. 방탕한 자식이 가출해 세상을 수십 년 돌아다닌다 해도, 부모는 늘 사랑으로 언제든지 매 순간 따뜻하게 맞이할 준비가 되어 있습니다. 집 나간 자식도 언젠가는 부모의 그런 심정을 알게 됩니다.

자, 다음을 계속하겠습니다.

내가 이것을 허용해도 이것은 있고, 내가 이것을 회피할 때도 이것은 있다.

그러니까 자아가 "깨달았다." 해도 깨달음은 그냥 있었고, 자아가 "나는 못 깨달았다!" 해도 깨달음은 있습니다. "부처나 예수님이나 하나님, 그런 것은 없어." 해도 부처님, 예수님, 하나님은 있습니다. 깨달음은 자아와 아무 상관이 없습니다.

그것은 어떤 노력이나 기준 혹은 규범도 요구하지 않으며 어떤

344

편애도 없다.

무시간의 존재는 밟아갈 길도 갚을 빚도 없다. 왜냐하면, 이것은 옳고 그름을 모르며, 심판과 죄책감을 인식하지 않기 때문이다. 이 사랑은 절대적으로 무조건적이다. 내가 귀환을 위하여 빠져나올 때 이것은 단지 분명함과 연민과 기쁨으로서 본다.

이렇게 이야기하면, "이것은 옳고 그름도 모르며 심판과 죄책감을 인식하지 않는다."이러니까 마치 굉장히 무정하고 죄책감도 모르니까 굉장한 철면피라고 우리가 오해할 수 있습니다. 그렇지 않은데, 왜냐하면, 단일의식이니까 그렇습니다. 하나 안에서, 이런 옳고 그름, 심판과 죄책감, 이런 게 있을 수 없습니다. 하나 안에서는 오직 사랑밖에 없다는 의미입니다. 사랑이야말로 엄청난 최고의 감정이고 감각입니다. 최고선이고, 절대선이라고 합니다.

마지막 구절을 봅시다.

내가 귀환을 위하여 빠져나올 때, 귀환, 즉 집으로 돌아가는 것입니다. 집으로 돌아가기 위해서 착각과 오해에서 빠져나올 때에, 이 부모의 입장은 무엇이냐?

연민과 기쁨으로써 본다. 즉 옳고 그름, 심판과 죄책감을 그런 것을 묻지 않지만, 그렇다고 무정하냐? 아닙니다. 연민과 기쁨, 자비입니다. 자비와 기쁨, 자비와 행복, 자비와 평화, 자유와 평화로써, 자유와 평화로움으로써 봅니다. 즉 모든 것이 자유와 평화로움입니다.

그다음 단락은 여기서 마칩니다. 이제까지가 본론에서 가장 중요한 부분입니다. 모든 경전에 이 방탕한 혹은 방랑하는 자녀의 이야기가 비유로 나와 있는 이유가 있습니다. 본래 자격입니다. 우

리의 본래 성품은, 마치 부모가 잘 준비해서 고생하는 자녀를 기다
리고 있듯이, 이렇게 늘 있습니다.

# 선택 없는 선택
*The Choiceless Choice*

# 나의 세계
*My World*

# 밤에 꿈꾸는 자는 내가 아니다 | 선택자? 관찰자? 감독자? 그런 것은 도무지 없다

2021. 10. 26.

한 가지 분명히 해야 할 것이 있습니다. 우리가 밤에 잠자며 꾸는 꿈은 무엇일까요? 이불 속에 누워 꿈을 꾸는 자아를 주인공이라 여기지만, 개인은 꿈을 꾸는 주체가 아니라는 사실이 반야 지혜의 핵심입니다. 많은 경전에서 반야 지혜를 가리키는 방편으로 꿈 이야기를 하는데, 그 말의 정확한 이해가 어렵습니다.

왜냐하면, 꿈을 꾸는 주체든, 행동하고 말하고 생각하는 주체든, 개인이 모든 언행의 주체고, 또 꿈꾸는 주체로 굳게 믿고 생각해 왔고 문명이 가르치기에 생각의 전환이 어려워졌습니다. 밤에 잠잘 때 꿈을 꾸는 주체는 바로 단일의식입니다. 그러므로 낮은 현실이라는 꿈입니다. 현실이란 꿈을 꾸는 주체 역시 단일의식이고. 또 단일의식이어야만 합니다. 만일 꿈꾸는 주체가 개인이라면, 지금 이 나라는 현실이라는 꿈을 꾸는 주체 역시 개인이 되어야 되는데, 그렇게 되면 선각, 선현의 가리킴이 전부 헛수고가 됩니다.

우리는 전도몽상을 뒤집어 볼 줄 알아야 합니다. 꿈꾸는 주체로 알고 있었던 이 개인은 꿈꾸는 주체가 아니고 무엇인가? 꿈꾸는 자가 아니고 꿈꾸어집니다. 즉 단일의식은, 현실이라는 꿈과 밤에 꾸는 꿈을 통해서 온갖 체험을 합니다.

이런 온갖 체험을 위해서는 반드시 대리인 내지 매개자가 있어야 합니다. 그 매개자가 현실 꿈에서는 바로 육체라는 개인이고, 밤의 꿈에서는 아스트랄 바디(The Astral Body)입니다. 마치 유령과 같은 아스트랄 바디를 통해서 밤에 꿈꾸어지는 세계를 체험합니다. 요약하자면, 낮의 현실이라는 꿈이든, 밤의 꿈이든 간에 꿈꾸는 자, 꿈꾸는 것은 무엇이냐? 육체 내지 개인이 아니고 단일의식입니다.

그러면 육체와 개인, 또 밤의 꿈에 있어서의 아스트랄 바디와 아스트랄 자아는 무엇이냐? 꿈꾸어지고 있는 대상입니다. 꿈의 내용물이죠. 이것이 반야심경에서 말하는, "전도몽상을 다시 뒤집어서 원위치시킴으로써 고통과 공포를 멀리한다." 이렇게 말할 수 있습니다. 그렇지 않고 '아, 낮의 꿈이든 밤의 꿈이든, 개인이 꿈을 꾸는 거구나.'라고 생각하면, 경전과 어록과 수많은 선현, 선각의 가리킴이 이해가 되지 않습니다. 모순이 발생합니다. 밤에 꿈을 꾸는 것은 이불 속에 누워 자는 육체도 아니고, 꿈속의 아스트랄 자아도 아니고, 바로 단일의식이 밤의 꿈도 꾸고 낮의 현실이라는 꿈도 꾸어내고 있습니다.

오늘부터 토니 파슨스, <선택 없는 선택 The Choiceless Choice>을 하겠습니다. 왜 선택 없는 선택이냐? 마찬가지 얘기입니다. 선택 없는 선택은 어떻게 해서 일어날까요? 우리는 밤의 꿈속에서 아스트랄 자아가 자유 의지를 가지고 행위한다고 생각합니다. 그러나 밤의 꿈에서 깨어나면 전혀 자유 의지를 가지고 행위한 것이 아니고 모든 것이 의식 작용이었듯이, 이 낮의 현실이라는 세계 속에서 육체가 움직여갈 때, 육체 스스로 자유 의지를 가지고 행위할 수 있을까요? 전혀 그렇지 않고 모든 것이 단일의식의 작용입니다. 그러나 단일의식은 그야말로 단일의식이기 때문에 스스로는 작동할 수 없고, 두 개 이상 분열되어서만, 자신의 대리인인 개인을 통해, 마치 스스로가 자유 의지를 가지고 하듯이 그렇게 행위합니다. 실제로는 자유 의지가 없습니다. 왜냐하면 꿈 꿔지고 있는 대상이기 때문에, 또 단일의식의 대리인이기 때문에 자유 의지는 없습니다.

그러면 단일의식은 자유 의지가 있을까요? 단일의식이기 때문에, 원니스(Oneness), 하나임이기 때문에 자유 의지를 말할 필요가 없습니다. 자유 의지라는 것은 어떻게 보면 선택의 자유인데, 하나 안에서는 선택이 없습니다. 하나 안에서는 선택이 없고 전부가 그냥 사랑 혹은 평화, 자유라고 할 수 있기 때문에, 특별히 선택할 필요가 없습니다. 선택 자체도 불가능하죠. 그러므로 자유 의지라는 개념은, 분리된 개인이라는 전도몽상 안에서 유통되고 유효한 개념이고, 진실 안에서는 불필요합니다.

자유 의지, 영혼 문제, 윤회 문제는 하나의 진실, 하나의 의식 안에서는 불필요한 희론에 불과합니다. 자아 관점에서는 중요한 문제지만, 아무리 중요해도, 그 문제를 일으키고 질문하는 자아가 가상의 주체이기 때문에, 모든 질문은 가짜 질문이 됩니다. 그럼에도 불구하고, 의식의 관점에서 삶을 살아갈 때, 토니 파슨스 님처

351

럼 선택 없는 선택을 즐겁게 하며 살아갈 수 있습니다. 즉, 꿈속에서 꿈을 깨어, 마치 자각몽처럼 꿈속에서 꿈인 줄 알고 살아갈 때, 자유로운 선택이 아니지만 자유로이 선택하는 것처럼, 마치 우리가 시뮬레이션 게임에서 어떤 캐릭터를 선택해서 게임을 할 때, 캐릭터가 자유 의지를 가진 듯이 행위하는 것과 마찬가지로, 현실이라는 꿈의 세상을 가볍게 살아갈 수 있습니다.

토니 파슨스 님의 말을 한번 들어보도록 하죠.

실재(존재) 안에서 나는 본다. 나는 아무것도 선택하거나 행한 적이 없고, 삶은 단지 겪어져 왔다는 것을.

실재는 단일의식을 말합니다. 그래서 라마나 마하리쉬께서도 무엇이 진실이냐? 『나는 무엇인가』에서 "우리의 진정한 정체는 무엇인가?" 할 때, "실재(= 존재)-의식-지복"이라 했습니다. 즉, 실재가 의식이고 의식은 사랑 자체입니다. 그러니까 즉, 자아 관점이 아니고, 의식의 관점에서 나는 본다는 것입니다.

즉, 삶은 자아가 자유 선택으로 영위해 가는 것이 아니고. "삶은 살아진다."는 얘기입니다. '살아간다.'가 아니고 '살아진다.' 수동태로 표현할 수 있습니다. 그러면 또 이렇게 생각합니다. "그러면 나는 꼭두각시의 인형에 불과한 무의미한 존재냐?" 아닙니다. 우리는 단일의식으로서 자아를 소중하게 사용해야 합니다. 의식의 관점에 서면, 자아가 무슨 핍박하거나 버려야 할 존재가 아니고, 소중한 보물과 같은, 기적 같은 소중한 보물이라는 것을 알게 되고. 그것이 관점의 전환입니다.

그래서 나는 결코 바다를 멈춘다거나 태양을 움직이지 않았고, 이미 모든 것으로 있는 그것으로부터 멀거나 가깝게 단 한 발자국도 떼지 않았다.

깨달으면, '내가 바다를 움직이고 태양을 순환시키고 공전 자전시키고 하는구나.'라고 생각할 게 아니고, 이걸 다른 말로 하면, 바다가 무엇이냐? 태양이 무엇이냐? 또 이 자아가 무엇이냐? 모든 것은 실재-의식-지복이다. 다 의식이다. 우리의 정체는 의식이다. 그래서 나는 굳이, 좀 너무 통속적인 이야기지만, 굳이 이야기하자면, "내가 바다요." 아니 "우리가 바다요. 우리가 태양이요. 우리가 바로 슬픔이고 우리가 바로 기쁨이다." 이렇게 바꾸어 말할 수 있습니다.

그래서 모든 것으로부터 우리는 멀거나 가깝게 단 한 발자국도 떨어져 있지 않다.

중용에 이런 말이 있습니다. "도야자 불가수유리야, 가리면 비도야(道也者 不可須臾離也. 可離 非道也).", "도라는 것은 결코 우리가 떨어질 수 있는 것이 아니다. 만약 떨어진다면 그것은 도라고 할 수 없다.", "도야자 불가수유리야. 가리면 비도야." 즉, 이 진실, 즉 의식, 단일의식, 진정한 우리는 육체라든가 바다, 태양과 단 한 발자국도 떨어져 있지도 않고 또 붙어 있지도 않습니다. 떨어져 있지 않다면 '하나로 붙어 있다.' 이렇게 생각하는데 그게 아니고. 바다가 무엇이냥 말입니다. 밤의 꿈에서 나타나는 꿈속의 자아와 꿈속의 태양과 꿈속의 바다가 무엇이냐는 말입니다. 꿈꾸는 의식입니다. 분리되어 있지 않습니다. 하나입니다. "도야자 불가수유리", 즉 "도라는 것은 결코 떨어질 수 없다." 이 말은 도라는 게 있고 또 우리가 있어서 이게 딱 붙어 있다가 아니고, 그냥 처음부터 하나입니

353

다. 즉, 우리의 구성 성분이 도라는 말이며 바로 의식입니다.

## 신성한 무력함을 수용하는 가운데

신성한 무력함? 이게 희한한 말입니다. 무력하다면 아무 힘이 없어 '나는 여태까지 나라고 생각한 육체와 자아가 그냥 의식의 도구고 꼭두각시고 인형이구나.' 이렇게 생각한다면, 선현, 선각들께서 방편으로 하신 말씀을 잘못 알고 자아 관점에서 이해하는 것입니다. 그러면 어떻게 될까요? 무력해집니다. '나는 자유 의지가 있는 줄 알았더니 자유 의지가 없다. 그럼 나는 아무것도 아니네? 좀비와 같네?' 이것은 자아에 대한 오해와 집착을 떨어뜨리기 위해 가리키신 방편들인데 오히려 역효과가 나버립니다. 물론 희망을 버리고 절망하는 것도 지름길로 가는 것이지만, 거기서 돌이킴이 일어나야 되는데, 안 돌이켜지고 계속 무력하기만 하면 문제가 더 커집니다. 그런데 반야 지혜에 대한 믿음과 이해가 일어나면, 그 무력함은 그저 무력하기만 한 것이 아니고. 신성한 무력함이 됩니다. 왜 신성하다고 할까요? 자아가 자유 의지가 있는 줄 알았는데 자유 의지가 없구나. 그러나 자유 의지 없는 이 자아를 실제로 소중한 보물처럼 사용하고 있는 단일의식이 바로 우리들이구나라는 이해! 이것이 신성한 것입니다. 그래서 '신성한 무력함을 수용한다.' 이 말은 반야 지혜에 대한 믿음과 이해를 바탕으로 한 가운데,

결코 나 자신의 것이라고 부를 만한 과거나 미래를 갖지 않는 자유를 즐긴다.

그래서 크리슈나무르티도 자유를 무엇이라고 정의했느냐? 나 자신으로부터의 자유입니다. 자아로부터의 자유죠. 그래서 우리는 진정 자유를 원하는데 가장 큰 걸림돌이 바로 자아였다는 얘기입

니다. 자아가 희박해지지 않고 굳건해질수록, 과거와 미래가 단단해질수록, 고통과 공포의 크기가 더욱 커지고 굳건해집니다. 그래서 그저 무력함이 아니고, 단일의식에 대한 믿음과 이해로 자아가 시공간으로부터 자유로워진 다음, 그 자유 안에서 시공간의 속박을 즐깁니다. 이것이 선택 없는 선택입니다.

그래서 중요한 질문이 나옵니다.

어떤 사람들은 묻는다. "누가 선택하고 누가 이 경이로운 혼돈을 감독합니까?"

이렇게 묻습니다. 즉 "여태까지의 모든 견문각지 언행과 마음공부를 수십 년 하는 주체가 개인이 아니라면, 누가 모든 걸 선택하고, 경이로운 혼돈을 감독합니까?" 이렇게 묻기 마련입니다. 자아 관점에서는 "누가 하느냐?" 이것을 묻습니다. 그러니까 '선택자와 감독자가 없다.' 이 말을 이해를 못합니다. 왜냐하면 단일의식이라서 자기 선택이니까, 선택이 있을 수 없습니다.

선택자와 감독자는 없습니다. 왜냐하면 진실로 다른 것이 있어야 선택할 수 있는데, 진실이 다른 것이 아닌 불이(不二)라면, 당연히 선택자나 감독자가 필요 없습니다. 그래서 자유와 사랑 안에는 그런 것이 도무지 없습니다. 관찰자도 없고 선택자도 없고 감독자도 필요 없습니다. 그래서 토니 파슨스께서는 이렇게 말합니다. "누가 선택하고 누가 이 경이로운 혼돈을 감독합니까?" 이에 대한 대답은 토니 파슨스 님의 버전으로는 이렇게 말합니다.

그러나 한 번 사랑의 품 안에 놓이면 문제될 것은 아무것도 없고, 마치 내가, 즉 자아가 선택하는 것처럼 살 수 있으며 놓아 보냄을 기뻐한다.

자아가 자유 의지를 가진 것처럼 진정한 주체인 것처럼 살아갈 때는 오히려 고통과 공포만 있었는데, 반야 지혜의 가리킴에 대한 믿음과 이해가 일어난 이후에는, 자아는 비록 자유 의지가 없지만, 결국 문제될 것은 아무것도 없고. 모든 것이 기쁨으로 변합니다. 즉, 실재가 의식이고 의식이 곧 사랑과 자유입니다.

# 능단금강보검 | 우리의 진정한 정체는 이름과 모양의 한계 너머에 있다

2021. 11. 2.

"이 세상의 모든 것, 모든 일, 즉 이 세상이 곧 단일의식이다." 이 세상 안에는 우리들 자아도 포함되어 있습니다. 그래서 "나와 세상이 곧 단일의식이다." 이것이 반야 지혜의 핵심입니다. 모든 선각께서 우리의 고통과 공포를 달래주기 위해 이렇게 말씀을 하셨고, 이 복음을 전해들은 자들은 이렇게 물었습니다. "그 말씀을 어떻게 해야 믿고 이해할 수 있겠습니까?"

이때 모든 선각께서는 능단금강보검(能斷金剛寶劍)의 방편을 쓰셨습니다. 선각들께서 쓰신 방편, 능단금강보검은 다음과 같습니다. 현재 우리가 당연시하는 것에 시간과 공간이 있습니다. 시간과 공간은 어떻게 있게 되었을까? 시간과 공간은 이름과 모양으로 존재합니다. 그래서 반야 지혜의 본체, 즉 단일의식을 확연하게 보도록 하기 위해 선각께서는 "이름과 모양을 일단 걷어내어 보라." 이렇게 말씀해 주셨습니다. 즉 시간과 공간에서, "시간과 공간이라

357

는 이름을 떼어내어 보라."는 얘기입니다. 시간과 공간에서 시간과 공간이라는 이름을 떼어낸 후에 거기에 의식이라는 이름을 살짝 얹어보라. 혹은 마음이라는 이름을 살짝 얹어보라는 얘기입니다.

진리, 불성, 생사해탈을 찾는다면, 시간과 공간이라는 이름이 제거된 그곳에 진리, 불성, 생사해탈이라는 이름을 살포시 얹어보라고 가리킨 것이고, 현대적인 대체재는 '의식'이라는 이름입니다. 그래서 우리가 막연히 시공간 속의 조그만 자아로 무력하게 갇혀 있는 줄로만 알았는데, 알고 봤더니 바로 이것이 의식이고 마음이었습니다. 이것은 내 마음 네 마음 따로 있는 것이 아닌 우리 마음이라는 얘기입니다. 단일의식으로서의 우리입니다. 그러면 여기에서 끝나느냐? 아닙니다. 시공간에서 이름이 떨어져 나가면 모양도 자연히 떨어져 나갑니다. 여기에 의식 혹은 마음이라는 이름을 살포시 얹은 다음, 이에 대한 믿음과 이해가 자라난 이후에는, 다시 의식이라는 이름도 천천히 떨어져 나갈 것이고, 그 이후에 여전히 남아있는 것, 생사와 무관하게 낮의 현실 혹은 밤의 꿈과 무관하게 남아 있는 이것이 바로 반야 지혜의 핵심, 우리들 자아를 고통과 공포에서 자유와 평화로 인도하는 바로 '마하반야바라밀다'였다는 것이 이제 드러나게 되는 것입니다.

이 세상의 창조 원리는 이름과 모양으로 창조되는 것입니다. 기독교 성경에도 "빛이 있으라." 이렇게 이름을 붙입니다. 이름과 모양으로 우주와 세상과 모든 존재는 창조됩니다. 이름과 모양이 창조 원리입니다. "빛이 있으라.", "태초에 사람이 있으라.", "태초에 선과 악이 있으라." 이렇게 이름과 모양으로 온갖 것들이 창조되었고, 되고 있고, 앞으로도 될 것이지만, 이 모든 것은 전부 단일의식입니다.

그래서 이것을 전통적인 방식으로 요약해보면, '의식이 있다. 단일의식이 있고 여기에서 이름과 모양은 하나다.'입니다. 헬렌 켈러께서 설리번 선생에게 'Water'라는 이름을 들었을 때 세상이 모양을 갖추게 되었다라고 회고하고 있습니다. 의식에서 이름과 모양이 나오고, 이름과 모양이야말로, 바로 나와 세계를 구성합니다. 이것이 창조 원리이고 부처님의 십이연기에서 무명(無明), 행(行), 식(識), 명색(名色), 육처(六處), 이런 식으로 똑같이 말씀하셨습니다.


의식 ⟹ 이름 모양 ⟹ 나·세계
(識)     (名色)
-창조 원리-


식(識)이고, 여기는 이제 명색이 되겠습니다. 나마루빠(nama-rupa)라고 합니다. 이름과 모양, 그래서 우리는 세계 안에 갇혀있는 작고 찌질한 자아로만 여겼지만, 나와 세계의 본질을 추구해서 들어가는 것입니다. 창조 원리를 역순으로 돌려보면, 나와 세계는 이름과 모양이었고, 이는 허망한 것이 아닌, 단일의식으로서의 신, 의식 혹은 영성이었습니다. 그래서 창조 원리는 다른 말로 제1원리입니다. 제1원리라는 것은 스스로 존재하는 유일한 것입니다.

'천상천하 유아독존'할 때 그 독존, 스스로 존재하는 유일한 것, 즉 연기하지 않고 다른 것에 의지하지 않고 모든 것의 원인이 되는 제1원인, 제1원리가 창조 원리고, 이것은 나와 세계로부터 역추구해 들어갔더니, 바로 단일의식이었습니다. 여기서 우리가 오해를 일으키는 부분을 불식시켜야 됩니다. 이 창조 원리, 제1원리 혹은 제1원인 이렇게 이야기하면, 이것들도 전부 이름과 모양입니다. 창조라든가, 원리, 원인, 제1원리, 이름과 모양조차도 이름과 모양입니다. 나와 세계 역시 이름과 모양이듯이 이 모두가 이름과 모양이기 때문에 이름과 모양이 일으키는 이 최면에 우리가 다시 속을 수 있습니다.

그래서 이 부분을 다시 명확하게 하자면, 의식이라는 것이 있어서 이것이 이름과 모양을 만들어내고, 이름과 모양이 다시 나와 세계를 만들어낸다는 것이 아닙니다. 무슨 이야기냐 하면, 이름과 모양이 곧 의식이고, 나와 세계가 곧 이름과 모양이고 그렇기 때문에 나와 세계는 곧 의식입니다. 그러니까 이런 것이 3단계로 이루어지는 것이 아니고 그냥 하나 안에서의 불변이라는 얘기입니다.

그러니까 이름과 모양은 늘 나뉘기 때문에 모순이 되는데, 의식이 스스로 자기 자신을 드러내는 것입니다. 의식이 스스로를 드러내든가 혹은 '자기 체험'은 이렇게밖에 얘기할 수 없습니다. 혹은 의식이 자기 사랑을 하기 위해서는 이름과 모양으로 나타내야만 하고, 이름과 모양은 곧 나와 세계로 나타나는 것이었습니다. 요체는, "의식이라는 게 따로 있고 이름과 모양이라는 게 따로 있고, 또 나와 세계라는 게 따로 있다는 오해를 하지 말라."는 얘기입니다. 이 모든 것은 하나입니다. 본래 하나고 지금도 하나고 앞으로도 하나일 것입니다. 그렇기 때문에 물변천론(物變遷論), 반야무지론(般若無知論), 이런 말들이 성립할 수 있습니다. 하나 안에서 단일합니다.

그렇기 때문에 의식은 다른 말로 사랑일 수밖에 없습니다. 왜 그럴까? 하나이기 때문입니다. 하나! 사랑의 다른 이름은 하나입니다. 하나. 그래서 불경도 팔만대장경도 한마디로 얘기하면 뭐냐? 마음 심(心)이라 하고, 단일의식, 한마음이기 때문에 이것은 현대적 용어로 사랑, 자비라고 합니다. 자비라 하면 꼭 나와 타인을 구분하는 것 같기 때문에, 자비라는 말보다는 사랑이 더욱 낫겠습니다. 그래서 우리가 오해하지 않아야 될 것이, 창조라 하면 창조주가 있고 피조물이 있다고 우리가 늘 생각하기 때문에 문제인 것입니다. 여기서 말하는 창조는 창조주와 피조물이 하나입니다. 자기 창조적 피조물 혹은 자기 피조적 창조주입니다.

의식이 이름과 모양으로 되고, 이름과 모양이 나와 세계로 된 것인데, 그렇기 때문에 자아가 자기 근원을 찾아가기 위해서는 이름과 모양을 잠시 유보해야 됩니다. 이름과 모양을 유보한다면 본래의 것이 드러날 수밖에 없습니다.

다음으로 원서에서 8장, <나의 세계 My World>입니다.

My World, 나의 세계는 My Story라 할 수도 있고, 낮의 현실이든 밤의 꿈이든 전부 꿈에 해당합니다. 그러나 이 꿈이라는 것이 사실은 개방되어 있습니다. 왜냐하면 단일의식의 활동이기 때문에 개인적인 것이 아닙니다. 어느 분이 질문했습니다. "밤의 꿈은 다른 사람은 알 수 없는 것이기 때문에 개인이 주체가 되는 것이 아닌가?" 그렇지 않습니다. 밤의 꿈도 공동의 꿈이므로, 즉 밤의 꿈 속에서 누군가를 만나고 생각한다면, 실제로 누군가를 만났고 생각한 것입니다. 낮의 현실도 마찬가지입니다. 낮의 현실에서의 체험은 주로 생각, 느낌, 감각으로 합니다. 이 체험 역시 매우 개인적이고 은밀합니다. 그러나 이것을 모든 개인들의 분할된 세계로 보지 않습니다. 하나의 세계 안에서의 사건으로 보는 것입니다.

나의 세계로서 내가 경험하는 것들 안에는, 모든 것들이 나에게만 완전히 독특하다. 다른 그 누구도 내가 경험하는 빨간색, 마시는 차의 맛, 내 두려움과 행복의 느낌, 발걸음의 느낌, 꿈꾸는 느낌, 혹은 잠 깨는 느낌을 알 수 없다.

자, 이것을 뭉뚱그려 말하면, 낮이든 밤이든, 낮의 현실이든 밤의 꿈속이든, 혹은 깊은 잠이든 간에, 이 감각, 생각, 느낌은 독특합니다.

시간 속에서 내 경험들이 내 믿음들을 크게 형성(形成)하고, 그리고 내가 믿는 것을 내가 다시 경험하게 되는 것처럼 보인다.

이렇게 개인적 독특한 느낌이야말로 분리의 느낌입니다. 모든 것과 분리되고, 고립되어 홀로 있다는 이 느낌, 이것을 『반야심경』에서는 전도몽상(顚倒夢想)이라 했습니다. 자아를 실제로 행동하는 주체로 여기기 때문에, 단일의식의 대리인 혹은 스피커가 가상의 주체인 자아를 진정한 주체로 여기니까, 그 믿음에 의해서 연속적으로 모든 분리의 느낌, 독특한 느낌, 개인적인 느낌, 은밀한 느낌이 일어납니다. 그러나 실상은 그 어떤 것도 개인적이거나 은밀하지 않습니다. 그래서 공개된 비밀입니다. 공개되어 있습니다. 단지 우리가 착각 내지 오해를 하고 있는 것입니다. 모든 체험은 단일의식의 체험이기 때문에 그렇습니다. "개인마다 체험이 다양한데 왜 자꾸 단일의식의 체험이라 할까?" 단일의식의 체험이라도 다양한 체험이 당연히 일어날 수 있는 것입니다. 그다음입니다.

이러한 두 동포(믿음과 경험)의 상호작용이 순간순간 매일매일 내 삶의 스토리에 영향을 미치는 것처럼 보인다.

동포라는 것은 같은 종류입니다. 믿음과 경험, 즉 믿는 대로 경험되고, 경험되니까 또 믿음이 일어난다는 얘기입니다. 깨달음의 체험도 마찬가지입니다. 모든 최면과 전도몽상은 마찬가지 원리입니다. 무언가를 믿으면 경험이 일어나고 그 경험 때문에 믿음이 강화되고 이런 식으로, 결국 호모 사피엔스 문명과 문화가 수천수만 년 동안 건립되어 이토록 굳건해진 것입니다.

그래서 일상적인 이야기가 그것입니다. "우리 정체는 우리의 믿음이 결정한다." You are what you believe, 이렇게 얘기합니다. "당신은 당신이 믿는 바로 그것이다." 이렇게 이야기를 할 수도 있습니다. You are what you believe. "당신 정체는 바로 당신이 믿는 그것이야." 이 얘기입니다. 그래서 시크릿류의 책이 한때 유행을 했었습니다. 그렇다면 기왕에 믿는 거라면, 최고의 믿음, 바로 반야 지혜에 대한 믿음을 차라리 선택하는 것이 낫겠습니다.

자, 계속 봅시다.

존재의 이 수준에서는, 나는 "나의 이야기"라는 제목의 영화에서 제작자, 시나리오, 작가, 출연자, 대본·음악 감독으로 나타난다.

그러니까 개인으로 살아가든, 깨달은 사람이 되어 공인으로 살아가든, 그 모든 것은 실제로는 단일의식의 활동입니다. 그러니까 깨달은 사람이든 못 깨달은 사람이든 총감독자는 바로 단일의식입니다. 총감독자가 아니고, 감독자는 없습니다. 감독만 있습니다. 있다면 감독 하나만 있습니다.

가능한 한 가장 솔직하게 내 삶을 돌아보면, 겉보기에 내가 어떻게 나의 특정한 신념 체계가 광고해 온 그런 종류의 영향력과 이미지에 완벽하게 꼭 알맞은 사람들, 사건들, 그리고 행동 양식들을 나에게로 끌어들였는지를 본다.

즉, 우리는 어떤 관점이 있습니다. 특정 관점을 가진다면 그 관점에 걸맞은 사건이 일어나고, 그런 인연이 오게 됩니다. 그래서 우리는 늘 이상하게 생각합니다. '왜 나한테는 자꾸 이런 일이 생기지?' 하지만 그것은 자기 자신의 관점 때문에 그런 것입니다. 왜냐하면 창조자고 감독자이기 때문에 그런 스토리를 좋아하는 것입니다. 그렇다면 지금의 삶을 바꾸려면 시나리오와 관점을 바꿔야 됩니다. 관점을. 계속 이어지는 자아 안에서는 자아의 스토리가 이어질 수밖에 없습니다.

지금 이 말을 언뜻 잘못 추측하면, "아, 자아의 삶을 개선하기 위해서는 믿음, 신념 체계를 바꿔야 되는구나."라고 오해할 수 있습니다. 그러면 이게 시크릿이 되어 버립니다. 그것은 A라는 자아에서 B라는 자아로 변할 수는 있지만, 고통과 공포라는 과목은 여전합니다. 즉, A라는 고통과 공포 감옥에서 B라는 고통과 공포 감옥으로 건너갈 뿐이지 감옥에서 나올 수는 없습니다. 그래서 전혀 다른 이야기를 하는 것입니다. 그러니까 "각 개인의 믿음이 개인의 스토리를 만든다. 즉 개인이 만나는 사람이라든가 사건이라든가 여러 가지 행동 패턴, 이런 것들이 개인의 믿음과 관점에 의해 만들어 진다." 이 얘기는 틀린 말은 아니지만, 그렇기 때문에 "개인 관점을 바꿔라." 이 얘기가 아닙니다. 오히려 그 관점이 A든 B든 개인 관점은 아니라는 얘기를 하고 있는 것입니다.

예를 들어 우리가 감옥에서 나오려는 것이 목표면, 구치소의 A교도소에서 B교도소로 옮겨가려는 게 아닙니다. 그런데 시크릿은 A교도소에서 B교도소로 옮기는 방법을 이야기하는데, 물론 교도소의 환경이 A보다는 B가 낫다면, A에서 B로 옮겨감이 낫겠지만 이는 처세술, 자기 개발하는 셈입니다. 우리의 목표는 생사 문제의 해결이지, 자아 개발 처세술을 배우고 실행하자는 게 아닙니다. 그런데 생사 문제 해결이라는 것은 교도소에서 해방되거나 자유롭게 되는 것입니다. 처우가 조금 나아질 수는 있지만 여전히 교도소 안이라면 여전히 속박되어 있는 것입니다.

그래서 생사 문제 해결이 아닌 경우에는 자아 개발이나 처세술이 필요할 수 있습니다. 그래서 시크릿류의 유행처럼 믿는 대로 이루어지니까 믿음을 좀 좋은 것으로 바꾸면 됩니다. 그러나 생사 문제의 해결은 그런 이야기와 전혀 다릅니다. "모든 이름과 모양을 일단 유보하라."는 얘기입니다 "A라는 믿음에서 B라는 믿음으로 바꾸라." 그 얘기가 아니고 "자아의 모든 믿음을 멀리하라."는 이야기입니다.

그다음입니다.

많은 사람은 이러한 개념에 대하여 매우 흥분하게 되고,

그렇습니다. 그럴듯합니다. 마치 이와 같습니다. "네가 노란 안경을 쓰고 있으면 세상이 다 노랗게 되니까. 좋아. 네가 빨간 세상을 좋아한다면 빨간 안경으로 바꾸면 된다. 즉, 세상 모든 것을 바꿀 필요 없이 안경 하나만 바꾸면 된다."는 말은 너무나 그럴듯하고 좋게 들리기 때문에 흥분하게 됩니다.

만약 우리가 우리의 생각 패턴과 신념 체계를 바꿀 수 있다면 우리 삶의 경험 방식을 바꿀 수 있다고 권유하고 또한 가르친다.

그렇습니다. 대부분의 영적인 학교에서는 이런 식으로 가르칩니다. 그래서 어떤 소소한 개인적 체험도 하게 되고, 이것이 깨달

음으로 둔갑하기도 합니다.

이것은 그럴듯해 보이지만, 그러나 그들은 전적으로 핵심을 놓친 것이다. 왜냐하면 우리 진정한 정체는 경험과 신념의 한계 너머에 있기 때문이다.

그러니까 모든 선현, 선각께서 가리키신 바는 개인적 신념, 즉 자아가 주체라는 이 전도몽상을 뒤집어라. 이것이 반야 지혜인데, 이것이 변질되어 개인 종교가 되어 버렸습니다. 즉, 단일의식 종교가 모든 선각의 가리킴인데, 개인 종교로 바뀌었습니다. 왜, 자아는 못 받아들일까? 자아에게 직설적으로, "자아, 너는 유령과 같아. 자아, 너는 귀신이다. 자아, 너는 좀비야." 어찌 보면 이렇게 들릴 수밖에 없는데, 사실은 복음입니다. '자아가 유령이다.' 이 말은 '진짜 우리는 의식이다.' 이 말과 같은데, 뒤의 말은 듣지 않고, 계속 "나는 자아가 전부다."라는 신념에 고착되어 있기에, 그 말을 거부하고 말을 변형시키는 것입니다. 반야 지혜를 레벨 다운시킨 것이죠.

그래서 개인 세계로 끌어와, '아! A라는 신념 체계를 B라는 신념 체계로 바꾸면, 선각께서는 "신념 체계에 따라 이 세상이 창조된다. 즉, 어떤 이름과 모양을 믿느냐에 따라 너의 세계가 결정된다."했기 때문에 '그렇다면 이 개인의 신념을 바꾸면 세상도 바뀌겠구나.' 합니다. 이것은 여전히 감옥 안에 들어있는 것입니다. 여러 선각께서 우리에게 가르치신 바는 '자아의 경험과 신념 너머에 있다'는 말로 "이름과 모양을 잠시 뒤로한 바로 그곳에 단일의식이 드러난다."는 얘기입니다. 그래서 괄호 안에 주석을 조금 달았습니다. 그래서 한때 유행한 '시크릿'이라는 이름과 모양이 있었습니다.

이 얘기입니다. 신념, 어떤 이름과 모양을 믿느냐에 따라서 나 와 세계가 그대로 창조됩니다. 이러한 원리를 가리키신 이유는 전 도몽상에서 깨어나게 하기 위함인데, 자아는 이것을 탈법적으로 이용하는 것입니다. "어떻게 여전히 전도몽상 안에서 그 꿈의 내 용을 여하히 바꿀 것인가?" 아무리 바꿔도 100년을 넘어갈 수는 없습니다. 그리고 그렇게 원활하게 바뀌어지지도 않습니다. 그래 서 이렇게 다시 이어갈 수 있습니다. 마지막 구절입니다.

이것은 그럴듯해 보이지만, 그러나 그들은 전적으로 핵심을 놓친 것이다. 즉, 단일의식은 경험과 신념, 즉 자아의 경험과 신념, 자아 의 이름과 모양 너머, 왜냐하면 우리 진정한 정체는 이름과 모양의 한계 너머에 있기 때문이다. 이렇게 말씀하고 계십니다.

# 그렇다 치고, 그러면 이 세상에서
# 어떻게 살아야 합니까?

2021. 11. 4.

지금 이 세상에서 벌어지고 있는 일들이 얼마나 희한하고 재미있고 동시에 슬픈 눈물로 얼굴을 적시게 하는지 모르겠습니다. 우리는 도처에서 이런 일들을 봅니다. 특히 생사 문제의 해결을 위해서 길을 나선 수많은 분들, 그리고 반야 지혜를 구하고 경험하기 위해 길을 나선 많은 분들께서 관찰되는 묘한 일들이 참으로 많습니다. 그중에서 제일 희한한 것이 바로 '깨달음 게임'입니다. 견성 게임 혹은 체험 게임입니다. 이 게임은 모든 이원성의 법칙 안에서 일어나는 다른 게임과 똑같이 일어납니다.

우리는 생사 해결의 길을 위해 이 길을 나선 이후, 세상에서 벌어지는 이원성 속의 고통과 공포를 벗어나고자 이원성을 벗어나는 길로 들어섰으면서도 여전히 이원성 안에 있습니다. 왜냐하면 '깨달았다, 못 깨달았다.' 게임, '견성했다, 견성 못했다.' 게임, '체험했다, 체험하지 못했다.'는 게임 속에 여전히 들어 있기 때문입니다. 이것은 감옥의 교도소를 벗어난 게 아니고, A교도소에서 B교도소로 자리를 옮긴 것일 뿐이라고 말할 수 있습니다.

자세히 관찰해야 합니다. 당연히 선각, 선현의 말씀에 의지해야 합니다. 『반야심경』에도 그 무엇에도 의지하지 않지만 "보리살타는 반야바라밀다에만 의지한다."라고 되어 있습니다. 반야바라밀다에 의지한다는 것은 무엇일까? 바로 이원성을 벗어난 의식 관점에서 나와 세상을 해석하는 것입니다. 그래서 이원성 게임, 깨달음 게임, 견성 게임, 체험 게임을 어떻게 바라봐야 할까? 이 반야바라밀다에 의지해서 바라볼 필요가 있습니다.

"나는 아직 깨닫지 못했다." 이것이 무엇인가? 우리는 막연히 '내가 아직 무슨 공부나 수행이 부족하거나, 마음 닦음이 부족해서 깨닫지 못했다.'라는 최면 속에서 그렇게 생각합니다. 그러나 반야바라밀다에 의지해서 관찰해보면 "나는 아직 깨닫지 못했다." 이것은 자아나 육체의 활동이 아니고 단일의식의 활동입니다. 그러면 "나는 이제 비로소 깨달았다." 이것은 무엇인가? 이것 역시 자아나 육체의 활동이 아니고 단일의식의 활동입니다. 그래서 "못 깨달은 중생이나 깨달은 부처나 같다." 이것이 대승 보살의 이념입니다. 보디사트바입니다. 같습니다.

보살은 다른 말로 '아뇩다라삼먁삼보리'입니다. 평등한 깨달음. 바로 이 단일의식입니다. 즉 "나는 아직 깨닫지 못했다."가 의식이고, "나는 깨달았다."가 의식입니다. "나는 견성했다."가 의식이고, "견성 못했다."가 의식이고, "나는 체험했다."가 의식이고, "체험하지 못했다."가 의식입니다. 그러니까 이제는 '깨달음, 견성, 체험', 이런 이름과 모양에 관심을 가지지 말고, 오직 단일의식에 대한 믿음이 일어나기만을 또 믿음이 일어나지 않는 데 대해서만 염려해야 됩니다.

이름과 모양이 주는 최면에서 우리가 벗어나기가 어렵기 때문에, 선각의 말씀들을 인용하는 것은 하루에 수백 번 해도 지나치거나 과장되는 것이 아닙니다. 왜냐하면 매 순간 우리는 자기 최면을 강화시키고 있기 때문입니다. 이름과 모양에 대한 최면은 이름과 모양으로 다시 풀어내야 합니다. "그럼 어떻게 해야 될까?" 이렇게 물을 것입니다. "그러면 이 세상 속에서의 삶을 어떻게 영위해 나가야 되느냐?" '어떻게'가 필요 없습니다. 방법이 필요 없습니다. 왜냐하면 자아에 관심을 기울여도 자아는 여전히 굴러가고, 관심을 기울이지 않아도 자아는 이전대로 굴러갑니다. 왜냐하면 육체와 개인을 운영하는 것이 자아가 아니기 때문에 그렇습니다.

그러니까 이렇게 말할 수 있습니다. "자아는 운영 주체가 아니다." 그럼 무엇이 운영 주체냐? 단일의식입니다. 운영 주체는 단 하나밖에 없습니다. 그러면 우리가 여태까지 운영 주체로 알고 있었던 자아는 무엇이냐? 해설자 혹은 설명하는 자입니다. 마치 우리가 스포츠 게임을 볼 때 해설자 말입니다. 축구에서 플레이어들이 플레이하는 것만 보고는 우리가 잘 알지 못합니다. 해설자의 설명이 도움을 주죠. 그런데 해설자가 엉터리면 멀쩡한 플레이가 있는 그대로 설명되지 못하고 왜곡됩니다. 자아는, 어찌 보면 있는 그대로의 해설자가 아니고 자기식대로 왜곡시키는 해설자입니다. 이렇게 우리가 알 때, 우리는 "그러면 이 세상을 어떻게 살아가야 될까? 자아에 관심을 끊어버리면, 우리가 제대로 살아갈 수 있을까?" 묻게 됩니다.

예, 살아갈 수 있습니다. 플레이어는 반야 지혜지 자아가 아니고, 자아는 여태까지 해설만 했습니다. 해설은 생각입니다. 생각 없이도, 생각이 없어야 더 잘 할 수 있습니다. 운동이든 브리핑이든 무엇을 하든 간에 자아의 힘이 빠졌을 때, 자아가 flexible하고 희박해지면 오히려 실제 플레이가 더 잘 됩니다. 그래서 우리는 걱정합니다. "아, 그래? 그러면 자아가 실제 주체인 줄 알았는데 유령 내지 귀신에 불과하구나." 쉽게 얘기하면, 생각하는 귀신이네. 그 호모 사피엔스, 생각하는 귀신이 자아인데, "그러면 우리가 이 세상을 어떻게 살아가지?"

걱정하지 마십시오. 내리막길의 자전거와 같습니다. 내리막길에 자전거는 페달을 안 밟아도 가고, 밟아도 갑니다. 어떤 분은 이렇게 비유했습니다. "달리는 기차 안에서 머리 위에 짐을 지고 있다." 머리에 짐을 지고 있지 않으면 짐이 옮겨지지 않을 것을 염려하지만, 짐을 내려놓아도 달리는 기차 안이기 때문에 짐은 옮겨지고 있습니다. 축구나 야구의 플레이어들은 해설자가 해설을 하지 않아도 플레이가 펼쳐집니다.

그러니까 축구 해설자는 해설할 뿐, 실제로 골을 넣을 수는 없습니다. 그러니까 "나는 깨달았다." 이것은 "해설자가 골을 넣었다.", "나는 아직 못 깨달았다." 이 말은, 해설자가 "나는 꼴을 못 넣었다." 이 말과 같습니다. 해설자는 영원히 골을 넣는 게 아니고 해설만 하는 역할입니다. 그러니까 이게 좀 재미있고도 슬픕니다. 웃픈 현실이 되어버립니다.

자, 네 번째 단락입니다.

내 본래면목을 재발견하기까지, 나는 어떤 종류의 존재를 만들어내기 위하여 애써 왔을까?

그러니까 자아가 열심히 공부하고 종교 수행을 해서 부처님이나 혹은 신과 합일한다거나 부처님이 되거나 신과 합일을 하게 된다는 것은 감옥을 벗어나고 싶어서 길을 나섰는데, 그저 감옥 A에서 또 다른 감옥 B로 옮겨가기 위해서 애쓴 것밖에 안 됩니다. 그 원인은 단 하나입니다. 해설자에 불과한 자아가 자신을 운영 주체로 잘못 알고 있는 것입니다. 만병의 근원입니다.

보림의 문제도 마찬가지입니다. 어떤 선각의 언하(言下)에 대오를 했습니다. 그런 대오한 순간이 지나서 즉시 자아가 돌아왔을 때, 자아는 속삭입니다. "이 깨달음을 어떻게 내가 유지·보관할 수 있을까?" 이것은 또다시 병이 순간적으로 나았다가 도진 것입니다. 그래서 "눈병이 있으면 헛것이 보인다." 이렇게 얘기합니다. 방 거사(龐居士)는 얘기했습니다. "있는 모든 것을 없이 할지언정 없는 것을 있다고 여기지 마라." 이렇게 이야기했었습니다. 마찬가지입니다.

내 본래면목이, 우리 본래면목은 단일의식입니다. 이것을 발견하기 전까지는 우리는 자꾸 자아를 건드립니다.

(판서하며) 렛잇비 Let it be. 비틀즈 음악인가? Let it be. 건드리지 말라는 것입니다. 받아들일 필요도 없고, 안 받아들일 필요도 없고, "있는 그대로를 받아들여라." 안 받아들여집니다. 그렇게 할 필요 없이 그냥 건드리지 않으면 됩니다. Let it be. 건드리지 마라. 그냥 둬. 왜냐? 이미 기차는 달리고 있으니까. 자전거는 지금 내리막길에서 잘 가고 있으니까. 렛잇비입니다. 받아들일 필요도 없고, 안 받아들일 필요도 없습니다. 그냥 Let it be!

그다음입니다.

내가 원한다고 생각하는 것이 내가 진실로 필요로 하는 것임을, 나는 어떤 근거를 가지고 분명히 알 수 있는가?

근거가 없다는 것입니다. 자아가 원하는 것은 모두 연기 법칙 안에, 조건 법칙 안에 들어 있습니다. 수시로 바뀝니다. 근거가 없습니다. 우리는 아무 근거가 없지만, 선택하는 순간에는 철석같이 믿습니다.

내가 만들어야만 할 것에 대한 생각이 당신의 생각보다 더 좋거나, 혹은 우리 각자가 개인적 미래상을 가지고 서로 충돌할 것일까? 이것은 반복하여 발생하고 나타나는 패턴이다.

우리가 자아로 존재하는 한, 세상에 사랑은 출현할 수 없습니다. 자아의 역할은 무엇인가? 최대한 육체를 생존시키고 번식시키는 것입니다. 이것은 나쁜 것도 좋은 것도 아닙니다. 선악을 떠난 얘기로 자연입니다. 무위자연(無爲自然). 자아 역할이 이렇게 분명한데, 이런 자아를 가지고 "서로 사랑하고 협력하라." 이렇게 말해 버리니까, 자아가 성이 나서 십자가에 매달게 해버린 것입니다.

단일의식에 대한 믿음과 이해가 눈꽃만큼이라도 있다면 사랑의 가능성은 열리고, 우리 인류는 한 단계 다른 종으로 진화할 것입니다. 호모 사피엔스가 아니고, 호모 카인드니스(kindness) 호모 러블리니스(loveliness) 같은 다른 종으로 변모할 가능성이 비로소 생기는데, 그 단초는 자아가 가난해지고 단일의식이 풍부해지는 것입니다. 자아는 가난해지고 의식은 풍부해지는 것! 이것의 반복이 인류에게 나타난 전쟁과 증오를 종식시키고 사랑과 평화와 자유를 가져오는 유일한 길이 될 것입니다.

373

그다음 단락입니다.

이런 관념을 추구하는 사람들이 깨닫지 못하고 있는 점은, 그것은 우리가 원한다고 생각하는 것을 만들어 내려는 바람과 욕망 너머에 있다는 것이다.

그것은, 여기서 그것은 반야 지혜입니다. 반야 지혜 혹은 진정한 우리의 정체는 자아의 생각 내지 해설, 그것을 넘어갑니다. 단일의식이 드러나려면 자아는 뒤로 물러나야 됩니다. 우리는 처음에는 이것을 알 수 없습니다. 자아 관점에서 자아로부터 자유로워지면서 길을 나섭니다. 그러나 모든 학교에서는 다시 자아를 끌고 옵니다. 자아를 중심에 놓고 공부하고 수행하다가 절망에 이르고. 동시에 자아가 희박해지면 가능성이 태동하고. 여기에서 처음으로 단일의식에 대한 믿음과 이해가 일어나고, 그때 우리는 길을 걸으면서 풀 한 포기도 감히 밟을 수 없는 묘한 심정을 처음으로 느끼게 됩니다. '사랑이란 이런 것인가?' 이렇게 스스로 되돌아볼 수밖에 없는 그런 인연이 반드시 오게 됩니다.

그다음 구절입니다.

여기에는 숨은 의도가 있다. 이와는 다른 훨씬 더 강력한 원칙은, 완전하게 본래 나타난 것이지만, 평소에는 인식되지 않는, 계속 작용하고 있는 무조건적인 사랑이다. 이것이 핵심적인 삶의 역설이다.

그러니까 이게 역설, 패러독스입니다. 아이러니와 패러독스이기 때문에 우리는 웃으면서 눈물을 흘릴 수밖에 없습니다. "나는 못 깨달았다." 이것이 무조건적인 사랑입니다. "나는 깨달았다." 이것도 사랑이지만 "나는 아직 못 깨달았다." 이것은 무엇이 하고 있느냐? 바로 계속 작용하고 있었던 무조건적인 사랑입니다. 자아 관점에서 무엇인가를 추구하는 것이 스톱되고, 멈추어질 때 어떤 일이 일어날까? 자아의 해설이 멈추고, "나는 아직 깨닫지 못했구나."가 "바로 바로 이거였구나.", "무조건적인 사랑이었구나." 이렇게 드러납니다.

우리가 자아 관점에 매여 있을 때는 비밀인데, 자아의 해설이 어느 순간 딱 멈추면 어떻게 될까? 오픈되며 드러납니다. 이것이 'Open Secret', 공개된 비밀의 원리가 되고, 이 비밀은 우리가 이 'let it be'를 안 해서 비밀이었지, 알고 봤더니 우리 모두의 호주머니 안에 들어 있었던 타고난 우리의 권리였습니다. 무엇이? 마하반야바라밀이 바로 타고난 우리의 권리이자 우리의 정체였습니다. 그리고 우리가 할 수 있는 유일한 일은 사랑밖에 없다는 희한하고도 재밌고도 웃기고 슬픈, 이 비밀이 이제 백일하에 드러나게 되는 것입니다.

# 꿈에서 깨는 것이 목적이라면
# 아예 처음부터 꿈꾸지 않으면 되지 않나?

2021. 11. 5.

자아란 무엇인가? 단일의식의 관점이 아닌 모든 것을 자아, 자아상 혹은 세계상이라 합니다. 자아는 진정한 운영 주체가 아니고, 진짜 플레이어도 아닙니다. '있는 그대로'를 이런저런 방식으로 해석하고 해설해 주는 해설자입니다. 일은 이미 일어났는데, 그 이후 일어난 일을 이런저런 관점으로 해설을 해주는 해설자입니다.

이것을 어떤 사실로 확인할 수 있을까요? 우리의 일상 경험을 보면, 자아의 관여 없이 대부분이 저절로 일어납니다. '루틴(routine)'이라 하며 저절로 작동되는 이것을 무위자연이라고도 합니다. 일상의 루틴 속에 자아는 없습니다. 우리는 자아가 늘 감시감독을 하고 있다고 여기지만 자아는 없습니다. 모든 것이 단일의식의 활동입니다. 개별적이고 분리된 자아가 무수히 많다고 우리는 오해하고 있을 뿐입니다. 꿈속에서도 마찬가지입니다. 밤의 꿈속에 등장하는 특정 자아를 우리 자신으로 여깁니다. 꿈을 깨고 나면 꿈 세상 전체가 나 자신이었음을 뒤늦게 알지만, 현실이라는 꿈 또한 마찬가지입니다. 자아는 진정한 플레이어가 아닌 해설자입니다. 우리 일상에서 루틴한 대부분의 일은 저절로 일어납니다.

그럼 자아는 언제 나타날까? 그것은 우리의 경험으로 명확합니다. 다른 자아와 투쟁할 때, 자아를 방어할 때, 다른 자아와 협상을 벌일 때, 즉 육체의 생존과 번식에 관여되는 응급상황 발생 시 자아는 명확하게 나타나 강력한 해설을 펼칩니다. 흥분한 해설자가 됩니다. 그러면 이렇게 물을 수 있습니다. 아니, 우리가 투쟁하고 협상하고 자기 방어하는 것 말고도, 엄청나게 좋은 일도 많이 하지 않느냐? 자아가, 사랑하고 용서하고 배려하는 '인의예지신'도 펼치지 않느냐?" 이렇게 반론을 제기할 수 있습니다.

그러나 사랑은 자아가 하는 것이 아닙니다. 사랑이 나타날 때는, 자아 희생이라는 사회적으로 영웅적 행동이 나타날 때는, 자아가 저기 100미터 뒤로 물러나 있는 순간적 상황에서, 단일의식이 진짜 플레이어로 나타납니다. 그러면 흔히 이루어지는 수많은 사랑은 사회에서 자아들이 펼치는 사건 아니냐? 참 안타까운 일이지만, 그것은 사랑이란 가면을 쓴 협상, 즉 비즈니스 협상, 딜(deal)에 가까울 가능성이 매우 높습니다. "진정한 사랑은 자아가 잠시 부재하거나 물러날 때 저절로 나타납니다."

그래서 제대로 잘 굴러가는 모든 일은 자아가 없거나 자아의 힘이 빠졌을 때, 즉 자아가 가난해졌을 때 일들이 더 잘 풀린다는 것을 경험으로 잘 알고 있습니다. 시험 치거나, 운동, 브리핑, 면접, 사업 다 마찬가지입니다. 우리는 호모 사피엔스 종이 매우 독특하고 영적인 걸로 알고 있지만, 사실은 80%, 90% 여전히 육식 동물 관점입니다. 생존과 번식, 갈등과 투쟁, 전쟁과 자기방어, 이것이 대부분을 차지하고, 사랑과 배려, 자유와 평화를 공동으로 이루어 나가는 부분에 있어서는 미숙하기에, 아직 육식 동물의 관점을 유지하고 있습니다.

그러나 문제는 없습니다. 우리가 우리 자신의 진정한 정체를 늘 믿고 이해하고 기억한다면, 아무 문제는 없습니다. 순간적 도약이 이루어집니다. 진화는 서서히 이루어지는 게 아니라 순간적으로 끝나버립니다. 왜? 이미 모든 것이 완전함, 제1원인의 결과이기 때문에 더 이상 진보, 진화할 필요는 없지만, 겉모양 속에서 우리는 다양함을 즐기고 있습니다. 다양함의 즐김 그것을 자아 관점에서 볼 때, "아, 진보한다, 진화한다, 혹은 퇴보한다, 퇴화한다." 이렇게 해설을 붙이는 것입니다.

그다음 페이지입니다.

우리가 그것이라고 알고 있는 모든 존재는, 시간의 한계 속에서 우리의 진정한 본모습을 기억해낼 수 있도록 우리를 쉼 없이 초대하고 있는, 드러나지 않는 원리의 그림자에 불과하다.
그림자 안에는 옳은 것도 그른 것도, 더 좋거나 더 나쁜 것도 없다. 단지 초대장만 있을 뿐이다.

플라톤의 동굴의 비유가 생각나는 구절입니다. 우리가 알고 있는 모든 것, 즉 나와 세상, 즉 자아상과 세계상입니다. 자아상과 세계상은 무엇인가? 단일의식의 자기 체험, 자기 사랑입니다. 그렇기 때문에 육식 동물의 관점을 유지하고 있는 자아상과 세계상 그 자체는 무엇일까? 사랑과 단일의식의 나타남입니다.

꿈속의 모든 내용물은 가짜지만 동시에 그 모든 것이 단일의식의 나타남이기 때문에 진짜입니다. 그러면 또 이렇게 됩니다. "자아상과 세계상은 해설자에 불과하지만, 의식 관점에서 보면 의식 그 자체다."라고 역설적인 이야기를 할 수밖에 없게 됩니다. 그러니까 모든 선각들께서 깨닫고 나면, '이상하다. 반야 지혜를 믿거나 이해하고 나면 깨달음 혹은 부처란 게 별도로 없구나!' 합니다. 그냥 쉽게 얘기하겠습니다. "깨닫기 전에는 부처가 있었는데 깨달은 후에는 부처가 없다."는 얘기는 묘합니다. 부처가 되려고 깨달았는데 깨닫고 나니까 부처가 없더라는 얘기입니다. 언어의 한계가 분명히 있습니다.

우리가 알고 있는 모든 존재, 나와 세계는 무엇일까? 바로 초대장입니다. 테마파크 안에서 우리가 이런저런 테마를 즐기고 있지만, 너무 실감나게 즐겨서 고통과 공포도 진짜가 되어 버렸습니다. 실감나게 즐기는 테마파크의 모든 테마는 무엇인가? 여기는 테마파크니까 곧 집으로 돌아가야 합니다. 물론 별도의 돌아갈 집은 없습니다. "테마파크, 이것이 바로 고향이다."라는 본래의 기억을 되살려주기 위한 초대장입니다. 무엇이? 슬픈 일이, 기쁜 일이, 미워하는 일이, 사랑하는 일이, 나와 이 세계 자체가 바로 초대장입니다. 이렇게 토니 파슨스께서는 말씀을 하고 계십니다.

그다음입니다.

왜냐하면, 우리가 존재와 협상해야만 하는 분리된 개인으로 있다는 경험 안에 갇혀있는 동안은, 우리는 꿈을 꾸는 상태로 남아있기 때문이다.

자, 그러면 꿈을 깨면 이 모든 것이 사라지느냐? 그렇지 않습니다.

꿈을 깨도 여전히 이어지며 그 모습은 완벽하게 동일합니다. 전삼삼 후삼삼(前三三 後三三)입니다. 오료동미오(悟了同未悟)입니다. 완전히 깨닫고 났더니, 깨닫지 못함과 같더라. 그러면 "꿈을 꾸는 상태로 남아 있는 것이 나쁜 것인가?" 이렇게 질문할 수 있습니다. "만약에 전후가 똑같다면, 굳이 꿈에서 깨어날 필요가 있을까?"라고 자아는 질문할 것이고. 또 질문해야만 합니다.

그러나 우리가 테마파크를 너무 실감나게 즐기다 보면, 고통과 공포가 실제로 고통과 공포를 만들어내게 되고. 그 안에서 우리는 우리의 본래면목을 알 수 없게 됩니다. 소위 말하는 자유와 평안이 우리의 본모습인데, 그것을 우리가 알 수 없게 되는 슬픈 일이 있을 뿐입니다. 굳이 선택한다면, 여전히 꿈을 꾸는 것을 선택해도 "No Problem."입니다.

모두가 '킹덤 오브 헤븐', 즉 하나님의 집 안에 있어 그 안에서 어디를 가든 다 하나님의 집안이기는 하지만, 다만 그곳이 하나님의 집안이라는 것을 모르는 상태에서는 뭐랄까? 고통과 공포가 있기 때문에, 그리고 그렇다 해도 울지 않으면 다행인데 자꾸 웁니다. 눈물을 흘리니까. 우리가 너무도 사랑하는 어린 자녀들이나 심지어 동식물이라 할지라도 생명을 가진 모든 중생들이 눈물을 흘릴 때, 우리는 달래줄 수밖에 없습니다. 꿈에서 깨어나기를, 고통과 공포를 달래줄 수밖에 없습니다. 고통과 공포를 선택하고 웃으면서 즐긴다면 "No Problem."입니다.

자, 세 번째 단락입니다.

그런 꿈의 상태에서는, 우리가 행하는 모든 것은, 긍정이 그 정반대의 것에 의하여 정확하게 상쇄되어 평형으로 돌아가는 대극(對

極)의 법칙에 지배 받는다.

즉, 상대성의 법칙, 연기 법칙의 지배를 받습니다. 모든 게 이 원성에 의해서 건립됩니다. 이것과 저것이 독립적으로 있는 것이 아니고, 이것이 있기 때문에 저것이 있고, 저것이 있기 때문에 이것이 있습니다. 즉 이것과 저것 자체에는 알맹이가 없습니다. 즉, 유령이고 팬텀, 도깨비입니다. 그런데 왜 이렇게 두 개가 존재하는 것처럼 보일까? 서로 솥의 발처럼 의지해 있기 때문에 마치 존재하는 것처럼 보입니다. 그래서 하나가 툭 떨어지면 다른 것도 당연히 의지할 바가 없어 사라집니다. 있으려면 동시에 있고, 없으려면 동시에 없습니다. 쌍생쌍멸(雙生雙滅)이라 합니다. 그래서 사랑과 전쟁입니다.

이 대극의 법칙에 지배 받는다. 이것이 이름과 모양으로 이루어지는 나와 세계의 창조 원리입니다. 상대성의 법칙, 그러나 금강경 사구게처럼, "모든 상대성이 상대성이 아님을 본다면 즉시 생사를 벗어난다."했습니다. 약견제상비상(若見諸相非相) 즉견여래(卽見如來), 모든 이원성이 사실은 이원성이 아닌 단일의식임을 본다면, 약견제상비상 즉견여래, 곧바로 여래를 보는 것입니다. 즉, 생사를 벗어나 버리는 것입니다. 그렇다고 생사를 벗어나 어디 신선이 되느냐? 어디 외계 우주로 날아가 버리느냐? 아닙니다. 생사를 벗어난다는 것은 생사 안에서 생사를 쓴다는 것입니다. 생사를 사용합니다. 생사를 사용하고 있었음을 비로소 압니다.

깊은 숙고를 통하여, 우리는 모든 것이 모습만을 바꾸며 그 자체 저절로 계속 반복하는 수레바퀴 위에 있다는 것을 발견하게 된다.

그렇습니다. 모든 것이 재활용, 재생산되는 것입니다. 이런 말을 한다고 또 영혼, 윤회를 상상하면 안 됩니다. 영혼 없이도 얼마든지 재탄생할 수 있습니다. 그랜저 1이 그랜저 3으로 재탄생할 때, 그랜저 영혼은 필요 없습니다. 아이폰 11이 아이폰 13이나 14로 재탄생할 수 있습니다. 그렇다고 아이폰 영혼이 꼭 필요로 하는 것은 아닙니다.

우리는 모든 것이 모습만을 바꾸며 그 자체 저절로 계속 반복하는 수리 바퀴 위에 있다는 것을 발견하게 된다.

그러니까 물불천론(物不遷論)입니다. 바뀌는 것은 없습니다.

우리는 우리가 외견상 창조한 것을 파괴하고, 우리가 외견상 파괴한 것을 다시 재창조한다.

우리는 밤낮으로 그렇게 합니다. 밤에 나와 세계를 다 파괴하고, 아침에 일어나서 나와 세계를 늘 다시 건립합니다. 공동의 꿈 속에서 말입니다.

그리고 우리가 자유 의지와 선택에 대하여 무엇을 믿는지에도 불구하고, 우리는 우리가 조건적 반사작용 및 신념체계의 설정에 따라 반응하고 응답하는 신성한 연극 안에서 꿈꾸어지는 등장인물이라는 것을 보게 된다.

개인에게 자유 의지가 있느냐, 없느냐를 수천 년 동안 철학적으로 논해왔지만, 형이상학의 제1주제라고도 할 수 있는 자유 의지 문제는 아직 해결나지 않았습니다. 두 가지 중의 하나입니다. 자유 의지가 있다, 없다. 그러나 이것은 가짜 질문입니다.

자유 의지를 논하려면, 먼저 자아가 실재해야 됩니다. 실재하는 것을 전제해야 '자유의지가 있느냐, 없느냐.'를 논할 수 있습니다. 가상의 주체, 가상의 운영자 혹은 실제 플레이어가 아닌 Non-player character 혹은 해설자에 불과하다면, 실체 없는 것에 대해서 자유 의지를 논하는 질문 자체가 성립될 수 없습니다. 그래서 부처님께서도 "이러한 10가지 질문에 대해서 대답하지 않으셨다." 우리는 꿈꾸어지는 등장인물입니다. 그러면 허망하고 허깨비고 허수아비냐? 절대 그게 아닙니다. 꿈속의 자아든 현실의 자아든, 매우 소중한 존재입니다. 왜? 우리가 우리의 자기 체험 혹은 사랑의 자기 체험을 위해서는 반드시 필요했습니다. 이 세상은 왜 이렇게 존재하느냐? 이렇게 존재할 수밖에 없기 때문에 이렇게 존재합니다.

> 우리가 진보적이라고 보는 우리의 모든 꿈의 세계는 오직 다른 가능성을 반영하기 위해서만 작용하는 완벽하게 균형 잡히고 정확히 중립적인 상태의 매개변수(媒介變數)의 작동 범위 안에 있다.(緣起法則)

이 문장은 약간은 복잡한데, 우리는 나와 세계가 "진보해야 한다." 혹은 "퇴보하고 있다." 이런 논쟁을 많이 하고 심지어 영혼이 있어서 "영혼이 계속 진화해서 결국은 신과 합일해야 된다." 이렇게 이야기하는데, 이것은 이미 하나 안에서, 매우 중립적인 것 안에서 양변으로 펼쳐진, 즉 상대성의 법칙에 의해 일어나는 일입니다. 이것은 진보나 퇴보 그런 것이 아닙니다. "그냥 있는 그대로다."를 이야기하는 것입니다. 있는 그대로를 예전에는 이것을 연기 법칙이라 했고, 중도(中道), 공(空)이라고도 했습니다. 그래서 "무아, 중도, 연기, 공은 같은 것입니다.

진보와 퇴보는 해설입니다. "설명 가능한 백만 가지 방법 중의 하나입니다. one of 100만입니다. "진보하고 있군. 퇴보하고 있군." 이것은 무엇의 관점일까요? 가상의 운영 주체인 자아 관점에서는, 때에 따라 진보로 혹은 퇴보로 볼 수도 있습니다. "영적인 진화가 있다." 혹은 "그런 것은 없다." 할 수도 있습니다. 그러나 그런 것은 전부 연기 법칙 안에서 일어나는 이원성의 결과고 실재하는 것은 무엇이냐? "차 한잔 하시게!" 이것입니다. "아니, 모든 것이 꿈속이고 이원성의 연기 법칙 안에 있다면, 즉 모든 것이 제로섬 게임이라면, 실재하는 것, 실체는 도대체 무엇인가? 나에게 보여주십시오!"

"뜰 앞의 잣나무", "저기 버스 소리" 이렇게 했단 말입니다. "뜰 앞에 잣나무", "버스 소리", "차나 한잔 하시게." 이것은 초대장이 아니고 "이미 여기 있다."는 소식입니다. 이것이 바로 존재고 의식입니다. 존재인 동시에 의식입니다. 존재가 곧 의식입니다.

우리는 꿈에서 깨어나는 것 외에는 전혀 다른 목적이 없는 꿈을 꿈꾸는 자들이다.

현대적으로 이야기하면, 우리는 테마파크에서 이곳이 테마파크라는 사실을 알고 즐기기 위해, 테마파크 안에서 울고 웃는 그러한 테마파크 안에 있는 사람들입니다. 이렇게 말할 수도 있습니다.

그러면 이렇게 물을 수 있습니다. 자아 관점입니다.

우리는 꿈에서 깨어나는 것 외에는 전혀 다른 목적이 없는 꿈을 꿈꾸는 자들입니다.

복수로 표현했지만 사실은 단수입니다. 꿈을 꿈꾸는 의식입니다. 그러면 이렇게 물을 수 있습니다. "아니, 꿈의 목적이 그냥 깨어나는 것이라면, 뭐 하러 처음부터 애시 당초 꿈을 왜 꾸기 시작했느냐?" 이렇게 물을 수 있습니다 "꿈에서 깨어나는 것이 유일한 목표인 꿈꾸기라면, 아예 처음부터 꿈을 안 꾸면 되지 않느냐?" 이렇게 물을 수도 있겠지만, 이게 또 아이러니하게, 꿈에서 깨어나려면 먼저 꿈을 꾸어야 됩니다. 어린아이들의 놀이가 똑같습니다. 어린아이들이, 어릴 때 동네 앞에서 해가 저물도록 열심히 놉니다. 그 놀이의 목적은 무엇일까? 없습니다. 놀이 자체입니다. 그러나 그 놀이가 영원히 이어지지는 않습니다. 집으로 돌아가면 우리는 편안합니다. 집으로 돌아와 저녁밥을 먹으며 회상합니다. '아, 아까 놀이할 때 너무 힘들었구나.' 육체가 고단함을 느끼고 또 다른 평안을 느낍니다. 놀이할 때는 즐거웠고 집으로 돌아갔을 때는 또 다른 평안을 느낍니다. 그럼, 집으로 돌아가서의 평안을 느끼기 위해서는 낮에 즐겁게 놀아야 됩니다.

적절한 비유인지는 모르겠지만, "꿈을 꾸는 이유는 무엇이냐?" 이렇게 물을 때, "꿈을 꾸는 이유는 꿈꾸는 그 자체다."라고 말할 수밖에 없습니다. 또 그리고 "기왕에 깨어날 거면 뭐 하러 꿈을 꾸느냐?", "예, 깨어나기 위해서는 꿈을 먼저 꾸어야 한다." 저녁 때 엄마가 "누구야~ 집에 와서 밥 먹어라."라는 아름다운 목소리와 분위기 속으로 들어가기 위해서는 친구들과 열심히 땀 흘리며 뛰어놀아야만 합니다.

다음으로,

실상 우리는 우리가 그것에 응답하든 안 하든 무조건인 사랑에 둘러싸이고 껴안아져 있다. 시간 안에서 우리의 경험은, 우리가 다시 깨어나는 데 필요한 특별하고 고유한 필요성에 맞추어, 큰 규모의 사건들과 작은 미묘한 차이점들까지 정확하게 맞추어진 완벽하게 적절한 나타남을 설치한다.

누가 설치하느냐? 우리 자신이, 단일의식이 적절하게 모두 안

배해 놓았습니다. 그래서 걱정할 것 없습니다. 해설자가 걱정할 것이 없습니다. 이미 플레이어들이 다 안배해 놓았습니다. 팀 워킹 혹은 셋업을 다 해놓았습니다. 이것을 '시절 인연'이라 합니다. 시절 인연은 이미 다 세팅되어 있습니다.

　나머지는 다음 시간에 하고, 그다음에 중요한 주제가 나옵니다. The Death of the Mind/Body. <마음과 몸의 죽음>에서 육체와 자아의 죽음에 대해서 본격적으로 말씀을 하게 됩니다.

# 나는 누구인가? |
# 반야 지혜를 이해하는 자는 누구인가? |
# 아무것도 아니면서 동시에 모든 것

2021. 11. 6.

　　반야바라밀다 혹은 지혜라고 하는 것은 무엇일까요? 육체와 자아와 세상 삼라만상 모든 것이 한마음 혹은 단일의식의 활동 내지 작용입니다. 이것이 마하반야바라밀다 혹은 반야 지혜입니다. 그리고 깨달음은 무엇일까요? 반야 지혜에 대한 믿음과 이해를 일으키는 시절 인연을 깨달음이라고 하고. 그 주체는 개인이 아닙니다.

　　여기서 결정적인 의심이 일어날 수 있는데, 어떤 의심이냐? 즉 "이 반야 지혜를 믿고 이해하는 주체는 누구일까?"라는 질문입니다. 그런데 이 질문 이전에 왜 선각들께서는 반야 지혜만을 계속 이야기하셨을까? 그것은 반야 지혜에 대한 믿음과 이해가 가느다란 실마리처럼 일어난다 할지라도, '이 믿음과 이해의 주체는 누구인가?'라는 질문은 일어나지 않거나, 성립할 수 없는 질문이기 때문입니다. 무슨 얘기냐 하면, "믿음과 이해의 주체가 누구인가?"라는 의문에 앞서야 되는 것이 무엇이냐? 믿음과 이해가 앞서야 된다는 얘기입니다. 믿음과 이해가 없이, 의심만이 일어나서 그 생각에 사로잡힌다면 믿음과 이해를 일으키는 시절 인연이 계속 연기된다고 말할 수밖에 없습니다.

그래서 전통적으로는 이런 질문에 대답을 안 해왔습니다. 『전등록』이나 어록을 보면 이렇습니다. 학인이 찾아와 묻는다. "무엇이 부처인가?" 이렇게 물으면 "내려놓아라!" 이렇게 답합니다. 학인 입장에서는 답답할 수도 있습니다. 학인은 아직 자아의 관점이기 때문입니다. 그래서 이렇게 항의를 합니다. "아니, 지금 다 내려놓고 너무 궁금해서 질문 드리는데, 왜 엉뚱하게 이러십니까? 이미 다 내려놓았는데, 뭘 내려놓으라고 그러세요?" 이렇게 다시 어필할 수 있습니다. 그럴 때 통상은 "그렇다면 계속 짊어지고 있어라!" 이렇게 대답을 한 사례가 있습니다. 그러나 이 방법은 현대에 와서 현대인에게는 불친절하게도 느껴질 수 있습니다. 그래서 현대적 방편으로 최대한 친절하게 대답을 해볼까 합니다. 물론 이전 방편이 다 잘못되거나 나쁘다 할 수는 없습니다. 나름대로의 배려와 큰 친절함이 숨어 있을지도 모릅니다. 왜냐하면, 자아가 수십 년을 수행했다 할지라도, 근본 착각이 올바른 정견으로 대체되지 않는다면, 다 내려놓은 줄 알지만, 전혀 내려놓지 않은 상태일 수 있기 때문입니다. 쉽게 얘기하면, 자아가 희박해지거나 유동적이 돼야 되는데 더욱 딱딱해졌을 수 있습니다. 영적인 자아, 즉 세속적 자아가 영적인 자아로 더욱 굳건해져 있을 수 있다는 얘기입니다.

이런 자아에게 진실을 이야기했을 때, 자아는 충격을 받을 수 있기 때문에 그에 대한 배려로서, 오히려 부정적인 충격으로 인해서 '이 지혜의 길을 가는 길을 돌이켜서 본래 상태로 돌아가라.'는 노파심에서 그렇게 했을지도 모르겠습니다. 어쨌든 현대적 방편으로 이 질문에 한번 대답을 해보도록 하겠습니다. 모든 일과 모든 존재는 반야 지혜의 활동 내지 작용인데, 여기에 대한 믿음과 이해를 일으키는 주체는 누구일까? 그런 주체는 없습니다. 오로지 있는 것이라고는 믿음과 이해라는 얘기입니다. 누가 반야 지혜를 이해하고 믿는가? 곧, 반야 지혜입니다. 이렇게 쉽게 말씀드리겠습니다.

믿음과 이해의 주체 이전에 우리가 흔히 하는 질문이 있습니다. 'Who am I?'입니다. "나는 누구인가?", "우리는 누구인가?" 이렇게 질문을 합니다. 그래서 이런 대답을 듣습니다. "육체와 자아는 우리가 아니다. 생각, 감정, 느낌, 기분은 우리가 아니다. 태양, 달, 뜰 앞의 잣나무, 저 버스 소리도 우리가 아니다. 시간과 공간도 우리가 아니다.", "그렇다면 우리는, 나는 누구인가? 나는 무엇인가?", "우리는 존재 의식이다. 사트-치트-아난다.", "존재-의식-축복이다.", "존재-의식-즐거움이다.", "존재-의식-사랑이다." 이렇게 우리의 정체를 선각들로부터 들었습니다. 또 이것을 풀어 이야기하면, "우리는 그 어떤 것도 아니다. 그 어떤 특별한 것도 아니지만, 차라리 이 모든 것이다." 이렇게 이야기할 수 있습니다. 존재, 의식, 사랑은 무엇이냐? 이 모든 것입니다. 그 어떤 특별한 것도 아니지만 차라리 이 모든 것입니다. 즉, 'nothing and simultaneously everything'입니다. '아무것도 아니고 그리고 동시에 모든 것'입니다.

그래서 공안 중에 하나가 있습니다. "만법귀일(萬法歸一) 일귀하처(一歸何處)", "만법은 하나로 돌아가는데, 이 하나는 어디로 가는가?" 이 얘기입니다. 만법은 하나로 돌아갑니다. 어디로 돌아갈까? 단일의식입니다. 만법은 아무것도 아니면서 차라리 모든 것인 이 단일의식입니다. 그런데 이 단일의식은 또 어디로 돌아갈까? 단일의식은 어디로도 가지 않고, 갈 수도 없습니다. 불래불거(不來不去)입니다. 왜 그럴까? 아무것도 아니면서 동시에 모든 것이니까. 즉 모든 시공간에 이미 있고, 모든 시공간이 바로 이 하나기 때문에, 이 하나는 어디로도 가지 않지만 이미 모든 것은 어디로 가 있습니다.

자, 그러면 "이 반야 지혜에 대한 믿음과 이해를 도대체 누가 일으키고 믿고 이해하는가? 그게 누구인가?"라는 질문에 대한 답을 할 준비가 되었습니다. 그래서 이제 대답해 보죠. "이 반야 지혜에 대한 믿음과 이해를 누가 일으킬까?", "내가 일으킨다. 우리가 일으킨다." 그러면 "나는 누구이고, 우리는 누구인가?", "육체, 자아, 태양, 달, 잣나무, 그 어떤 것도 아니면서 차라리 이 모든 것인 존재 의식이다. 이 존재 의식을 다른 말로 반야 지혜라고 한다." 즉 "반야 지혜에 대한 믿음과 이해는 곧 반야 지혜인데, 이 반야 지혜를 누가 믿고 이해할까?" 했을 때, 그것은 우리고 나이지만, 우리고 나의 정체는 바로 존재 의식, 즉 반야 지혜입니다. 즉, 반야 지혜를 믿고 이해하는 주체는 반야 지혜라는 얘기입니다.

"반야 지혜를 믿고 이해하는 주체는 누구인가?" 대답합니다. 그 주체는 반야 지혜이다. 그래서 "본래부터 한 물건도 없었고 본래부터 아무 일도 일어난 적이 없다" 이렇게 이야기 하는 것입니다. 그래서 현대적 방식으로, 어떻게 보면 매우 중요한 이 질문, 비록 가짜 질문이지만, 중요한 이 질문에 대한 답변을 해보았는데, 그래도 후련하지 않다면 이렇게 질문을 해보아야 할 것입니다. 반

390

야 지혜에 대한 믿음과 이해를 일으키는 주체는 누군지 이해할 수 없고 믿을 수 없다면, 이것을 한번 찾아보라. 반야 지혜에 대한 믿음과 이해를 일으키지 않는 주체는 누구일까?

지금 현재 반야 지혜에 대한 가리킴은 무수하게 쏟아지고 있습니다. 그럼에도 불구하고 반야 지혜에 대한 믿음과 이해를 일으키지 않고 있는 혹은 못 일으키고 있는, 즉 의도적으로 일으키지 않거나 혹은 일으킬 능력이 없거나, 그 어떤 변명을 다 뒤로 하고. 단지 "반야 지혜에 대한 믿음과 이해를 일으키지 않고 있는, 일으키지 않는 주체는 누구일까?"라는 이 질문에 대한 답을 찾아본다면, 그런 주체는 없다는 것을 오히려 더 쉽게 발견할 수 있을지도 모르겠습니다. 즉 반야 지혜를 일으키는 주체를 찾기보다는 일으키지 않는 주체를 찾아보는 것이 더욱 쉬울 것입니다. 그래서 여기에 대해서, 『법화경』에서도 똑같이 이야기했습니다. 이 실재하는 것은 하나밖에 없지만, 그렇기 때문에 "반야 지혜는 늘 반야 지혜고, 이 세간상은 늘 세간상이다." 이렇게 이야기한 것입니다.

그래서 요약하자면, 이 모든 의심에 대한 답변을 구하기에는 너무 많은 시간이 걸리고 특별히 우리가 도달하고자 하는 그 지점에 도달시키지 않습니다. 그래서 역시 선각, 선현의 말씀과 가리킴을 믿고 거기에 의지하는 것, 즉 의반야바라밀다(依般若波羅蜜多)입니다. 반야바라밀다에만 그냥 의지함이 좋지, 자아가 일으키는 성가신 질문에 일일이 답변을 구하다 보면, 이건 하 세월입니다. 그래서 지름길이 무엇이냐? 시절 인연을 억지로 만들어낼 수 있는 방법이 무엇이냐? 선각의 가리킴을 믿고 거기에 의지하는 것, 이것이 가장 좋겠습니다.

자, 다음 페이지 두 번째 단락입니다.

생각하기에 우리의 활동이 아무리 중요하든 아니면 중요하지 않든, 혹은 이 세상에 나타나는 우리의 표현됨에 대한 우리의 느낌이 아무리 재능 있든, 예술적이든, 유용하든, 평범하든, 혹은 결실이 없든 뭐든 간에, 이 모든 것 일체는 단지 그리고 오로지 그 숨겨진 원리의 기능 혹은 작용일 뿐이다.

이렇게 말합니다. 방금 이야기한 것입니다. "이 반야 지혜를 믿는 사람은 누구일까?", "이렇게 묻는 것은 무엇이 하고 있을까?" 혹은 "반야 지혜란 믿음을 일으키지 않는 주체는 누구일까?", "이렇게 할 때, 무엇이 이렇게 하고 있을까?" 또 "'나는 아직 깨닫지 못했다.' 혹은 '나는 깨달았다.' 이것이 무엇의 활동이고 작용인가?", "해설자와 플레이어는 같은 것인가 다른 것인가?", "도대체 누가 깨닫는 주체인가?"라고 질문하고 의심하는 이 활동은 무엇의 활동인가? 이것은 오로지 이 원리의 기능 혹은 작용일 뿐입니다. 즉, 단일의식 혹은 한마음입니다. 그러니까 무엇을 하든 "그냥 이것이다" 이렇게. 그래서 궁극의 가리킴은 이게 참 어이가 없습니다. 그냥 전부 이것입니다. 그냥 전부 이거. (손을 펴 보이며) 무엇을 물어도 바로 이거입니다. 무엇을 묻지 않아도 바로 이거입니다. 깨달았어요? 바로 이거입니다. 못 깨달았습니까? 바로 이거입니다. 그런데 그렇게 해서는 약간은 불친절합니다.

자, 그다음에

완전히 적절한 반영은, 모든 현상 안으로 들어가고, 그리고 그 너머로 가서 그것의 발산물(發散物)의 근원을 재발견할 수 있도록 영원히 끊이지 않는 기회를 제공한다.

이것은 무슨 말인가요? 단일의식은 모든 존재로 이미 드러나 있습니다. 그래서 우리가 우리의 집으로 돌아갈 단서를 어디서 발견하느냐? 특별한 곳에서 찾으면 오류가 일어납니다. 특별한 곳보다는 이미 나타난 존재 자체에서 찾아야 합니다. 존재 자체는 바로 이 컵 혹은 저기 버스 소리입니다. '지금 특별한 곳에서 찾으면 안 된다 해놓고, 왜 특별한 이 컵 혹은 버스 소리를 가리킬까?' 이렇게 또 의심할 수 있을 것입니다. 꿈의 내용물이 아닌 꿈꾸는 자를 어떻게 가리킬 수 있을까? 여기가 꿈속이라고 합시다. 여기가 현실이라는 꿈입니다. 꿈속에서 누군가 묻습니다. "무엇이 꿈인가?" 바로 그 질문이고, 답변은 바로 이 컵입니다. 이때 이 컵을 만일 특별한 컵으로만 가리켰다면 틀린 답입니다. 그러나 이 컵의 가리킴을 통해서 이 꿈꾸는 의식을 가리킨 거라면, 그것은 정답입니다.

"꿈속에서 꿈꾸는 자는 어디에 있을까?", "만법귀일(萬法歸一) 일귀하처(一歸何處), 만법은 하나로 돌아가는데 이 하나는 어디로 돌아갑니까?" 이 하나는 어디로도 돌아갈 필요가 없습니다. 모든 시공간에 이미 있습니다. 그러면 꿈속에도 시공간이 있습니다. 그게 밤의 꿈이든 낮 현실의 꿈이든 시공간이 있습니다. 그럼 꿈꾸는 자는 무엇인가? 모든 시공간입니다. 그래서 차를 한잔 하는 것, 저기 들리는 소방차 소리, 이렇게 되는 것입니다.

자, 다음 시간 강독의 주제입니다. <마음과 몸의 죽음 The Death of the Mind/Body>, 육체와 자아의 죽음 혹은 마음과 몸의 죽음이라는 주제로 이야기하겠습니다. 이 부분은 다음 시간에, 좀 의심스러운 질문이 모두 해소되고 마음이 차분히 가라앉은 상태에서 즐겁게 유쾌하게 이야기를 나누도록 하겠습니다.

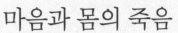

# 마음과 몸의 죽음
### *The Death of the Mind | Body*

# 추상
### *Abstraction*

# 두려움
### *Fear*

# 죽음이란 무엇인가? l
# 아무 일도 일어나지 않지만
# 모든 일이 분명히 일어난다

2021. 11. 15.

　　우리 모두가 이 길을 나서게 된 이유는 삶과 죽음의 질곡에서 벗어나 자유와 평안을 얻기 위함이고, 또한 생사 문제의 해결인데, 생사 문제 해결의 핵심은 반야 지혜에 대한 깊은 이해입니다. 반야 지혜의 현대적 용어는 단일의식이며, 이에 대한 믿음과 이해, 정견에 대한 안목의 획득은 전도몽상을 다시 뒤집어 원위치 시킴으로써 생사의 고통과 공포로부터 우리를 해방시켜 줍니다.

　　단일의식에 대한 믿음과 이해가 어떤 효과를 가져다줄까요? 놀랍게도 육체와 자아 차원에서는 곧바로 죽음을 가져다준다고 말할 수 있습니다. 이해하기 어렵겠지만, 역설입니다. 진실 혹은 반야 지혜는 상식과는 부합되지 않습니다. 역설이고 아이러니입니다. "육체와 자아가 물리학적 생리학적으로 죽지 않고 있음에도 실제로는 죽음이 일어납니다. 즉, 생사 문제 해결은 고의로 죽음이라는 현상을 앞당깁니다. 이것을, 티베트의 선각은 이렇게 표현했습니다. "죽기 전에 죽으면 죽을 때 안 죽는다." 죽기 전에 죽으면, 이것이 반야 지혜에 대한 믿음과 이해를 일으키는 것입니다.

죽기 전에 죽으면 죽을 때, 즉 육체와 자아가 생리학적으로 또 심리학적으로 죽을 때, 사실 죽음은 이미 없습니다. 왜냐하면, 육체와 자아가 살아있는 동안에 이미 죽어 있기 때문입니다. 이 역설을 알기 쉽게 얘기해 보면, "우리는 매일 밤 죽는다. 그리고 아침에 깨어날 때, 늘 새롭게 재탄생한다."고 말할 수 있습니다. 우리는 매일 밤 어떻게 죽느냐? 죽음은 사실 그 징표가 무엇일까요? 육체와 자아와 세계가 사라지고 없는 것입니다. 그 어떤 경험도 일어나지 않는 상태, 매일 밤 꿈도 없는 깊은 잠의 상태에 있게 될 때, 그것은 죽음과 동일합니다. 그러나 우리가 꿈도 없는 깊은 잠에 있다고 해서, 즉 육체와 자아와 세계가 사라졌다고 해서, 실제로 우리가 죽었다고 여기는 사람은 없습니다. 우리는 여전히 있습니다. 바로 단일의식으로 있습니다. 꿈도 없는 깊은 잠에서 우리는 육체와 자아와 세계로 존재하지 않고 어떤 상태로 존재하느냐? 바로 세계와 일치합니다. 어디 다른 우주로 날아가는 게 아니고, 바로 이 단일한 세계와 일치합니다. 단일의식과 일치합니다.

사실은 지금도 단일의식과 일치해 있습니다. 그러나 자아와 육체와 세계라는 경험이 일어나기 때문에 우리는 분리되어 있다는 연극을 펼치고 있지만, 실제로는 늘 단일의식의 활동 내지 작용임을 우리는 믿고 이해할 수 있습니다. 그러면 또 이런 의심이 일어납니다. "꿈도 없는 깊은 잠에는 육체와 자아와 세계가 사라졌다고 하지만, 이 육체가 자고 있을 때, 다른 육체와 자아는 이 육체와 자아가 사라지지 않았다는 것을 확인하지 않느냐?"고 묻지만,

그것은 다른 육체와 자아의 관점에서 그런 것입니다. 다른 육체와 자아의 관점은 일단은 도외시해야 됩니다. 왜냐하면, 하나의 세계 속에서 각자 각자가 또 어느 정도는 독특한 꿈을 꾸는 것이니까요.

이 삶과 죽음 문제의 해결은 놀랍게도, 우리가 죽음이라는 현상을 밀쳐내지 않고 정면으로 바라보면서 죽음이라는 현상의 실재를 관찰할 때, 우리는 이미 살아있으면서 죽는 것이고, 그로 인해 실제로 죽음이 일어날 때는 죽음은 없는 것이라고 말할 수 있습니다. 약간은 상식과 부합되지 않지만, 상식이란 일반적인 생각입니다. 일반적 생각은 이미 전도몽상을 기반으로 하고 있기에 도저히 전도몽상 자체를 뒤집을 수는 없습니다. 선각의 말씀에 귀 기울일 필요가 있습니다.

그래서 좀 더 자세한 이야기는 이 토니 파슨스 님의 말씀을 통해서 알아보도록 하겠습니다.

몸은 우리가 잘 알듯 육체입니다. 그런데, 마인드라는 것이 여러 가지 뜻을 함축하고 있어, 어떤 때는 진리를, 어떤 때는 생각을, 어떤 때는 느낌, 감정을 마음이라 하기도 해서, 마음이란 용어가 참으로 혼란스럽게 쓰이고 있습니다. 여기서는 마인드는 자아라고 보면 충분할 것 같습니다. 그래서 몸과 마음의 죽음, 이것은 몸과 자아의 죽음, 이렇게 말할 수 있습니다.

마음/몸의 죽음은 단지 분리라고 하는 환영의 끝남일 뿐이다.

"죽는다는 것은 환상이, 즉 전도몽상이 끝나버리는 것이다.", "분리는 환영이다!"는 말씀은 깊이 숙고해 보아야 합니다. 이론적으로, "우리가 느끼는 분리감은 그냥 꿈이구나." 이렇게 해서는 별다른 게 주어지지 않습니다. 그러니까 경전이나 어록 등 활자 매

399

체를 우리가 접할 때, 가장 조심해야 될 것이 자아의 관점에서, 즉 '이미 개인이 실재한다.'라는, 즉 독립적으로 별개로 개인이 존재할 수 있다는 것을 전제로 하고 듣는다면, 모든 것은 헛소리에 불과하게 되며 믿음과 이해가 일어날 수 없습니다. 우리가 제대로 공부 길에 접어들었을 때, 이것을 이론의 차원에서 보고 듣는다면 시간이 늘어지며 시절 인연으로 다가오기 어렵습니다. 그래서 자신의 실제 상황으로 받아들여야 됩니다. 그러니까 이론이 아닙니다. 이론이라는 것은 얼마든지 무너지고 다시 세울 수 있는 하나의 가설입니다. 우리가 지금 공부하고 있는 선현, 선각의 가리킴은 이론이 아닙니다.

자, 그럼 여기서 죽음이라는 것은 분리라고 하는 환영의 끝남에 불과하다. 라고 했는데, 이것은 다른 이론으로 대체하는 그런 이론이 아닌 우리의 실제 상황입니다.

분리는 무엇인가? 분리는 우리 육체 안에 들어 있는 개인입니다. 이것이 분리입니다. 이것은 환영입니다. 호모 사피엔스 문명과 문화가 우리에게 주입시킨 최면입니다. 이 분리된 개인을 위해서 자아라는 것이 또 탄생될 수밖에 없었습니다. 이러한 분리라고 하는 개인적 환영이 끝나면 무엇이 남을까? 단일의식이 남습니다. 그럼 이 단일의식은 개인이란 환영이 존재하는 동안은 없었을까? 아닙니다. 실재하는 것은 단일의식이고 환영은 실재하지 않습니다. 다시 말하면, 지금 바로 이 환영을 우리가 볼 수 있다면, 즉 이것이 꿈이라는 사실을 자각한다면, 처음부터 오로지 실재하는 것은 단일의식이었다는 것을 금방 눈치 챌 수가 있습니다.

그래서 자아와 몸의 죽음은 단지 분리라고 하는 환영의 끝남입니다. 환영이 끝나면 자각만이 남습니다. 즉 누구든지 죽고, 개인이라는 환영은 언제든 끝이 납니다. 이게 죽음이기 때문에 죽음은 또 반드시 일어납니다. 그렇다면 누구든지 죽음에 임해서는 강제로, 소위 말하는 깨달음이 일어납니다. 자각이 일어납니다.

자, 그다음입니다.

무조건인 사랑에로의 깨어남은 목전(目前)에 즉각(immediate)이다.

단일의식은 다른 말로 무조건적인 사랑입니다. 왜냐하면 글자 그대로 하나이기 때문에 조건이 없습니다. 말이 사랑이지 사랑이라고 이름 붙일 수조차 없습니다. 왜냐하면 사랑하거나 사랑받는 그러한 분리가 없는 사랑 그 자체이기 때문에 단일의식입니다. 그래서

무조건인 사랑에로의 깨어남은 이것은 단일의식 자각입니다.

단일의식 자각은 눈앞에 바로입니다. 지금 눈앞 당장의 일입니다. 언제? 늘, 지금. 무조건적인 사랑으로의 깨어남은 무엇이냐? 바로 이 컵입니다. 눈앞에 바로 당장입니다. 여러분 지금 무엇이 보이고 무엇이 들립니까? 바로 그 의식입니다. 바로 이 의식입니다. 시공간적으로 너무 가까워서 당장입니다. 가깝다 멀다 할 수가 없습니다. 그래서 시공간 자체입니다.

겉으로 어떤 일이 일어나든지 무관하게 우리는 처음부터 본성에 둘러싸여 있다.

겉으로 어떤 일이 일어나든 육체는 태어났다 죽습니다. 자아가 5세 전후로 생겨났다가 육체가 죽기 직전 혹은 육체의 죽음과 동시에 사라지며 어떤 일이 일어나든, 우리는 처음부터 본성에 둘러싸여 있다 이 말은, 우리는 처음부터 본성 그 자체다. 언제나 이 순

간의 다른 말은 단일의식이고 바로 이것입니다. 의식의 위치가 몸속이나 두뇌 속이 아닙니다. 몸과 두뇌가 의식 안에서 출몰하는 것입니다.

몸과 자아가 쓰러질 때, 거기에는 준비 혹은 정화를 중재해주는 과정이 없다. 어떻게 있을 수 있겠는가? 거기에 누군가가 있기는 한가? 개인적인 "사후(死後)"에 대한 모든 생각들 혹은 환생(還生)은 단지 마음이 그 자신의 지속이라는 환영을 유지하려는 바람일 뿐이다.

우리는 "죽으면 어디로 가는가?" 이렇게 묻습니다. 그리고 평소에 이런 질문을 합니다. "우리는 꿈도 없는 깊은 잠 속에서는 어디로 사라지는가?" 그리고 "그 깊은 잠 속에는 거기에 누군가가 있기는 한가?"이렇게 묻습니다. "꿈도 없는 깊은 잠 속에 누군가가 있기는 한가?" 이렇게 토니 파슨스 님처럼 물을 수 있습니다.

꿈도 없는 깊은 잠에서는 몸과 자아와 세계가 일시적으로 사라졌다 아침에 깨어날 때 다시 재건립 혹은 재탄생이 됩니다. 이렇게 다른 자아가 어떤 관찰을 하는가에 아무 관계없이 그런 일이 일어납니다.

거기에 누군가가 있기는 한가? 이 말은 단일의식 안에는 주객이 없어 개인이 없습니다. 이미 개인은 죽고 사라졌습니다. '마음이 가난해진다.' 혹은 '자아가 희박해진다.' 이 말은 무엇인가? 의도적인 죽음입니다. 죽음을 밀쳐내지 않고 의도적으로 죽음을 직면하는 것입니다. 죽기 전에 죽음을 체험하는 것입니다.

"사후에 영혼이 살아남아서 환생한다." 이것은 무엇인가? 자아의 생존 욕구 혹은 방어 기제가 계속 작동하고 있는 그러한 바람,

희망사항일 뿐입니다. 개인적 영혼은 불필요하며, 그런 것 없이도 재탄생은 얼마든지 일어납니다. 매년 우리는 장미꽃을 봅니다. 빨간 장미, 분홍 장미, 노란 장미 등 아름다운 장미꽃을 매년 봅니다. 수천수만 그루, 수만 송이의 장미꽃이 피어납니다. 그것은 작년에 죽었던 장미의 환생인가? 장미는 영혼 없이도 작년에 피었던 그 장미와 전혀 다르지만, 또 완전히 동일한 장미가 올해 수천수만 송이가 피어납니다. 여기에는 장미의 영혼이 없지만 장미는 언제든 같은 방식으로 의식 속에서 출현합니다.

그리고 더욱 중요한 사실은, 수천수만 송이 장미꽃 하나하나는 전부 다르고 독특합니다. 단 한 송이도 같은 장미가 없지만, 그 장미들은 다른 장미일까? 분리되어 있을까? A장미는 B장미와 완전히 다릅니다. 여기서 다르다는 건 실제로 독립해 있다는 것이지만, 실제로 별개의 그런 존재일까? 그렇지 않습니다. 이게 백만 송이 장미든, 천만 송이 장미든, 장미는 하나로 같습니다. 그리고 이 장미는 작년에 피었던 그 장미고, 바로 재작년에 피었던 그 장미고, 지구상에서 최초로 꽃을 피웠던 바로 그 장미고, 심지어는 그 꽃을 피우기, 최초로 꽃을 피우기 전의 그 장미의 가능성입니다. 그러면 장미가 사라졌을 때 장미는 실제로 사라지느냐? 아닙니다. 언제든지 또 다른 조건만 주어진다면 장미는 다시 나타납니다. 또 조건이 살짝 바뀌면 국화로 나타날 것입니다. 또 조건이 살짝 바뀌면 이름 모를 아름다운 꽃으로 역시 재탄생할 것입니다. 그러나 그 어디에도 장미의 영혼이라든가 국화의 영혼 같은 개별 영혼은 필요하지 않습니다.

이것이 '우리의 진정한 정체는 단일의식이다.'라는 것의 참뜻입니다. 방금 말씀드린 장미와 같습니다. 100년, 200년 전에 살았던 사람들은 바로 누구인가? 우리들입니다. 그리고 그 사람들은 지금 현재 여기에 우리들도 있고, 우리들은 다시 100년, 200년 후에 또 나타날 수 있습니다. 또 나타나지만, 그것은 개별 영혼이 육체를 갈아입는 그러한 것이 아닙니다. 왜 그럴까? 우리는 단일의 식입니다. 전자기 에너지는 단 하나입니다. 단 하나의 전자기 에너지는 선풍기에게 가면 바람을 일으키고. 냉장고에 가면 냉기를 일으키고, 히터에 가면 온기를 일으킵니다. 모양은 천차만별이지만 그 모양은 사실 환영이고 꿈이라 할 수 있습니다. 왜? 실제 모습은 단 하나의 전자기 에너지이기 때문입니다. 그리고 모든 전기 전자제품들이 사라지더라도 전자기 에너지는 사라지지 않습니다. 우리가 먼 미래에 우리가 알 수도 없는 그런 기적 같은 전자 장치가 조건 따라 나타나면, 알 수 없는 어떤 효과 내지 겉모습이 나타날 것이고, 겉모습이 어떠하든 간에, 실재는 전자기 에너지라는 얘기입니다.

100년 전에 핸드폰을 보여준다면 도저히 믿을 수 없을 것입니다. 그러나 핸드폰을 움직이는 힘은 무엇인가? 전자기 에너지이고, 전자기 에너지는 100년 전에도 있었습니다. 이와 같습니다.

그다음입니다.

우화(寓話)는 끝났다. 신성한 소설은 쓰여졌고, 마음이 어떻게 판정하는지와 상관없이 조금도 달라질 수 없다.

자아 관점에서는, 이것이 하나의 만화경(萬華鏡)입니다. 그러나 의식의 관점에서는, 신성한 소설입니다. 꿈의 내용은 만화경이지만 꿈꾸는 자체는 신성한 의식입니다. 그리고 자아의 어떠한 판정에도 불구하고 진실은 변하지 않습니다. 자아가 어떻게 생각하든, 자아가 '환생을 한다.' 하든, '재탄생은 없다.'하든, 혹은 '죽으면 염라대왕 내지 하나님의 심판이 있다.' 생각하든, 그런 것과 무관하게 진실은 진실로 있습니다. 왜? 진실이니까요.

그다음 단락입니다.

무대 배경인 풍경은 증발하여 차츰 사라지고, 등장인물들은 무대를 떠났다. 그들 걸모양 존재는 꿈이 다 꾸어지는 것과 더불어 시작하고 끝났다.

꿈에서 깨어나면 어떤 일이 일어날까요? 꿈의 내용들은 다 사라져 버립니다. 그러나 꿈꾸는 의식은 어떻게 될까요? 꿈꾸는 의식은 처음부터 끝까지, 알파와 오메가입니다. 처음부터 끝까지 부동불변입니다. 그래서 의상(義湘)조사 「법성게(法性偈)」에 보면, 구래부동명위불(舊來不動名爲佛)이라 했습니다. "애시 당초부터 움직이지 않고 불변으로 있는 이것을 부처, 즉 깨달음이라 한다."고 끝을 맺고 있습니다. 그래서 연극이 끝나면 무대 배경은 어떻게 될까? 무대가 정리됩니다. 각종 배경 소품들을 정리해서 집어넣고 또 연극배우들은 이제 무사히 공연을 마쳤으니 집으로 돌아가 쉽니다. 쉬는데 그러면 영원히 쉬느냐? 아닙니다. 또 다른 연극을 할 수도 있고 안 할 수도 있습니다.

그래서 연극의 내용이나 꿈의 내용은 얼마든지 다양할 수 있지만, 연극 무대 자체, 그리고 꿈꾸는 의식 자체는 시작과 끝이 없습니다. 그 내용은 시작과 끝이 있지만, 의식 자체는 시작과 끝이 없습니다.

그리고 그다음에 중요한 말씀이 있습니다.

그러함에도 불구하고 아무 일도 일어나지 않았다. 왜냐하면, 우리는 이미 바다이고 파도이고 어둠이고 빛이고, 어떤 물건도 아니고, 그리고 모든 것이기 때문이다.

이것은 이론이 아닙니다. 이런 말씀은 지혜의 안목으로 들어야 합니다. 왜 아무 일도 일어난 것이 아닐까? 연극이 있습니다. 연극을 보러 가면 그 연극에 몰입해서 어떻게 할까요? 연극 내용에 따라 울고 웃는 일이 일어납니다. 그러나 연극이 끝난 후 집에 돌아오면 실제로 그런 울고 웃는 일이 있었냐? 연극으로는 있었지만 실제로는 없었습니다. 그러니까 "아무 일도 일어나지 않았지만, 모든 일이 일어났다." 이렇게도 말할 수 있습니다. 그러니까 "아무 일도 일어나지 않았다."만 다가 아니고 "동시에 모든 일이 일어났다." 이렇게 말할 수도 있습니다.

꿈의 비유는 너무 통속적이고 식상하기에 꺼려지지만 그래도 한번 해보겠습니다. 꿈에서 온갖 일이 일어납니다. 우리는 꿈속에서 실제 웃고 울고 아프고 즐겁습니다. 그러나 꿈에서 깨어나면, 실제 그런 일이 없었습니다. 그러나 없는 게 다가 아닙니다. 모든 일은 실제로 있었습니다. 꿈속에서 있었는데 동시에 아무 일도 없었습니다. 이것이 좀 더 완전한 말이 되겠습니다. 그래서 이것이, 바다면서 파도입니다. 우리가 이게 이름이 다르니까 다른 걸로 알지만, 바다는 파도고 파도는 바다입니다. 하나죠. 하나라 할 수도 없습니다. 다르지 않다 해야 됩니다. 불이(不二)입니다. 불이라는 것은 불일(不一)도 됩니다. 둘도 아니고 하나도 아닙니다.

자, 바다 입장에서는, 아무리 큰 파도든 작은 파도든, 처음부터 끝까지 바다, 하나의 바다입니다. 아무 일도 일어나지 않았습니다. 그러나 아무 일도 일어나지 않지만 동시에, 온갖 태풍과 돌풍과 강풍과 여러 가지 기상 현상이 일어날 수 있습니다. 잔잔한 파도, 큰 파도 등등, 파도는 항상 움직이지만, 그러니까 모든 일이 일어났지만 아무 일도 일어난 적이 없습니다. 바다인 동시에 파도입니다. 그리고 어둠이고 빛입니다. 빛이고 어둠입니다. "어둠은 왜 생겨났을까?", 즉 "악마와 사탄과 마귀는 왜 생겨났을까?", "선함과 천사와 하나님이 계시기 때문에, 그런 것이 존재할 수 있었다." 그래서 "처음에 사탄도 천사였는데 스스로 타락해서 악마가 되었다." 그런가요? 사탄의 창조자도 하나님입니다. 그러면 또 우리는 묻습니다. "아니, 하나님이 처음부터 그런 마귀를 만들지 않고, 또 스스로 타락하지 않게끔 막으면 안 되냐?"라고.

그러면 또 자유로운 게 없습니다. 빛과 어둠은 하나입니다. 즉, 악이 있는 것은 선이 있기 때문입니다. 빛과 어둠은 하나입니다. 그리고 어떤 물건도 아니고, nothing입니다. nothing인데 모든 것입니다. everything. 아무것도 아닌 것인 동시에 모든 것입니다. 바다는 동시에 파도입니다. 이것은 달리 이야기하자면, 단일의식은 즉 한마음입니다. 단일의식은 동시에 무엇인가? 육체와 자아세계입니다. 그래서 "무엇이 부처이고 깨달음인가?"하면 우리는 육체와 자아와 세계를 가리킵니다. 왜 그럴까? 동시이기 때문에 그렇습니다. 동시.

그러면 오늘의 주제인 이 죽음을 여기에 대입해보면 어떻게 될까요? 바다와 빛과 nothing과 단일의식은 그야말로 부동불변입니다. 즉, 불생불멸입니다. 불생불멸은 동시에 무엇인가? 육체와 자아와 세계는 생멸합니다. 이것은 이론이 아니며 실제로 우리에게 와 닿을 수 있습니다. 이 앞의, 바다는 동시에 파도이고, 빛인 동시에 어둠이고, nothing이 동시에 everything이고, 단일의식이 동시에 육체 자아 세계라는 이해만 일어난다면, 이것은 우리가 크게 믿고 이해할 일이 아닙니다.

비유나 실제 현상을 통해서, 우리는 이것을 관찰하고 실제로 경험하고 있습니다. 그렇다면 불생불멸인 동시에 생멸입니다. 즉, 삶과 죽음은 동시에 삶과 죽음이 아닙니다. 생사가 있으면 동시에 생사가 없습니다. 이것이 우리에게 와 닿아서 믿음과 이해가 일어나야 하는데, 여기에 제일 큰 장애 요소가 바로, 이것[自我]입니다. 자아는 지금 "아니, 분명히 태어나고 살고 죽는 게 있는데, 왜 자꾸 동시에 그것이 불생불멸이라 하는가?"라고 묻습니다. 그래 묻는 자아가 바로 처음에 뭐라 했나요? 이것이 분리라는 환상이다. "분리 환상이다. 혹은 분리 최면이다." 이렇게 말할 수 있습니다.

완전히 독립적으로 분리된 장미가 있었나요? 그게 백만 송이라도 그런 장미는 없었습니다. 즉 자아는 있기는 있습니다. 육체와 자아가 있기는 하지만, 이것은 우리가 생각하듯이 그렇게 실재하지 않는, 좀 다른 말이 없을까? 흠~ 장미가 처음 지구상에 한 송이가 나타났는데 그다음에 백 송이가 되고 백만 송이가 되었다고 했을 때, 처음 한 송이와 다른 장미냐? 즉, 백장미가 백 송이였다가 2백 송이가 되었을 때 백 송이가 늘어났으니까 2백 송이 중의 백 송이는 늘어나기 전의 백 송이와 다른, 완전히 분리된 그러한 독립적인 그런 영혼을 가진 그런 자아냐? 아니란 말입니다.

그러니까 '우리는 하나다.' 이 말은 이론이 아니고. 마치 백만 송이 장미가 그 백만 송이 마다마다 모양이 다르지만 그냥 하나의 장미이듯이, 우리는 자아마다 독특한 개성을 다 가지고 있지만, 개성이 있는 채로 다르지 않습니다. 그러니까 개성이 있는 채로 하나가 아닌 채로 또 다른 것도 아닙니다. 그래서 자아가 이 진실에 대한 믿음과 이해를 방해할 때는, 백만 송이 장미를 한번 기억해 보기 바랍니다. 그래서 우리는 자아의 정체에 대해 깊이 숙고해 봐야됩니다. 그래서 예리한 분별력으로 자아가 무엇인지를 알아야 믿음이 곧바로 일어납니다. 자아는 가상 주체로서 오로지 무엇인가? 육체의 생존과 번식을 관리하는 관리 주체입니다.

왜 태어났느냐? 가상의 주체가 왜 태어났느냐? 육체의 생존과 번식을 책임져야 하기 때문에 태어났습니다. 이것은 자연이 일으키는, 소위 말하는 자연 그대로입니다. 이것은 선도 악도 아닙니다. 그래서 우리는 자아 관점을 가지고 있음과 동시에 단일의식의 관점을 믿고 이해한다면, 점점 관점의 비중이 단일의식으로 이동합니다. 단번에 이동할 수도 있지만, 그런 경우는 드뭅니다. 물론 시절 인연에 따라 다르겠지만, 서서히 관점이 단일의식 쪽으로 이동함으로써 생사 문제가 그대로 해결됩니다. 본래 전통적으로는 이렇게 자세히 이야기를 하지 않습니다. 그 대신 반야 지혜만을 이야기합니다. 반야 지혜에 대한 믿음과 이해가 일어나면 이 모든 것이 저절로 일어나기 때문에 그렇게 하지만, 현대인을 위해서 어느 정도 룰을 깨고 있습니다.

육체와 자아가 나타나면 세계는 같이 나타납니다. 육체와 자아가 있든 없든 간에, 늘 있는 것은 무엇인가? 바로 반야 지혜입니다. 이것은 깊은 잠 속에서도 마찬가지입니다. 꿈도 없는 깊은 잠 속에서 마찬가지입니다. 자, 꿈도 없는 깊은 잠에서 우리는 어디로 갈까? 어디로 사라지는 걸까? 우리는 처음부터 끝까지 늘 불변으로 이렇게 있습니다. '있다.' 이것이 바로 존재입니다. 그리고 이 것이 의식입니다. 이렇게 있습니다. 이상하지 않나요? 이게 기적 이지 않나요? 굳이 이렇게 있을 필요가 없는 것 아닌가? 그럼에도 불구하고 이렇게 있습니다. 왜 이렇게 있는 거지? 이런 방식 이외 에는 있을 수 없기 때문에 이렇게 있는 것입니다. "이렇게 있다!" 이것이야말로 가장 큰 기적입니다. 어떻게 있을 수가 있을까? '있 음'이야말로 가장 희한하고 희유한 일입니다.

그래서 이런 말도 있습니다. "있을 때 잘해." 있을 때 잘해야 합니다. 왜냐하면 있음은 기적이기 때문에, 있을 때 잘해야 합니 다. 자, 이 죽음, 생사 문제는 이 단락을 마침으로써 끝나는 것이 아니고. 모든 주제는 사실 생사 문제 해결의 주제와 마찬가지입니 다. 계속 이 강독을 이어갈 때마다 이 주제를 진지하게 한번 같이 이야기해 보고자 합니다.

# 죽음의 현대적 정의 |
# 유쾌한 죽음은 가능한가? |
# 타락천사의 선물

2021. 11. 17.

　　그래서 우리는 죽음이 더 이상 고통과 공포의 대상이 아님을 충분히 알게 되었습니다. 여태까지 죽음을 똑바로 쳐다보지 못했던 이유는 죽음의 정체를 몰랐기 때문입니다. 우리가 정체를 명확히 안다면 더 이상 두려움의 대상이 될 수 없습니다. 적절히 잘 대처할 수 있고, 경우에 따라서는 두려워하기는커녕 오히려 기쁨의 대상으로 바뀌는 그런 반전이 일어날 수도 있습니다.

　　그래서 드디어 우리는 죽음을 외면하지 않고 똑바로 쳐다보며 유쾌하게 죽음과 대화를 할 수 있습니다. 유쾌한 죽음은 자연스럽게 자유로운 삶을 우리에게 가져다줍니다. 왜냐하면, 삶과 죽음은 동전의 양면으로, 하나의 문이 출구와 입구 동시 역할로 동일하기 때문입니다. 그래서 죽음의 정체를 미리 알고, 죽음을 미리 경험한다면, 이론 아닌, 우리의 실제 상황으로서 자유로운 삶 그리고 유쾌한 죽음이 우리에게 크나큰 복음과 축복으로 거저 주어지게 되는 것입니다.

지난 시간 우리는 새롭게 죽음을 바라보는 관점을 획득하게 되었습니다. 죽음은 현대적으로 유쾌하게 정의해야 합니다. <죽음의 현대적 정의>라고 제목을 달아보겠습니다.

자, 죽음이란 무엇인가? "죽음은 자아로부터 놓여난 의식이다." 이렇게 죽음을 정의할 수 있다. 이 말은 말의 한계에 따른 오해 소지가 있어 최선 아닌 차선책으로 최대한 가리킬 수밖에 없습니다. 왜냐하면 자아에게 속박되어 있어야 놓여날 수 있는데, 이게 놓여나고 보면, 처음부터 놓여나 있었다는 진실이 드러나기 때문입니다.

"자아로부터 놓여난 의식" 혹은 "자아 착각이 정견으로 대체된 의식이다." 다른 말로는, "자아를 벗어난 의식이다.", "벗어난 의식이다." 혹은 전통 통속적인 표현으로, "내려놓은 의식이다." 혹은 "자아를 100미터 뒤로 물린 의식이다." 혹은 심지어, "자아를 넘어선 의식이다." 혹은 "자아를 극복한 의식이다." 이렇게 이야기할 수 있습니다. 이 모두의 공통점은 무엇인가? 우리의 본래면목은 단일의식임이 드러나고, 이것은 없어진 적이 없습니다. 문제는 뭐였느냐? 늘 이거[자아]였습니다. 바로 이것이었습니다. 가상 주체인 자아가 우리의 본래면목을 정확하게 못 보도록 방해 놓은 가장 큰 장애물이었습니다.

그러면 이것이 왜 죽음의 현대적 정의가 될 수 있을까? 죽음은 생물학적 죽음만 죽음으로 알고 있었는데, 선각의 지혜 가리킴을 이해하고 나서 보니, 죽음은 생물학적 죽음이 아니었습니다. 생물학적 죽음은 죽음의 단편에 불과했습니다. 진정한 죽음은 무엇이냐? 자아가 결국은 손님 자리로 돌아가는 것입니다. 자아가 주인처럼 나서지 않는 의식입니다. 경전에 "마음이 가난한 자는 복이 있나니 천국이 저희의 것이다.", "마음이 가난한 자는 복이 있나니 천국[의식]이 바로 저희의 것이기 때문이다." 이렇게 나와 있습니다. 바로 이 죽음을 이야기합니다. 이것은 다른 말로 '거듭남'입니다. 거듭남, 혹은 영적 부활, 영적인 rebirth, 영적인 재생, 재탄생입니다.

그래서 죽음은 죽음이 아니고 바로 새로운 세계가 펼쳐지는 화려한 파티의 장(場)이라고 현대적으로 이야기할 수 있습니다. 자아가 가난해졌다는 말은 자아가 가상의 주체이므로 진정한 주체로 더 이상 활동하지 않게 된다는 것입니다. 즉, 자아가 본연의 자리로 돌아갈 때, 이것이 자아가 가난해진 의식입니다. 그래서 지혜를 증득하는 과정 중 반드시 필요한 것이 자아의 희박해짐입니다. 여기서 우리가 착각하지 않아야 될 것은, 자아를 없애야 하는 것은 아니라는 것입니다. 자아는 아주 소중한 선물입니다. 자아가 100%면 자아가 매우 부자입니다. 자아가 그저 49%에 불과하고, 의식 관점이 51%를 넘어설 때 드디어 자아는 가난해지고. 희박해지는 것입니다. 얼음이 녹는 것입니다. 물론 아트만(자아)이 브라만(의식)입니다. 이것은 다른 것이 아닙니다. 그렇지만, 우리의 공부 과정에서 이러한 절차를 거칠 수밖에 없습니다.

그래서 죽음은 무엇인가? 생물학적 죽음이 일어나면 강제로 자아가 극복되고, 강제로 자아가 가난해져 버리고, 희박해지고, 투명해지고, 말랑말랑 용해되어 버립니다. 그러니까 죽음은 어찌 보면, 강제적인 깨달음, 강제적인 멸진정(滅盡定)이라 할 수 있고, 그래서 죽음을 열반(涅槃)이라 합니다. 그것이 중생이든 부처든 죽음은 전부 열반이라고 표현할 수밖에 없습니다. 니르바나, '불이 꺼졌다.', '가난해졌다.'입니다.

그래서 생물학적 죽음은 진정한 죽음의 한 편린에 불과하지만, 진짜 죽음은 무엇일까? 바로 자아가 희박해진 의식입니다. 생물학적 죽음이 오기 전에도 우리는 얼마든지 죽을 수 있습니다. 즉 거듭나고 영적으로 부활할 수 있는 이것이 진정한 깨달음이며 진정한 관점 이동입니다. 그래서 까르마빠 존자가 이야기한, "죽기 전에 죽으면", 즉 생물학적 죽음이 오기 전에 영적으로 거듭나면, 즉 "영적으로 죽으면, 생물학적 죽음이 와도 죽음은 없다."라는 말의 참뜻이 드디어 분명하게 드러납니다.

자아가 희박하고 투명해지면 의식은 어떻게 될까? 우리의 본래면목이 드러날 수밖에 없습니다. 그래서 우리가 생각하는 그런 방식의 죽음은 사실상 존재한 적도 없고, 실제로 죽음은 매우 유쾌하고 새로운 세계가 펼쳐지는, 아이들의 놀이 같은, 생명현상의 하이라이트가 죽음의 정체였음이 적나라하게 드러남으로써, 우리는 죽음의 현대적 정의로서 죽음의 정체를 알고, 죽음을 유쾌한 우리의 벗으로 매일매일 직면함으로써 매 순간 영적인 부활 혹은 거듭남을 체험하는 것. 이것이야말로 자유로운 삶의 요체라고 말할 수 있습니다.

그래서 삶에서 자유를 따로 구해야 되는 것도 아니고, 그러다가 죽을 때 유쾌함을 억지로 만들어낼 필요도 없습니다. 다만 죽음의 정체를 정확하게 알고, 또 자아의 정체와 한계를 정확하게 알고, 거기에 걸맞게 매뉴얼 따라 대접을 할 때, 즉 자아가 제자리를 찾아, 자아가 손님으로 대접받는 의식이 될 때, 죽음은 더 이상 공포의 대상이 아닌 우리의 친절한 벗이 되고, 비로소 삶의 자유가 저절로 나타납니다.

『오픈 시크릿』 다음 장은 <추상관념 Abstraction> 혹은 <추상작용> 이렇게 되어 있습니다. 추상관념 역시 생사 문제의 해결 혹은 생사의 질곡으로부터 벗어나는 문제와 깊이 관련되어 있습니다.

추상관념이란 뭐냐? 생각하는 능력으로, 인류는 고고학적으로 700만 년이 되었다고 합니다. 이 긴 세월의 과정 중 인류를 가장 특징지운 성질은 무엇일까? 바로 추상관념의 능력, 즉 생각할 수 있는 능력입니다. 생각이란 그림을 그린다는 뜻입니다. 그러니까 있는 그대로 혹은 실체 혹은 실상에서 벗어나 별도로 어떤 그림을 그려서 그 속에서 살 수 있는 능력입니다. 이것이 추상관념 혹은 추상작용입니다. 이렇게 추상이라는 뜻은 그림으로 뽑아낸다는 뜻입니다. 상(象)으로 뽑아낸다(推). 즉, 기억을 바탕으로 상상할 수 있다는 뜻입니다. 바로 이 추상능력 때문에 시간이라는 것이 출현하고 시공간이 출현합니다. 우리가 현재 이렇게 구체적으로 느낄 수 있는 시공간이 어떻게 출현하는 걸까? 바로 추상능력 때문에 그렇습니다.

그래서 추상능력은 시뮬레이션이라고 할 수 있습니다. 시뮬레이션은 가상으로 세상을 그려낼 수 있습니다. 각종 게임을 즐길 수 있음도 바로 추상관념 때문입니다. 그렇습니다. 생각입니다. 생각할 수 있는 능력이 호모 사피엔스의 특징입니다. 흔히들 도판에서는 말하기를, "생각하지 마라.", "분별하지 마라.", "따지지 마라." 물론 틀린 말은 아니지만, 반 정도만 맞는 말이라고 스피커는 말합니다. 왜냐하면, 생각이라는 도구가 나쁜 것이 아닙니다. 다만 우리가 생각을 적절하게 100% 잘 사용하지 못하기 때문에 자꾸 생각이 뭔가 잘못된 것처럼, 그렇게 몰아붙이는데, 그것은 50%만 맞는 말입니다. 우리가 추상능력에 대해 정확하게 안다면 생각을 혐오할 필요가 없습니다. 생각은 그런 혐오나 두려움의 대상이 아니고, 하나의 선물입니다. 왜냐하면 능력이니까요.

생각할 수 있는 능력 때문에 오늘날 비행기, 자동차와 핸드폰을 즐길 수 있습니다. 물론 양날의 검처럼 반대 효과도 가져왔습니다. 추상 능력 때문에 죽음이란 것이 우리에게 들어오게 되었습니다. 그래서 우리는 비행기, 자동차, 핸드폰을 얻는 대신, 그 대가로 무엇을 지불했냐? 죽음을 지불했습니다. 불생불멸을 대가로 주고, 소위 말하는 비행기와 자동차와 핸드폰으로 대변되는 호모 사피엔스 문명을 우리가 가질 수 있게 된 것입니다. 그 핵심은 무엇이냐? 바로 추상능력을 우리가 택함으로써 그렇게 될 수밖에 없었습니다. 이 세상에 공짜는 없습니다. 추상 능력이라는 선물은 참으로 기적과 같은 여러 가지 플러스 효과를 가져왔지만, 그와 정비례해서 마이너스 효과, 즉 죽음이라는, 또 자아라는 마이너스 효과를 가져왔습니다.

자, 그러면 우리는 우리가 대가로 지불한 불생불멸을 되찾아오기 위해서, 죽음을 다시 사탄에게 되돌려주고, 불생불멸을 되찾아오고 그 대가로 우리가 얻은 비행기, 자동차와 핸드폰을 사탄에게 반납해야 되느냐? 그러기 위해서 추상능력이란 선물을 다시 신에게 내동댕이쳐 버려야 되나? 그게 아닙니다. 잘 활용하면 다 가질 수 있습니다. 잘만 안다면 모두 가질 수 있습니다. 무슨 말이냐?

비행기와 자동차와 핸드폰을 가지고도 그 대가로서 반드시 죽음을 우리가 가져올 필요는 없습니다. 그렇게 할 수 있는 방법은 무엇이냐? 바로 반야 지혜에 대한 믿음과 이해가 일어난다면 우리는 둘 다 가질 수 있습니다.

자, 이게 무슨 얘기냐? 추상능력입니다. 우리 주변에 존재하는 모든 물건들은 우리들의 생각 속에 먼저 존재하다가 구체화된 것들입니다. 그런데 묘하지만 한편 안타깝게도, 이 플러스 효과와 정비례해서 원치 않는 마이너스 효과를 가져왔습니다. 이원성, 즉 상대성 법칙에 의해 반드시 그에 상응하는 효과가 일어난 것입니다. 그것이 무엇일까? 바로 자아라는 것과 죽음이라는 것이 생겼습니다. 비행기와 자동차가 추상능력의 결과물이듯이, 자아와 죽음이라는 것 역시도 추상능력의 동일한 결과물입니다.

에덴의 선악나무의 정체는 무엇일까? 바로 추상능력이었습니다. 이것은 양날의 검으로, 선물인 동시에 독입니다. 즉, 가시 돋친 장미였습니다. 가시가 아주 살벌하게 돋친, 가시 돋친 장미였습니다. 가시를 매뉴얼에 따라서 잘 케어해야 됩니다. 잘 다루면 문제가 없습니다. 사탄이 자유 의지로 타락할 수 있었다면, 자유 의지로 다시 천사가 될 수도 있습니다. 그래서 선악나무의 정체를 확실하게 알려주어서 정확한 매뉴얼을 줄 수 있습니다. 선악나무의 본래 정체는 바로 그 옆 생명나무와 다른 나무가 아니었다는 이 진실. 사탄이 다시 자유 의지로 천사로 회복된 후에 우리에게 가리킴을 줄 수도 있습니다. 그래서 잃어버린 낙원을 우리가 어떻게 회복할 수 있을까? 바로 이 추상능력의 정체, 추상능력이 우리에게 무엇을 주었고 그 대가로 무엇을 빼앗아 갔는지를 우리가 정확하게 알면 됩니다.

생각은 그냥 생각만 있는 것이 아니고, 반드시 감정과 느낌과 기분을 가져옵니다. 그래서 생각이라 할 때는 감정을 반드시 포함합니다. 우리는 이 생각, 감정에 대해서 잘 사용하다가도 문득문득 두려움을 느낍니다. 또 원치 않는 생각과 기분이 일어날까봐 두려워합니다. 플러스 효과는 긍정하지만, 마이너스 효과 때문에, 생각과 느낌을 두려워합니다. 왜 그럴까? 이것은 가시 돋친 장미와 같은, 그러한 선물인 동시에 독을 가지고 있기 때문입니다.

그래서 추상능력이 가져오는 마이너스적인 측면, 자아와 죽음, 즉 고통과 바로 공포입니다. 우리가 그토록 벗어나려고 하는 이 고통과 공포의 원인은 무엇이었느냐? 바로 추상능력이었습니다. 우리가 그토록 매달리고 얻고자 하는 것 때문에 고통과 공포가 온다는 아이러니입니다. 기묘합니다. 우리가 원하는 것 때문에, 원치 않는 것이 올 수밖에 없습니다. 어떻게 하면 될까? 원하지 않으면 됩니다. 플러스를 우리가 원하지 않으면 마이너스도 오지 않습니다. 이렇게 간단하게 이야기할 수 있지만, 우리의 삶이 이렇게 간단하지 않습니다. 그래서 "생각을 버려라.", "멈춰라." 하지만, 안 됩니다. 그것은 "자아를 버려라." 하는 것인데, 자아는 그렇게 버려지는 것이 아닙니다. 거듭나야 합니다. 자아가 자아를 그냥 let it be 하는 것입니다. 그렇다면 생각 역시도 감정 역시도 그냥 let it be 됩니다. 즉 방치한다는 뜻이 아니고. 손님으로 잘 대접해 준다는 말입니다.

매뉴얼에 따라 각자에게 걸맞은 대접을 할 때, 우리는 50%만 즐길 수 있었던, 추상 능력을 100% 다 즐길 수 있습니다. 마이너스 효과를 플러스로 바꿀 수 있습니다. 그러면 유쾌한 죽음, 유쾌한 자아가 되고, 따라서 이 50%도 온전하게 되어서 100% 자유로운 삶이 될 수 있습니다. 그 방법은 무엇일까? 바로 자아가 가난해짐으로써, 즉 자아가 희박해짐으로 거듭남으로써 죽음이 살아있는 채로 죽음이 사라집니다. '살아있는 채로 죽음이 사라진다.'는 이 말은 '살아있는 채로 죽음을 경험한다.' 죽음은 생물학적 경험, 생물학적 죽음이 다가 아니고, 자아가 희박해지는 것! 이것이 진정한 죽음입니다. 그렇게 되면 자아는 더 이상 자아가 아니고, 죽음은 더 이상 죽음이 아니고, 고통과 공포는 더 이상 고통 공포가 아니고 무엇이 될까요? 바로 선물의 역할로 돌아가고. 이렇게 되면 아름다운 은유에서 자유 의지로 스스로 타락한 천사가, 사탄이 되었지만, 다시 자유 의지에 의해 천사로 복귀할 수 있다고 말할 수 있습니다.

　요약하자면, 무슨 생각이나 자아를 없애려 말고, 자아의 정체와 한계를 용기 있게 인정하고, 아니, 그럴 필요도 없습니다. 선현, 선각의 가리킴만 믿으면 됩니다. 믿음만 일어난다면 끝입니다. 이게 무슨 소리냐? 그때는 자아가 아니고 단일의식입니다. 반야 지혜입니다. 우리가 이것만 믿는다면 이 모든 복잡한 이야기는 불필요합니다. 이것은 자아를 설득하고 달래기 위해서, 이 모든 복잡한 이야기를 하는 것입니다. 만약 단번에 우리가 선현, 선각의 말씀을 믿기만 한다면, 즉 "우리는 육체나 자아가 아니라 바로 단일의식이다!" 그리고 "이 단일의식의 위치는 머릿속에, 각자 각자의 머릿속이나 몸속이나 영혼 속에 있는 것이 아니고, 바로 여기에 있다."라는 이 진리의 가리킴을 믿기만 한다면, 이 모든 것은 필요가 없습니다. 생각을 없앨 필요도 없고, 자아를 없앨 필요도 없고, 거듭날 필요도 없고, 죽음을 직시해서 죽기 전에 죽을 필요도 없습니다.

왜냐? 선각께서 우리로 하여금 단번에 잃어버린 낙원으로 돌아갈 수 있는 방법을 알려주셨기 때문입니다. 이 방법 외에는 없습니다. 자아가 스스로 노력해서 벗어날 수 있는 방법은 없습니다. 우물 속에 있는 자아는 절대 스스로 우물 밖으로 나올 수가 없습니다. 외부로부터 밧줄이 내려와야 합니다. 이 밧줄이 선현, 선각의 반야 지혜 가리킴입니다. 바로 부처님과 조사들의 가리킴은 단 하나였습니다. 그런데 선현들의 가리킴은 믿을 만한 걸까? 믿음을 일으키기 이전에 온갖 생각과 분별을 총동원해서 가장 예리하게 무엇이 믿을 만한가를 정하고. 그런 이후에는 전부 버리고 오로지 믿음만 일으키기를 우리는 원해야 할 것입니다. 그렇다면 단번에 모든 것이 해결됩니다. 이런 복잡한 이야기는 다 필요가 없는 것이 되어버립니다.

자, 추상관념에 대한 토니 파슨스 님의 말씀을 통해서, 생사 문제 해결의 길을 걸어가는 데 있어서의 빛을 찾아보도록 하겠습니다. 첫 번째 단락입니다.

이 말씀을 드리기 전에 노파심이지만, 또 이게 의심이 분명히 일어나기 때문에 말씀을 드려야 됩니다. 이 마음, 자아가 가난해진 의식이라 이렇게 이야기했습니다. '자아가 가난해진 의식, 자아가 희박해진 의식' 그러면, "가난하게 되고 희박하게 되는 주체는 무엇인가?" 또 이렇게 묻습니다. "그게 자아인가 아닌가? 주체는 없습니다. 그저 우리가 선각의 말씀에 귀를 기울일 때 간절히 기울여야 합니다. 그냥 일주일에 한 번씩 취미 삼아 기울여서는, 절대로 절대로 시절 인연을 우리가 맞이할 수가 없습니다. 간절하게 선각의 말씀에 실제 상황으로서 귀를 기울일 때, 그것은 그 어느 누구가 주체가 되어서 일어나는 게 아닙니다. "자아가 가난해진다." 혹은 "생각에 대한 믿음과 이해가 일어난다." 이것은 주체가 없이 그저 자아가 가난함이 있는 것이고 믿음과 이해가 있을 뿐, 그 믿는 주체 혹은 가난해지는 주체는 없습니다. 이것이 바로 이 반야 지혜의 신비입니다.

첫 번째 단락입니다.

나는 추상개념에 사로잡히고 매혹되어져 가지지 못한 살아있는 경험을 사는 것보다는 차라리 그림을 그려서 가지는 쪽을 더 좋아했다.

우리가 게임, 술, 여러 가지 시뮬레이션 놀이에 빠지는 이유는 현실이 불만족스럽기 때문입니다. 현실은 어떤가? 대부분의 현실은 그것이 아무리 유력 정치인이나 재벌이라 하더라도 원하는 것이 다 충족되지 않습니다. 즉 가지지 못한 것이 더 많죠. 그러나 이 추상의 세계, 즉 그림을 그리는 세계, 상상의 세계, 시뮬레이션의 세계 속에서는 우리는 다 가질 수 있습니다. 그래서 우리는 이 상상 속으로 도망칩니다. 현실의 불만으로부터 도망을 쳐서 상상의 세계로 갑니다. 왜? 상상의 세계 속에서는 내가 원하는 것이 다 이루어질 수 있기 때문입니다. 상상 속에서는 다 이룰 수 있습니다. 일반적으로 그렇습니다. 그런데 이 세상에서만 그러할까요? 아닙니다. 소위 말하는 영적인 세계, 종교의 세계, 형이상학의 세계, 도판에서도 동일한 일이 벌어집니다. 무슨 말이냐? 이 도판으로 넘어오면 이제 "내가 깨달은 사람이 되겠다, 내가 부처가 되겠다."

자꾸 이렇게 합니다. 그런데 현실은 어떤가? "나는 깨닫지 못한 사람, 부처가 되지 못한 사람입니다. 또 아직 깨달음의 체험, 합일도, 신인합일(神人合一)도, 범아일여(梵我一如)도 되지 못했다." 이렇게 도판의 현실은 세상 현실보다 더욱 참담합니다.

그러니까 어디로 도망가느냐? 상상의 세계로 도망갑니다. "열심히 수행하면, 열심히 공부하면, 육바라밀을 억지로라도 하면, 미래의 언젠가는 깨달음이, 체험이 오겠지? 영혼이 진화해서 완성되겠지? 신과 합일 되겠지?" 이렇게 상상의 세계로 도망침으로 해서 어떤 일이 벌어질까요? 지금 있는 이 깨달음이 눈에 들어오지 않게 됩니다. 그래서 선현, 선각께서는 늘 이야기했습니다. "없는 것을 제발 원하지 말고 지금 있는 거나 똑바로 쳐다봐라." 이랬습니다. "찾는 소는 그만두고, 지금 네가 올라타고 있는 소를 좀 쳐다봐라.", "너의 발밑을 좀 쳐다봐라" 이렇게 이야기했습니다. 혹은 "신을 보여 주겠다." 하고는 몇 시간을 산 위로 끌고 가서 돌멩이를 이렇게 탁 보여줍니다. 도마 복음에도 있습니다. "돌멩이를 쪼개보라. 그곳에 예수 그리스도가 있다." 이렇게 이야기를 합니다.

우리는 지금 눈앞에 당장 있는 이 깨달음을 버리고 자꾸 이 추상 능력을 사용해서 다른 곳으로 가려 합니다. 왜냐하면 편하니까요. 그리고 원하는 건 상상 속에서 다 이룰 수 있으니 그렇게 도망갑니다. 깨달음조차 그렇게 하고 있습니다. 그러면 그렇게 해서 만족이 올까요? 아닙니다. 실재가 아니고 상상이기 때문에 늘 더 깊은 실망과 절망이 오게 되고, 즉 미래의 깨달음을 원하면 원할수록 계속 절망만 오게 되고 고통과 공포가 발생됩니다. 고통과 공포가. 그 이유는 무엇일까? 지금 당장 있는 깨달음을 도외시했기 때문입니다. 지금 당장 있는 우리의 얼굴을 돌아보지 않았기 때문입니다. 그래서 선각께서는 늘 이야기합니다. "있는 모든 것을 없다고 할지언정, 없는 것을 있다고 여기지 마라." 방거사(龐居士)의 이야기입니다.

"언젠가는 깨닫게 되겠지, 언젠가는 체험이 오겠지, 언젠가는 영혼이 진화해서 완성이 되겠지, 언젠가는 신인합일이 되겠지, 언젠가는 내가 원하는 애인이 나를 사랑해 주겠지."라고 하면 할수록, 그런 일은 존재하지 않기 때문에 일어나지 않고, 더욱 고통과 공포만이 커집니다. 방법은 하나밖에 없습니다. 일단 생각을 최대한 굴려서 할 수 있는 데까지 예리하게 숙고를 해보고, 그러고도 아직 자유를 갈망한다면, 드디어 선현, 선각의 반야 지혜의 말씀에 귀가 아주 바늘구멍만큼 열리게 될 것이고. 그렇게 된다면 시절 인연이 오는 것은 곧 바로입니다. 이렇게 말할 수 있습니다. 바로 지금입니다. 바로 이것이 단일의식입니다. 왜 단일의식이냐? 자, 여기에 컵이 있습니다. 컵이 있다는 것은 의식되는 것입니다. 앎이죠. 앎. 앎이 곧 있음이고, 있음이 곧 앎입니다. 그리고 이 있음은, 이 의식은, 이 컵은 지금 우리들 머릿속에 들어있을까요? 우리의 몸속에 들어있을까요? 우리의 몸 안에 있다는 영혼 안에 들어 있을까요? 아니면 컵은 지금 우리의 몸 밖에, 컵이 있는 이곳에서 지금 알려지고 있을까요? 그리고 이 컵이 만약에 각자의 몸 안에 들어있다면 컵은 수도 없이 많아야 됩니다. 수도 없이 많습니다.

그러나 우리의 직접 경험, 이 컵은 단 하나고. 이 컵이 위치하는 장소는 바로 이 컵이 있는 바로 여기입니다. 이것은 몸속의 영혼 안에 들어있지 않습니다. 이 컵은 어디에서 알려지고 있을까?

(컵을 가리키며) 바로 여기입니다. 저기 지나가는 버스 소리는 어디에 위치할까? 어디에서 앎이 일어날까? 바로 소리가 있는, 바로 그소리가 의식되는 바로 그곳입니다. 이게 한마음이고 단일의식의소식입니다. 그래서 이게 있음입니다. '있다'는 것은 바로 '앎'과동일합니다. 지금 이 세계 상태, 지금 직접적인 세계 상태의 진술은 무엇인가? 여기에 컵이 있음입니다. 컵이 있다. 그리고 지금 현재의 의식 상태를 진술해보면, 여기(탁자 위)에 컵이 의식된다. 몸속에 있다는 영혼 안에서 의식되는 게 아닙니다. 바로 여기에서 의식됩니다.

다시 예리하게 해봅시다. 지금 세계가 있을까요? 분명히 세계가 있습니다. 그리고 지금 의식이 있을까요? 분명히 의식이 있습니다. "현재의 세계 상태를 진술해 보시오." 하면, "여기에 컵이 있다." 이것은 모두에게 공통됩니다. 심지어 고양이나 강아지가 있다하더라도 공통됩니다. 하나입니다. 자, 현재의 의식 상태를 진술해봅시다. "바로 여기에 컵이 있다." 즉, 세계 상태와 의식 상태는 같습니다. 무엇인가? 있음은 바로 세계고, 앎은 바로 의식입니다. 그래서 세계와 의식은 하나입니다. 그런데 세계가 여러 개니까 지금세계가 각자의 지금 머릿속에 들어 있을까요? 시공간이 머릿속에들어 있을까요? 아니면 시공간 안에 육체와 머리가 있을까요?

세계는 단일 세계고, 그래서 의식도 단일한 것이라는 이것은사물 논리적 구조입니다. 우리가 어떻게 바꿀 수가 없습니다. 우리가 이해할 수는 없더라도 믿을 수는 있습니다. 왜냐하면 우리가믿을 수밖에 없는 선각의 말씀들이기 때문에, 믿을 수밖에 없습니다. 그래서 자아는 도저히 이해할 수 없지만 그럴 수밖에 없습니다. "있음도 하나고 앎도 하나밖에 없다." 이렇게. 이것이 일심이고 한마음입니다. 현대적 용어로 '단일의식'입니다. 그래서 우리가 이 추상 능력 때문에, 과거와 미래로 훅훅 날아다니면서 지금 현재 있는 이 반야 지혜를 늘 배신하고 있습니다. 그러면 어떻게 하면 되느냐? 지금 바로 여기로 돌아오면 됩니다. 그러면 "상상을 멈추란 말이냐?" 상상은 그냥 하게 내버려 두십시오. 상상은 렛잇비 하세요. 기억과 상상은 let it be. 그냥 왔구나 하고는 늘 어디에 관심을 가지라고? 바로 이 단일의식에만. 매 순간 이 단일의식에만 관심을 가질 때, 이것을 바로 매 순간 거듭남이라 합니다. 영적인 부활이라 합니다. 죽기 전에 죽는 것이라 합니다.

# 신의 선물과 악마의 선물 I
# 옵션: 둘 다 받거나 둘 다 거절하거나

2021. 11. 18.

지난 시간에 <몸과 자아의 죽음> 그리고 <추상 능력>이라는 주제를 가지고 이야기를 해보았습니다. 죽음의 문제와 추상 능력의 문제는 사실 같은 문제, 같은 주제입니다. 이전까지는 본론에 해당하는 본격적인 이야기하기 전의 준비 작업이었습니다. 그래서 이제부터는 어느 정도 거침없이 때로는 자세한 설명 없이 본격적인 이야기를 해 보겠습니다.

자, 단도직입적으로, "개인적 깨달음, 그런 것은 없다." 이것을 분명히 이해해야 합니다. 어떤 분들에게는 이 말이 매우 실망스럽게 들려, 오던 길을 되돌아서 돌아가거나 다른 길로 접어들 수 있겠지만, 본격적인 이야기 안에서는 방편은 되도록 쓰지 않는 것이 좋겠습니다. 물론 비유와 은유는 어느 정도 동원할 수 있지만, 곧바로 가리킵니다. 이것이 훨씬 요긴할 것입니다.

"개인적 깨달음은 없다." 즉 다시 말하면, '나는 깨달았는데 다른 사람은 깨닫지 못했다거나, 나는 아직 깨닫지 못했는데 다른 사람은 깨달았다.'라는 생각입니다. 이 생각은 참으로 너무나 바보 멍청이처럼 어리석어서 반야 지혜와 너무 동떨어진 생각입니다. 마치 어린아이처럼 유치한 마음입니다. "우리 아버지가 경찰이다.", "우리 아버지는 군인인데, 장군이다."와 같은 연장선상에 있는 어른들의 깨달음 놀이인 셈입니다. 왜 개인적 깨달음은 없는 것일까요? 자아 혹은 개인이 실제로 있는 것이 아니며, 실제로 있는 것은 오직 단일의식밖에 없기 때문입니다. 왜 의식이라 안 하고 단일의식이라 하며, 왜 마음이라 안 하고 한마음이라 할까? 하나의 의식입니다. 한마음이라는 것은 마음이 사람 사람마다 동물 동물마다 식물 식물마다 들어있다는 것이 아니고, 하나의 마음 안에 모든 동물과 식물과 사람과 세상이 들어있다는 얘기입니다. 이것은 선현, 선각들께서 늘 하신 말씀인데, 왜 이것을 믿지 않을까? 예리한 분별력을 가지고 판단해 보아야 합니다.

의식이 하나고 마음이 하나라면, 깨달음은 몇 개인가? 하나의 깨달음밖에 없습니다. 즉, 각각의 자아, 각각의 개인이 뭐라 하든 실제로 있는 것은 단일한 의식, 한마음, 즉 하나의 깨달음입니다. 과거나 미래에 있는 것도 아니고 바로 지금 하나의 깨달음만 이렇게 있습니다.

그 깨달음이 무엇이냐? 컵입니다. 뜰 앞의 잣나무입니다. "부처가 뭡니까?", "이거다." 그래서 "있음 자체 이 세상 자체가 바로 깨달음이고 기적이다." 말씀드리는 건데, 이 안에서 온갖 해괴한 거짓말이 난무합니다. "내가 깨달았다." 한들, 혹은 "개인적 깨달음이 있다." 한들, "개인적으로 못 깨달았다." 한들, 아무 상관없이 그냥 실제로 있는 것은 하나의 의식, 즉 단일한 깨달음, 한 깨달음만 있습니다. 이미 있습니다!

그러면, 이 세계와 나, 자아, 죽음 탄생, 성인 혹은 세속인, 중생, 관세음보살, 이런 건 다 뭘까? 전부 다 이 깨달음의 현현, 단일의식의 나타남, 단일의식의 얼굴, 단일의식의 변형입니다. 마치 모양 없는 황금 덩어리를 가지고 여러 가지를 만드는 것입니다. 깨달은 사람도 만들고, 못 깨달은 사람도 만들고, 타락 천사도 만들고 관세음보살도 만들고, 이렇게 만드는 것입니다. 그럼 예수님과 부처님은 뭐냐? 법신이라는 건 뭐냐? 그냥 순수 황금 덩어리를 말합니다. 단일한 깨달음, 단일의식 혹은 한마음을 가리킵니다. 실제로 있는 것은 단일의식뿐입니다. 이 안에 모든 것이 단일의식의 변형으로서 그냥 출몰, 나타났다 사라졌다 합니다. 이것이 선각의 가리킴이고, 이만큼 단순한 게 없습니다. 이것을 이해하지 못하고 믿지 못할 것이 무엇일까.

그래서 간결하게 말씀드리면, "개인적 깨달음, 그런 것은 없다." 왜냐하면, 개인이 실제로 존재하는 것이 아니기 때문에, 자아는 존재하는 것이 아닙니다. '가상의 주체'라면 '가상으로 존재하는구나?' 아닙니다. 자아라는 것은 그냥 경험과 기억의 모임입니다. 오온(五蘊)입니다. 경험과 색수상행식(色受想行識), 즉 경험과 기억의 축적일 뿐입니다. 그러니까 어떤 자극에 의해, 어떤 치매에 의해 기억이 상실되면 자아가 없어져 버려 내가 누군지 모르게 됩니다. 그렇지만 내가 누군지 모르는 그 앎 그것이 깨달음입니다. "개인 내지 자아가 실재하지 않는다." 이 말은 우리가 알고 있는 개인 자아, 즉 나라고 하는 것은 그냥 경험과 기억의 집적일 뿐입니다. 오온이라 하는 5가지 모둠 덩어리입니다. 모둠 덩어리는 나타났다 사라지고, 얼마든지 그렇게 됩니다. 그러나 이 모둠 덩어리를 떠받치고 있는 쟁반은 본래 있는 것입니다. 그럼 이 쟁반은 모둠 덩어리와 어떤 관계냐? 이 쟁반이 모둠 덩어리로 변용한다는 얘기입니다.

이것이 우리가 죽음이라는 주제, 그리고 추상 능력이라는 주제를 바탕으로, 제일 먼저 우리가 분명하게 이해를 할 수 있는 부분임을 말씀을 드렸고, 추상 능력 부분도 더욱 분명하게 이해해야 합니다. 추상 능력은 다름 아닌, 자아와 죽음의 다른 말입니다. 추상 능력은 추상적으로 생각하는 능력입니다. 생각입니다. 그런데, 여기저기서 어린아이 같은 그런 이야기를 많이들 합니다. 생각을 멈추라느니, 생각을 없애라느니, 생각 이전 자리라느니, 생각을 무슨 큰 죄인인양, 생각에게 모든 것을 뒤집어씌우는 경향이 있습니다. 생각을 멈춘다는 그런 일은 실재하지 않습니다. 생각을 멈추고 없애면 순수 단일 깨달음도 멈추고 없어져 버립니다. 모든 파도를 제거하면 바다도 없어지는 격입니다. 그런데 모든 파도를 제거할 수 있을까요? 약견제상비상(若見諸相非相) 즉견여래(卽見如來)라 했습니다. 즉, "약변제상비상 즉견여래(若變諸相非相 卽見如來)"라 하지 않았습니다. 그냥 파도가 바다임을 보는 것으로 끝나는 것이지 파도를 제거하는 것이 아닙니다.

중생 그대로 부처지, 중생을 제거해서 부처가 되는 게 아닙니다. 모든 상을 상이 아닌 걸로 변화시켜서 여래를 보는 게 아닙니다. 약변(若變)이 아니고 약견(若見)입니다. 약견. 보라! 경험과 기억 관점이 아닌, 단일의식이 전부 깨달음이라는 관점에서 보라. 그러면 이 컵이 어디 컵이더냐? 이게 의식 아니더냐? 그러면 컵을 막 째려보면서, 이 물질이 의식으로 바뀔 때까지 계속 쳐다보라는 그런 얘기가 아닙니다. 그냥 단순하게 지금 믿고 이해만 하면 끝납니다. 그냥 이름만 빼보면 됩니다. 여태까지 하던 이 컵은 물질이고 규사 같은 원소로 만들어졌느니… 그런 생각만 버리고, 그게 전부 이름이니 버리고, 선각의 가리킴, '이것이 바로 우리의 마음이고 본바탕이다.' 이것만 이해하면 됩니다. 일초직입여래지(一超直入如來地)란 말은 이론이 아니고 실제입니다. 일초직입, 그냥 선각의 가리킴을 따라서 보기만 하면 끝나는데, 왜 자꾸 외면하는 것일까요? 화살표가 믿을 만하니 아니니, 옳으니 그르니, 저 화살표의 재료가 뭐니, 그런 짓을 하지 마십시오.

그래서 이 추상 능력, 이 생각에 대해서 우리가 정확하게 그 정체를 볼 때, 생사 문제 해결의 시절 인연이 다가옵니다. "생각을 없앤다." 이런 말에 더 이상 현혹될 필요가 없고. 또 "생각하지 마라." 이것도 너무나 엄청난 오해를 불러일으킵니다. 생각을 잘 사용하고 분별을 잘 사용해야 합니다. 그리고 "아무것도 원하지 마라." 이것도 엉터리 소리입니다. "아무것도 원하지 마라." 그것도 아무것도 안 원하는 것을 원하게 됩니다. 이것은 그냥 끊임없는 쳇바퀴입니다. "아무것도 원하지 않으면 된다.", "그래 나는 지금부터 아무것도 원하지 않을 거야."라고 하는 순간, 아무것도 원하지 않는 것을 원하게 됩니다. 그렇게 하는 것이 아닙니다.

그래서 지금 이 순간 곧바로 '내가 아직 깨닫지 못했다.'라고 여겨온 분들은 바로 이 순간 크게 안심해도 좋습니다. 사실은 큰일 날 뻔했습니다. 지금 깨닫지 못한 것이 천만다행이다. 만약에 '내가 깨달았다.'라는 그러한 착각에 빠졌다면 이게 되돌이키기가 매우 어렵습니다. 왜냐하면 자아가, 그냥 중생인 자아에서 부처 자아가 되었기 때문에 얼음 1톤이던 것이 얼음 10억 톤이 되었습니다. 중생 자아는 그냥 얼음이 1톤일 뿐이었는데, 부처 자아는 얼음이 10톤인 부처가 되어 버렸습니다. 자아가 되어 버린 거죠. 큰일 날 뻔한 것입니다. 개인적으로 깨달았으면 큰일 날 뻔했습니다. 그래서 '아직 나는 깨닫지 못했다.'라고 생각하신다면 매우 매우 축하를 드리고 천만다행입니다. 큰일 날 뻔했습니다. 이렇게 오히려 진심으로 축하드립니다.

자, 그래서 이론이 아닌 실제를 말씀드리면, 그냥 단일한 깨달음이 있습니다. one and the same입니다. 단일의식의 바다가 있습니다. 여기서 파도가 일어납니다. 파도는 한 바다의 활동이고 작용입니다. 즉, 추상작용 혹은 생각하는 작용입니다. 이 파도가 일어나면 어떻게 될까? 각종 이름과 모양이 펼쳐집니다. 파도가 크면 태풍이라 이름 붙입니다. 파도가 잔잔하면 잔잔한 파도라는 이름과 모양이 붙습니다. 즉, 추상 작용으로 인해서 구체적 물질 혹은 바로 나와 세계가 출현 내지 구체화되는 것입니다.

| 1. 깨달음, 의식 | 2. 추상작용, 생각작용 | 3. 나 세계 |
|---|---|---|
| 한바다 = | 파도 = | 이름과 모양 |

그리고 이 세 가지는 1이 2를 창조한다거나, 2가 3을 창조하는 게 아닙니다. 잘 살펴봅시다. 바다가 곧 파도고, 파도가 곧 이름과 모양입니다. 그래서 "1은 1을 창조하는 것이 아니고, 처음부터

끝까지 1을 창조하고 다시 1은 1을 창조한다." 이렇게 이야기를 할수 있습니다. 나와 세계를 창조한 창조주는 어디에 있을까? 그러면 모든 이름과 모양 안에서 이 한바다는 어디에 있을까? 바로 모든 이름과 모양입니다. 즉, 장천하어천하(藏天下於天下)입니다. 천하를 천하에 감춘 것입니다. 창조주는 별도로 무언가를 창조한 것이 아니고, 자기 자신의 변형으로서 바로 나와 세계를 만들어서 사랑의 자기 체험을 하는 중입니다. 그것이 어떤 것이든 간에, 어떤 이름과 모양이든지 마찬가지입니다. 그렇기 때문에 이런 것은 전부 엉터리라는 얘기가 됩니다.

그래서 이것은 단도직입적인 이야기입니다. 예전에는 이것을 은유 내지 비유로서 이야기를 한 것입니다. 그래서 이 모든 창조작용은 바로 추상작용과 추상능력으로 인해서 일어날 수 있었던 것인데, 이것은 두 가지 측면을 가집니다.

첫째는 100% 플러스 효과로서, 무엇을 가져다주었을까? 인류의 찬란한 문명과 문화를 가져다주었고, 이와 더불어 또 이렇게 화살표도 가져다주었습니다. 이것이 더 중요합니다. 인류 문화 문명보다 더 중요한 것이 본향으로 돌아갈 수 있는 화살표의 역할도 하는 것입니다. 왜냐하면, 나와 세계는 역순으로 돌아가면 됩니다. 추상작용으로 돌아가고. 추상작용에서 깨달음으로 돌아가는 것입니다. 즉, 이름과 모양에서 파도로 돌아가고, 파도에서 한바다로 돌아가는 것입니다. 사실 돌아가고 자시고 할 것도 없습니다. 본래 있기 때문에. 그러나 아직 자아 관점이라면 이것은 분명히 돌아가는 과정이 있게 됩니다. 그래서 추상 능력의 100% 플러스 작용은 비행기, 자동차, 핸드폰, 또 언어 문자의 발명 등의 인류의 문명과 문화, 그리고 가장 중요한 것으로서 집으로 돌아가는 화살표, 즉 선각, 선현의 가리킴은 이 추상 능력을 통할 수밖에 없습니다. 말씀과 글을 통할 수밖에 없습니다. 말과 글로의 표현, 이것 역시 추상능력의 플러스 측면의 결과입니다. 이것은 누구의 선물이라고 할 수 있을까? 바로 부처님과 관세음보살 혹은 하나님, 신의 선물입니다.

한편 자아와 죽음과 고통과 공포를 제거하기 위해서 어떻게 뭔가를 해야 하느냐? 아닙니다. 어떻게 할 필요가 없습니다. 지금 적혀 있는 것만을 잘 보면 됩니다. 우리가 이제 믿고 이해하게 되었습니다. 하나의 깨달음에 두 가지 얼굴이 있어, 하나의 깨달음은 추상 능력으로 변형하고. 이 추상능력은 두 가지 측면을 가집니다. 이것이 바로 연기 법칙입니다. '+100이 있으면 반드시 -100이 있다.' 이게 연기 법칙입니다. 즉, 이것(+100 문화 문명) 자체로는 홀로 존재할 수 없고, 이것(-100 자아 죽음)도 홀로 존재할 수 없습니다. 반드시 이것이(+효과) 있으면 저것(-효과)이 있게 되고, 이것이 있으면 저것이 있게 됩니다.

무슨 말이냐? 전혀 이것(자아 죽음)을 건드릴 필요도 없고, 이것(문명)을 건드릴 필요도 없습니다. 지금 있는 이대로 찬란한 인류 문명이 있는 그대로, 즉 우리가 비행기를 타고 자동차를 타고 핸드폰을 사용하고 있는 그대로, 동시에 자아와 죽음과 고통과 공포가 있는 그대로 지금 어떤 상황인가? 실제로는 +/- 100을 하면 어떻게 될까요? 제로가 됩니다. 제로. 일원상이 되고 이것은 emptiness, 즉 0이 됩니다. emptiness, 즉 공(空)이 됩니다. 즉, 우리가 그토록 목말라 찾아 헤매던 생사 해탈 혹은 한바다, 한마음,

깨달음, 의식은 바로 지금 이 순간 +100, -100 인 상태로 지금 이 순간 곧바로 늘 언제나 항상 zero고 emptiness였습니다. 즉, 있으려면 다 있는 것이고, 없다면 아무것도 없는 것입니다. 그래서 이제는 이 믿음의 세계로 들어와서, 이해가 저절로 일어나야 합니다. "모든 것은 지금 있는 이대로 있지만, 동시에 아무것도 없습니다." 플러스 100도 있고 마이너스 100도 분명히 있지만, 동시에 +100, -100은 제로 상태로 여전히 존재합니다. 투명한 물에 커피를 타면 커피가 되고, 투명한 물에 주스 가루를 타면 오렌지 주스가 될 수 있지만, 이 투명한 물 자체는 부증불감(不增不減), 불생불멸(不生不滅)로 절대로 오염되지 않는다는 얘기입니다.

그래서 지금 있는 이대로 +100의 상태, -100의 상태 이대로! 이것이 '깨달음', '의식'이라는 선각의 가리킴을 우리가 믿고 이해하는 순간, 바로 무엇인가? 겉모양은 아무것도 변하지 않는 상태에서 모든 것이 현재 지금 변해버렸습니다. 이것이 약견제상비상(若見諸相非相)의 뜻입니다. 그냥 보기만 하라! 똑바로 보기만 하면 어떻게 된다? "지금 똑바로 보는 것이 무엇인가?", "이러한 모든 것은 하나의 깨달음이다."라는 선각의 가리킴을 정확하게 믿고 이해하는 것,이것이 똑바로 보는 정견(正見)입니다. 그렇게 되면 모든 상이 모든 상이 아니게 되고 어디로 돌아갈까? 만법(萬法)은 어디로 돌아간다? 귀일(歸一), 하나의 깨달음으로 돌아갑니다. 그럼 이 일귀(一歸)는 하처(何處)냐? 이 하나의 깨달음은 어디로 돌아가느냐? 우리는 이미 그 답을 충분히 알고 있습니다. 어디로 돌아갈까? 자, 그래서 이제 본격적으로 조금은 좀 편하게 스피커의 목소리를 내보겠습니다.

토니 파슨스 <추상관념>, 두 번째 단락입니다.

내가 추상화하는 것은 전혀 존재하지 않으며, 단지 살면서 간혹 물에 희석된 것처럼 흐릿하게 순간적으로 스칠 뿐이다.

추상화하는 것, 즉 상상하고 시뮬레이션 하는 것, 이런 것은 전혀 존재하지 않으며, 이 말은 우리가 '있다.'하기 때문에 '없다.' 하는 것이지, 사실은 있는 동시에 또 아무것도 없는 것입니다. 그러니까 없는 측면만 강조해서는 안 됩니다. 그럼 50% 있는 측면도 분명히 있습니다. 추상화된 것은 실재하지 않습니다. 가상적 존재입니다. 그다음에,

내 관념은 갈망 혹은 좌절해서 생겨난 희뿌연 영상이고, 그것은 나에게 휴일이라는 꿈을 제공한다. 그것은 아는 것 안에서 언제나 안전하고, 예측 가능하며 내 마음대로 할 수 있음이다.

여기서 '내 마음대로 한다.'할 때 나는 자아를 이야기합니다. 그러나 자아가 원하고 갈망하는 것은 가상의 것입니다. 왜냐하면 자아 자체가 경험과 기억의 집적이고 이것은 실재하는 것이 아닙니다. '실재하지 않는다.'는 말은 오해하지 말아야 하는 것이, '가상이다. 실재하지 않는다.' 이러면 없다는 것이 아니고, '변하고 사라진다.', '모양이 바뀐다.' 진실된 것은 변하지도 않고 사라지지도 않아야 된다. 이런 뜻입니다. 그다음에,

추상관념이 무너질 때,

추상관념이 무너진다는 말을 오해하면 안 됩니다. 추상능력이 무너진다고 해서 문명과 문화도 다 없애버리고 산으로 절로 들어가고 그러면 자아와 죽음도 제거된다는 그런 게 아닙니다. 있는 이

대로 그대로 둡니다. 그대로 두고 그냥 이 실상을 봅니다. 약견(若見), 실상만 똑바로 꿰뚫어 본다는 뜻입니다.

추상관념이 무너질 때는 이 죽음, 거듭남이 올 때, 즉 자아가 희박해질 때, 자아가 가난해질 때, 이 말은 이것을 추상능력을 우리가 이해하게 되면 자아의 가상성을 알게 됩니다. 자아의 가상성을 알게 되는 것이 자아가 가난해지는 것이고 진짜 죽음입니다. 육체적 죽음은 가짜 죽음입니다. 실재하지 않으니 진짜 죽음이 아닙니다. 추상관념이 무너질 때 있는 것은 오로지 실제로 있는 것만 있습니다. 즉, 추상 능력의 결과치를 우리가 이해할 때, 실제로 있는 것은 +100이 있는 것이 아니고 -100도 없고, 즉 깨달음도 없고 죽음도 없고, 추상능력도 없고 무엇만 있을까? 실제로 있는 것은 하나의 깨달음입니다. 그리고 이 하나의 깨달음은 바로 우리의 본래 정체, 본래면목이었습니다. 이 하나의 깨달음, 왜 하나일까? 이 컵은 우리 모두가 하나로 의식합니다. 이 컵이 우리의 영혼 속에 각각 들어있는 것이 아니고 이렇게 하나로 있습니다. 이 컵을 10년 이렇게 집중해서 쳐다본다고, 이것이 의식으로 바뀌는 것이 아니고, 그냥 이것이 의식이라는 믿음과 이해, 이것이 중요하다는 얘기입니다.

추상관념이 무너질 때, 있는 것은 오로지 실제로 있는 것만 있다.

추상관념이 무너집니다. 그러니까 추상능력의 결과물이 무엇이라는 것을 알면, 우리가 알고 있는 모든 것이 추상이라는 것을 알게 되면 "이 모든 것이 실제로 존재하는 것이 아니고 실재의 변형이다."라는 것을 알게 됩니다.

내 몸의 감각 감각들, 교향악은 계속 연주된다.

저절로 연주될까요?

음을 조율할 필요가 없지만, 그러함에도 불구하고 계속 바뀌고 움직이며, 오고 간다. 여기 혹은 저기에서 무슨 일이든 일어난다. 그것은 증발하여 사라지고 다른 뭔가가 발생한다. 내가 통제하거나 조작할 수 있는 것은 전혀 아무것도 없다. 그것은 계측할 수 없고 알 수 없으며, 존재하다가 그다음 존재하지 않는다.

바다의 파도는 자아가 일으키는 것이 아닙니다. 한바다의 움직임으로 인해서 이 모든 현상이 현현하게 됩니다.

다음 페이지입니다.

이와 마찬가지로, 내가 만약 모든 것을 다 잊고 듣거나, 만지거나, 맛보거나, 냄새 맡거나, 혹은 보려고 하면, 미리 사전에 이런 감각들의 정확한 질감을 알 도리가 없다. 나는 새가 지저귀는 소리를 예측할 수 있다고는 말할 수 있지만, 그러나 그것은 단지 기억을 바탕으로 하는 정보일 뿐이다.

우리는 이름과 모양을 알면 그것에 대해서 다 알았다고 이야기합니다. '저것은 장미이고 빨간색이다.' 즉, 장미이고 빨간색의 꽃이다. 그러면 다 알았다고 생각합니다. 그러나 이것은 추상 능력의 결과물이고 임시적인 것입니다. 여기에서 우리가 알고 있는 것을 다 잊으면, 즉 이전의 경험과 기억을 잊고, 즉 이름과 모양을 한번 잊고, 이것이 무엇인지 바라보십시오. 그러면 알 수 없습니다. 그러면 진정으로 아무것도 알 수 없는 것만 있느냐? 앎 자체는 있습니다. "오직 모를 뿐." 할 때, 우리가 오해하면 안 되는 것이 그러면 "모든 걸 몰라야 되겠구나. 나 몰라, 아무것도 몰라." 이렇게 하면 엉터리입니다. "모른다. 오직 모른다." 이 말은 "기존의 기억과 경험에 바탕하지 않고 있는 그대로를 보라.", "약견제상비상(若見諸相非相)하라." 약견제상비상하면 자아로서는 아무것도 알 수 없지만, 이 단일한 깨달음의 입장에서는 오로지 깨달음만 있습니다. 즉, 앎 자체만 있다는 이야기입니다. 그러니까 "오직 모른다." 해서 그냥 아무것도 모른다가 아님을 분명히 말씀드리는 바입니다.

그것은 살아있지 않고, 생명력이 없으며 알지 못하는 것이 아니다.(알고 있는 것이다.)

즉, 단일의식은 살아있고, 생명 그 자체고 앎 그 자체입니다. 그러니까 "오직 모를 뿐."을 우리가 오해하면 안 됩니다. 그런 방편은 어떻게 보면 좀 더 친절한 부연 설명이 필요합니다.

내가 실제로 듣는 소리는, 있는 그대로의 소리는 내가 소리에 대하여 관념하는 것과 같지 않을 것이다.

그러니까 우리가 알고 있는 것과 실제는 다릅니다. 우리는 까마귀가 "깍깍"한다고 이렇게 한번 알아버리면, 그다음에 "깍" 이외에는 까마귀 소리를 듣지 못합니다. "깍깍"으로만 듣습니다. 그러니까 동양 사람은 총소리를 "탕탕" 이렇게 알고 있고, 서양 사람들은 총소리를 "뱅뱅(bang)" 이렇게 알고 있습니다. 그러면 서양인들에게 "탕탕"은 더 이상 들리지 않습니다. 그리고 동양인에게 "뱅뱅"은 더 이상 총소리로 들리지 않습니다. 어떤 것이 실제인가? 그 얘기입니다.

나는 처음 그 소리를 들을 때 그것을 통제하기 위하여 이름 붙이고 파악하려고 했다.

그러니까 초심이 중요합니다. "초심이 곧 깨달음이다." 우리가 처음 무엇인가 달콤한 것을 먹었을 때, 그것은 달콤이라는 이름이 아직 붙여지지 않았고, 그 어떤 모양도 없었습니다. 적나라한 그대로 그것은 무엇이었을까? 그냥 단일한 깨달음이었습니다. 달콤한 감각이라는 이름이 붙여지기 전에, 그것은 무엇이었을까? 하나의 깨달음이었습니다. 그런데 물론 또 어필할 수 있습니다. "하나의 깨달음, 이것도 이름 아니냐?" 이름입니다. 그러면 어떻게 할 거냐? 하나의 깨달음이라는, 단일의식이라는 이름도 떼어버리면 어떻게 할 거냐? 그러면 이제 이렇게 합니다. 눈을 끔뻑끔뻑한다거나 그냥 지그시 이렇게 바라보는, 소위 말하는 침묵의 가르침, 그런데 침묵의 가르침, 이것도 이름과 모양입니다. 아무 문제없습니다.

외견상 이런 통제를 잊을 때 그곳에는 단지 듣는 사람과 소리만 있다.

여기에서 다시, 듣는 사람이 떨어져 나가면, 들리는 대상도 없습니다.

오로지 있는 거라고는 무엇인가? 바로 소리, 바로 이 하나의 깨달음만 있다는 얘기입니다. 하나의 깨달음만 있습니다.

거기에 나는 더는 없으며

그렇습니다. 이 단일의식 안에 개인은 없습니다. 그러니까 "내가 깨달았다." 이것은 너무 유치 짬뽕입니다. 다시 한번 말씀드리지만, 우리가 굉장히 바보로 보는 게 어떤 것일까요? 예를 들어, "나는 드디어 하나님으로부터 천국행 티켓을 얻었다. 내가 착한일을 많이 하고 내 욕심을 줄여서 천국의 티켓을 얻었다."라고 말하는 사람을 우리는 어떻게 생각할까? "아이고 불쌍하다." 그러니까 "나 혼자 천국행 티켓을 얻어서 나는 천국에 가는데 다른 사람들은 불쌍하구나, 그래서 당신들도 얼른 천국행 티켓을 받기 바란다."라고 말하는 사람을 우리가 본다면 어떤 생각이 들까요? '바보 멍청이'라고 생각할 것입니다. 그런데 개인적으로 "나는 깨달았다. 드디어 이전에는 나는 깨닫지 못하다가 지금 깨달았다."라고 말하는 사람과 "나는 천국행 티켓을 얻었다."라고 말하는 사람이 어떤 차이가 있을까요? 도대체 어떤 차이가 있을까요? 둘 사이에… 그렇기 때문에 이것은 올바른 관점이 아님을 우리가 알 수 있습니다. 거기에 자아가 더는 없으며, 그래서 무아(無我)라 합니다. 부처님의 삼법인 중에 하나인 무아라는 소식은 복음입니다. 이것이 곧 하나의 깨달음입니다. 무아는 곧 한마음이고 단일의식입니다. 그래서

> 거기에 나는 더는 없으며… 다만 벌거벗고 활기차게 떨고 진동하는 존재 자체의 에너지가 있을 뿐이다.

바로 생명 자체가 있는 것입니다. "무엇이 생명인가(What is life)?" 할 때, 이 life는 바로 단일의식입니다. 여태까지 우리는 이 컵은 생명이 아닌 줄 알았으나 엄청난 생명입니다. 생명 아닌 것이 어떻게 생명과 교류를 할 수 있을까요? 모든 것은 생명 안에 있습니다. 생명 아닌 것으로부터 생명이 나올 수도 없고, 생명으로부터 생명 아닌 것이 나올 수도 없습니다. 그래서 전부 생명이라는 얘기입니다.

> 필요한 것은 아무것도 없으며, 일체가 충족되어 있다.

일체가 충족되어 있지만 동시에 불만족도 존재합니다. 지금 +100, 이것은 충족입니다. -100, 이것은 결핍입니다. 충족과 결핍이 동시에 있습니다. 지금 이 순간 말입니다. 지금 이 순간은 공(空)

인 동시에 emptiness인 동시에 또 +100이고 -100입니다. 법화경의 "법주법위(法住法位) 세간상상주(世間相常住)다.", "법은 늘 법으로서 있고 세간상도 항상 세간상으로 있다." 하나의 바다는 늘 바다로 있고 또 파도도 항상 파도로서 있습니다. 그러나 이 두 가지는 하나입니다. 일승(一乘)입니다. "시고설일승(是故說一乘)" 이렇게 돼 있습니다.

그것은 바로 자유가 거주하는 이 존재의 연금술이다.

연금술은 고철 덩어리를 황금으로 바꾸는 것입니다. 그래서 실제로 고철이 있고 황금이 있는 것이 아니고 "여태까지 고철로만 알았는데, 그것이 황금이었다." 이것이 진짜 연금술입니다. "여태까지 비행기와 자동차가 있고 또 자아와 죽음이 있는 줄 알았는데, 이것이 알고 보니까, 전부 하나의 깨달음이었더라." 이것이 진정한 연금술입니다. 화학제품을 써서 화학적 변화를 거치는 게 연금술이 아니고 진짜 연금술은 무엇이냐? 약견제상비상(若見諸相非相), 이 자아 관점에서 하나의 깨달음(단일의식)의 관점으로 이동해서 정견, 똑바로 보게 되면 어떻게 되느냐? 모든 것이 바뀝니다. 아니면 제대로 봅니다. 실상을 봅니다. 보는 주체는 누구인가? 여기에 개인은 없습니다. 자각(自覺)이라 합니다. "의식이 의식을 본다."고 합니다.

생명이 나를 손짓하여 부른다. 그것은 속삭이고, 큰소리로 외치다가, 그리고 나에게 비명을 지른다. 종종 위기 혹은 질병이라는 비명은 나의 진정한 면목의 재발견을 가져오게 한다. 왜냐하면, 고통을 관념으로만 다루기는 어렵기 때문이다.

우리는 동네 너른 곳에서 친구들과 땀을 흘리며 놉니다. 해가

441

져 어두워지면 어머니가 찾아와, 밥 먹으러 오라고 부릅니다. 그런데 우리는 놀이에 정신이 팔려 어머니의 부름을 무시합니다. 그러면 어머니가 처음에는 "야, 밥 먹으러 들어와라." 이러다가 크게 소리 지릅니다. 그래도 우리가 계속 놉니다. 어머니가 드디어 몽둥이를 들고 찾아옵니다. 한 번 불러서는 안 갑니다. 엄마의 몽둥이 찜질에 의해서 곧바로 집으로 돌아가는 수가 더 많습니다. 큰 병에 걸리거나, 큰 정신적 충격을 받는다거나, 실연을 당한다거나, 사회활동에서 절망한다거나, 외롭다거나, 교류를 못 한다거나, 자발적 왕따거나, 아니면 비자발적 왕따를 당한다거나 등등의 여러 가지 몽둥이찜질과 각종 질병 등의 고통과 공포라는 사랑의 부름으로 인해서, 오히려 집으로 돌아가는 사례가 더 많습니다. 우연한 임사체험, 불치병, 실연, 사업의 망함, 수십 년 수행에서 깨닫지 못하는 비참함 등등에 의해서 오히려 우리는 집으로 돌아가는 계기를 마련하게 됩니다. 왜 그런 것일까? 우리는 일정한 룰에 따라, 책을 본다거나 명상 수행을 한다거나 이렇게 해서 집으로 돌아갈 생각이 없는 것입니다. 계속 놀고 있는 것입니다, 동구 밖에서 놀고 있는 것입니다.

"진정한 가리킴은 무엇이냐?" 그러면, "고통이다." 왜? 고통은 너무나 실재적으로 느껴지기 때문에 고통은 실제로 있는 듯이 느껴지기 때문에, 이것은 추상관념으로 어떻게 해볼 도리가 없습니다. 불치병이 걸렸는데 우리가 시뮬레이션 게임에 몰입한다고 그게 없어질까? 그리고 어떤 정신적 충격을 받았는데 추상 관념으로 리얼한 고통을 도피하거나 케어할 수 없습니다. 그렇기 때문에 추상관념으로, 도망가지 못하도록, 즉 '깨달았다, 못 깨달았다' 게임, 그런 데로 도망가지 못하도록 한 방이 빵 때려집니다. 이것으로 케어할 수 없는 것, 이것이 진정한 고통입니다.

그래서 부처님께서 삼법인을 말씀하셨습니다. 제행무상(諸行無常), 일체개고(一切皆苦), 제법무아(諸法無我)가 그것입니다. 무상(無常), 항상 하는 것은 없습니다. 왜? 연기 법칙에 의해서 +/- 100의 상태로 계속 왔다 갔다 하기 때문에, 모든 것은 무상입니다. 무상은 바로 연기한다는 것이고, 이것은 추상능력입니다. 추상능력은 바로 뭔가? 자아입니다. 자아는 곧 죽음입니다. 그래서 무상이라 할 때는 이것은 연기한다는 것이고, 추상능력이라는 것이고, 자아이고 죽음입니다. 자, 그러면 무아는, 곧 개인이 없다는 것으로 하나의 깨달음, 단일의식입니다.

무상에서 무아가 어떻게 연결되느냐? 바로 일체개고입니다. 고통입니다. 테마파크를 즐기다가 진짜 그것이 테마파크가 아니고 진짜 고통으로 변할 때, 우리는 더 이상 테마파크를 즐기지 못합니다. 그러면 이 고통은 바로 무상으로부터 무아로 부르는, 즉 동구밖에 놓고 있는 아이를 엄마가 부르는 그러한 부름입니다. 고향 집으로의 초대 혹은 부름입니다. 집으로 돌아오라는 부름입니다.

그래서 부처님이 말씀하신 이 삼법인의 이유와 실체가 이렇게 구체적으로 밝혀지게 되는 것입니다. 이것은 번호를 붙일 수는 없습니다. 왜냐하면 이 무아는 법주법위(法住法位)고, 무상(無常)이라는 것은, 세간상은 무상으로 늘 상주합니다. 세간상은 나와 세계는 무상하게 늘 영원히 상주하고, 동시에 이 법신은, 즉 무아입니다. 무아는 늘 깨달음으로 있습니다. 이 둘을 연결하는 것이 무엇일까? 바로 고통이라는 bridge입니다. 연결하는 bridge입니다. 이것은 그렇다면 깨달음의 작용입니다. 바로 엄마의 활동입니다.

그러면 각각 어떻게 법신, 보신, 화신으로 대입될까? 삼법인의 무상은 화신, 고통은 보신, 무아는 법신이 됩니다. 그러면 화신-보신-법신, 이 3개는 다른 것이냐? 법신은 다른 말로 성부이고, 무아는 성부입니다. 즉, 하나의 깨달음입니다. 무상은 성자입니다. 예수님께서 오셔서 십자가에 매달려서 가셨습니다. 성자입니다. 고통은 무엇인가? 성령입니다. 성령의 작용입니다. 성부의 작용이 성령입니다. 결국 성부, 성자, 성령은 하나입니다. 즉, 이 무상은, 연기는 곧 공(空)입니다. "연기(緣起)가 곧 중도(中道)고 공(空)입니다." 이 말은 "무상이 곧 무아고 고통이 곧 무아다." 이 얘기입니다. 이래서 삼법인은 하나의 깨달음을 가리키는 것이었습니다. 화신-보신-법신 역시 하나의 깨달음을 가리키는 것이었습니다. 성자-성령-성부 역시 하나의 하나님을 가리키는 것이었습니다. 이 파도와 이름과 모양은 하나의 바다를 가리키는 것이었습니다. 나와 세계와 생각하는 능력은 바로 깨달, 하나의 깨달음을 가리키는 것이었습니다. 만법은 하나로 돌아간다. 이 하나는 어디로 돌아가는가?

# 제행무상 = 화신 | 일체개고 = 보신 | 제법무아 = 법신

2021. 11. 26.

　우리 모두는 생사 문제를 해결하기 위해서 이 길을 걷고 있습니다. 생사를 벗어나기 위한 단 하나의 길은 반야 지혜의 증득(證得)입니다. 그래서 증득한다는 말은 많은 정견(正見)과 동일한 의미로 쓰입니다.

　자, 지혜는 무엇일까요? 자아의 가상성을 보는 것, 불교 용어로 연기(緣起)입니다. 실재하지 않아 '알맹이가 없다.'는 것은 저 혼자 스스로 독립해서 존재할 수 없다는 뜻입니다. 자아의 가상성(假象性)은 연기하는 성질 혹은 비실재성(非實在性)이라 합니다. 비실재성이란, 자아라는 것이 그냥 의식 안에서의 일정한 경험과 기억의 집적일 뿐이지 어떤 뚜렷한 주체가 있는 것이 아니란 뜻입니다.

　자아의 가상성을 본다 함은 우리의 진정한 정체인 의식의 위치와 개수를 본다는 뜻이고, 의식은 한 마음이기에 바로 단일의식입니다. 반야바라밀다는 현대적 용어로, 자아의 가상성을 말합니

445

다. 우리가 존재하느냐? 할 때 분명히 존재한다는 것은 더 이상 논할 여지가 없습니다. 그러면 자아로 존재하는 줄 알았다가 '자아는 가상이다.'라는 것을 아는 순간, 우리는 무엇인가? 바로 단일의식입니다. 이것을 전통적으로는 무아라 했습니다. 자아의 가상성 혹은 연기, 비실재성을 부처님께서는 무아라는 단어로 압축해서 직지인심 하셨습니다. 무아라고 해서 이것은 허무주의나 공(空)이 아닙니다. 허무 공에 빠지는 것이 아닙니다. '아(我)가 없다.' 이 말은 '자아가 연기한다.'는 뜻이고, 뒤집어 이야기하면, 우리는 육체나 자아가 아니고 단일의식이란 뜻입니다. 즉, 무아는 곧 무엇인가? 내가 없다는 뜻이 전혀 아니고, 하나의 나로서 참된 나는 반야 지혜입니다.

그러므로 삼법인 중 가장 중요한 것이 무아입니다. 무아, 즉 반야바라밀다로 인도하는 다른 두 가지 진리가 바로 제행무상(諸行無常) 일체개고(一切皆苦)입니다. 그래서 어떻게 연결이 되느냐? 제행은 무상합니다. 왜? 자아가 가상이기 때문에, '화신은 무상하다.' 무상하기 때문에 보신의 작용으로서 일체개고를 보여줍니다. 고통과 두려움입니다. 그래서 이 고통과 두려움은 그 자체로는 의미가 없고, 바로 화신에서 보신으로 연결되어서 바로 무아라는 이 법신으로 이끌어내기 위한 관음보살의 작용입니다. 고통이라는 일체개고는 "이 세상 모든 유위행(有爲行)은 고통과 공포다."라고 가리키신 뜻은, 그렇기 때문에 "고통 속에서 절망하고 살아라."가 아니고, "이 자아의 가상성을 봄으로써 고통으로부터 벗어나라."는 엄청난 사랑과 자비의 말씀임을 알아야 합니다.

그래서 조금은 복잡해 보이지만, 결국은 하나입니다. 하나. 반야 지혜란 무엇이냐? 바로 단일의식인데, 단일의식을 보거나 증득하기 위해서는 그 첩경이 자아의 가상성을 보는 것입니다. 즉 나머지 두 가지 법인, 즉 화신의 무상함과 보신의 고통 작용을 우리가 여실히 봄으로써 바로 법신인 무아를 증득하는 과정, 이것이 이 반야바라밀다를 증득하는 것이라고 말할 수 있습니다.

그래서 요약하자면, 생사 문제 혹은 고통과 공포는 바로 무엇이냐? 바로 자아라는 단어로 압축할 수 있고, 자아는 곧 죽음이고, 죽음은 곧 고통 혹은 공포입니다. 그러니까 '자아, 죽음, 고통, 공포'가 별도로 있는 것이 아니고, 이것들은 하나입니다. 자아가 곧 죽음이고, 자아가 곧 고통이고, 자아가 곧 공포입니다. 그 자체로. 그러면 부처님께서 "자아가 가상이다. 즉, 연기한다." 이 말은 '자아 자체가 비실재한다. 즉 죽음이 존재하지 않는다. 고통이 존재하지 않는다. 공포가 존재하지 않는다. 우리가 아는 방식으로 그렇게 존재하는 것이 아니다. 그러면 실제로 어떻게 존재하느냐? 바로 법신으로 단일의식으로 존재하는 것이다.' 이렇게 우리가 여실하게 분명하게 알아가는 과정, 이것이 반야바라밀다의 증득입니다.

그래서 곧바로 반야바라밀다의 핵심 키워드는 무엇이냐? 자아를 희박하게, 자아를 투명하게 해야 됩니다. 여기서 자아가 자기 스스로를 희박하게 하거나 자아가 자기 스스로를 투명하게 할 수는 없습니다. 오직 반야바라밀다에 의지해야 됩니다. 즉, 이러한 곧바로 가리킴을 우리가 믿고 이해할 때, 이것이 의반야바라밀다(依般若波羅蜜多)입니다. 반야바라밀다에 의지해서 믿음과 이해가 일어날 때, 자아는 희박해집니다. 이때 믿음과 이해를 일으키는 주체 혹은 자아를 희박하게 만들거나 투명하게 만드는 주체는 없습니다. 자연적으로 그리 됩니다. 단일의식 스스로 자각을 하게 됩니다.

오늘은 새로운 장입니다. <두려움 Fear>

두려움과 공포는 역시 자아로부터 일어납니다. "자아 그 자체가 바로 두려움과 공포다." 죽음과 생사 문제와 고통과 공포로부터 벗어나는 길은 바로 자아의 가상성, 즉 무아라는 법인을 우리가 여실히 봐서 믿고 이해할 때 벗어날 수 있습니다.

자, 보겠습니다.

진정한 나를 알기까지,

진정한 우리는 하나의 의식입니다. '의식'이라는 말보다 '하나'라는 말이 더 중요합니다. "우리는 육체나 자아라기보다는 의식이다." 이 말은 이해하기가 쉽습니다. 왜냐하면 의식이 모든 것을 조종하고 컨트롤 하는 주체라고 생각하면 "그래, 나는 영혼이구나, 그래서 불생불멸이구나!" 이렇게 생각하면 쉬운데, 이제 하나라는 말이 들어가니까, 바로 이 '단일'이라는 말, oneness입니다. one consciousness 혹은 the same and one입니다. the same and one. 똑같은, 그리고 하나의 공통의식 내지 공동의식도 아닙니다. 의식이 여러 개 있어서 공통되거나 혹은 공동이란 말도 아니고, 그냥 본래 하나입니다! the same and one, one and the same consciousness입니다. 이 부분의 이해가 힘듭니다. 왜냐하면 우리가 개인이라는 꿈속에서 너무 오래 습관화 혹은 최면되었기 때문입니다. 호모 사피엔스는 개인이라는 생각을 너무 오래 습관적으로 고집해 왔기에 '하나' 부분에서 늘 걸립니다.

모든 문제 해결의 키워드는 하나라는, one, '하나'입니다. 하나. 의식이 하나라면 의식이 있을 위치는 여기(공간)밖에 없습니다.

448

의식이 여러 개라면 당연히 여기(머리를 가리키며) 들어있을 것입니다. 그래서 "하나의 세계가 있다." 이 말이 곧 하나의 의식이 있다는 말입니다. 왜? 존재가 곧 의식이니까요. 우리는 지금 이렇게 보고 있습니다. 그렇다면 이제 거의 다 해결이 되어 버린 것입니다. 일초직입여래지(一超直入如來地)가 된, 그것을 돈오라 하고. 그 이후는 그냥 잔잔하게 정리해가는 과정입니다. 즉 습기를 점점 새로운 습관으로, 즉 자아에서 단일의식으로 재습관을 들이는 것, 즉 자아 습관에서 단일의식 습관으로 바꾸는 과정일 뿐입니다. 그것을 '보림'이라 해도 되고, 돈오 이후의 점수라고 해도 되지만, 어쨌든 그 이후는 쉽습니다. 그 과정은 즐겁습니다.

만약에 보이지 않는다면 어떻게 하면 될까? 기왕에 선각의 말씀에 귀 기울여 듣겠다고 결심했다면, 그냥 믿어버리면 끝납니다. 믿어버리면, 이해가 바로 따라옵니다. 믿으면 이해가 따라옵니다. 바로 보입니다.

진정한 나를 알기까지,

즉 반야 지혜에 대한 믿음과 이해의 실마리가 나타나기 전까지는 우리는 어떻게 사나요?

우리의 삶은 우리가 두려워하는 것에 의하여 크게 조종될 수 있다.

그렇습니다. 우리의 모든 삶은 법신, 화신과 보신이 곧 법신이라는 것을 알기 전까지는 우리는 우리 눈에 보이는 것은 화신과 보신밖에 없습니다. 즉, 전체가 무상하고 고통으로 점철되어 있습니다. 참으로 슬픈 일입니다. 그래서 법신 스스로 화신과 보신으로 화현해서 우리들에게, 즉 스스로에게 자각할 수 있는 길을 가리켰습니다.

내 믿음의 시작과 끝을 낳는 것은 나의 두려움일 수 있다.

그래서 모든 종교가 비즈니스화 될 때는 이러한 고통과 공포를 수단으로 해서 비즈니스를 하는 것이고, 그 비즈니스 속에서 우리는 엉뚱한 길로 접어 들어서 핵심을 놓치는 일이 왕왕 있습니다.

자, 그다음 단락입니다.

살아남아 계속되려는 본능적 동기를 유지하고 영속할 수 있는 것은 나 자신을 잃는 것에 대한 두려움이다. 왜냐하면, 내가 가장 갈망하고 두려워하는 것은 나 자신의 상실이기 때문이다.

우리가 제일 무서워하는 것은 결국 나 자신이 없어지는 것입니다. 죽음입니다. 그래서 우리가 공포와 고통으로부터 벗어나는 길을 나선 것인데, 그 핵심이 바로 이 죽음, 이 생사를 해결하는 것이 우리의 두려움을 제거하는 것이고, 이 두려움이 제거되어야 진정한 자유가 온다는 것을 우리는 알고 있습니다. 그런데 "우리가 가장 두려워하는 것은 우리 자신의 상실이다."라는 것은 금방 이해가 됩니다. 육체와 자아의 죽음을 우리는 두려워합니다. 왜냐? 우리 육체와 자아가 우리의 전부라고 알고 있으니까. 즉 단일의식에 대해서는 우리가 몰랐기 때문에, 두려워한 것입니다. 이것은 이해가 되는데,

내가 가장 갈망하는 것은, 즉 우리가 또 가장 갈망하는 것은 나 자신이 없어지는 거다. 이 말은 뭘까요? 그러니까 이게 역설입니다. 우리는 어떤 때는 내가 없어지기를 원하고, 또 어떤 때는 내가 없어지는 걸 제일 두려워합니다. 참으로 아이러니하죠. 진짜 순수하고 순진한 어린아이가 어른들의 이런 장난 내지 놀이를 본다면 이

450

해할 수 없을 것입니다. "아니 제일 두려운 게 죽음이라면서 또 제일 원하는 게 죽음이라면, 이게 뭐지? 쾌락과 고통이 연기(緣起)한다는 것을 알면, 이 역설을 쉽게 이해할 수 있습니다. 우리의 쾌락도 고통 경험도 모두 자아라는 가상의 주체 때문에 경험하는 것입니다. 그래서 쾌락을 경험할 때는 자아가 영속하기를 바라고, 고통이 오면 자아가 없어졌으면 하고 갈망하는 것입니다.

두려움과 고통은 즐거움과 쾌락과 연기합니다. 이 두 가지는 서로서로를 존재하게 하지만 각자 자체로는 존재할 수 없습니다. 이것이 연기 법칙입니다. 그래서 우리가 가장 원하면서 동시에 또 무서워하는 것이 자아의 상실입니다. 그래서 방법은 있습니다. 이렇게 양극단을 왔다 갔다 하지 말고, 즉 자아를 무슨 원수처럼 여겨서 짓밟아 버리지도 말고, 자아를 무슨 꿀단지처럼 애지중지하지도 말고, 이게 중도(中道)라는 것입니다. 밀지도 말고 당기지도 말고 취사(取捨), 즉 "잡아 쥐지도 말고 내버리지도 말라." 그럼 어떻게 하느냐? "자아는 자아의 역할을 하게 두어라." 즉 소중한 손님, 소중한 선물로서, 그 매뉴얼에 따라서 잘 사용하라는 것입니다. 주어진 자아를 잘 사용하면 무상과 고통이 곧 무아라는 법신에 이르게 우리를 도와줄 것이고, 이 법신의 정체를 우리가 여실히 보는 순간. 바로 반야바라밀을 증득하는 것이고 생사로부터 벗어납니다. 생사를 그대로 잘 쓰면서, 생사로부터 벗어나게 됩니다.

그래서 반야심경에도 '무노사(無老死)', "늙고 죽음이 없다." 하고는 '역무노사진(亦無老死盡)' 했다. "동시에 늙고 죽음이 끝나는 일도 없다."했습니다. 화신과 보신의 단계에서는, 나고 죽음이 있으나, 법신에 이르게 되면, 법신을 보게 되면, 생사가 없는 가운데 생사가 유전함을 보고 100% 누리게 됩니다. 여태까지는 반 밖에 못 누렸습니다. 연기하는 것 중에 50%만 우리는 취사선택을 하고 나머지는 원수처럼 여겼습니다. 어떤 때는 자아를 애지중지하다가, 어떤 때는 '자아가 없어졌으면' 했습니다. 우리가 술 먹어 필름이 끊기고, 게임을 하며 세상을 잊고 이런 것에 잘 빠지는 이유는 뭘까요? 자아 상실을 원하는 것입니다. 원하는 동시에 또 자아가 없어지는 것을 두려워합니다.

그래서 우리가 경전과 어록에 있는 말을 오해하면 안 됩니다. 무아라 했다고 "무아가 진리이니 아(我)를 없애야 되는구나." 그런 얘기가 아닙니다. 그러니까 노자에서 "총욕약경 귀대환약신 급오무신 오유하환"이라 할 때, 무아 혹은 내가 없다는 말들이 주는 가리킴을 우리가 정확하게 알아보기가 어렵습니다. 총욕약경(寵辱若驚)은 무엇인가? 우리는 칭찬받을 때 쾌락을 느끼고 모욕을 당할 때 엄청난 분노를 느낍니다. 칭찬과 모욕에 대해서 엄청나게 놀랍니다. 귀대환약신(貴大患若身), 칭찬받고 모욕 받는 것을 우리 자신처럼 소중히 여기지만 그것은 큰 환란입니다. 모욕 받는 것이 환란, 즉 재앙일 뿐만 아니라 칭찬받는 것도 재앙입니다. 왜냐하면 모욕 없는 칭찬은 없기 때문입니다.

그러니까 우리가 명예를 추구하면 늘 불명예스런 일을 겪을 수밖에 없습니다. 왜냐하면 연기하는 거니까요. 명예와 불명예는 연기하는 거라서, 즉 칭찬과 모욕은 연기하는 거라서 큰 환란인데도 우리는 깜짝 놀라는 듯이 재앙을 소중한 것으로 여깁니다. 즉, 쓰레기를 마치 보물처럼 여깁니다. 총욕약경 귀대환약신. 그럼 이것을 어떻게 해결할까? 즉, 화신과 보신의 활동을 어떻게 해결해

452

야 할까? 그 뒤의 두 구절입니다. 급오무신(及吾無身), 나에게 자아가 없는 이해에 이른다면, 내게 자아가 없다면, 급오무신, 즉 나 자신이 없는 지경에 이르면, 오유화환(吾有何患), "나에게 무슨 환란이 있으리오." 이렇게 되어 있습니다. 그러면 우리는 급오무신, '아! 나 자신이 없어지는 경지에 이르러야 되는구나.' 이렇게 생각하면서 나 자신을 없애려 합니다. 그게 될까요? 나 자신을 없애는 것이 나 자신인데, 피는 피로 씻을 수 없습니다. 물로 씻어내야 합니다. 즉, 지혜의 가리킴으로써 자아의 가상성을 우리가 여실히 본다는 그런 뜻입니다.

이 『신심명(信心銘)』도 마찬가지입니다.

지도무난 유혐간택(至道無難 唯嫌揀擇)

단막증애 통연명백(但莫憎愛 洞然明白)

여기서 "도에 이르는 것은 어렵지 않다. 단지 선택 안 하면 된다." 즉, 우리가 좋아하고 싫어하는 것만 멈출 때, 반야 지혜가 명백해집니다. 이게 『신심명(信心銘)』 첫 구절인데, 여기서 우리가 또 오해해서, 단막증애(但莫憎愛), 즉 "사랑하고 미워하는 것을 하지만 않으면 우리가 깨닫겠구나." 이렇게 또 오해합니다. 아니 사랑하고 미워하는 게 없으면 그게 인간인가요? 그건 삶도 아니고 아무것도 아닙니다. 차라리 돌멩이가 되면 됩니다. 지금 즉시 그냥 어떤 수단을 써서 죽어버리면 좋아하지도 않고 싫어하지도 않는다는 뜻이 아닙니다. 좋아하고 싫어하는 작용은 단일의식의 자각 활동입니다. 그 자체에는 아무런 잘못이 없습니다. 단지 좋아하고 싫어하는 이 일에 자아가 개입해서 이해하니까 문제가 됩니다. 즉, 좋아하고 싫어하는 일과 그 상황, 그 조건이 개인적인 경험이라고 우리

453

가 잘못 알기 때문에 문제가 되는 것이지, 이게 단일의식의 활동임을 여실히 본다면, 그것을 없앨 필요가 없이, 좋아하고 싫어하고는 아무 문제가 없습니다.

두 번째 단락입니다.

연약함을 두려워하면 통제하려고 노력하고, 친밀함을 두려워하면 냉담하려고 애쓰며, 종속 아첨을 두려워하면 지배자가 되려고 노력하고, 그리고 만약 내가 평범해짐을 두려워하면, 나는 특별하게 되려고 애를 쓴다.

여기서 알 수 있는 것은 '두려움과 공포는 무언가를 오히려 원하기 때문에 오는 것이다.' 그러면 '두려움과 공포를 없이 하려면 아무것도 안 원하면 되겠네?' 이렇게 생각하면 또 오해입니다. 그저 '고통과 공포라는 것이 무언가를 원하기 때문에 오는 것이다.'라고 보기만 하십시오. 그러니까 거듭 정견을 얘기합니다. "올바로 보기만 하면 되지, 뭔가를 바꿔 없애거나 만들어내려 하지 마라." 그냥 있는 것은 그대로 두고, 다 필요한 거니까. 하늘이 다 필요하니까 만들었지 필요 없으면 왜 만들었겠나? 그러니까 있는 것을 없애려 하거나 없는 것을 새로 만들려고 하지 말고 그대로 두고 그냥 정견, 여실히 보십시오.

'고통과 공포는 뭔가를 원할 때 생기는구나, 그래서 아무것도 안 원해야지.'가 아니고, 부드럽게 적당히 원해야지. 또 원하는 것을 알아차려야지. 이 진실에 부합되길 원해야지. 이런 방향으로 원함과 거기에 따르는 공포, 즉 원함의 다른 얼굴은 공포고, 공포의 다른 얼굴은 갈망임을 봅니다. 갈망과 공포의 연기 법칙을 여실히 볼 때, 여태까지는 갈망만을 즐겼지만, 이제는 공포도 얼마든지 견딜 수 있습니다. '공포를 누린다.' 이 말은 이상합니다. 그러니까 "공포를 임팔라처럼 가볍게 경험할 수 있다." 이렇게 말할 수 있겠습니다.

그다음 구절입니다.

하나의 두려움이 극복되면 또 다른 것이 그 자리를 대체하기 때문에, 내가 두려워하는 것의 목록은 끝이 없다.

그러니까 두려움 하나하나를 제거할 수는 없습니다. 그럼 어떻게 해야 될까? 갈망과 공포의 양면성, 연기성을 여실히 보면, 그것이 곧 법신, 무아를 보는 것입니다. 그러면 저절로 다 해결이 됩니다.

그다음에,

만약 존재하기만 하면, 공포는 하나의 추상적 관념이라는 것이 뚜렷이 보여진다….

그렇습니다. 분명하게 보입니다. 정견하는 게 아닙니다. 정견이 일어납니다. 자아가 정견의 주체가 아닙니다. 정견은 그냥 그저 존재하고 저절로 일어납니다.


만약 존재하기만 하면 이 말은 어렵습니다. "누가 또 존재한단 말인가?" 그게 아니고. 이 자아의 가상성을 본다면, 즉 단일의식의 위치를 우리가 여실히 본다면, 그런 뜻입니다. 단일의식의 위치를 딱 보면, 그저 존재하는 것입니다. 그리고 모든 일은 저절로 일어나고 사라집니다. 이(손을 펴 보이며) 안에서. 곧 이것 자체로서 일어나고 사라집니다. 바다에서 파도가 일어나고 사라지고 일어나고 사라지지만, 바다 자체는 부증불감 불생불멸입니다. 파도가 아무리 생멸해도 바다는 불생불멸 부증불감입니다.

만약 존재하기만 하면 공포는 하나의 추상적 관념이라는 것이, 즉 가상입니다. 자아가 가상입니다. 자아, 죽음, 고통, 공포는 하나이기 때문에 그렇습니다.

앞날에 대한 근심은 기억의 청사진에서 생겨난다. 만약 두려움을 낳는 스토리가 탈락되면, 나에게 남겨진 것은 가공되지 않고 생생히 살아있는 육체적 감각뿐임을 발견한다.

그렇습니다. 이름이 없습니다. 이름이 없는데 그냥 감각은 일어납니다. 더 이상 그 감각에 이름을 안 붙입니다. 즉 단막증애(但莫憎愛)입니다. 이것은 사랑이고, 이것은 미움이다. 이런 이름표가 붙지 않습니다. 그저 감각이 있는 것입니다.

이제 그것은 나의 질주를 멈추게 하고, 조용히 존재의 자리를 대체한다. 육체적 혹은 감정적 고통은 똑같다.

겉모양은 똑같습니다. 그러나 위대한 연금술이 일어납니다. 약견(若見), 만약 우리가 똑바로 본다면, 제상(諸相), 모든 모양이 있는 그대로입니다. 고통과 공포가 있는 그대로, 비상(非相), 그것이 아님을. 자아, 죽음, 고통, 공포라는 것들이 약견제상(若見諸相), 모든 모양이 그대로 그것이 아님을, 비상(非相)임을 본다면, 즉 단일의식임을 우리가, 즉 법신의 다른 얼굴임을 본다면, 즉견여래(卽見如來), 생사에서 벗어납니다.

내가 그것을 내 것으로 하기를 그칠 때, 나는 나 자신을 그것의 굴레에서 해방하며 그것을 단지 있는 그대로 본다.

자아가 내 것으로 하기를 그친다는 것은 일일이 하나하나 대응해야 된다는 오해를 불러올 수 있기 때문에, 내가 그것을 내 것으로 하기를 그칠 때, 즉 하나하나의 고통과 공포를 겪는 주체로서의 자아의 가상성을 볼 때, 혹은 우리의 진짜 신분인 이 단일의식의 위치를 우리가 여실히 볼 때, 우리는 고통과 공포의 굴레에서 해방됩니다.

그다음 단락입니다.

고통은 내 것인데, 그것은 나쁜 것이라는 이름표를 붙이기를 그치면, 그것은 단지 어떤 하나의 형태를 가진 에너지임을 인정하는 것이 가능하고, 그것은 그 특유한 풍미와 맛을 지니기 시작한다.

자, 이것이 무엇인가? 테마파크 안에서 엄청나게 무서운 놀이기구, 자이로드롭을 타면서 이것이 놀이기구임을 잊으면 무서운 것이 됩니다. 그러나 우리가 그것을 즐길 수 있는 것은 자발적으로 그 스릴과 공포를 원했기 때문입니다. 무서운 줄 알면서도 2~3시간을 기다리면서 타는 이유가 뭘까요? 바로 그와 같습니다. 그런데 이게 테마파크라는 걸 모르면 큰일입니다. 그런데 테마파크라는 것을 알고 기억하면, 자이로드롭의 공포를 하나도 바꾸지 않고 그냥 이름만 바뀌는 것입니다. 죽을 만큼 싫은 것에서, 돈을 비싸게 내고 3시간을 기다려서 탈 만큼 좋은 것으로 바뀝니다. 이것이 위대한 연금술입니다.

마지막 단락입니다.

고통이라고 이름하는 것의 본질은 나에게 또 다른 가능성을 심오하게 들려준다.

일체개고(一切皆苦)라 할 때, "모든 것이 고통이라고? 아닌데, 나는 어떤 때는 즐겁고 어떤 때는 굉장히 좋은 일도 많은데, 왜 다 고통이라 할까?" 왜냐하면 즐거움과 유쾌함의 반대편에는 늘 고통과 공포가 도사리고 있기 때문입니다. 이 두 가지는 따로 독립적으로 존재할 수가 없고, 서로의 관계 속에서만 존재할 수 있기 때문입니다. 그래서 즐거움과 쾌락도 사실은 고통과 공포입니다.

또 다른 가능성은 무엇인가? 바로 무아의 가능성, 법신의 가능성, 즉 반야 지혜의 가능성입니다. 즉, 생사를 벗어날 가능성, 이 연기 법칙을 벗어나서 연기 법칙 안에서 연기 법칙을 잘 사용할 가능성을 이야기하는 것입니다.

즐거움을 갈망하고 고통을 회피하는 바로 그것에 의하여 나는 그 가능성을 뿌리로부터 둘로 쪼개버리고 만다.

『신심명(信心銘)』 구절과 똑같습니다. 단막증애(但莫憎愛) 통연명백(洞然明白). "좋아하고 싫어하는 것이 없다면, 즉 고통과 두려움이 싫다면 고통과 두려움만 버릴 수는 없고 좋아함과 사랑하는 것도 같이 버려야지 이게 없어집니다. 어떻게 할래?" 그런 뜻입니다. 최선의 방법은 무엇일까? 단막증애(但莫憎愛), 둘 다 하지 말라는 게 아니고, 이 양면성의 연기성, 가상성, 혹은 비실재성을 알고 우리가 단일의식의 위치와 정체에 대한 믿음과 이해가 저절로 일어날 때, 우리는 반야 지혜의 증득 가능성을 우리의 것으로 할 수 있습니다.

그래서 요약하자면, 우리가 이 길을 나선 이유는 생사 문제를 해결하기 위해서고, 고통과 공포에서 벗어나기 위함인데, 이를 위해 선각들께서는 "반야 지혜를 증득하라."고 말씀하셨고. 반야 지혜의 증득은 바로 단일의식의 위치와 정체에 대한 이해입니다. 즉, 단일의식을 여실히 본다는 것입니다. 우리가 그토록 영속되기를 혹은 없어지기를 갈망하는 역설적인 대상인 자아와 육체는 임

458

시적입니다. 임시성, 가상성, 비실재성을 우리는 알고 있고 그것이 곧 반야 지혜입니다.

그래서 이 길을 가는 우리 모두는 반드시 다른 데는 의지하지 말고. 반야바라밀다에만 의지해야 됩니다. 그래서 "보살 마하살은 반야바라밀다에만 의지함으로써 아뇩다라삼먁삼보리를 증득한다." 하겠습니다.

# 죄책감
*Guilt*

44강. 한마음 = 단일의식 I 우리는 단수고 하나님은 복수다

# 생각하기
*Thinking*

45강. 이 길을 걷는 벗님, 어린 시절 따스한 봄날 천진한 눈과 귀로써 곧장 들어오
시라 청합니다

# 관계
*Relationship*

나는 무엇 무엇이 아니다 I am not …
나는 무엇 무엇이다 I am
아무것도 아닌 모든 것 Nothing Being Everything
보이거나 보이지 않거나 Seen and Unseen

\* 45강 안에는 원서의 <생각하기>부터 <보이거나 보이지 않거나>까지의
강설 내용이 모두 들어있음

# 44강

# 한마음 = 단일의식 ㅣ
# 우리는 단수고 하나님은 복수다

2021. 12. 3.

　우리가 여기 모인 이유는 단 한 가지입니다. "어떻게 하면 이 삶과 죽음이라는 질곡에서 벗어날 수 있을 것인가?"입니다. 그 외의 개인적 복잡한 문제들이 있겠지만, 모든 문제는 단 하나의 문제로 귀결됩니다. 일상에서 겪는 모든 문젯거리들은 생사 문제에서 파생된 것입니다. 하나하나의 문제를 해결하려면 끝이 없습니다. 생사 문제의 해결, 오직 이 하나만이 우리의 일대사 문제이자 일대사 인연입니다.

　그러면 "무엇이 생사 해탈인가?", "무엇이 반야 지혜인가?" 그것은 현대적 용어로 말해져야 합니다. 막연하게 추상적으로 넘겨서는 안 됩니다. 반야 지혜는 단일의식입니다. 단일. 우리가 "의식이다." 이러면 쉽게 이해할 수 있습니다. 여기서 '단일'이라는 반야 지혜가 키 포인트입니다. 그냥 "의식이다." 하면, 쉽게 이해하지만, "단일의식이다." 하면 갑자기 어려워집니다. 왜? 우리는 개인

463

혹은 자아에 고착돼 있기 때문입니다. 오래 된 습관이 문제입니다.

단일의식은 또 one mind입니다. '한마음'입니다. 여기서도 마찬가지입니다. 마인드의 이해는 쉽습니다. 마음. 아주 많은 뜻을 포함하고 있습니다. 그런데 이 'one'이라는 단어, 그리고 '한'이라는 이 단어, 이것이 우리로 하여금 깊고 깊은 형이상학의 세계로 인도하는 화살표입니다. 그래서 지금 단일의식, one mind, 한마음은 무엇이냐? 바로 반야 지혜를 이야기합니다. 반야 지혜는 보디사트바 혹은 법신입니다. 근본입니다. 창조주입니다. 하나님입니다. 그러니까 화신과 보신은 법신의 활동입니다. '천수천안(千手千眼) 관음보살'할 때, 이 법신의 여러 가지 무한한 얼굴들을 보신 혹은 화신이라 합니다. 천백억 화신을 나툰다고 말합니다.

그래서 어떤 결론을 우리가 도출할 수 있을까? 이 부분이 넘기 어려운 장벽인데, 이것은 마음의 장벽입니다. 물리적 장벽이 아니기에 이것을 뛰어넘는 방법은 심리적 혹은 의식적인 돌파구를 찾아야 합니다. 그래서 결론을 도출해보면, "We is all in all."입니다. "우리는 모든 것 안의 모든 것이다." 왜? 단일의식이기 때문입니다. 그냥 의식이 아니고, 단일의식입니다. 또 그냥 마음이 아니고 한마음입니다. 그런데 자아는 자꾸 묻습니다. "아니, 내 마음 네 마음이 다르고 사람 개개인이 저마다 독특하고 다른데, 왜 한마음이냐?" 다르긴 뭐가 다르냐. 같습니다. 우리의 느낌, 생각, 모든 감정은 독특하지 않습니다. 다 누군가로부터 전해진 것입니다. 우리의 가치관 역시도 진정으로 우리 스스로 일으킨 가치관이 있는지 살펴본다면, 우리와 동시대 혹은 이전 시대에 살았던 그 가치관의 일부가 채택되어서 어떤 지점에 임시적으로 모여 있다는 것을 우리가 충분히 알 수 있습니다.

　그래서 이 '단일의식, 원 마인드, 한마음'을 결론적으로 말하자면, "We is all in all.", "우리들 모두는 복수가 아니고 단수다.", "We are"가 아니고 "we is", "모든 것 안의 모든 것입니다" 왜? 하나기 때문에 그렇습니다. 그냥 하나라 하면, 이해하기가 어렵습니다. 의식으로서 단일합니다. 그럼 이런 얘기를 왜 하는 걸까? 결국 생사 해탈 혹은 생사 해결을 위해서입니다. 그래서 "우리는 모든 것 안의 모든 것이다." 이 부분에 믿음을 일으킨다면, 믿음이 그저 일어나거나 혹은 믿음을 일으킨다면 이 얘기입니다. 누가 일으키는지는 질문하지 마십시오. 그것은 자아의 게임이고 장난입니다.

　"누가 믿음을 일으키느냐?" 누가 믿음을 일으키는지 모르는 두려움은 버리고, 그저 이 선각의 가리킴에 대해서 믿음을 못 일으키는 것에 대해서만 두려워하길 바랍니다. 그것이 정도이지 지엽말단을 주목해서는 안 됩니다. 일대사 인연에 있어서는 일대사가 중요한 것이지 지엽말단은 우리로 하여금 보다 큰 장애를 만들어냅니다. 그래서 "생각을 버려라." 이 말은, 이런 자아의 지엽말단적인, 별로 도움 안 되는 질문 대신, 본격적인 질문에 들어가라는 얘기입니다. 그다음 그러면 이것은 다른 문장으로 어떻게 표현할 수 있느냐? 'God'입니다. "God are all in all." 이렇게 말할 수 있습니다. 기존 우리의 상식을 뒤집는 것입니다. 전도몽상(顚倒夢想)을, 뒤집혀 있는 생각을 다시 뒤집어 원위치시켜야 됩니다. 그래서 we는 복수가 아니고 단수며, 신은 단수가 아니고 오히려 복수입니다. "God are all in all.", "하나님께서는, 신은, 부처님께서는, 예수 그리스도는 모든 것 안의 모든 것이다." 우리가 그렇습니다. 우리가 바로 그렇다는 얘기입니다.

우리는 왜 단수냐? 우리는 개인이 아닙니다. 이것은 매우 진지하고 사실적이며 이론이 아니고 우리의 실제 상황입니다. "우리는 개인이 아니다."라는 무서운 이야기입니다. 우리는 단일의식이기 때문에 단수로 표현됩니다. 우리는 모든 것 안의 모든 것입니다. 신은 만법으로, 만물로 본인을 드러내기 때문입니다. 법신은 보신을 통해서 화신으로 나투어 드러납니다.

결국 생사해탈은 무엇이냐? 반야 지혜인데, 반야 지혜는 바로 단일의식이라는 이 하나의 문장으로부터, 천백억 경전과 어록이 나옵니다. 지구상에 인간이 나타나기 전에, 공룡시대에도 이것은 그대로였습니다. 공룡은 우리와 다른 것이었을까? 공룡이 바로 'We'입니다 'We' 그리고 'God' 이렇게 말할 수 있습니다. 그래서 우리가 예리한 분별력으로 우리가 무엇인지를, 적극적으로 말씀드렸습니다. "우리의 정체는 무엇인가?", "단일의식이다." 뒤집어 부정적으로 표현하면, "우리는 자아가 아니다."라고 표현하는 것입니다. "우리는 자아가 아니기 때문에 시간도 아니고 죽음도 아니고 고통과 공포도 아니고, 오히려 자유고 통쾌함이고 불멸입니다." 그리고 "미움 가운데 있으면서도 전혀 미움을 모르는 사랑입니다."

그래서 우리가 자아 관점을 고집한다면, 시간에 속박됩니다. 그러면 자연히 죽음이 필연적입니다. 시간은 과거, 현재, 미래입니다. 우리가 아(我), 자아가 아니라는 의미는, 우리는 과거에도 있지 않고, 현재에도 있지 않고, 미래에도 있지 않는다는 말입니다. 자아가 아니란 말은 단일의식이란 말입니다. 그럼, 단일의식의 위치를 이야기하는 것입니다. 과거는 기억이고, 미래는 상상이고, 현재는 벤자민 리벳(Benjamin Libet)의 실험에 의하면, 0.3초 전의 과거가 바로 현재라고 우리가 알고 있는 것입니다. 그러니까 과거, 현재는 사실은 기억에 의한 것이고 미래는 상상에 의한 것입니다.

또 우리의 진정한 시공간적 위치는 어디인가? 이 전체가 아니기 때문에, 이 전체입니다. 이렇게 이야기를 해야 합니다. 과거이면서 현재이면서 미래이면서, 여기고 저기고, 요기고 조기입니다. here and now라 합니다. here and now. 그래서 "지금이고 여기다." 이렇게 하는데 이런 풍문은 너무 상투적이기 때문에 "시공간 전체가 의식과 다르지 않다." 이렇게 이야기를 할 수 있고, 그렇기 때문에 불래불거(不來不去), 오고감이 없다는 부처님 말씀의 진정한 뜻이 우리들에게 드러나는 것입니다.

그러면 생사 해탈은 반야 지혜고, 반야 지혜는 단일의식인데, 단일의식은 우리의 일상에서 어떻게 나타나느냐? 우리는 하나로서 모든 것 안의 모든 것입니다. 언제 그런가? 과거, 현재, 미래가 아닌 바로 지금 그렇습니다. 지금 항상 그렇습니다. now라는 것은 forever입니다. 영원히 그렇다. here라는 것은 모든 공간 전체를 이야기합니다. here이라 할 때는, 여기만이 아니고, 의식 공간 전체를 이야기 합니다. now라 할 때는, 과거, 현재, 미래의 시간을 가리키는 게 아니고, 전체를 이야기합니다. God, 창조주는 단수가 아니고 복수입니다. 왜? 모든 것 안의 모든 것이기 때문입니다. 그래서 여태까지 우리는 '이것(화이트보드)은 무생물이고 이것(몸)은 생물이다.' 이렇게 자아의 관점에서, 즉 시간과 죽음과 증오의 관점에서 보아온 것입니다. 이것은 전도몽상입니다.

여기에 대한 체험이 있어야 되지 않을까? '지금 이렇게 말하는 것은 이론이고, 이 말한 것을 체험하기 위해서는 명상을 하든, 참선을 하든, 만트라를 외우든, 봉사활동을 하든, 보시를 하든, 뭔가를 해야 되지 않느냐?'라고 제발 생각하지 않아야 합니다. 그렇게 하는 것은 선현의 가리킴을 귀담아듣지 않는 것입니다. 지금 감추어진 것은 아무것도 없습니다. 백일하에 다 드러났습니다. 이것은 어려운 이야기가 아닙니다. 생사 해탈이 우리의 진정한 목표고 이것은 반야 지혜인데, 그건 단일의식입니다. 단일의식인 우리는 모든 것 안의 모든 것입니다. 우리는 하나입니다. 'We is.' 그리고 신은 복수입니다. 모든 것 안의 모든 것이기 때문입니다.

무엇이 깨달음의 체험인가? 지금 여기에 대해서 그저 믿음을 일으킬 때 이것이 깨달음입니다. 이것이 돈오고 아뇩다라삼먁삼보리입니다. 믿음을 일으킨다? 누가 일으키는지 의문하지 마십시오. 우리의 생사가 우리에 의해서 오지 않았듯이, 이 믿음은 우리가 일으키는 게 아닙니다. 자아가 일으키는 게 아닙니다. 그러니 자아의 그런 호기심이나 의문이 일어나면 그냥 자아를 달래주면 됩니다.

자, 두 가지로 말하겠습니다. 믿음을 일으키면 이해가 따라오고, 이해를 일으키면 믿음이 따라옵니다. 이것이 바로 평등한, 위없는 의식 스스로의 자각입니다. 자각은 늘 일어나고 있고 지금도 일어나고 있습니다. 지금이란 모든 시간을, 여기란 모든 공간을 이야기합니다. 그러니까 단일입니다, 단일. 믿음은 이해고, 이해는 믿음인데 두 곳이 합해지면 이것을 아뇩다라삼먁삼보리라 합니다.

자, 『오픈 시크릿』 12장, <죄책감 Guilt>을 한번 보도록 합시다.

우리의 생사 문제 해결에 있어서 또 하나의 장애요인은 죄책감입니다. "나는 죄인인데 어떻게 성인이 될 수 있겠느냐?", "나는 죄인인데 어떻게 깨닫는 부처가 될 수 있겠느냐?" 이렇게 스스로 장애를 만들어냅니다. 이 모든 것이 자아의 문제입니다. 바로 정견, 선각의 가르침에 대한 믿음과 이해가 없다면 이 세상의 가르침은 세상의 최면이 됩니다. 문화와 문명은 다른 말로 최면입니다. 이 최면 속에서 우리는 개인적 죄책감을 느끼게 됩니다. 이것이 전도몽상의 원위치를 방해합니다. 혹시라도 "그러면 일체 죄책감을 안 가지고 뻔뻔하게 살아도 된다는 말이냐?"라는 분은 없을 줄로 압니다. 보다 쉽게 말해서, 개인적 죄책감은 가상이란 뜻입니다. 왜냐하면 자아가 가상이라면 실제로 일어난 죄책감은 무엇일까? 오히려 이렇게 이야기해야 합니다. "단일의식은 과거도, 현재도, 미래도 아니고, 또 여기도 저기도 아닌 동시에, 과거, 현재, 미래고, 또 여기인 동시에 저기다."라고 말할 수 있듯이, 다시 말하면, 바다는 이 파도도 저 파도도 요 파도도 아니고, 조 파도도 아니지만 모든 파도입니다. 즉 nothing! 아무것도 아니면서 and everything입니다. 그러니까 or nothing이 아니고, all and nothing입니다. all or nothing이 아닙니다.

　마찬가지로 개인적 죄책감은 전혀 불필요하지만, 진실을 이야기하자면, "모든 어떤 문제가 있다면 모든 문제의 책임은 우리에게 있고, 또 그 어떤 책임도 우리에게 없다." 이 얘기입니다. 왜냐하면 "단일의식 안에서 단일의식이 단일의식을 책임진다." 이 말은 사실은 "아무것도 책임지지 않음과 동시에 모든 것을 책임진다." 이 얘기입니다. 그래서 "개별적 죄책감, 이것은 거짓이지만 전체적인 책임 의식 혹은 전체적인 해탈 의식, 이것은 진실이다." 이렇게 말할 수 있습니다. 그래서 죄책감은 역시 자아 기준입니다.

전도몽상입니다. 그래서 자아의 기준은 all or nothing입니다. 그래서 조금만 잘했다 느끼면, 개인적 교만함이 나오고, 조금만 잘못했다 하면, 죄책감과 좌절감을 느낍니다. 그러나 진정한 우리는 그게 아닙니다. all and nothing입니다.

무슨 말이냐? 모든 것 속의 모든 것이기 때문에 우리는 모든 것에 대해서 책임을 져야 함과 동시에, 우리는 우리 스스로이기 때문에 그 어떤 것에도 책임을 지지 않는다는 얘기입니다. 즉, all or nothing은 자아의 관점이고, 저것은 가상이면서 거짓이고 전도몽상입니다. 그러면 어떻게 되어야 할까? all and nothing입니다. 전체이면서 동시에 하나이기 때문에 아무것도 아닙니다. nothing and everything입니다. 그래서 all or nothing은 자아의 관점이고, all and nothing은 바로 의식의 관점으로서, 불교 용어로는 all and nothing이 바로 연기, 중도, 공, 무아입니다. 연기가 곧 중도고, 중도가 곧 공이고, 공이 곧 무아라는 것을 현대적으로 all and nothing라 표현할 수 있습니다.

자, 토니 파슨스도 마찬가지 이야기를 하고 있습니다.

오직 내가 배웠거나 나 자신을 위해서 구축한 신념 체계에 기초하여 내가 누구인지를 판단할 때만, 나는 죄책감을 느낄 수 있다.

그렇습니다. '우리 자신이 몸과 자아다.'라고 여길 때는 개인적 죄책감을 느낄 수밖에 없습니다. 왜냐하면 분리된 가상의 자아들 사이에서 비즈니스적 딜을 하는 게임이 있을 수밖에 없고, 그러면 때로는 우월감과 교만감 때로는 죄책감을 느낄 수밖에 없습니다. 어떤 경우에 반야 지혜, 정견에 대한 믿음과 이해가 없을 때, 우리는 필연적으로 죄책감을 느끼면서 때로는 교만심, 우월감을 느낄 수밖에 없습니다. 죄책감은 잘못했다는 거잖아? 잘못했죠. 교만심은 '내가 잘했다.'는 것입니다. 역시 연기 법칙 안에 들어있습니다.

스스로 형성되는 신념들은 다시 시간 속에서 단지 과거 경험으로부터 나온다. 이런 개념들은 목표를 향해 가는 여정, 정화를 위한 길이라는 생각과 연결된다.

그렇습니다. 자아는 시간 속에서 임시적이고, 필연적으로 죽음을 맞을 수밖에 없으며, 온갖 불필요한 행(行)들을 일으킵니다.

자, 그다음 단락입니다.

존재에는, 무엇이 된다거나 목표를 향한 애착이 없다. 나는 가치 있게 되기 위하여 특정한 방식으로 행동하거나 어떤 모범을 성취할 필요가 더 이상 없음을 안다. 내가 죄책감을 느끼고 그 환영의 감각을 달래려고 시도하는데 에너지를 소모하는 동안은, 나는 계속 해방의 가능성을 부정하고 있는 것이다.

존재는 곧 단일의식입니다. 그래서 이게 오해될 수 있는데, 죄책감이 일어날 때 느끼지 말라는 게 아니라, 손님 대접하라는 것입니다. 그러니까 죄책감이 올라올 때, "아, 이것은 거짓이고 꿈이야."라며 뻔뻔하게 죄를 지으란 말이 아닙니다. 죄책감이 있을까? 그러면 죄책감은 그저 있는 것입니다. 하나의 파도로서 의식 안에서 일어나는 연기 법칙에 따르는 파도로서 그저 있는 것입니다. 죄책감의 반대편에는 우월감이 늘 도사리고 있음을 우리는 알 수 있습니다. 자, 에너지 소모가 문제입니다. 죄책감은 그냥 손님방에 두고 우리의 일대사 문제를 해결하기 위해서 매진하는 수밖에 없습니다.

거기에는 내가 무엇인지를 재발견하는 것을 실제로 가로막는 강력한 연막인, 죄의 드라마 혹은 업장(業障)이라는 것을 만들고 싶은 매혹과 탐닉이 존재한다. 내가 하는 일은 옳음과 그름이라는 환영의 개념을 조사하는 것이다. 이 착각된 상대 개념들은 절대적으로 이 둘 너머에 있는 그것을 회피하는 데 쓰인다.

무엇이 전도몽상일까? 바로 이 상대 개념들이 바로 꿈입니다. '좋다, 싫다', '죄책감 혹은 자비심', 이런 것들이 전부 상대 개념, 즉 연기 법칙에 의한 전도몽상의 원인이 됩니다. 그래서 영혼 윤회라는 것이 많이 유행을 하는데, 누가 가르쳐 주지도 않았는데 우리는 '영혼이 있고 영혼이 몸을 막 바꿔 가면서 환생한다.'라고 생각하는데, 여기에 대해서는 유튜브 채널 동영상 목록에서 <윤회는 있는가? 그리고 윤회의 주체는 무엇인가? 무엇이 윤회하는가?>라는 제목의 동영상이 있으니 참조 바랍니다.

간결하게 살펴보면, 단일의식이란 가리킴 안에는, 개별적 영혼이 없습니다. 무아란 곧 개별적 영혼이 없다는 것이고, 윤회는 현대적으로 말하면, 단일의식은 하나의 영혼이어서 세계 전체가 전체로 윤회한다는 말입니다. 개별 영혼의 윤회가 아닙니다. 윤회 개념을 놓기가 어렵다면 차라리 영혼은 여러 개가 아닌 단 하나가 있고, '이 단 하나의 영혼이, 과거 미래 세계를 전체가 전체로 통째로 윤회, 재탄생한다.' 이렇게 이해함이 좋겠습니다. 그러면 "개별 영혼이 없다. 윤회는 없다."라는 말의 거부감이 사라질 것입니다.

그다음 단락입니다.

존재(단일의식)에는 아무런 역사(歷史)가 없으므로 어떤 빚도 없다.

단일의식이니 빚지고 자시고 할 게 없습니다. 자기가 자신에게 빚질 리는 없지 않나요?

내가 분리되었다고 느끼든, 아니면 존재하든 간에 어떤 상황에서든 마찬가지이다. 분리 안에서는, 어떤 일이 일어나든지 불구하고 나는 분리되었다고 느낀다. 존재에서는 자신은 더는 없고 단지 실제로 있는 것만이 있다.

그렇습니다. 단일의식 안에 자아는 더는 없습니다. 사라지고 죽었다는 것이 아니고, 자아가 100미터 뒤로 물러나 얌전하게 자기 역할을 하고 있는 것입니다. 손님방에서 손님 역할을 잘 하고 있다는 얘기입니다.

존재 안에서는 자신은 더는 없고 단지 실제로 있는 것만이 있다.

"무엇이 실제 있을까?", "컵이 있다." 이렇게. "지금 실재하는 것은 무엇인가?", "지금 날씨가 상쾌하다." 이것이 실재합니다.

양쪽 상황 모두 완전하다. 각 사건에는 그 자체의 응분의 보상이 있다. 그것은 있다가 다음에는 사라진다. 거기에는 앞으로 갚아야 할 발생 중인 빚은 없다.

자아 관점에서는 온갖 문제가 있지만, 단일의식의 관점에서는 오직 자유와 사랑만 있습니다. 그다음 단락입니다.

우리가 우리 자신과 우리가 행하는 모든 것을 계산하고 측정하는 무자비한 재판관을 지속해서 고용하고 있는 동안은 우리는 우리 자신을 투쟁하고 죄악을 행하고 고통을 당하는 존재로 규정하여 감금하고 있다.

우리가 자아로서는 아무런 힘이 없습니다. 그러나 단일의식이라면 우리는 무한의 힘을 가집니다. 그래서 예수께서도 개인으로서는 참으로 힘없는 나약한 존재였지만 아버지의 아들로서는 창조주와 같은 힘을 가진 존재임을 스스로 믿었습니다. 즉, 우리가 우리 스스로 우리를 판단하는 재판관, 염라대왕이 돼 있는 동안은 우리는 우리 자신을 투쟁하고 죄악을 행하고 고통당하는 존재로

규정하여, 자승자박입니다. 그래서 이런 말이 있습니다. "You are what you believe.", "당신은 무엇인가?"할 때 "당신은 당신이 믿는 바로 그것이다." 즉, 우리는 우리의 믿음으로서 우리 스스로를 정의하고 창조합니다.

단지 우리 자신을 투영한 하느님을 달래기 위해서 말이다. 오직 알든지 그렇지 않으면 모를 뿐이다. 만약 내가 이해할 수 없다면, 나는 볼 수 없으며, 어둠은 단지 어둠이다. 그것은 옳은 것도 아니고 틀린 것도 아니다.

이어서,

악 또는 선, 원죄, 카르마 혹은 부채 등 어떤 종류든 간에 모든 개념은 깨어나지 못한 마음의 산물이다.

즉, 자아 관점입니다.

부모와 나 자신이라는 감각의 유지, 보강 및 시간 속에 속박된 마음 말이다.

모든 개념은 상대적인 것입니다. 이것은 우리에게 바로 죽음, 고통과 공포를 가져옵니다. 그렇지만 우리 자신의 진정한 정체에 대한 믿음과 이해, 즉 반야 지혜에 대한 믿음과 이해는 우리로 하여금 이러한 죽음, 고통과 공포에서 벗어나 자유와 사랑을 누릴 수 있도록 허용하고 문을 열어줍니다.

# 이 길을 걷는 벗님,
# 어린 시절 따스한 봄날 천진한 눈과 귀로써
# 곧장 들어오시라 청합니다

2021. 12. 6.

　　우리들은 선각, 선현의 가리킴을 듣고, 그로 인해 진실된 모습으로 깨어날 수 있는 가능성을 위해 모여 있습니다. 선현, 선각의 가리킴을 믿고 이해한다는 것은 우리의 어떤 희망과 기대가 '언젠가는 일어나겠지.'라는 그런 일이 전혀 아닙니다. 우리가 진정한 모습으로 깨어나거나 가리킴, 화살표에 대한 믿음과 이해를 일으킨다는 일은 항상 지금 일어납니다. 왜냐하면 시간이 없기 때문입니다.

　　시간이 없다는 것은 조급하게 서둘러야 한다는 의미가 아니고. 글자 그대로 시간이 없다는 것입니다. 시간은 우리가 자아의 관점에 매몰되어 있을 때 저절로 발생하며, 그로 인해 우리는 시간에 묶여 과거에 대한 기억, 미래에 대한 희망과 기대에 속박됩니다. 그러나 선현들의 가리킴은 시간 속에서 일어나는 것이 아니고, 어찌 보면 시간 자체를 우리가 알아채는 것입니다. 그래서 항상,

일대사 인연은 지금 즉시 일어나는 것이고, 또 일어날 수 있으며 우리의 선택입니다. 우리는 이것을 매우 어렵게 여기며 수많은 공부와 수행을 거쳐야만 일어나는 결과물로 생각하지만, 전혀 그런 것이 아님을 거듭 강조합니다. 지금 즉시! 앞서 이 길을 걸으신 분들에게 일어났던 일이 지금 바로 즉시 일어날 수 있는 것임을, 지금 그 가능성을 직접 열고. 또한 거기에 대한 직접 증거를 제시해 보겠습니다.

자, 직지인심(直指人心)은 전통적으로 내려오는 화살표로, 바로 가리키는 것입니다. 왜 직지인심이라 했을까? 과거나 미래에 있지 않고, "바로 여기 지금 당장 눈앞에 있다."는 것으로, 이것은 절대 이론이 아닙니다. 진실이고 실제 상황이고 실제 경험입니다. 직지인심이란 화살표가 드러날 때 그 가리킴을 보기만 한다면, 일초직입여래지(一超直入如來地)입니다. 즉 '직지인심, 견성성불'입니다. 우리가 수십 년 수행이나 고행을 한다고 애 쓸 필요 없이, 그냥 가리키는 화살표의 끝을 순진한 마음으로 바라보기만 하면 됩니다.

"아하, 본래부터 이게 있었구나!" 이것이 바로 반야 지혜에 대한 믿음과 이해, 즉 돈오, 깨달음입니다. 다른 깨달음이란 없습니다. 하늘이 두 쪽 나고 천둥 번개가 내려치는 그런 깨달음이 아닙니다. 우리의 본래 모습을 알아보는 것입니다. 글자 그대로 우리의 본래 모습이기에, 알아보기는 여반장(如反掌)으로 매우 쉽습니다. 그런데 이것이 왜 어렵게 느껴질까? 자아인 개인이 뭔가를 성취하고 얻으려 하기 때문입니다. 이 길의 역설 내지 패러독스는 직지인심의 화살표를 보기 위한 단 하나의 전제조건 내지 준비 작업이 있는데, 이것은 자아가 자기 고집을 버려야 한다는 것입니다.

즉 개인적 성취, 개인적 얻음, 개인적 깨달음, 개인적 영적 완성, 개인적 진화, 개인적 영혼 등등의 미묘한 엉터리를 우리가 버려야 하기에, 역설이라고 말할 수 있지만, 왜 또 역설이어야만 할까? 뒤집어진 꿈 세계를 바로 세워야 하기 때문에 역설일 수밖에 없습니다. 꿈꾸는 자체가 지금 뒤집어져 있음의 결과이기 때문에, 바로 세우기 위해서는 역설에 의존할 수밖에 없습니다.

직지인심, 화살표입니다. 그런데 이 화살표가 효력을 발휘하기 위해서는 노골적으로 적나라하게 가리켜야지 빙빙 둘러서, 무슨 그 자리라느니, 이 자리라느니, 공적영지라느니, 불성이라느니, 그냥 반야라느니 등등의 일반 추상적인 말은 노골적인 화살표가 아니기 때문에 우리가 알 수 없고 마음만 답답해질 뿐입니다. 직지인심이 되기 위한 두 가지 조건이 있습니다.

첫째 조건은 이 화살표가 곧바르고 노골적이어야 한다는 것입니다. 그럴듯한 통속적이고 일반 추상적인 말로는 답답함에서 벗어날 수 없습니다. 두 번째 조건은 화살표를 바라보는 쪽의 조건입니다. 이 화살표를 바라보는 쪽의 조건은 자아의 관점을 잠시 뒤로 물려야 합니다. 기존의 관점을 잠시 내려놓고 노골적으로 가리키는 화살표의 끝을 바라보란 애기입니다. 노골적으로 가리키므로 굉장히 쉽습니다. 그 끝을 바라본다면, 게임 오버입니다. 집으로 돌아갑니다. 생사 해탈입니다.

보충적인 믿음을 위한 직접 증거 세 가지를 제시하도록 하겠습니다.

첫째는, "하늘과 땅을 뒤덮고 있다."는 『수심결』 첫 구절입니다. "의식은 하늘과 땅을 뒤덮고 있다." 이렇게 노골적으로 가리킵니다. 골수를 드러내는, 엑스레이를 찍어버리는 가리킴, 노골적 화살표입니다. 소위 말해서 직지인심입니다.

둘째는, "제상(諸相)이 비상(非相)이다.", "모든 모양이 모양이 아니다." 이것은 직역이고. 실제 뜻은 무엇인가? 제상, 모든 모양, 바로 이 세상입니다. "이 세상이 곧 이 세상이 아니다." 이 말은 "의식이다. 마음이다." 그런 뜻입니다. "뜰 앞에 잣나무", "저기 하늘의 흰 구름" 의식은 어디 있을까? 의식하는, 의식되는 모든 것이 의식일 수밖에 없습니다. 다른 곳에 의식이 있지 않습니다. 의식은 여기(머리) 있는 것이 아니고 여기(공간) 있습니다. "컵이 의식된다." 이것이 의식입니다. 모든 이름과 모양, 즉 전체 우주는 그냥 하나의 의식입니다.

세 번째 직접 증거는 조견(照見) 오온개공(五蘊皆空)입니다. 오온, 색(色), 수(受), 상(想), 행(行), 식(識)으로서. 육체와 자아와 세계를 가리킵니다. 경험과 기억의 모둠, 다섯 가지 덩어리, 집적체, 오온입니다. 색, 수, 상, 행, 식, 경험과 기억의 모둠, 물질, 생각, 느낌, 욕망 그리고 개체 의식, 이것이 오온입니다. 이 모든 것이 개공, 공(空)이라 할 때 '텅 비었다.' 이것은 매우 조심해야 됩니다. 공의 현대적 해석은 의식입니다. 순수의식은 맑고 투명해서 공이라 할 수 있습니다. 공간이라 해도 됩니다. 그래서 이 세상 모든 것은 전부 의식이란 뜻입니다. 『반야심경』의 말씀입니다.

자, 이 직지인심, 노골적 화살표를, 지금 바로 보십시오. 의식이 어디 있냐? 지금 저 창공에 흰 구름이 의식됩니다. 사람, 식물, 곤충 모두 의식합니다. 바로 이것입니다! 이것이 의식입니다! 전체 전부입니다. 그래서 보조 스님께서는 "하늘과 땅을 뒤덮고 있다."

하셨고, 부처님께서는 "제상비상, 오온개공이다." 이렇게, 우리가 직지인심, 견성성불을 믿지 못할까봐, 노파심으로써 다시 한번 경전과 어록 등에서 직접 증거를 제시해 주고 있습니다.

그래서 우리들은 현대에서 어떤 관점 내지 세계관을 가지고 살아야 할까? 단일의식입니다. 이 단일의식은 천수천안 관음보살로 나타나는데, 어떤 대표적 측면이 있느냐? 의식 물질이 있고. 의식 정신이 있습니다. 즉, 물질적 측면이든 정신적 측면이든 간에, 이것은 의식의 여러 측면에 해당됩니다. 하나의 얼굴을 좌우측에서 쳐다보면 좌우 얼굴 모습이 각각 다르게 보이듯이, 단일의식 역시도 물질로 화신할 수 있고, 정신으로도 화신할 수 있습니다. 그래서 물질이든 정신이든 전부 의식입니다. 이런 현대적 견해로 세상을 살아간다면, 아무런 걸림돌이 없이 자유롭게 살고 유쾌하게 죽을 수 있습니다.

그러면 물질은 알겠는데 정신은 무엇이냐? 정신이라 하니까 좀 추상적이죠. 구체적으로는 생각, 느낌, 기분, 그다음에 개인의식, 즉 내가 개체라는, '몸 안에 들어있다.'는 이 생각이 정신입니다. 그러면 우리의 의문은 풀렸습니다. "물질이 무엇인가?" 자연과학에서 연구합니다. "정신이 무엇인가?" 인문, 사회과학, 철학, 종교에서 연구합니다. 그러나 알고 봤더니, 자연과학이든 인문, 사회과학이든 철학, 종교든 간에, 결국 의식을 연구하는 것이었습니다. 결국은 물리학과 심리학이 같은 것을 대상으로 하고 있습니다. 물질 그리고 정신, 이것은 하나 의식의 양 측면이기 때문입니다.

『반야심경』의 오온개공이란 말에서, 색, 수, 상, 행, 식, 즉 물질과 정신이 전부 의식인데, 현대적 용어로는, 의식 물질이고 의식 정신입니다. 그래서 우리는 컵이라 할 때 이것을 그냥 컵이라 하지 말고 의식 컵이라고 해야 되고, 어떤 생각을 이야기할 때, 그냥 생각이 아니고 의식 생각입니다. 또 어떤 기분이 들 때는 의식 기분이라 말할 수 있습니다. 이렇게 되면 컵이 왔다가 가도 의식은 그대로 있고, 생각이나 기분이 왔다가 가도 의식은 그대로 있습니다. 불생불멸, 불래불거가 바로 경전과 어록의 이론이 아니고 지금 당장 우리의 일이며 실제 상황이 됩니다.

자, 그래서 오늘은 모든 문장을 다 보기보다는 중요 문장을 살펴보면서 토니 파슨스 님의 어록 강독을 마쳐볼까 합니다.

오늘은 『오픈 시크릿』 13장, <생각하기 thinking>입니다.

'내가 생각하기'는 시간을 창조하고 시간은 내가 생각하기를 창조한다. 시간 안에서 생각함으로써 나는 자아정체성과 분리라는 환영의 감각을 유지한다. 나는 생각한다, 고로 나는 계속된다.

시간 안에서 사고하기는, 대부분, 파악하고 둘로 나누며, 만족과 고난을 향해 가는 전진이라는 생각을 지속해서 산출한다. 그것은 혼란케 하고 또 질서를 잡으며, 약속을 만들고 파기한다.

시간 생각하기는 자아라고 부르는 곳으로부터 나온 기억과 투사(投射)의 바다 위를 앞뒤로 움직인다.

나의 마음은 평생 존재의 모든 부분에서 제한과 자유를 동시에 보며 그 사이에서 완벽한 균형을 유지한다. 보이고 보이지 않고, 추구하고 갈망하는 속에서, 오직 보는 사람을 발견하기 위해서 말이다.

아무리 많은 생각일지라도 내가 무엇인지를 말해줄 수 없다. 그러나 이해는 나를 강어귀까지는 데려다줄 수 있다.

고요함은 생각하지 않음으로써 생겨나지는 것이 아니다. 고요함은 생각의 존재나 부재의 완전한 너머에 있다. 나는 자아를 고요하게 만들 수는 없다. 그러나 고요하지 않은 모습으로 나타나는 그것이 보일 때, 그러한 봄은 고요함으로부터 나온다.

창조적 생각은 그 무엇도 아닌 데서 나온다.

그러나 만약 내가 생각 너머로 간다면, 나는 어디에 있으며, 나는 누구인가?

사실 생각하기는 앞부분에 <추상능력, 추상작용>이라는 파트에서 이미 나온 부분을 좀 더 자세히 부연 설명하고 있는데, 생각하기에 의해 시간이 산출되고 그래서 우리가 시간 속에 스스로 속박된다가 요지입니다.

14장은 <관계 relationship>입니다. 충분히 읽어봄으로써 참고할 수 있겠습니다.

부모 및 다른 사람들과 함께한 초기 경험들이 관계에 대한 나의 믿음과 행동 양식들(patterns)을 설정하고, 이런 행동 양식들은 내가 나의 진정한 면모를 재발견할 때까지 그 이후의 모든 관계를 따라가고 영향을 끼친다.

내가 어떤 게임을 하든, 나와 관련된 사람들은 대부분 그 게임의 동포 혹은 동료가 될 것이고 그것을 강화하고 지지한다. 만약 내가 궁핍해질 필요성이 있으면, 나는 궁핍을 창조할 것이다. 만약 내가 거절될 필요성이 있으면, 나는 거부 반응을 불러일으킬 것이다. 거기에는 사람들 수만큼 많은 변형 혹은 변주곡들이 있다. 그러나 행동 양식들(patterns)은 오직 나의 특별한 필요성과 믿음의 확인일 뿐이며, 그들은 내가 아직 재발견하지 못한 그것을 반영한다. 그들은 완벽하게 적절하다. 그냥 무조건인 사랑이, 나로

481

하여금 다른 가능성을 보도록 초대하는 숨겨진 원리의 한 부분으로서.

시간과 분리라는 나의 세계 안에서 내가 관계로서 경험하는 것은, 마치 나와 다른 사람 간의 연결 수단처럼 보인다. 그것은 감정과 관심, 열정, 웃음과 눈물, 생각과 반영의 상호 교환이 될 수 있다. 한 부분이 다른 부분과 소통한다. 나는 나에게서 떨어진, 내가 저 밖으로 투영한 그것과 관계하는 중이다. 거기에는 완전한 의미의 합치는 거의 없다. 그것은 마치 두 개의 투영, 두 개의 조건, 두 개의 행동 양식 사이의 교통처럼 보이거나 서로의 에고를 후려치기로 한 합의처럼 보인다.

내가 누군가를 처음 만날 때 내 컴퓨터는 때때로 그 안에 그들을 감금한 상자에 다른 사람을 넣는다. 가끔 나는 그 상자의 정보량을 여기저기로 확장하거나 혹은 더 크거나 작게 만들 것이다. 이런 방식으로 나는 안전하게 머물면서 실제로 존재하는 그들 누구와 관계하지 않고 그 사람에 대한 나의 개념과 관계한다.

나의 근거라고 생각하는 것이 되기 위하여 분발할 때, 나는 다른 사람들과 비교하거나 그들을 내 판단으로 보며 살아갈 수 있다. 그것은 일종의 미묘한 경쟁이다.

나는 또한 내가 믿기에 다른 사람을 내 결핍된 느낌을 충족시켜 줄 누군가로 볼 수 있다. 그들은 내가 투영하기를 원하는 이미지를 승인할 수 있고 혹은 가치 있게 되고자 하는 내 느낌을 강화할 수 있다. 그들은 그들의 존재로서 나를 흥분시키거나 위로할 수 있다. 그들은 필요를 충족시킨다.

내가 다른 사람들과 관계하는 방식은 모든 가장 근본적 관계에서 가장 강력한 반영이고, 그것은 나 자신을 지지한다.

그러나 내가 무엇인지를 재발견하게 될 때 관계에 대한 의문은 더는 없다. 열려있고 기꺼이 받아들이는 현존에는, 기억 혹은 경쟁, 비교 혹은 기대의 필요가 없다. 한 부분이 다른 부분을 만나야 할 장소는 없다. 거기에는 그 둘 사이에 거리가 없고, 그러므로 아무것도 관계할 필요가 없다.

우리의 모든 에너지는 지속하는 신선함과 그냥 있는 것의 축제속으로 통합된다. 그것은 우리가 관계로 되돌아갈 때를 일깨울수 있는, 저절로 주고받는 성찬식이다. 한때 위협으로 보였던 공허감을 채울 필요가 없으므로 거기에는 종종 고요한 침묵이 존재한다. 이런 침묵은 계속 춤추고 있는 존재 안에서 그냥 함께함으로 충만하다.

15장은 <나는 무엇 무엇이 아니다 I am not>. '이것'입니다. 16장은 <나는 무엇 무엇이다 I am>라는 뜻입니다.


I am not … 나는 ……가 아니다.

나는 내 삶의 이야기가 아니다. 나는 마음, 육체, 느낌들, 즐겁거나 아픈 경험, 투쟁, 성공 혹은 실패가 아니다. 나는 외로움, 고요함, 좌절, 자비가 아니다. 나는 심지어 내가 생각하는 나의 목표, 탐구, 발견, 혹은 세상에서 말하는 이른바 어떤 영적인 체험도 아니다.

내가 무엇이라는 꿈을 꿀 때, 나는 이런 경험들을 신성시하게 되고, 이것들에 대한 소유권을 주장하게 되며, 이것들에 심대한 중요성을 부여한다. 한 번 이해되면, 그것들은 나에게 해답과 공식을 줄 어떤 것을 의미한다고 믿는다. 그러나 이런 겉모습의 경험들은 단지 무의미한 숨바꼭질 게임 안에서, 하나임 스스로 감추어짐과 나타남일 뿐이다.

## 다음, I am … 나는 ……이다

'실제로 있는 나'라고 할 것이 없다. 이미 전체성의 완전무결한 나타남이 있다. 더하거나 제거해야 할 필요성이 전혀 없다. 어떤 것이 다른 것보다 더 타당하거나 더 성스러운 그런 것은 없다. 어떤 조건도 충족될 필요가 없다. 무한성은 우리가 자격을 갖추기를 기다리는 어떤 다른 곳에 있지 않다. 그것은 있는 모든 것이다.

영혼의 어두운 밤을 경험하거나, 혹은 순종하거나, 정화되거나, 어떤 종류의 변화나 절차를 거칠 필요가 없다. 어떻게 분리된 자아라는 환영(illusory)이, 그것이 가공 혹은 가상이라는 사실을 드러내기 위하여 무엇인가를 수행(practice)할 수 있겠는가?

심각해지거나, 정직하거나, 부정직하거나, 도덕적이 되거나, 비도덕적이 되거나, 심미적(審美的)이 되거나 저속하게 되거나 할 필요가 없다. 참조할 중요성이 없다. 겉모습으로 일어나는 삶의 스토리는 각자가 깨어나는데 정확하게 유효적절하고 독특하다. 모든 것은 정확하게 그것으로 있다. … 왜냐하면, 그것이 더 나은 무엇이 될 가능성 때문이 아니라, 그냥 그것이 있기 때문이다.

해탈을 필요로 할 그런 '사람'이 없다는 사실을 발견하라는 초청은 계속된다. 변용의 순간을 기다릴 필요가 없다. 무행위자, 영원한 축복, 무아의 상태, 혹은 고요한 마음을 찾거나 구할 필요가 없다.

하느님의 은총이 내려오기를 기다릴 필요가 없는 것이다. 왜냐하면, 이미 있는 모든 것이 하느님의 은총이기 때문이다.

전통적으로 진실을 가리키는 두 가지 방법이 있습니다. 포지티브하게 "나는 무엇이다."라는 방식이고. 또 네거티브 방식은 "나는 무엇이 아니다." 이 얘기입니다. 그래서 "나는 무엇이 아니다."

하면, 무엇인 것이 저절로 드러나고, "나는 무엇이다."라고 가리키면 '무엇이 아닌' 것이 저절로 드러납니다.

우리는 이미 알고 있습니다. 무엇이 아니고 오히려 무엇인지를 이미 알고 있습니다. 혹자는 이렇게 되물을지 모릅니다. "아니, 이해는 되는데 믿음이 안 일어난다. 혹은 믿어는 지는데 이해가 안 일어난다." 그것은 자아가 그렇게 하고 있는 것입니다. 자아의 속삭임에 중요성을 부여하지 말고, 그저 의식으로서 믿음을 일으켜버리면 끝입니다.

자, 믿는 방법은 무엇인가? 그저 믿으면 됩니다. 어떻게? "나는 이해가 안 되는데, 어떻게 이해를 해야 될까?" Just understand. 그냥 그저 이해하면 됩니다. 다시 말해 "믿고 이해하는 방법이 무엇인가?"라는 질문에 대한 답은 "그냥 단순히 믿으면 되고, 그냥 단순히 이해하면 된다." 왜? 우리에게는 그런 선택의 자유와 능력이 있기 때문입니다. 최고의 방법입니다. "어떻게 믿느냐?" 그냥 믿어버리면 됩니다. "어떻게 이해하느냐?" 그냥 이해하면 됩니다.

우리는 무엇이 아닐까? 테두리가 없는 무변 의식 안에 육체가 있고 (일원상을 그리며) 가상 자아가 있습니다. 단일의식 안에 많은 육체들이 있고, 이 육체 안에 가상의 자아가 있습니다. 그래서 "우리는 육체나 자아가 아니고. 바로 의식이다." 이렇게 해도 되고, 혹은 모든 육체와 자아가 하나의 육체와 자아가 아니고, "모든 육체와 자아가 바로 우리다. 나다." 해도 됩니다. 이때 육체와 자아는 사람을 포함한 동물, 식물, 곤충, 바이러스, 돌멩이 전체입니다. 그러니까 의식 물질이고 의식 정신입니다. 그래서 여기에서 I am not, 우리는 무엇이 아닙니까? "육체나 자아가 아니면서 동시에 모든 육체와 모든 자아다." 이렇게 이야기할 수 있습니다. "그런데 왜 우리는 하나의 관점 안에 붙들려 있을까? 우리가 전체 육체와 자아라면 모든 관점을 다 봐야 되지 않나?" 모든 관점을 다 보면 그냥 '무'로 돌아갑니다. 그러면 아무런 체험이 일어나지 않기 때문에 임시적으로 우리가 마치 게임을 할 때처럼 특정 임시 캐릭터를 선택하는 것입니다.

자, 그다음에 <I am… 나는 ……이다>에서는 우리는 무엇인가? 육체와 자아가 아니라면 무엇인가? 바로 의식입니다. 의식은 어디 있나? 컵이 의식되나? 뜰 앞에 잣나무가 의식되나? 산은 푸르고 흰 구름은 흘러가는 게 의식되나? 저기 우주 멀리에 금성이 샛별이 빛나는 것이 의식되나? 공간과 시간이 의식되나? 태어나고 죽었다는 것이 의식되나? 밤에 잠들고 아침에 깨어나는 것이 의식되나? 바로 이것이 우리의 진정한 모습입니다.

『오픈 시크릿』 17장은 <아무것도 아닌 모든 것 Nothing Being Everything>입니다.

"아무것도 아닌 것이 모든 것으로 펼쳐지고 모든 것으로 존재하는 중이다." Nothing Being Everything. 즉 바탕의식이 육체와 자아와 세계로 펼쳐지는 중입니다. 즉 육체와 자아와 세계와 별도로 어떤 단일의식 내지 한 마음을 우리가 찾으려 하면 찾을 수가 없습니다. 왜냐하면 육체와 자아와 세계 자체가 바로 자각이기 때문입니다. 자각 자체입니다. 알지 못하면 없는 것이고, 있다면 아는 것입니다. 앎과 존재, 즉 존재와 의식은 하나입니다.

<Nothing Being Everything>을 한 번 보겠습니다.

추구하는 사람이 갈망(渴望)하는 그것은 하나의 어떤 것(하나의 물

건) a something으로서 알려질 수 있는 것이 아니고, 그래서 말로 묘사할 수도 없다. 그것을 말하는 순간 그것은 하나의 물건(대상)으로 변하고, 그러면 추구하는 에너지(사람 혹은 자아라고 표현하지 않은 것에 유의)는 필연적으로 소유가 가능한 하나의 어떤 것으로 믿는 무엇을 발견하고, 잡고, 얻고, 혹은 그럴 가치가 있고 자격이 되도록 노력할 것이다.

다음 단락입니다.

분리된 실재(separate reality)는 모든 것을 이원적(二元的)인 것처럼 체험한다. 다른 어떤 하나로 알거나 자각한다. 한 그루 나무, 한 사람, 혹은 한 의자에 앉기. 모든 것이 그에게 일어나는 것처럼 보이는 어떤 한 사람이 대체로 항상 있다. 나의 스토리는 언제나 무엇이 될 것인가에 대한 것이지, 결코 무엇이 있는가에 대한 것이 아니다.

그렇습니다. 우리는 이미 있는 것은 돌아보지 않습니다. 이미 무엇이 있을까요? 단일의식이 바탕의식이 이미 있습니다. 이것은 돌아보지 않습니다. "꿈속에서 무엇을, 어떤 꿈을 꿀 것인가? 연극 속에서 어떤 놀이를 할 것인가? 테마파크에 가서 어떤 놀이기구를 탈 것인가?" 이것만 눈에 들어옵니다. 물론 그것이 잘못된 것은 아닙니다. 바탕을 안 다음에 한다면 무한한 즐거움이 될 것입니다. 고통과 공포를 대체한 무한한 기쁨이 일어날 것입니다. 그래서 마이 스토리는 무엇이냐? 뭐가 될 것인가? 결코 무엇이 있는가? 최고의 신비입니다. 있음 자체가 최고의 신비인데, 이것은 돌아보지 않습니다.

그것은 삶 안에서 보물을 찾는 것이지 삶이 보물이라는 것을 보는 것이 전혀 아니다.

삶 자체가 보물이고 주어진 선물인데, 선물 안에서 자꾸 선물을 찾습니다. 모든 것이 금으로 만들어진 곳에서 금을 캐려고 합니다.

금 곡괭이로 금흙을 파서 금을 캐려고 노력하고 있습니다.

그렇다고 문제는 없습니다. 왜냐하면 캐는 것 자체가 금이기 때문에 모든 것이 금입니다. 단지 모르는 게 문제입니다. 왜 모르는 게 문제가 될까? 자꾸 고통과 공포가 증폭되니까요, 자꾸 놀랍니다. 총욕약경(寵辱若驚), 칭찬과 모욕에 자꾸 놀라니까요. 칭찬과 모욕 전체가 하나의 테마파크의 테마이며 보물이라는 것을 우리가 알지 못하기 때문입니다.

Being은 모든 말(단어)과 같이 부적당하다. 전체성, 에너지, 존재, 아무것도 아니면서 모든 것, 하나임, 무경계 등 모두가 사용될 수 있다. 그러나 아무튼 결코 정말로 그것이 될 수 없다. 그렇지만, 여기서 말해지는 것은 요즘 인기 있는 생각인, "지금 여기 존재하라", 혹은 "순간을 살라.", 혹은 "모든 것은 의식." 혹은 "내 진정한 본성을 발견하기" 등과는 아무런 연결이 없다.

그렇습니다. 모든 단어와 말은 화살표로 사용되는 것입니다. 왜, 의식이란 단어를 채용하는 걸까? 그나마 현대적이라고 할 수 있기 때문입니다. 컵을 마음 한다. 컵을 불성 한다. 컵을 반야바라밀이라 한다. 컵을 아뇩다라삼먁삼보리 한다. 이것은 현대인에게 와 닿지 않습니다. 컵을 의식한다. 창공의 구름을 의식한다. 내가 지금 기분 좋음을 의식한다. 등등… '의식한다.'는 말이 이전 사람들에게 마음이라는 말처럼 친근하게 다가오기 때문에 사용할 뿐입니다.

그다음 단락입니다.

어쨌든 존재의 특성을 묘사할 방법이 있다면, 있으면서 없는 둘 다로서 무원인(無原因), 무관계(無關係), 비개인적(非個人的) 에너지… 아무것도 아닌 모든 것… 진짜인 동시에 가짜 둘 다인 그것. 그것은 절대인 상대, 무형상인 형상.

그러니까 양변을 다 들어 올려야 됩니다. 이것과 저것을 다 들어 올리는 방법밖에 없습니다. 왜냐하면 한쪽만 가리켜버리면 반쪽 50%밖에 안 되기 때문입니다.

분리된 것은 없습니다. They are not apart. 그들은 분리되지 않았습니다. 두 개는 없습니다. 불이(不二)입니다.

그래서 "있는 모든 것이 이것이다."라고 말할 때, 아무것도 아닌 모든 것의 절대적 단일성을 가리키는 것이다. "이것"은 있는 무엇이고 그리고 있지 않은 무엇이다.

우리가 낮에는 있는 것입니다. 이 의식이 있는 것입니다. 깊은 잠에서는 없음이 있다는 의식이 있습니다.

"이것"은 있는 중이다. "이것"은 진짜인 그리고 가짜인 그것이다. "이것"은 발생하는 것처럼 보이는 무엇이다.

그리고 사라지는 것처럼 보이는 무엇이다 동시에.

어떤 것 그리고 모든 것이 "이것"이다.… 그것은 있는 중이다. 그리고 그것이 아마도 알려지는 것이 불가능한 그것을 말로 가장 가깝게 묘사한 걸 것이다.

Being은 판단, 분석, 결론에 도달하려는 소망, 혹은 되고자 함이 완전히 없다. 거기에는 교통(往來) 혹은 기대(豫想)가 없다. 거기에는 그냥 있는 무엇이 있고… 그리고 있지 않다. Being은 이미 있다는 단순한 이유로 "행(行)하여"질 수가 없다(이미 있는 것을 다시 있게 할 수는 없다).

489

이미 있는 것을 다시 있게 할 수는 없습니다. 그렇기 때문에 '무엇을 하면 있게 된다.'가 아니기 때문에 모든 수행과 공부가 엉터리입니다. 그래서 도판에서 "무엇을 하라."는 것은 전부 엉터리라는 것을 우리가 알 수 있습니다. 그래서 도판의 모든 진술은 무엇을 하라.'가 되어서는 안 되고, 있는 것을 그냥 가리키거나 있는 것을 묘사하는 방법밖에 없습니다. 따라서 "무엇을 하라."하는 것은 엉터리입니다.

Being 안에서 being의 회피가 일어나는 것처럼 보이지만… 그러나 그것 역시 있는 무엇이다.

being의 회피, 즉 우리가 우리 본래 정체를 회피하는 것, 즉 단일의식을 안 보려 하고, 안 믿고 이해 안 하려고 하는 그것 역시도 단일의식입니다. 그러니까 참 재밌습니다. "안 깨달으려고 하는 것, 그것이 깨달음이다.", "나는 못 깨달았어." 이것이 무엇이 하는 말인가? 단일의식의 활동성입니다. 우리도 테마파크가 재미있으면 "집에 안 갈래!" 이렇게 떼를 씁니다. 엄마가 몽둥이 들고 쫓아오기 전까지 우리는 안 가고 계속 놀려고 합니다.

Being이 있거나 혹은 분리된 것처럼 보이는 이 Being 있다.

그래서 이렇게 됩니다. "진리가 있거나 진리가 아닌 것처럼 보이는 진리가 있다."는 얘기입니다. 웃기죠. 진리(의식)가 있거나 진리가 아닌 듯 보이는 진리(육체, 자아)가 있습니다. 왜냐하면 육체와 자아도 바로 이 진리의 작용, 법신이며, 또한 이게(육체, 자아) 화신입니다. 그리고 이 모든 활동성은 보신입니다. 그러니까 법신이 있거나 법신이 아닌 것처럼 보이는 화신과 보신이 있지만, 이 두 개도 법신입니다. 진실은 오직 법신 하나만 있습니다.

이 토니 파슨스 님은 단일의식을 Being이라고 표현하고 있습니다. 그래서 "단일의식이 있거나 혹은 단일의식이 아닌 것처럼 보이는 단일의식이 있다."는 뜻입니다. 이것을 여러 가지로 표현을 해보았습니다.

예를 들어, 밧줄이 있거나 혹은 뱀처럼 보이는 밧줄이 있습니다.

그러니까 밧줄로 보든, 뱀으로 보든 실제로 있는 것은 밧줄 하나입니다. 뱀과 밧줄 두 개가 있지 않습니다. 밧줄을 밧줄 그대로 보든, 아니면 밧줄을 뱀으로 보든, 진짜로 있는 것은 밧줄 하나만 있습니다. 물질이 있다고 보든 정신이 있다고 보든, 실제로 있는 것은 무엇인가? 의식 하나만 있습니다.

(참나가 있거나 혹은 주체·나와 객체·세계처럼 보이는 참나가 있다.)

(의식이 있거나 혹은 생각과 감정과 몸과 물질처럼 보이는 의식이 있다.)

(진리가 있거나 혹은 저속(低俗)하고 세속처럼 보이는 진리가 있다.)

(진짜가 있거나 혹은 가짜처럼 보이는 진짜가 있다.)

(하느님이 있거나 혹은 세상 만물처럼 보이는 하느님이 있다.)

(부처가 있거나 혹은 중생처럼 보이는 부처가 있다.)

(생각과 습관과 패턴을 고집하면 고통이 생겨난다.)

그다음 단락입니다.

…개방성이거나 혹은 속임처럼 보이는 것에

그래서 아무 문제가 없다는 것입니다. 사실은 깨달아도 깨달음이고 못 깨달아도 깨달음입니다. 그러니까 못 깨달아도 아무 문제가 없습니다. 왜냐하면, "못 깨달았다." 이것이 깨달음이기 때문입니다. "아니, 깨달음이 없으면 입도 뻥긋 못해. 그래서 "나는 못

491

깨달았어." 이런 말도 못 합니다. "나는 못 깨달았어." 이것이 뭘까요? 바로 깨달음의 표현입니다. 단일의식의 활동입니다. 그래서 "나는 깨달았다." 이것도 그냥 단일의식이고, "나는 못 깨달았다." 이것도 단일의식입니다. 둘 다 고통과 공포입니다. "나는 깨달았다." 이러면 이제 깨달은 척을 해야 되기 때문에 아주 힘듭니다. "나는 못 깨달았다." 하는 순간 또 못 깨달았다고 믿기 때문에 그것도 힘들죠. 이러나저러나 힘듭니다. 그러니까 자아는 그냥 얌전하게 조용히 있을수록 좋은 것이 됩니다.

다음으로,

그냥 있는 것의 경이로움과 단순성이 있거나 혹은 우리 기대의 한계처럼 보이거나, 모든 것은 겉모습으로 드러난 것이고, 모든 것은 이미 Being이다. Being은 Being이 아닌 환영으로 일어날 수도 있다(知幻則覺).

모든 것은 겉모습으로 나타난 것이고, 모든 것은 이미 단일의식입니다. 단일의식은 단일의식이 아닌 환영으로 일어날 수도 있습니다.

지환즉각(知幻即覺), 환(幻)인 줄, 꿈인 줄, 연극인 줄, 테마파크인 줄 알면 그것이 곧 깨어남이지 다른 일이 다시 일어나는 게 아닙니다. 그러니까 파도를 버리고 바다로 가는 게 아니고, 파도가 바다임을 알면 그 즉시 처음부터 끝까지 바다에 있었음을 아는 것입니다.

Being은 being이 아니라는 착각과 함께 일어날 수도 있다. 그러나 그 착각이 증발하여 사라지는 것처럼 보인 다음, 그것과 더불어 죽는 것은 분리(分離), 자아 정체성을 알려고 하고 되려고 하는, 전체의 한 부분으로 지속하고자 하는 희망과 노력 같은 것이다. 그것은 죽음의 일종이다. 결코 발생한 적이 없는 어떤 것의 끝이다.

즉, 가상적 캐릭터가 가상임이 드러날 때, 그것은 결코 존재한 적이 없는 것이 끝나는 것입니다.

다음입니다.

Being은 과업도 아니고 사용될 수도 없다. 그것은 하나의 목표가 아니고 혹은 어떤 곳에 도달하기 위한 길에서 사용될 수 있는 영적 수행, 실습, 혹은 도구가 아니다. Being을 과업과 연결하는 생각은 마치 그물로 공기를 잡으려는 생각만큼 헛되다. Being은 있고 그리고 있지 않은 것이고 그래서 아무 데도 도달하려고 시도하지 않는다. 만약 "내"가 (즉, 자아다. 자아가) 어떤 곳에 도달하려고 노력하는 중이라면, "나"는 이미 모든 것으로 있는 그것을 찾는 것으로 나타나고 있는 Being이다.

즉, 온갖 군데를 찾아다니며 수행 공부하고 도 닦는 행위 자체가 무엇의 나타남인가? 단일의식의 나타남, 즉 보신과 화신입니다.

이 보신과 화신 자체의 본질은 무엇인가? 법신입니다. 그러니까 삼신(三身)이 있는 게 아닙니다. 성부-성자-성령이 있는 것이 아니고, 오직 성부만 있는 것이고, 법신-보신-화신이 있는 것이 아니고 오직 법신만 있습니다. 그래서 "보신과 화신은 환영이다."라고 했습니다. 진짜가 아닙니다. 그래서 역설적이지만, 이렇게 얘기할 수도 있다. "진짜는 가짜로서만 드러난다.", "진짜는 가짜로서만 드러날 수 있다."

따로 떨어진 것처럼 보이는 것이 더는 없으면, 삶은 꾸미지 않고 열정적이며, 있는 전부이다.

드디어 없는 것을 추구하기를 끝마치고, 이미 있는 것을 돌아보고 즐기는, 그러한 편안한 관점이랄까, 안목을 가지게 되는 것입니다.

이것은 자유낙하, 가득 찬 삶, 내 삶이 아니고, 누구의 삶도 아니고, 그냥 단순한 삶이다.

즉, 누구의 살아감이 아니고 그저 살아감만 있습니다. 누가 살아가는지 모릅니다. 그저 살아갑니다. 굳이 말하자면, 단일의식의 자기 체험이고 자각입니다. 자기체험, 자기 사랑입니다.

Being은 천국을 지구로 내려 보내거나 혹은 지구를 천국으로 들어 올리지 않는다. 송두리째 아무것도 아닌 그대로 모든 것이다.

세상 만물은 단일의식이 모든 것으로 나타나는 중입니다. 그래서 만법은 하나로 돌아갑니다.

자, 『오픈 시크릿』의 마지막 장입니다.

<Seen and Unseen>, 즉 '보이거나 보이지 않거나' 혹은 '보거나 보지 않거나'입니다.

여기서 보는 주체, 보지 않는 주체는 없습니다. 읽어보겠습니다.

이것은 깨달음은 언제든지 만날 수 있는 갑작스러운, 직접적이고 에너지 넘치는 광휘(光輝)라는 것을 선언하는 책이다.

토니 파슨스 님께서 이 책에 대해 말씀하십니다.

그것은 우리 삶의 모든 부분에서 스스로를 드러내는 공개된 비밀이다. 노력, 정화의 길, 과정 혹은 어떤 종류의 가르침도 우리를 거기로 데려갈 수 없다.

가르침은 그냥 연극 속의 일입니다. 오직 가리키거나 그냥 사실을 진술하는 것입니다.

왜냐하면, 공개된 비밀은 우리가 사는 방식을 변화시키는 노력과 관련된 것이 아니기 때문이다. 그것은 살아있는 무엇의 재발견과 관련된 것이다.

변화와는 상관없습니다. 있는 그대로의 진실을 드러내는 것입니다.

그래서 '그것은 살아있는 무엇의 재발견과 관련된 것'이라는 겁니다. 이어서,

하나의 개념, 혹은 개념들의 집합도 깨달음을 나타낼 수 없다. 말 (words)을 통해서 이미 있는 것의 재발견과 경이로움을 공유하고자 하는 시도는, 건포도 푸딩 조리법을 쓰고는, 누군가가 그것을 읽고 그 맛을 볼 수 있기를 기대하는 것처럼 헛된 과정이다.

그러니까 이런 모든 강의, 강독, 법문, 책, 경전이나 어록을 보고 듣고 할 때, 이것을 직접적인 자기 상황으로 곧바로 받아들이면, 일대사 인연이 바로 당장 일어나는데, 우리는 늘 그것을 다른 사람의 일, 이론 혹은 늘 들어야 하는 어떤 공부, 이런 식으로 대할 때는, 직접 요리 맛을 보는 게 아닌 레시피(recipe)만 볼 뿐이란 뜻입니다.

그래서 '직지인심'이라 할 때, '직지인심(直指人心) 견성성불(見性成佛)'은 무엇이냐? 가리킬 때, 화살표는 신경 쓰지 말고 일단 화살표에 믿음이 간다면, 화살표가 가리키는 것을 그저 천진한 어린아이 마음으로 봐버리면 됩니다. "지금 의식이 어디 있지?", "컵이 의식되네." 이렇게 그냥 봐버리면 됩니다. 컵이 보이니까, 보이는 게 당연히 의식입니다. 당연히 의식됩니다. "깊은 잠 속에서는 아무것도 의식이 안 되는데요?" 아무것도 안 되는 것을, 아무것도 보이지도 않고 들리지도 않는다는 것을, 의식하지 않나요? 태어나기

전이나 죽은 뒤도 마찬가지입니다.

두 번째 단락입니다.

언어로 하는 소통은 단지 이해를 표현할 뿐인 것처럼 보이고, 내가 느낀 것에 대한 내 이해를 공유하는 것이 가장 중요하고, 그리고 이해를 가능케 하는 통찰력을 풀어준다(생각에서 느낌으로, 느낌에서 의식으로).

그래서 생각에서 느낌으로, 느낌에서 의식으로, 그러니까 "믿고 이해한다." 할 때는 머리로 하는 게 아닙니다. 이 말은 "가슴으로 믿고 가슴으로 이해해야 된다."는 얘기입니다. 이 반야 지혜에 대한 믿음과 이해, 단일의식에 대한 믿음과 이해는 머리로 하는 것이 아니고 가슴으로, 하트로, 사랑으로 해야 됩니다. 천진한 어린아이 시절, 봄날에 따스한 햇살 아래에 앉아 있는 그 어린아이 마음으로 그저 보면 그것이 믿음과 이해입니다. 자아가 굳어진 어른들의 생각으로 믿거나 이해하려고 하면 힘듭니다.

여기서 나타내고 있는 것에 새로운 것은 없다. 우리는 그것에 대한 감각을 가지고, 그것은 다른 감화력과 배경으로부터 다양한 방식으로 기록되고 말해져 왔다.

그것(it)은 '단일의식'입니다. 이것은 여러 전통이나 계승에서 각각 분기(分岐)되어 다르게 전해져 왔습니다. 그 원류는 하나입니다. 하나의 물줄기에서 다양한 지류가 발생되어 왔습니다.

나와 함께 이것을 나누었던 몇몇 사람들은 그것에 이름표를 붙이고 box 안에 집어넣고 치워버렸다. 많은 사람이 그것을 우연히 발견하고는 재빨리 그들이 알 수 있고 할 수 있다고 생각되는 것으로 성급하게 돌아갔다.

그러니까 "이 컵이 의식되네.", "저 하늘에 흰 구름이 의식되네." 그것이 의식입니다. 이것이 의식입니다. 이것이 전부입니다. "응, 그렇구나!" 하고는 또 의심이 일어납니다. "그것은 너무 쉽잖아? 그리고 그것은 무슨 굉장한 깨달음의 희열이나, 하늘이 두 쪽 난다든가, 천둥 번개가 내려치는 그런 깨달음의 체험을 많이 들었는데, 그런 것이 없잖아!"라고 의심해서 또 다시 다른 데로 갑니다. 참으로 슬픈 일입니다. 계속 봅시다.

다른 사람들은 "삶은 그렇게 단순치가 않아."라고 말했다.

그렇습니다. 가리킴을, 그러니까 이 화살표가 효력을 발휘하려면, 일단 믿음이 있고 신뢰감이 있어야 됩니다. 쉬운 화살표에 많은 사람들이 이렇게 말합니다. "그렇게 단순하지가 않아!" 이렇게 말이죠.

나는 이렇게 말해야만 한다. 그것의 모두를 아우르는 본성과 함께, 단순함은 이 계시(열어 보임)가 나를 놀라게 한 가장 멋진 특성 중 하나라고.

진실은 참으로 단순합니다.

"깨달음은 시간이 걸려" 혹은 "이런 종류의 접근"을 고려하기 전에 다양한 과정들을 경험할 필요가 있거나 혹은 어떤 믿음들을 실현해야 한다고 믿는 사람들이 있다.

이미 적나라하게 노골적으로 다 제시가 됐는데도, "이제 무슨 말인지 조금 이해는 가. 이제 저것을 증득하려면, 참선하고 수행하고 명상하고 요가하고 영혼을 정화하고 진화시켜야 돼."라고 또 말합니다.

다른 사람들은 노력, 희생 그리고 수련(discipline)을 통하기보다는 어떤 다른 방식으로 자유가 실현될 수 있다는 생각을 격렬하게 거부한다. 그리고 많은 사람이 지금 전달되고 있는 이것을 완전히 잘못 해석한다.

심지어 화를 내는 사람도 있습니다. "부처님이나 위대한 선각자들의 위대한 깨달음 내지 구경각이 그렇게 쉽고 단순한 거라면, 무슨 바보 천치도 다 알겠네." 이런 식으로. 격렬하게 거부하는 자아도 있습니다. 그 자아는 테마파크의 고통과 공포를 계속 즐기고 싶은 것입니다.

이어서,

그러나 언제 어디서든 이 통찰은 전달(communicated)되고,

반드시 듣는 사람이 한 사람은 있습니다.

그것은 목표달성, 믿음, 길 혹은 과정과 아무런 관련성이 없다.

왜냐하면, 목표 달성, 믿음, 길, 과정, 이 자체가 단일의식입니다.

그것은 가르쳐질 수 없고 계속 공유된다.

그러니까 티칭될 수 없고 포인팅되거나 오직 설명된다고 묘사될 수밖에 없습니다. describing 될 수밖에 없습니다.

그것은 가르쳐질 수 없고, 가르칠… 아니, 이 단일, "이것이 단일의식입니다. 이것을 어떻게 가르친단 말인가요? 그저 "지금 컵이 의식됩니까?" 이렇게 가리키거나, 포인팅하거나 혹은 친절하게 이렇게 대접을 해주는 수밖에 없습니다. "컵에 차가 있다. 한잔 하시기 바랍니다." 이렇게…

왜냐하면, 그것은 있는 모두고 누구도 그것의 소유권을 주장할 수 없기 때문이다.

왜, 단일의식이 우리 모두를 소유하고 있을까요? 사자가 여우를 잡아먹지, 여우가 사자를 잡아먹지 않습니다. 여우는 그냥 사자에게 잡아먹히기를 오직 기원하는 수밖에 없습니다.

그것은 홀로 서서 그냥 있는 그대로기 때문에, 언쟁하거나, 입증되거나, 꾸며질 필요가 없다. 그것은 단지 못 알아봐지고 거부되거나, 혹은 알아봐지고 살아짐으로 남아있다.

둘 중에 하나입니다. 우리는 선택할 수 있는데 선택할 수 있는 힘이 있기 때문입니다. 즉 화살표를 바라보거나 안 바라보거나, 둘 중에 하나입니다. 화살표가 가리키는 곳을 바라보거나 바라보지 않거나 할 유일한 자유 의지가 있고, 그 외에는 우리는 자유 의지가 없습니다.

자, 그래서 우리가 어린 시절 봄날에 편안한 마음으로, 무엇이 되거나 무엇을 공부할 필요도 없이, 편안하게 이 세상을 바라봤던 천진한 눈으로 이 화살표를 바라보기 바랍니다.

지금 무엇이 의식되고, 어디까지 의식되나요? 바로 의식되는 그 모든 것이 의식이고, 이것이 우리의 본래 정체고, 알파와 오메가고, 우리가 오매불망 알고자 했던, 얻고자 했던 진실 그 자체입니다. 이것은 불생불멸이고 불래불거입니다.

자, 이것으로써 토니 파슨스 님의 『오픈 시크릿』을 종강을 하고, 다음 시간부터는 새로운 텍스트를 가지고 강독을 이어가도록 하겠습니다. 오랜 벗님 여러분 대단히 고맙습니다.

대자유와 평안에 이르는 길

토니 파슨스
「오픈 시크릿」 강설

초판 발행| 2025년 5월 30일

지은이| 이문호
펴낸이| 김성배
펴낸곳| 도서출판 씨아이알

책임편집| 박승애
디 자 인| 엄해정
편집교열| 신은미
제작관리| 김문갑

등록번호| 제2-3285호
등 록 일| 2001년 3월 19일
주    소| (04626) 서울특별시 중구 필동로8길 43(예장동 1-151)
전화번호| 02-2275-8603(대표)
팩스번호| 02-2265-9394
홈페이지| www.circom.co.kr

ISBN| 979-11-6856-329-2  03110